Shakespeare, Fernando Pessoa, e a invenção dos heterónimos

Mariana Gray de Castro

Tradução
Luciana Salles
Jonathan Duhring
Mariana Gray de Castro

Critical, Cultural and Communications Press
Londres
2017

Título: *Shakespeare, Fernando Pessoa, e a invenção dos heterónimos*

Título original: *Fernando Pessoa's Shakespeare: The Invention of the Heteronyms* (Londres: Critical, Cultural and Communications Press, 2016)

Tradução © Luciana Salles, Jonathan Duhring e Mariana Gray de Castro

Revisão desta edição: Bernard McGuirk e Mariana Gray de Castro

Capa: Hannibal

Imagem da capa: Mark Cousins

Edição portuguesa 2017

ISBN 978-1-905510-53-5

Shakespeare, Fernando Pessoa, e a invenção dos heterónimos

Para Helder e Suzette Macedo

PREFÁCIO

Neste livro, Mariana Gray de Castro revela, de forma persuasiva, a importância de Shakespeare para o desenvolvimento intelectual e criativo de Pessoa. Outra referência fundamental foi Luís de Camões, mas com uma diferença significante: Camões foi o pai que Pessoa teve de matar. Tornara-se uma presença assombrosa na literatura portuguesa, e Pessoa quis libertar-se, afirmando que era necessário surgir um "super-Camões" que, de forma implícita, havia de ser o próprio Pessoa. Paradoxalmente, ao tornar-se um super-Camões, Pessoa prestaria homenagem ao poeta que era emblemático da identidade nacional.

A crítica literária portuguesa tem dado demasiada ênfase à rivalidade que Pessoa tinha com Camões, que é, penso, uma forma perversa de manter o primeiro na sombra do segundo. Considero mais útil fazer a ligação entre os dois poetas em termos complementários. A fragmentação vivida por Camões numa "vida pelo mundo em pedaços repartida" espelha-se na fragmentação imaginária do *eu* de Pessoa nos heterónimos.

Muito já foi escrito sobre a invenção dos heterónimos, os *eus* alternativos que assinaram grande parte da obra pessoana. A ideia de personalidades múltiplas estava no ar na época de Pessoa, tanto na exploração do subconsciente de Sigmund Freud e nos estudos de William James como nas afirmações de Óscar Wilde sobre a verdade e a mentira. O ensaísta português mais influente, Eduardo Lourenço, fez um comentário perspicaz sobre a natureza dos heterónimos, afirmando o facto simples mas fundamental que estes seres imaginários e alternativos existem apenas nos escritos que Pessoa lhes atribuiu. São construções dramáticas, *dramatis personae* no teatro da imaginação. Ou seja, o bucólico Alberto Caeiro, o futurista Álvaro de Campos e o classicista Ricardo Reis - os únicos três heterónimos dentre as outras personalidades literárias que Pessoa experimentou - são, efetivamente, as palavras que Pessoa escreveu por eles.

Deste ponto de vista, a importância de Shakespeare para Pessoa, enquanto poeta dramático, torna-se mais evidente. Mariana Gray de Castro argumenta, de forma conclusiva, que o Shakespeare de Pessoa não foi apenas uma presença constante na sua evolução intelectual, mas ainda um modelo para a sua identidade poética multifacetada. Frisa o interesse de Pessoa pela controvérsia sobre se o ator de Stratford-upon-Avon, conhecido como William Shakespeare, poderia realmente ter sido o autor das peças que trazem esse nome. A meu ver, esse interesse é sobretudo relevante não em relação a Shakespeare mas sim ao próprio Pessoa, como se Fernando Pessoa se identificasse não com um Shakespeare de carne e osso, mas com a ideia de que a identidade de um autor só existe na sua obra. Assim, a obra seria o corpo real de uma identidade escondida, como era Pessoa nos seus heterónimos.

Sabemos que a formação de Pessoa foi em língua inglesa, e que a literatura inglesa foi para ele importantíssima. Chegou a tentar ser um poeta em língua inglesa, editando poemas com uma evidente, embora nem sempre benéfica, dicção shakespeariana. Mas foi na língua de Camões que Pessoa descobriu a sua voz incomparável, enquanto poeta moderno. No entanto, a sua ideia daquilo que a poesia deveria ser pode dever-se mais ao teatro de Shakespeare do que à poesia de Camões.

Helder Macedo

AGRADECIMENTOS

Ao *Espírito Santo Financial Group* em Londres, pela bolsa que me permitiu fazer a tese de doutoramento que levou a este livro.

A Helder Macedo, pela generosidade, apoio e inspiração ao longo de muitos anos.

A Suzette Macedo, pelo entusiasmo contagiante, leitura cuidadosa de versões anteriores, e interesse em discutir as minhas ideias.

A Richard Zenith, pela partilha de todos os aspetos do seu trabalho e pensamento, pelas longas conversas sobre a vida, a arte e a literatura, e pela ajuda a decifrar textos inéditos de Pessoa sobre Shakespeare.

A José Blanco, pela conhecimento enciclopédico de tudo o que tenha a ver com Pessoa, e pela generosidade em compartilhá-lo comigo.

A Jerónimo Pizarro, pelo ensino da metodologia das edições críticas, revisão de algumas transcrições de textos inéditos, e conversas sobre génio e loucura.

Aos funcionários da *Casa Fernando Pessoa*, da *Biblioteca Nacional de Portugal*, da *British Library* e das várias bibliotecas da Universidade de Oxford.

A Bernard McGuirk, que me incentivou a transformar a tese de doutoramento em livro, recomendou o livro à *CCC Press*, e reviu as provas finais.

A Macdonald Daly, editor na *CCC Press*, por apostar, investir e ajudar nas duas edições (inglesa e portuguesa) deste livro.

A Luciana Salles e Jonathan Duhring, pela ajuda com a tradução.

A Mark Cousins, que fez a imagem de Pessoa-Shakespeare para a capa.

Aos antigos professores, agora também colegas, que se interessaram pelo meu trabalho ao longo dos anos, inspirando-me, apoiando-me e ensinando-me tanto pelo caminho, entre eles Claudia Pazos Alonso, Bernard O'Donoghue, Thomas F. Earle, Max Saunders, Philip Rothwell, António M. Feijó, Miguel Tâmen, George Monteiro, K. David Jackson, Eduardo Lourenço, Anna Klobucka, Leyla Perrone-Moisés, Teresa Cristina Cerdeira e Gilda Santos.

ABREVIAÇÕES DE TÍTULOS

Fernando Pessoa

AC *Alberto Caeiro: Poesia*, org. Fernando Cabral Martins e Richard Zenith (2ª ed. Lisboa: Assírio & Alvim, 2004).

AdC *Álvaro de Campos: Poesia*, org. Teresa Rita Lopes (Lisboa: Assírio & Alvim, 2002).

LD *Livro do Desassossego*, org. Richard Zenith (3ª ed. Lisboa: Assírio & Alvim, 2001).

Corr I *Correspondência 1905-1922*, org. Manuela Parreira da Silva (Lisboa: Assírio & Alvim, 1998).

Corr II *Correspondência 1923-1935* org. Manuela Parreira da Silva (Lisboa: Assírio & Alvim, 1999).

GL *Fernando Pessoa: Escritos sobre génio e loucura*, 2 vols., org. Jerónimo Pizarro (Lisboa: INCM, 2006).

H *Heróstrato e a busca da imortalidade*, org. Richard Zenith (Lisboa: Assírio & Alvim, 2000).

PC I *Pessoa por conhecer I: Roteiro para uma expedição*, org. Teresa Rita Lopes (Lisboa: Estampa, 1990).

PC II *Pessoa por conhecer II: Textos para um novo mapa*, org. Teresa Rita Lopes (Lisboa: Estampa, 1991).

PETCL *Páginas de estética e de teoria e crítica literárias*, org. Georg Rudolf Lind e Jacinto do Prado Coelho (Lisboa: Ática, s.d. [1966]).

PI *Pessoa inédito*, org. Teresa Rita Lopes (Lisboa: Horizonte, 1993).

PIAI *Páginas íntimas e de auto-interpretação*, org. Georg Rudolf Lind e Jacinto do Prado Coelho (Lisboa: Ática, s.d.)

PPP *Páginas de pensamento político*, 2 vols., org. António Quadros (Mem Martins: Europa-América, 1986).

RR *Ricardo Reis: Prosa*, org. Manuela Parreira da Silva (Lisboa: Assírio & Alvim, 2003).

William Shakespeare

CW *The Complete Works of William Shakespeare* [*Obra completa de William Shakespeare*], org. W. J. Craig (Oxford: Clarendon Press, s.d. [1892]).

INTRODUÇÃO

Os Heterónimos de Fernando Pessoa e a sua receção: "o universo que constituem é suficientemente insólito para que nos interroguemos a seu respeito." (Eduardo Lourenço)[1]

Shakespeare, Fernando Pessoa, e a invenção dos heterónimos visa explorar o impacto que as leituras de Fernando Pessoa de, e sobre, William Shakespeare, tiveram na sua própria obra, sobretudo a heteronímia.

Faz, desde já, uma distinção entre os heterónimos, conforme Pessoa os classifica e explica, e as suas outras vozes dramáticas: máscaras, pseudónimos, pseudo- ou proto heterónimos, ou qualquer outro rótulo que escolhamos. Mais de setenta autores fictícios emergiram do espólio pessoano (na Biblioteca Nacional de Portugal, em Lisboa), mas é discutível quantos deles representam personalidades literárias autónomas ou experiências mais restritas. A moda corrente, numa linha direta da decisão de Teresa Rita Lopes de listar mais de setenta "*dramatis personae*", várias até então desconhecidas, nos dois volumes de *Pessoa por conhecer* (1990-1991) (*PCI* e *PC II*), é classificar-se qualquer máscara dramática que Pessoa criou como heterónimo. Esta tendência levou o autor Michael Stoker a incluir num posfácio nada menos que oitenta e três supostas personalidades heteronímicas; a sua lista inclui nomes como "Íbis" (uma personagem que Pessoa representava para divertir as crianças e a sua namorada Ophélia, a quem por vezes dirigia cartas assinadas com esse nome), "Voduísta" (um dos espíritos com quem se comunicava durante as suas sessões de escrita automática), "Maria José" (a autora fictícia de uma única carta) e "Abílio Quaresma" (o protagonista dos seus contos policiais).[2] Culminou na edição de Jerónimo Pizarro e Patricio Ferrari *Eu sou uma antologia* (2013), que nos apresenta textos de "136 autores fictícios."[3]

A abordagem "tudo é um heterónimo" priva o conceito de qualquer sentido. *Shakespeare, Fernando Pessoa, e a invenção dos heterónimos* trata como heterónimos pessoanos aqueles que o próprio Poeta descreveu como tais: Alberto Caeiro, Álvaro de Campos, Ricardo Reis e Bernardo Soares (o último é um "semi-heterónimo", porque como Pessoa argumenta a sua personalidade representa uma variação limitada da sua, em vez de uma rutura dramática como a dos outros três). Nenhum escritor antes de Pessoa havia concedido às suas vozes fictícias tamanha autonomia: os heterónimos interagem entre si, têm discussões literárias e filosóficas, escrevem cartas, e reagem às obras uns dos outros. Cada um tem o seu

[1] Eduardo Lourenço, *Pessoa revisitado: leitura estruturante do drama em gente* (1973; Lisboa: Gradiva, 2003), p. 28.
[2] Michael Stoker, *Fernando Pessoa: De Fictie Vergezelt Mij Als Mijn Schaduw* (Utrecht: Uitgeverij Ijzer, 2009), pp. 219-48.
[3] *Fernando Pessoa: Eu sou uma antologia: 136 autores fictícios*, org. Jerónimo Pizarro e Patricio Ferrari (Lisboa: Tinta da China, 2013).

próprio e distinto idioma literário, núcleo temático e contexto de influência artística. Pessoa chegou a descrever-lhes as aparências físicas e a provê-los de biografias e mapas astrológicos. No entanto, a "heteronímia", o "projeto heteronímico", e outras expressões do género, referem-se ao universo mais amplo das personalidades dramáticas de Pessoa, cujo eixo central é constituído pelos heterónimos, e as complexas redes de inter-relações que existem entre os vários autores fictícios e também entre eles e o autor de carne e osso.

Como afirma Eduardo Lourenço, a compreensão da obra de Pessoa e a compreensão do "jogo heteronímico vão de par", pois "a compreensão do mecanismo heterónimo é essencial para a *compreensão* da poesia de Pessoa na sua totalidade."[4] O fenómeno da heteronímia é sem dúvida o aspeto da arte pessoana que tem gerado a maior atenção crítica, e continua a ser objeto de fascínio: a bibliografia pessoana de José Blanco contém verbetes para quase mil estudos diferentes da heteronímia até 2005, sem contar com as explicações oferecidas pelo próprio Pessoa, a mais célebre das quais vem na sua carta de 13 de Janeiro de 1935 a Adolfo Casais Monteiro (*Corr II*, pp. 337-48).[5] Esta carta sobre a génese dos heterónimos é citada em quase todos os estudos da heteronímia, e será citada nos capítulos que se seguem; por essa razão, não é aqui integralmente reproduzida.

Em 1987, Arnaldo Saraiva resumiu as mais influentes teses interpretativas da heteronímia até à data:

- a tese psicológica ou psicanalítica de João Gaspar Simões ("perda" da mãe)[6]
- a tese sociológica de Mário Sacramento (comportamento histórico típico de uma classe sem futuro)[7]
- a tese estruturalista de Roman Jakobson (estruturação das forças psíquicas);[8]
- a tese religiosa (ou arreligiosa) de Angel Crespo (paganismo de raiz panteísta: cada sentimento da natureza, onde não há unidade, pede um

[4] Lourenço, *Pessoa revisitado*, p. 25; "Poesia e heteronímia: Resposta (sem metáfora) ao Snr. Prof. Jacinto do Prado Coelho", *Colóquio-Letras* 171 (*Eduardo Lourenço, Uma ideia do mundo*, Maio-Agosto 2009), 376-87, p. 381.

[5] José Blanco, *Pessoana: Bibliografia passiva, seletiva e temática*, 2 vols. (Lisboa: Assírio & Alvim, 2008), II (*Índices*), pp. 50-7.

[6] Gaspar Simões conclui que "o Fernando Pessoa de seis anos [...] de facto para todo o sempre, 'o menino de sua mãe', sentindo que não o era [...] perdeu a ternura que tinha, tornando-se [...] pelo menos, frio mistificador, essa espécie de 'palco' impessoal, intemporal e abstracto, onde começa a representar-se o estranho drama da sua criação poética." (*Vida e obra de Fernando Pessoa: História de uma geração* (1950; Lisboa: Bertrand, 1981), p. 36).

[7] Ver Mário Sacramento, *Fernando Pessoa, Poeta da hora absurda* (1958; Porto: Inova, 1970).

[8] Ver Roman Jakobson, "Os Oxímoros dialécticos de Fernando Pessoa", in *Roman Jakobson: Linguística, poética, cinema* (São Paulo: Editora Perspectiva, 1970), pp. 93-119.

heterónimo);[9]

- a tese esotérica de António Quadros (a necessidade de conhecer ou compreender as forças ocultas ou simbólicas que regem o mundo ou o destino do homem);[10]

- a tese da intransitividade, defendida por Gilberto de Mello Kujawsky (Pessoa, pouco interessado na ação, era vocacionado para a contemplação ou para a reflexão sobre a ação);[11]

- a tese da exuberância genial, defendida por Eduardo Lourenço e outros (Pessoa como personalidade rica e excessiva, justificadora de metáforas cósmicas como a de uma constelação ou de uma galáxia – não de uma simples estrela, "*star*");[12]

- a tese da carência, de Leyla Perrone-Moisés, para quem o desdobramento heteronímico "não é fruto da riqueza de uma personalidade, mas a indicação lúdica da falta profunda em que se fundamenta o ser humano").[13]

Depois de descrever a história da receção crítica da heteronímia, Saraiva propõe a sua própria tese:

> Por mim, sem desprezar as teses que correm, sobretudo as que se valem de referências psicanalíticas pós-freudianas, tenho defendido a tese (também de cariz psicanalítico) da orfandade Pessoana, que inclusive me permite relacionar a epifania heteronímica com o *Orpheu*, e com o *Marinheiro*.[14]

A estas abordagens, importa somarmos a influente tese de Jacinto do Prado Coelho sobre a criação mediúnica:

> Cerebral e retraído, Fernando Pessoa concebeu o projeto de se ocultar na criação voluntária, *fingindo* indivíduos independentes dele – os heterónimos -, e inculcando-os como produtos de um imperativo alheio à sua vontade: eles o teriam forçado a escrever, na atitude submissa do *medium*, a poesia

9 Ver Ángel Crespo, "El Paganismo de Fernando Pessoa (Para una interpretación de los heterónimos)", *Hora de Poesia* 4-5 (s.d.), 140-57.

10 Quadros descreve esta tese de forma mais sucinta no ensaio "Dos mitos dos heterónimos aos heterónimos dos mitos", in *Encontro internacional do centenário de Fernando Pessoa*: *Um século de Pessoa*, org. Isabel Tamen (Lisboa: Secretaria de Estado da Cultura, 1990), pp. 247-51.

11 Uma exposição representativa da sua visão aparece em "Bernardo Soares e o Velho do Restelo", in *Encontro internacional*, pp. 281-2.

12 Proposto pela primeira vez em *Pessoa revisitado*, e desenvolvida em estudos posteriores.

13 Ver Leyla Perrone-Moisés, "O Vácuo-Pessoa", in *Fernando Pessoa: Aquém do eu, além do outro* (São Paulo: Martins Fontes Editora, 1982), pp. 71-113.

14 Arnaldo Saraiva, *Fernando Pessoa e o Supra-Camões e outros ensaios pessoanos* (Lisboa: Academia das Ciências de Lisboa, 1987), p. 119.

heterónima.[15]

Eduardo Lourenço, em *Pessoa revisitado* (1973), critica o que considera serem as três principais categorias classificatórias das várias abordagens acima: a psicológica, a literária e a sociológica, representadas por João Gaspar Simões, Jacinto do Prado Coelho e Mário Sacramento, respetivamente. Oferece-nos uma valiosa descrição destas três:

> a primeira constituiu em encontrar na *vida* do Poeta, na sua psicologia real ou suposta, as motivações dessa diversificação em poetas, característica da sua criação literária; a segunda, em mostrar, através da análise de cada um dos poetas que Pessoa pretendeu ser, que a apregoada autonomia não resiste a um exame, nem dos temas, nem das particularidades estilísticas; a terceira, finalmente, reenvia essa estranheza, diagnosticada como simples difração de um comportamento histórico absurdo característico de uma classe sem futuro inteligível para essa mesma história de que é reflexo.[16]

Para Lourenço, o problema com as interpretações psicológicas, em especial, é que os heterónimos não são os hipotéticos autores de poemas específicos, mas sim entidades criadas pelos poemas a eles atribuídos; não faz sentido, portanto, falarmos neles como se tivessem uma existência fora da literatura que escrevem.[17]

Seguindo os passos destes ilustres críticos, proponho neste livro uma nova abordagem à heteronímia: uma abordagem "shakespeariana", assente no Shakespeare de Fernando Pessoa. Não se trata de um Shakespeare "objetivo", até porque isso não existe, mas sim de Shakespeare conforme Pessoa o leu, assimilou, interpretou, revisitou, usou e abusou dele. Espero conseguir convencer-vos que o confronto de Pessoa com o dramaturgo inglês foi a peça chave para a invenção dos heterónimos, e que, assim sendo, conhecermos o Shakespeare de Fernando Pessoa será fundamental para uma melhor compreensão da heteronímia.

Estudos existentes sobre Pessoa e Shakespeare: "O profundo interesse de Pessoa em Shakespeare por si só exige um novo livro." (George Monteiro)[18]

A ideia de que uma visão do Shakespeare de Fernando Pessoa poderia iluminar a nossa compreensão do misterioso mundo dos heterónimos foi proposta pelo

[15] Jacinto do Prado Coelho, *Diversidade e unidade em Fernando Pessoa* (Lisboa: Revista do Ocidente, 1949), p. 9.

[16] *Pessoa revisitado*, pp. 25-6.

[17] "Caeiro não é *ninguém*", afirma Lourenço num ensaio. "Caeiro não é o autor de 'O Guardador de Rebanhos.' Caeiro *é* o *Guardador de Rebanhos*, o poema claro está. [...] O *retrato* de Caeiro não cria um 'sujeito de poemas'. Pertence ao mesmo processo que criou *os poemas* que 'são' Caeiro." ("Poesia e heteronímia", *Colóquio-Letras* 171, p. 831).

[18] Original em inglês: "The subject of Pessoa's lasting interest in Shakespeare alone calls for another book." George Monteiro, *Fernando Pessoa and Anglo-American Literature* (Kentucky: The University Press of Kentucky, 2000), p. 11.

próprio Pessoa, que foi o primeiro estudioso da heteronímia, pois ele cita de forma recorrente o exemplo de Shakespeare neste contexto, tanto nos seus escritos teóricos quanto na sua correspondência. A ideia tem sido repetida com tal frequência, desde então, que acabou por se tornar um lugar-comum da crítica, na qual os leitores atentos da obra pessoana se detêm regularmente, mas sem realmente aprofundarem-na.

Os estudos sobre a evolução intelectual e poética de Pessoa tendem a citar Shakespeare de passagem, sendo exemplo representativo o caso de Maria da Encarnação Monteiro em *Incidências inglesas na poesia de Fernando Pessoa* (1956), no qual Shakespeare é referido no contexto de *35 Sonnets* (1918).[19] Visto que Pessoa nos oferece, explicitamente, os *Sonetos* de Shakespeare (1609) como modelo para seus próprios sonetos em inglês, o dramaturgo inglês é invariavelmente citado nas introduções e estudos sobre as composições pessoanas, como por exemplo *"35 Sonnets": uma leitura de Shakespeare* (1990), de Yara Frateschi Vieira e Brian F. Head.[20] Maria do Céu Saraiva Jorge, autora de vários artigos sobre a receção de Shakespeare em Portugal, bem como de uma tese de doutoramento de 1949, declara que "A obra de Fernando Pessoa, só por si, daria assunto para uma longa monografia, neste campo. Basta lembrar que o próprio 'Times' considerou os seus sonetos ingleses imbuídos de 'ultra-shakespearean shakespeareanisms.'"[21] No entanto, esse projeto nunca chegou a ver a luz do dia. Para além disso, e apesar da referência direta que Pessoa faz a Shakespeare no contexto de *35 Sonnets*, alguns leitores ignoram, por completo, a influência shakespeariana na obra de Pessoa: Carlos Estorninho, num artigo sobre a presença de "Shakespeare na Literatura Portuguesa" até 1960, não escreve nada sobre Pessoa.[22]

A *Bibliografia pessoana* de José Blanco enumera treze estudos sobre o confronto de Pessoa com Shakespeare. Alguns destes estudos também só contêm referências passageiras ao dramaturgo inglês, como por exemplo o verbete de John Pilling sobre Pessoa em *An Introduction to Fifty Modern European Poets* [*Introdução a cinquenta poetas modernos europeus*] (1982).[23] Outros apontam para as possíveis afinidades entre os dois autores, propõem temáticas e estilos parecidos, traçando possíveis linhas de influência: João Medina, num ensaio de 1976, propõe que o poema "Tabacaria" (1928), do heterónimo Álvaro de Campos, pode ser considerado um drama estático, escrito por um Hamlet lisboeta em exílio

[19] Maria da Encarnação Monteiro, *Incidências inglesas na poesia de Fernando Pessoa* (Coimbra: Coimbra Editora, 1956), p. 27.

[20] Yara Frateschi Vieira and Brian F. Head, "'35 Sonnets": uma leitura de Shakespeare, *U.S.D.P.* (1990), 276-81.

[21] Maria do Céu Saraiva Jorge, "Shakespeare e a literatura oitocentista posterior a Garrett e Herculano", *Palestra* 23 (1965) 56-82, p. 82.

[22] Carlos Estorninho, "Shakespeare na Literatura Portuguesa", *Ocidente* LXVII (1964), 114-25.

[23] John Pilling, "Fernando Pessoa (1888-1935)", in *An Introduction to Fifty Modern European Poets* (Londres: Pan, 1982), pp. 173-80.

e desgraça.[24] Christine Buci-Glucksmann, em 1990, compara Pessoa, não Campos, a Hamlet.[25]

Alex McNeil, em "What's in a 'Nym'? Pseudonyms, heteronyms and the remarkable case of Fernando Pessoa" [O que é um "nimo"? Pseudónimos, heterónimos, e o caso notável de Fernando Pessoa] (2003), defende que Pessoa tinha impulsos e talentos artísticos incrivelmente semelhantes aos de Shakespeare, bem como uma grande admiração pelo seu génio.[26] O objetivo do ensaio de McNeil é promover a causa oxfordiana, a posição de que "Shakespeare" foi um pseudónimo adotado pelo autor oculto da obra dita shakespeariana, mais especificamente Edward de Vere, décimo-sétimo Conde de Oxford. A controvérsia da autoria da obra shakespeariana é responsável por grande parte do interesse internacional na relação Pessoa-Shakespeare. Autores como McNeil citam Pessoa como um exemplo máximo de um escritor que usava pseudónimos; se ele os usava, porque não os usaria alguém como de Vere? McNeil desconhece o fascínio do próprio Pessoa pelo problema da autoria da obra de Shakespeare, uma quase obsessão que atraiu alguma atenção crítica nacional, sendo que o primeiro a chamar a atenção para esta obsessão foi João Almeida Flor, num artigo de 1984.[27]

Alguns críticos pessoanos têm-se interessado pela influência de Shakespeare na heteronímia – o tema do presente livro – tais como Vitorino Nemésio em "O Sincero fingido" (1945), Jacinto do Prado Coelho em "Fernando Pessoa ou a estratégia da razão" (1981), e Alexandrino E. Severino em "Fernando Pessoa e William Shakespeare: Um estudo comparativo de heteronímia" (1990).[28] No mesmo ano, Flor escreveu um artigo sobre como Pessoa vê em Shakespeare o supremo fingidor e, nesse contexto, louva-o como poeta-irmão.[29]

No nosso século, houve um renovado interesse na relação Pessoa-Shakespeare. Jerónimo Pizarro publicou em 2006 os escritos de Pessoa, em grande parte inéditos, sobre génio e loucura, e em seguida o estudo *Fernando Pessoa: entre génio e loucura* (2007); existem, no livro de textos pessoanos e no livro crítico que os

[24] João Medina, "Hamlet morou defronte da Tabacaria", *Diário de Notícias* (01/08/1974); repr. in *Portugal: Informação* 2:1 (1976) 3-6.
[25] Christine Buci-Glucksmann, "La place d'Hamlet", in *Tragique de l'ombre: Shakespeare et le maniérisme* (Paris: Galilée, 1990), pp. 147-57.
[26] Alex McNeil, "What's in a 'Nym?' Pseudonyms, heteronyms and the remarkable case of Fernando Pessoa", *Shakespeare Matters* 6 (Winter 2003), 16-20.
[27] João Almeida Flor, "Fernando Pessoa e a questão shakespeariana", in *Afecto às Letras: Homenagem da literatura portuguesa contemporânea a Jacinto do Prado Coelho* (Lisboa: INCM, 1984), pp. 276-83.
[28] Vitorino Nemésio, "O Sincero fingido", *Diário Popular* (26/12/1945), 4-7; Jacinto do Prado Coelho, "Fernando Pessoa ou A estratégia da razão", *Jornal de Letras* (17/03/1981), 12-3; repr. in *Camões e Pessoa, Poetas da utopia* (Lisboa: Europa-América, 1983), pp. 114-8; Alexandrino E. Severino, "Fernando Pessoa e William Shakespeare: um estudo comparativo de heteronímia", *Actas IV – Secção Brasileira* (São Paulo: Perspectiva, 1990), pp. 13-22.
[29] Flor, "Shakespeare em Pessoa", in *Shakespeare* (Lisboa: Gulbenkian – Acarte, 1990), pp. 51-63.

acompanha, muitas referências ao dramaturgo inglês.[30] Em 2008, Onésimo de Almeida escreveu sobre a admiração de Pessoa por Shakespeare, num ensaio ostensivamente sobre Pessoa e Antero de Quental.[31] No mesmo ano, Richard Zenith redigiu o verbete dedicado a Shakespeare no *Dicionário de Fernando Pessoa e do modernismo português* (2008), que cita *35 Sonnets*, o interesse de Pessoa pela controvérsia da autoria da obra shakespeariana, e a forma como os seus escritos sobre Shakespeare tendem a ser autobiográficos.[32] Ainda em 2008, Rita Patrício e George Monteiro publicaram ensaios sobre o impacto de Shakespeare na obra pessoana.[33]

Os estudos existentes sobre Pessoa e Shakespeare serão analisados nos capítulos que seguem. Estes estudos desbravaram o caminho, fornecendo valiosas informações sobre as leituras e escritas de Pessoa sobre Shakespeare, e deram pistas para investigações futuras, mas, infelizmente, não tiveram o fôlego necessário para nos explicarem como, e por que motivos, a sua relação com Shakespeare levou Pessoa a inventar os heterónimos.

Pessoa leitor de Shakespeare: "O maior génio é o homem mais endividado." (Ralph Waldo Emerson)[34]

Pessoa refere-se a Shakespeare poucas vezes na sua poesia, mas faz alusões contínuas a ele nas suas cartas, e ainda em textos teóricos sobre temas como a celebridade, a autoria, o génio, a loucura e a sexualidade. Shakespeare também ocupa uma posição de relevo nas reflexões de Pessoa sobre sua própria obra.

Até às últimas décadas do século XX, era prática comum aceitar-se as autoexplicações e os escritos teóricos de Pessoa como sendo expressões sinceras do seu pensamento. Lourenço começa o ensaio principal de *Fernando, Rei da nossa Baviera* (1984) com a afirmação: "Custa-me imaginar que alguém possa um dia falar melhor de Fernando Pessoa que ele mesmo."[35] Ivo Castro ficou surpreendido ao descobrir, em 1986, que a história de Pessoa sobre os poemas de Alberto Caeiro,

[30] *Fernando Pessoa: escritos sobre génio e loucura*, 2 vols., org. Jerónimo Pizarro (Lisboa: INCM, 2006); Pizarro, *Fernando Pessoa: entre génio e loucura* (Lisboa: INCM, 2007).

[31] Onésimo T. Almeida, "Fernando Pessoa and Antero de Quental (with Shakespeare in between)", *Portuguese Studies* 24:2 (*The Future of the Arcas*, 2008), 51-68.

[32] Richard Zenith, "Shakespeare", in *Dicionário de Fernando Pessoa e do Modernismo Português*, org. Fernando Cabral Martins (Lisboa: Caminho, 2008), pp. 798-800.

[33] Rita Patrício, "Shakespeare e Pessoa", in *Fernando Pessoa: o guardador de papéis*, org. Pizarro (Lisboa: Texto Editores, 2009), pp. 83-99; Monteiro, "Shakespeare, the 'Missing All'", *Portuguese Studies* 24:2 (2008), 33-49.

[34] Original em inglês: "The greatest genius is the most indebted man." Ralph Waldo Emerson, "History", in *Ralph Waldo Emerson: Essays, First and Second Series, Representative Men, Society and Solitude, English Traits, The Conduct of Life, Letters and Social Aims, Poems, Miscellanies Embracing Nature, Addresses, and Lectures* (Londres: George Routledge & Sons, 1902), p. 187.

[35] Lourenço, "Fernando, Rei da nossa Baviera", in *Fernando, Rei da nossa Baviera* (Lisboa: INCM, s.d. [1984]), p. 9.

descrita na sua carta a Casais Monteiro sobre a génese dos heterónimos, era essencialmente uma declaração de intenção, e não uma constatação de factos verídicos.[36] A tendência atual, da escola pós-modernista, é partir, pelo contrário, de uma postura de desconfiança, aceitando de forma literal a ideia de que o poeta é um fingidor. Esta abordagem é igualmente improdutiva, pois como Onésimo de Almeida argumenta, as centenas de textos teóricos de Pessoa não podem ser descartados *a priori* como sendo ficções irrelevantes.[37] Em *Shakespeare, Fernando Pessoa, e a invenção dos heterónimos*, os textos de Pessoa sobre Shakespeare, e sobre a sua própria obra, serão aceites como testemunhos importantes, e serão levados a sério; serão tratados com desconfiança quando há razões para o fazer. Como por exemplo, não há razão para não acreditarmos que as principais conclusões de Pessoa sobre a natureza do génio, da invisibilidade, da loucura e da sexualidade de Shakespeare fossem crenças reais, mas vale a pena examinarmos os motivos que levaram a tais crenças, bem como as suas implicações no contexto da sua própria obra.

Alguns textos de Pessoa sobre Shakespeare foram publicados ao longo dos anos, regra geral de forma fragmentária, inconjunta e pouco sistemática, nos mais variados livros. Contudo, descobri que ainda havia muito material virgem, pois o espólio pessoano (BNP/E3 na *Biblioteca Nacional de Portugal*, em Lisboa) contém cerca de trezentos manuscritos inéditos exclusivamente ou principalmente sobre Shakespeare. Se descontarmos a correspondência de Pessoa, e alusões passageiras em textos sobre outros temas, imagino que quase oitenta por cento dos seus principais escritos sobre Shakespeare são inéditos. A maioria é manuscrita, fragmentária, e em inglês. Descobrir estes textos, decifrar e transcrevê-los, foi o meu primeiro passo para uma compreensão da sua visão de Shakespeare.

Para além dos seus escritos sobre Shakespeare, conhecidos ou inéditos, Pessoa deixou-nos valiosos testemunhos das suas leituras shakespearianas. O Poeta vivia rodeado de livros e era um leitor assíduo. Porém, é questionável até que ponto as suas leituras influenciaram a sua própria obra, ou serviram de base para ideias que já teriam germinado. Há hoje quase trinta livros de Shakespeare, ou sobre Shakespeare, na biblioteca de Pessoa. (Há alguma discussão em torno do que deveria constituir a biblioteca de Pessoa, pois alguns estudiosos preferem incluir os livros que teriam pertencido ao Poeta hoje em coleções particulares, na Biblioteca Nacional de Portugal, e / ou com os herdeiros de Pessoa. Neste livro, a biblioteca de Pessoa refere-se, a menos que haja indicação do contrário, aos cerca de 1,200 livros que se encontram na *Casa Fernando Pessoa*, de longe a maior das coleções.)

O livro shakespeariano mais importante de Pessoa é uma edição de 1892 da obra completa de Shakespeare, *The Complete Works of William Shakespeare*. Trata-se de um belo volume revestido em couro, que Pessoa recebeu como prémio

[36] Ver *Fernando Pessoa: o manuscrito de* O Guardador de Rebanhos *de Alberto Caeiro: edição facsimilada*, org. Ivo Castro (Lisboa: Dom Quixote, 1986).
[37] Ver Onésimo de Almeida, "Fernando Pessoa and Antero de Quental (with Shakespeare in between)".

escolar em Durban, em 1905.[38]

A marginália dentro deste livro, e dos seus outros livros shakespearianos, constitui a segunda grande fonte de material, quase todo inédito, para o nosso conhecimento do encontro de Pessoa com Shakespeare.

The Oxford Shakespeare

THE

COMPLETE WORKS

OF

WILLIAM SHAKESPEARE

EDITED, WITH A GLOSSARY

BY

W. J. CRAIG, M.A.

Trinity College, Dublin

Oxford

AT THE CLARENDON PRESS

LONDON: HENRY FROWDE

OXFORD UNIVERSITY PRESS WAREHOUSE, AMEN CORNER, E.C.

NEW YORK: 91 & 93, FIFTH AVENUE

38 William Shakespeare, *The Complete Works of William Shakespeare*, org. W. J. Craig (Oxford: Clarendon Press, s.d. [1892]); doravante *CW*.

A biblioteca de Pessoa é uma mina de informação: foi digitalizada em 2008 e está disponível *online* (http://casafernandopessoa.cm-lisboa.pt). Um ano mais tarde, Maria do Céu Estibeira defendeu a primeira tese de doutoramento sobre a marginália pessoana, que inclui um capítulo sobre as anotações nos seus livros shakespearianos.[39] Vários estudos têm vindo a revelar como as suas leituras influenciaram a sua criatividade, apontando para as possíveis fontes de certas ideias e escritos, como por exemplo "A Biblioteca de Fernando Pessoa na génese dos heterónimos" (2009), de Patricio Ferrari. [40]

Como afirma Ralph Waldo Emerson num texto inédito: "While you are reading, you are the book's book" [quando lemos, somos o livro do livro].[41] No seu ensaio "History" [História], que Pessoa leu atentamente, sublinhando certos trechos, Emerson afirma que "the student should read actively and not passively; to esteem his own life the text, and books the commentary" [o aluno deve ler de forma ativa em vez de passiva; deve imaginar que a sua própria vida é o texto, e os livros são o comentário a ela].[42] A grande maioria das fontes shakespearianas de Pessoa são inglesas, e a sua leitura delas é ativa, como Emerson propõe. Absorve dos seus livros, à maneira de uma pega ("magpie" em inglês; interessantemente, a palavra deriva de "magot-pie", que foi usada pela primeira vez por Shakespeare em *Macbeth*, 3.4.125), pássaro da família dos corvos que rouba objetos com brilho para construir o seu próprio ninho, as ideias e as observações alheias mais cintilantes para a sua própria arte.

T. S. Eliot celebremente afirmou que "Mature poets steal" [os poetas maduros roubam]; os melhores transformam as suas fontes em algo melhor, ou, pelo menos, em algo diferente.[43] O mesmo se aplica às boas pegas. A imagem do Poeta como pega é especialmente apropriada para a postura de Pessoa face a Shakespeare, por isso *Shakespeare, Fernando Pessoa, e a invenção dos heterónimos* compara as suas leituras de e sobre o dramaturgo inglês, com os seus escritos sobre o mesmo, do início ao fim. Em muitos casos, Pessoa oculta, cita de forma consciente ou inconscientemente enganosa, e apropria-se, de forma tendenciosa, das suas fontes shakespearianas; uma boa ilustração da sua tendência a fazer leituras "criativas", ao modo de Emerson, aparece no segundo capítulo, numa secção intitulada "O Poeta como pega." Para além disso, Pessoa raramente cita as suas fontes,

[39] Maria do Céu Estibeira, *A* Marginalia *de Fernando Pessoa* (tese de doutoramento inédita, Universidade de Lisboa: Faculdade de Letras, 2009), pp. 240-254. Ver também o seu artigo "Uma Perspectiva da *Marginalia* de Fernando Pessoa", *Romântica* 18 (2009), 91-108.

[40] Patricio Ferrari, "A Biblioteca de Fernando Pessoa na génese dos heterónimos", in *Fernando Pessoa: o guardador de papéis*, pp. 155-218.

[41] In Robert D. Richardson, *First We Read, Then We Write: Emerson on the Creative Process* (Iowa City: University of Iowa Press, 2009); citado em John Banville, 'Emerson, "A Few Inches From Calamity"', *The New York Review of Books* (21 November 2009), 2-4, p. 2.

[42] Emerson, *Works*, p. 8.

[43] T. S. Eliot, in *Selected Prose of T.S. Eliot*, org. Frank Kermode (Londres: Faber & Faber, 1975), p. 153.

provavelmente para parecer mais original do que de realmente é. Exemplo disso é quando Álvaro de Campos faz insinuações quanto à sexualidade de Ricardo Reis (ver Capítulo 4), acusando-o de empregar o seu estilo complicado como um "delgado sendal, ou o que quer que seja, que cobre as partes do discurso" (*PC II*, p. 474). António M. Feijó foi o primeiro a apontar que estas palavras derivam diretamente da estrofe 37 do segundo canto de *Os Lusíadas*, de Luís de Camões, uma derivação que o próprio Pessoa nunca refere.[44]

A dívida de Pessoa para com fontes específicas levou-me a decidir apresentar, quase sempre, citações diretas dos seus textos inéditos sobre Shakespeare, em vez de descrições ou paráfrases. Assim, espero que o leitor possa perceber, e em primeira mão, como as palavras e os pensamentos de Pessoa podem ser reminiscentes dos de autores anteriores. No Apêndice, apresento transcrições completas de todos os manuscritos inéditos citados neste livro.

Emerson afirma ainda, no seu ensaio "Shakespeare; or the Poet" [Shakespeare, ou o poeta], que Pessoa também leu: "The greatest genius is the most indebted man. A poet is no rattlebrain, saying what comes uppermost, and, because he says everything, saying, at last, something good; but a heart in unison with his time and country" [O maior génio é o homem mais endividado. Um poeta não é uma pessoa leviana, que diz tudo o que lhe vem à cabeça, e, porque diz tudo, dizendo, finalmente, algo de valioso; mas um coração em uníssono com o seu tempo e espaço]. Conclui que "All originality is relative. Every thinker is retrospective" [toda a originalidade é relativa. Todos os pensadores são retrospetivos].[45] A minha abordagem pactua inteiramente com esta revelação. Pessoa é, como Shakespeare, do seu tempo, para além de ser intemporal ("of his age as well as for all time", nas célebres palavras de Ben Jonson sobre Shakespeare no *Primeiro fólio*, 1623); existem, em muitos casos, precedentes para as suas avaliações do dramaturgo inglês, que podem ser apontados com segurança.

Por isso, examinarei o alinhamento de Pessoa, ou as suas divergências, com o espírito da sua época, bem como o impacto de fontes específicas nos livros que leu. A minha abordagem neste livro é historicista: analiso, por exemplo, a reação de Pessoa à nova ciência da psicanálise, em vez de tentar analisá-lo de forma psicanalítica, e examino a sua apropriação de ideias da época sobre génio e loucura, bem como o uso que faz das novas doenças mentais, em vez de tentar diagnosticá-lo. O historicismo não está na moda na crítica literária portuguesa; contudo, é a abordagem predominante nos estudos shakespearianos anglo-saxónicos: *Will in the World: How Shakespeare Became Shakespeare* [*Will no mundo: como Shakespeare se tornou Shakespeare*] (2004), de Stephen Greenblatt, *Shakespeare and Co.: Christopher Marlowe, Thomas Dekker, Ben Jonson, Thomas Middleton, John Fletcher and the Other Players in his Story* [*Shakespeare e*

44 António M. Feijó, "Ricardo Reis, [A flor que és, não a que dás, eu quero]", in *Século de ouro: Antologia crítica da poesia portuguesa do século XX*, org. Osvaldo Manuel Silvestre e Pedro Serra (Braga, Coimbra, Lisboa: Angelus Novus & Cotovia, 2002), p. 470.

45 Emerson, *Works*, pp. 187, 189.

companhia: Christopher Marlowe, Thomas Dekker, Ben Jonson, Thomas Middleton, John Fletcher e os outros atores na sua história] (2006), de Stanley Wells, e *Soul of the Age: The Life, Mind and World of William Shakespeare* [*Espírito da época: a vida, o pensamento e o universo de William Shakespeare*] (2008), de Jonathan Bate, são títulos representativos.

A minha abordagem é temática, em vez de cronológica, porque o pensamento de Pessoa sobre Shakespeare é coerente e consistente ao longo dos anos, apesar de algumas ideias aparentemente contraditórias. Um contexto cronológico será proposto quando for relevante, por exemplo quanto tento precisar o período do maior fascínio de Pessoa pelo problema da autoria da obra de Shakespeare (no final do Capítulo 2). Uma abordagem temática tem, ainda, a vantagem de permitir que nos foquemos nos temas da pessoa e da arte de Shakespeare que atraíram a maior atenção de Pessoa: o seu génio, a sua invisibilidade autoral, a sua possível loucura, e a sua sexualidade. Cada um dos primeiros quatro capítulos parte de uma interpretação específica que Pessoa faz de Shakespeare, prossegue com uma contextualização histórica para a mesma, indicando as suas fontes mais importantes, e então explora os problemas mais significantes que surgem quando confrontamos as ideias de Pessoa sobre Shakespeare com a sua própria obra, até finalmente relacionar tudo isto com a heteronímia. Esta circularidade visa espelhar o processo artístico o poeta-pega, posto que, em última análise, ele está quase exclusivamente interessado em Shakespeare enquanto o maior modelo para a invenção dos heterónimos.

No primeiro capítulo, "O Génio de Shakespeare", começo por descrever o lugar de Shakespeare na cultura portuguesa, na época da Pessoa, e descrevo como Pessoa primeiro descobriu a sua obra. Em seguida, examino a ambição de Pessoa de o colocar numa posição de maior relevo na paisagem literária portuguesa, sobretudo via projetos ambiciosos de traduzir os seus escritos. Depois, analiso as apropriações poéticas que Pessoa faz de Shakespeare, tanto para *35 Sonnets* (1918) como para o poema de Álvaro de Campos "Se te queres matar, porque não te queres matar?", que é, proponho, uma resposta poética ao mais célebre discurso em toda a obra shakespeariana, o solilóquio de Hamlet que começa "To be, or not to be, that is the question" [Ser ou não ser, eis a questão]. Voltando das apropriações literárias para as avaliações críticas, vejo então o lugar de Shakespeare no cânone de Pessoa, procurando mostrar que Shakespeare é o escritor que Pessoa mais admira (este facto, por si só, justifica a existência deste livro). As ideias de Pessoa sobre o génio de Shakespeare foram geradas pela crítica romântica do século XIX, e também pelo seu ideal modernista da despersonalização artística, por isso revelarei estas duas esferas de influência. As interpretações de Pessoa são ainda autobiográficas, baseadas na autoprojeção. Por fim, exploro como Pessoa faz uso daquilo que considera ser a essência do génio de Shakespeare para a heteronímia.

Os três capítulos seguintes exploram as mais importantes leituras corolárias de Pessoa sobre Shakespeare, analisando como elas também influenciaram o seu pensamento sobre os heterónimos e a heteronímia.

O segundo capítulo, "A Invisibilidade de Shakespeare", é sobre o fascínio de Pessoa pela controvérsia da autoria da obra shakespeariana. Dúvidas sobre se Shakespeare realmente escrevera a obra a ele atribuída foram geradas pela natureza "impessoal" do seu génio, e Pessoa confrontou-se longamente com o tema, lendo dezenas de livros, aos quais respondeu em quase duzentos manuscritos, quase todos inéditos. Exploro o texto mais comprido de Pessoa sobre o tema, de modo a contextualizar as suas ideias sobre o mesmo; neste texto, as apropriações e transformações que faz de fontes sobre a controvérsia oferecem-nos um excelente exemplo do poeta como pega. Em seguida, questiono a crença corrente de que Pessoa teria duvidado que o Shakespeare histórico fosse o autor da obra shakespeariana, e analiso os motivos que levaram à sua obsessão pelo problema. Por fim, exploro como, e por que razão, as ideias de Pessoa sobre a aparente invisibilidade de Shakespeare tiveram impacto na sua própria obra, os seus principais pontos de atrito servindo de espelho para as maiores problemáticas da heteronímia.

O terceiro capítulo, "A Loucura de Shakespeare", começa por descrever a contribuição mais original de Pessoa para a controvérsia da autoria de Shakespeare: a solução que propõe para a suposta indiferença do dramaturgo inglês perante a publicação da sua obra genial. Esta solução é baseada no diagnóstico que Pessoa faz de Shakespeare, pois descobre nele a mesma doença mental que descobrira em si próprio, a histero-neurastenia. Examino a derivação e a compreensão de Pessoa desta neurose, e as formas como emprega a "loucura" de Shakespeare, e das suas personagens dramáticas, em especial Hamlet, na sua própria arte, sobretudo na poesia de Álvaro de Campos. Analiso então por que Pessoa decide oferecer-nos a "loucura" que encontra em Shakespeare e em si mesmo como a explicação psicológica para o génio de ambos, a invenção de *outros* dramáticos.

No quarto capítulo, "A Sexualidade de Shakespeare", descrevo como Pessoa deduz, após ler os sonetos de Shakespeare, a sexualidade do seu autor. A leitura biográfica que Pessoa faz dos sonetos é novamente prova da sua imersão na crítica shakespeariana feita pelos românticos, por isso descrevo a influência de leituras românticas das composições problemáticas, sobretudo a de Óscar Wilde, na sua crença de que Shakespeare seria homossexual. Depois, analiso as implicações da abordagem biográfica de Pessoa, a principal sendo que ela é contrária à sua insistência na despersonalização, que é sobretudo evidente nas suas explicações pelos seus próprios escritos homoeróticos. Contudo, proponho que o homoerotismo de Pessoa foi diretamente influenciado pelas maiores características que ele descobriu nos sonetos de Shakespeare. A sua postura contraditória perante a sexualidade de Shakespeare e a sua própria ilumina a nossa compreensão do seu confronto com a psicanálise freudiana, a abordagem biográfica mais intrusiva da época. Revela, ainda, a sua atitude diferente face à poesia lírica (os sonetos de Shakespeare) e a poesia dramática (as peças de Shakespeare; a obra dos heterónimos).

O quinto, e último, capítulo, "Shakespeare e a invenção dos heterónimos", examina em maior profundidade a grande analogia que subjaz nas leituras que Pessoa faz do génio, da invisibilidade, da loucura e da sexualidade de Shakespeare: de que as personagens de Shakespeare seriam parecidas com os heterónimos. Começo por questionar a validade da aproximação, e proponho a existência daquilo a que chamo uma "falácia de parentesco" na projeção retrospetiva de afinidade que Pessoa faz, uma falácia que tem vindo a ser repetida por vários estudiosos. Em seguida, analiso se Shakespeare realmente será, como propõe Pessoa, o melhor modelo possível para a heteronímia, quando há outros precedentes interessantes nas máscaras modernistas e nos monólogos dramáticos da época de Pessoa, antes de explorar as razões pela sua contínua evocação de Shakespeare nesse contexto. Exploro como Pessoa, com os seus heterónimos, se apropria das qualidades chave que descobre na dramaturgia de Shakespeare: a autoconsciência sem precedentes das suas personagens dramáticas, a sua tendência de transgredir os seus papeis, e a sua representação da ideia do mundo como um palco, onde existir e representar são de difícil separação. No processo, sugiro novas descobertas e leituras quando abordamos a obra de Pessoa tendo em mente a arte de Shakespeare, propondo uma nova abordagem ao problema do *fingimento* heteronímico, com base numa ideia de William Empson que mudou, para sempre, a forma como lemos Shakespeare.

A minha tese central, que atravessa todo este livro, é explicitada no último capítulo: Pessoa mediu forças com Shakespeare na invenção impessoal de *outros* dramáticos. Harold Bloom afirma que Shakespeare inventou o humano; eu quero mostrar como Shakespeare levou Pessoa a inventar os heterónimos.

Em vez de inundar as páginas que se seguem com expressões desesperantes, e desesperadas, como "talvez", "é provável que", ou "possivelmente", ofereço desde já um aviso: este livro é a minha reconstrução de como Pessoa leu Shakespeare, reagiu a ele, e se apropriou das características essenciais que descobriu na sua arte para o coração da sua própria obra, a heteronímia. Se o Shakespeare de Fernando Pessoa que emergir neste livro, proposto como a essência alquímica que infiltra e possibilita, mais que qualquer outra influência literária, a heteronímia, é um modelo interpretativo que ilumina a heteronímia pessoana tanto quanto as abordagens prévias à mesma, descritas nesta introdução, deixo ao melhor critério do leitor.

EDITAR PESSOA: EDIÇÕES UTILIZADAS E APRESENTAÇÃO DE TEXTOS INÉDITOS

As dificuldades inerentes à publicação da obra pessoana são comparáveis às dificuldades inerentes à publicação da obra de Shakespeare. No caso de Shakespeare, durante quase todo o século XX havia um consenso sobre qual deveria ser o destino final: uma reconstrução, a partir de diferentes textos existentes, de um "Arquétipo perdido", as peças que Shakespeare "originalmente" escrevera ou, ainda mais problemático, as que teria projetado antes destas terem sido corrompidas pela editora ou pela companhia de teatro. Este ideal produziu textos compostos por variantes selecionadas dos textos da época de Shakespeare e do período posterior, como os *Quartos* "bons" e "maus" e o *Primeiro fólio* (1623). Tais textos escondem as grandes divergências que há entre as várias versões, e a peça torna-se uma manta de retalhos, alinhavada por conjeturas, especulações e "melhorias" de editores como Harold Jenkins e Stanley Wells.

Em 1986, a edição de Oxford das *Obras completas* imprimiu duas versões diferentes de *King Lear* [*Rei Lear*], segundo a teoria de que elas representariam não variações de um único "Arquétipo perdido" mas seriam, pelo contrário, obras independentes, ou diferentes etapas da mesma obra. A medida foi controversa, mas doze anos mais tarde o *Norton Shakespeare*, uma das principais edições americanas, organizada por Stephen Greenblatt, seguiu o mesmo rumo, publicando não dois, mas três *Lears*: as duas versões da edição de Oxford mais uma terceira, tradicional, de textos sobrepostos. Ann Thompson e Neil Taylor, no novo *Hamlet* (2006) da editora Arden, continuaram a moda de recusar decidir entre versões alternativas, publicando três versões diferentes de *Hamlet*, com o argumento de que cada uma deveria ser respeitada porque não podemos saber quais eram as intenções de Shakespeare.[1] Esta tendência editorial levou a uma engenhosa solução em *The Enfolded Hamlets* [*Os Hamlets envoltos*] (1996), uma edição dos textos do segundo *Quarto* e do *Fólio* que também contém, entre parêntesis, todas as variantes de ambos, aproximando-se assim do conceito de um hipertexto shakespeariano.[2] Com as novas tecnologias, esta abordagem levará a novas formas de editar obras "abertas" no futuro; um trabalho *online* pioneiro, que apresenta, em simultâneo, as três versões de *Hamlet* em *The Enfolded Hamlets*, pode ser consultado em *www.hamletworks.org* (2014).

As visões e revisões literárias de Pessoa levam a que, como no caso de Shakespeare, raramente exista um texto "final" ou "acabado." Uma exposição conceptual na *Casa Fernando Pessoa*, inaugurada em Setembro de 2009, focou uma ode de doze versos, atribuída ao heterónimo Ricardo Reis, contendo 25 palavras ou frases variantes. Nenhuma delas exclui mutuamente a outra, pois não altera significativamente o sentido da ode. Um cálculo matemático concluiu que, para

[1] *Hamlet*, org. Ann Thompson e Neil Taylor (Londres: Arden 3ª ed, 2006).
[2] *The Enfolded Hamlets: Parallel Texts of <F1> and {Q2} Each With Unique Elements Bracketed*, org. Bernice W. Kliman (Nova York: AMS/Londres: Eurospan, 1996).

esta única ode, existem 28 mil poemas possíveis. A natureza transitória dos textos pessoanos, a sua falta de autoridade definitiva, é aplicável mesmo àqueles que Pessoa publicou em vida, pois muitos contêm, na sua mão, modificações posteriores em cima do texto publicado. O melhor exemplo são as alterações manuscritas na sua primeira edição de *Mensagem* (1934); a segunda edição do livro, que serve de base para as edições modernas, incorporou estas modificações.[3] O resultado é o estarmos tão longe de uma edição definitiva dos escritos de Pessoa quanto dos de Shakespeare.[4]

As primeiras edições da obra pessoana, como as da Ática, foram pioneiras mas têm um número elevado de erros de transcrição e interpretação, tais como a falha em perceber as anotações abreviadas de Pessoa, em inglês, para as palavras "therefore" [portanto], "because" [porque] e "and" [e]. A entrada do espólio pessoano no domínio público, em 2005, levou a uma proliferação de novas edições, tanto de textos inéditos como de novas versões de textos previamente publicados.

As divergências de opinião sobre a melhor forma de editar Pessoa levaram a duas metodologias correntes. A editora Assírio & Alvim encarrega reconhecidos estudiosos pessoanos de fazer as escolhas que eles (os especialistas) julgarem adequadas, ou que imaginam que Pessoa teria preferido se ele tivesse preparado a sua obra para publicação. A maioria moderniza a sua ortografia – Pessoa preferia um português antigo, arcaico já na sua época – e discretamente corrige erros claros, como erros tipográficos e pontuação inconsistente, apresentando, nas notas, as variantes e hesitações mais significativas. As edições críticas, de orientação mais académica, são publicadas pela Imprensa Nacional – Casa da Moeda (INCM). Estas edições procuram não adulterar os textos de Pessoa, deixando-os com a sua ortografia original, e registar, criteriosamente, cada uma das hesitações e variantes, tendo por objetivo a não imposição de qualquer organização editorial exterior aos próprios textos.

Onde quer que haja uma escolha entre diferentes versões do mesmo texto, o ideal será consultar várias edições em conjunto. Foi o que fiz ao longo deste livro: todas as edições de Pessoa consultadas estão na bibliografia, e as notas de rodapé fazem referência à fonte de cada texto. A decisão sobre a melhor edição de Shakespeare a consultar, em contraste, não podia ter sido mais fácil: todos os trechos, sem exceção, foram retirados da edição das *Obras completas* de Shakespeare que Pessoa tinha na sua biblioteca (*CW*).

As minhas transcrições dos textos inéditos de Pessoa sobre Shakespeare (Apêndice) foram feitas de acordo como as edições para o leitor não-académico, como as da Assírio & Alvim. Embora eu tenha decidido manter a ortografia original de Pessoa, corrigi erros de ortografia e pontuação, e expandi as abreviações para palavras como "Shakespeare", "Bacon", "therefore", "because" e "and", bem como as referências a autores e títulos. Onde existiam variantes para palavras ou

[3] *Mensagem* (Lisboa: Parceria António Maria Pereira, 1934). O exemplar da primeira edição corrigida por Pessoa está na *Casa Fernando Pessoa*.

[4] Zenith publicou em 2012 sua décima edição do *Livro do desassossego* para a Assírio & Alvim. A primeira edição de Zenith saiu em 1998.

trechos, escolhi aquela que me pareceu ser a última, em vez da primeira, opção do Poeta. Não incluí trechos que foram riscados, nem indiquei as poucas palavras dubitadas, ou onde figuram as adições posteriores no manuscrito; estas adições foram inseridas nas suas posições indicadas, quando Pessoa as indicou, ou onde me pareceu a mim mais indicado, quando ele não as indicou. As minhas notas esclarecem as alusões e referências de Pessoa. Trechos sublinhados foram colocados em itálico, e todas as ênfases são originais. Os textos em inglês foram depois traduzidos para português.

Os símbolos utilizados foram os seguintes:

□ espaço deixado em branco por Pessoa
† palavra ilegível
* leitura especulativa

Estes símbolos também foram utilizados nas minhas transcrições da marginália de Pessoa.

Todos os textos inéditos citados neste livro são apresentados, na íntegra, no Apêndice; são, ao todo, 18 textos inéditos aqui revelados pela primeira vez, juntamente com notas explicativas. Estes muitas vezes nos ensinam mais sobre o próprio Pessoa do que sobre Shakespeare.

O GÉNIO DE SHAKESPEARE

Shakespeare em Portugal

Fernando Pessoa descobriu Shakespeare exclusivamente como leitor, pois nunca descreve representações teatrais a que tivesse assistido. É concebível que tenha visto a peça *Hamlet* em Durban, entre 1898 e 1902, quando a British Holloway Company foi à África do Sul, mas não há indícios disso.[1] Também não existe qualquer registo que Pessoa tivesse assistido a peças shakespearianas em Portugal, embora estas fossem regularmente encenadas no país deste o início o século XIX, principalmente por companhias de teatro estrangeiras.[2] Havia um gosto especial por óperas e concertos de temática shakespeariana, para além de produções mais convencionais: desde a sua inauguração em 1793, o Teatro São Carlos encenou *Otelo* de Rossini, *Romeu e Julieta* de Vaccai, *Romeu e Julieta* (*I Capuletti ed i Montecchi*) de Bellini, *Macbeth*, *Otelo* e *Falstaff* de Verdi, *Hamlet* de Ambroise Thomas e *Romeu e Julieta* de Gounod, entre outras.[3] Paganini representou em *Otelo*, no São Carlos, em 1825, e Sarah Bernhard interpretou ali uma versão feminina de Hamlet, em 1899.[4] No início do século XX, as peças mais importantes de Shakespeare já eram suficientemente conhecidas para serem parodiadas, como na farsa *Omelette* (1905), de Rafael Ferreira, publicada sob o pseudónimo "Chá-que-inspira", e em *Othelosito* (1906), pastiche de Francisco Rangel de Lima dirigido ao público infantil.[5]

Para acompanhar o crescente número de produções shakespearianas, ao longo do século XIX, os jornais portugueses publicaram crítica sobre as produções recentes e as que viriam, na tentativa de promover os espetáculos e educar o público.[6] Para além disso, proeminentes escritores oitocentistas que Pessoa admirava começaram a elogiar Shakespeare nos seus escritos. Almeida Garrett havia atacado o dramaturgo inglês no poema "Toucador" (1822), mas a sua estadia em Inglaterra mudou a sua opinião por completo, levando-o a organizar a série de

[1] Ver P. B. Storrar, "Leonard Rayne", in *Better Than They Knew*, org. R. M. de Villiers (Cidade do Cabo: Purnell, 1972), pp. 124-35, p. 128.

[2] Ver Luiz Francisco Rebello, *Dicionário do teatro português* (Lisboa: Prelo, 1978).

[3] Ver Maria de Lourdes Lima dos Santos, *Por uma sociologia da cultura burguesa em Portugal no século XIX* (Lisboa: Presença, 1983).

[4] Citado em Estorninho, "Shakespeare na literatura Portuguesa", *Ocidente LXVII* (1964), p. 117. Talvez se trate do tenor português João Paganini e não do seu homónimo italiano mais conhecido, pois o primeiro é referido por Francisco da Fonseca Benevides em *O Real Theatro de S. Carlos de Lisboa desde a sua fundação em 1793 até à atualidade: estudo historico* (Lisboa: Castro e Irmão, 1883), pp. 161, 180. Contudo, algumas descrições da história do S. Carlos referem o compositor e violinista italiano, como por exemplo "Lisbon: Teatro Nacional de Sao Carlos", *Planetware* <http://www.planetware.com/lisbon/teatro-nacional-de-sao-carlos-p-lisb-tnsc.htm>.

[5] Citado em Estorninho, *op. cit.*, p. 119.

[6] Maria do Céu Saraiva Jorge, "Shakespeare e a literatura oitocentista posterior a Garrett e Herculano", *Palestra* 23 (Lisboa: 1965), 56-8.

palestras de James Sheridan-Knowles em Lisboa, e depois no Porto, em 1845; as três primeiras foram sobre Shakespeare.[7] Mais tarde, Garrett confessaria, no 26º Capítulo de *Viagens na minha terra* (1846): "Nunca tinha entendido Shakespeare, enquanto o não li em Warwick, ao pé do Avon, debaixo de um carvalho secular, à luz daquele sol baço e branco do nublado céu de Albion... ou à noite, com os pés no *fender*, a chaleira a ferver no fogão..." Camilo Castelo Branco escreveu o poema "A Shakespeare" em 1878, e publicou o primeiro estudo português aprofundado sobre uma de suas peças (1886), *Otelo*.[8] Eça de Queirós louvou Shakespeare pelos seus "não sei quantos milhares, um número enorme de milhares de palavras. Necessitou mesmo, para traduzir a sua emoção, de forjar por vezes o vocábulo."[9] Teixeira de Pascoaes inseriu personagens shakespearianas em dois poemas: Ophélia em "A Sombra da Vida", e Ophélia e Hamlet em "Londres." António Nobre, no poema "Males do Anto" (*Só*, 1892), faz referência a um livro que tem uma influência tão profunda no sujeito poético, um velado retrato do artista quando jovem, que provoca nele efeitos físicos para além de mentais. Sem compreender, a Sra. Carlota desespera-se diante o estado febril e exaltado do seu menino, interpretando o seu entusiasmo pelo autor da obra como delírio:

> Mas uma coisa que lhe faz ainda pior,
> Que o faz saltar e lhe enche a testa de suor,
> É um grande livro que ele traz sempre consigo
> E nunca larga: diz que é o seu melhor amigo
> E lê, lê, chama-me: "Carlota, anda ouvir!"
> Mas... nada ouço. Diz que é o Sr. Shakespeare.

No mesmo poema, o sujeito poético ainda evoca: "Ó rainhas Macbeths / Da ambição! Ó Reis Lears da Loucura! Ó Hamlets / Da minha Vingança! / Ó Ofélias do Perdão!"[10]

O século XIX também testemunhou o aparecimento das primeiras traduções das peças de Shakespeare em português. A primeira foi *O Intrigante de Veneza, drama em 5 atos e 8 quadros*, publicada em 1842 por José Maria da Silva Leal. Trata-se de uma versão de *Otelo*, mas o título escolhido por Leal transpõe o foco da ação para Iago. A tradução de Luís Augusto Rebelo da Silva da mesma peça, com o título

[7] Citado em Estorninho, "Shakespeare na Literatura Portuguesa", *Ocidente LXVII*, p. 115. Para mais informação sobre a receção de Shakespeare por Garrett, ver João Almeida Flor, "Para a imagem de Shakespeare em Garrett", e Helena Carvalhão Buescu, "Tópicos para o debate", ambos em *Garret às portas do milénio*, org. Fernando Mão de Ferro (Lisboa: Colibri, 2002), pp. 45-54 e 59-62.

[8] Camilo Castelo Branco, *Esboço de crítica. Othello, o Mouro de Veneza de William Shakespeare: tragédia traduzida para portuguez por D. Luiz de Bragança* (Porto: Chardron, 1886).

[9] Citado por Saraiva Jorge, "Shakespeare e a literatura oitocentista posterior a Garrett e Herculano", *Palestra* 23, p. 65.

[10] António Nobre, *Poesia completa* (Lisboa: Dom Quixote, 2000), pp. 361, 351-2.

mais convencional *O Mouro de Veneza*, surgiu em 1856. Mas foram as traduções de D. Luís de Bragança, o monarca reinante, que puseram Shakespeare definitivamente no mapa cultural nacional, pois de 1877 em diante ele produziu versões portuguesas a partir dos textos originais em inglês (muitas das traduções anteriores foram feitas a partir de traduções francesas), publicando *Hamlet* (1877), *O Mercador de Veneza* (1879), *Ricardo III* (1880) e *Otelo, O Mouro de Veneza* (1885), e deixando por publicar *Romeu e Julieta* e *A Esquiva donzela*, para além dos poemas narrativos *Vénus e Adónis* e *O Estupro de Lucrécia*. Na década de 1890, não houve novas traduções, facto que João Ferreira Duarte defende, de forma inteiramente convincente, se deve à crise política do Ultimato, e o resultante "ideological embargo" [embargo ideológico] a tudo o que fosse proveniente do Reino Unido.[11] Nessa altura, devido à pressão pública, algumas produções shakespearianas foram canceladas.[12]

Como é evidente, Pessoa nunca precisou de ler Shakespeare em português. Nem quereria. Foi-lhe dado o seu livro shakespeariano mais importante, as *Obras completas*, como prémio escolar em Durban, a 16 de Agosto de 1905.[13] Foi um livro que Pessoa guardou como um tesouro, trazendo-o para Portugal quando regressou definitivamente no mesmo ano, mantendo-o seguro ao longo de várias mudanças de casa, e anotando-o extensamente nas margens e nas entrelinhas. Quase exatamente um ano mais tarde, Pessoa começou a devorar o seu conteúdo, lendo *The Tempest* [*A Tormenta*] de um só fôlego, e *Comedy of Errors* [*Comédia dos erros*] e *Much Ado About Nothing* [*Muito barulho por nada*] no decorrer dos dois dias seguintes, de acordo com o seu diário de leituras de 1906.[14]

O primeiro contacto conhecido de Pessoa com a obra de Shakespeare fora dois anos antes, pois *The Life of King Henry V* [*A Vida do Rei Henrique V*] fazia parte do seu exame escolar de 1903.[15] Escrevendo sobre a sua evolução literária, anos mais tarde, Pessoa reconheceu que a sua educação britânica, com Shakespeare no centro, na então colónia britânica de Natal, fora "a factor of supreme importance in my life, and, whatever my fate be, indubitably shaping it" [um fator de suprema importância na minha vida, e, qualquer que seja o meu destino, formando-o indubitavelmente].[16] Continuaria a ler Shakespeare, e sobre Shakespeare, em inglês, durante toda a vida, mas ficou atento às traduções que iam surgindo. Condenava-as como sendo fracas, e elaborou grandiosos planos para editar as suas

[11] João Ferreira Duarte, "The Politics of Non-Translation: A Case Study in Anglo-Portuguese Relations", *Traduction, terminologie, rédaction* 13:1 (2000), 95-112.
[12] Flor, "*Hamlet* (1887): Tradução portuguesa de um caso patológico", in *Shakespeare entre nós*, org. Maria Helena Serôdio, João de Almeida Flor, Alexandra Assis Rosa, Rita Queiroz de Barros e Paulo Eduardo Carvalho (Ribeirão: Edições Húmus, 2009), pp. 184-200, p. 188.
[13] O livro contém a dedicatória: "F. A. N. Pessoa / With kind regards from / Mr. Storm / Durban / Augt. 16th. 1905." *CW*, folha de rosto.
[14] Citado por Flor, "Shakespeare em Pessoa", in *Shakespeare*, p. 59.
[15] Ver Alexandrino E. Severino, *Fernando Pessoa na África do Sul: a formação inglesa de Fernando Pessoa* (Lisboa: Dom Quixote, 1983), pp. 158-61.
[16] Carta ao *British Journal of Astrology*, 08/02/1918, in *Corr I*, p. 258.

próprias traduções.

Em 1908, a editora portuense Lello & Irmãos começara a traduzir as obras completas de Shakespeare, confiando o trabalho a Domingos Ramos e Henrique Braga. Em 1913, Ramos já havia traduzido algumas peças, incluindo *Hamlet, O Mercador de Veneza* e *Júlio César*. A reação de Pessoa a estes esforços foi agressiva e negativa: escreveu uma carta à editora, que provavelmente nunca chegou a enviar, lamentando a sua decisão de permitir que Ramos alterasse o verso das peças de Shakespeare para prosa. No caso de Shakespeare, afirmou Pessoa, deve-se sempre verter "o verso para verso e a prosa para prosa, e que verso e que prosa têm de ser!"[17] (Haveria quem não concordasse, pois as traduções em prosa de Ramos ainda se encontram, hoje, à venda nas livrarias portuguesas.)

Pessoa declara em outro texto que entre todos aqueles que conhecessem Shakespeare em todos os países latinos, apenas alguém "inteiramente penetrado do espírito da obra shakespeariana" estaria à altura deste trabalho hercúleo. Diz então, com a modéstia que lhe é característica, que esta pessoa seria o próprio Pessoa:

> O tradutor português que a fará, tendo publicado um livro de versos *em inglês*, foi, a propósito desse livro, mencionado em um artigo elogioso do *Times* como "absolutamente penetrado do espírito shakespeariano", e o crítico manifestava o seu pasmo pelo facto, sobretudo tratando-se de um estrangeiro. Igual circunstância não consta, nem seria de esperar que constasse, de nenhum dos tradutores de Shakespeare em nenhum dos países de língua latina.[18]

Este movimento veloz, desde uma meditação sobre como melhor traduzir Shakespeare para uma identificação pessoal com o dramaturgo inglês, é típico do confronto de Pessoa com Shakespeare. O mesmo é verdade da natureza egocêntrica da identificação: "penetrado do espírito shakespeariano", é uma alteração subtil, mas significativa, das palavras de um crítico no *Times Literary Supplement* (uma tradução menos tendenciosa seria "imerso em Shakespeare"), e "pasmo" uma palavra forte demais para o seu elogio.[19] Além disso, o crítico elogiara o livro *35 Sonnets*, e não o seu autor, como estando imerso em Shakespeare, sem nenhuma menção de espíritos. A palavra de Pessoa tem, ainda, conotações religiosas, sendo sugestiva de "alma"; se Pessoa e Shakespeare partilham do mesmo espírito, a implicação é que eles seriam, efetivamente, almas gémeas. Pessoa continuaria a empregar a palavra "alma" nas suas avaliações do génio de Shakespeare, e da sua própria genialidade.

A ambição de Pessoa em traduzir Shakespeare não foi passageira. Num projeto da Íbis, a primeira editora que fundou, propôs-se a produzir, entre outros títulos shakespearianos, "Shakespeare: Obras: (1) Tragédias. (2) Comédias. (3)

[17] Flor, "Shakespeare em Pessoa", in *Shakespeare*, p. 59.
[18] Citado por António Mega Ferreira in *Fernando Pessoa – O comércio e a publicidade* (Lisboa: Cinevoz-Lusomedia, 1968), p. 186.
[19] *Times Literary Supplement* 870 (19/08/1918).

'Histórias'" (*PC I*, p. 185). Existem projetos semelhantes para a editora Olisipo (*PPP II*, p. 195). Num manuscrito inédito, Pessoa declara a sua intenção de traduzir uma peça shakespeariana por ano ("translate Shakespeare's plays at the rate of one per year") (BNP/E3 76A-10). Em carta de 20 de Junho de 1923 a João Castro Osório, anuncia um ritmo ainda mais alucinante de produção:

> De Shakespeare, proponho-me a traduzir, por enquanto, as seguintes dez peças: *A Tormenta, Hamlet, Príncipe da Dinamarca, O Rei Lear, Macbeth, Otelo, António e Cleópatra, O Mercador de Veneza, Sonho de uma Noite de Verão,* e duas outras, sobre cuja escolha não estou ainda decidido, mas que serão provavelmente o *Coriolano* e a comédia *Como quiserdes.* [...] Das traduções de Shakespeare comprometo-me a entregar uma peça por trimestre. (*Corr II*, pp. 13-14)

Até 1930, Pessoa manteve-se fiel à sua ambição de traduzir a obra de Shakespeare para português, em planos que agora incluíam os *Sonetos* (1609) e os poemas narrativos (*Vénus e Adónis*, 1593, e *O Estupro de Lucrécia*, 1594) para além da totalidade das suas peças de teatro. Projetou o trabalho como um empreendimento comercial.[20] João Gaspar Simões explica que a sua intenção de traduzir, publicar e lucrar com a obra de Shakespeare nunca avançou para além de esforços abortados.[21] A marginália de Pessoa nos seus três livros de Shakespeare, as *Obras completas* e duas edições diferentes de *The Tempest* [*A Tormenta*], bem como alguns manuscritos no seu espólio, confirmam; revelam que Pessoa começou por tentar traduzir grandes trechos de *The Tempest* e *Hamlet*. Como exemplos, nas entrelinhas traduziu as palavras de Hamlet após ver o fantasma de seu pai ("Question it, Horatio") como "Interroga-o", e "How now, Horatio! You tremble and look pale" como "Então... treme e está pálido" (*CW*, pp. 941, 943).

Um dos exemplares de *The Tempest* que se encontra na biblioteca de Pessoa está repleto de traduções embrionárias, escritas nas entrelinhas e nas margens em diferentes materiais (lápis, tinta azul e preta), e com diversas variantes e modificações. A marginália de Pessoa neste livro revela a sua vontade de reproduzir o verso da peça em verso, e a prosa em prosa, o que é coerente com a sua severa crítica aos tradutores, como Domingos Ramos, que não faziam o mesmo. Os primeiros versos da célebre canção de Ariel "Full fathom five thy father lies", são um dos passos mais poéticos da peça:

> Full fathom five thy father lies
> Of his bones are coral made;
> Those are pearls that were his eyes:
> Nothing of him that doth fade,
> But doth suffer a sea-change

[20] Pessoa descreve o plano de negócios em pormenor em carta a João Gaspar Simões de 10/01/1930 (*Corr II*, pp. 188-9).
[21] Gaspar Simões, *Vida e obra*, p. 497.

Into something rich and strange.[22]

A canção é sobre a morte e a metamorfose, mas pode também ser encarada como uma profunda reflexão sobre o poder transformador da linguagem: sobre como os grandes poetas, como Shakespeare e Pessoa, conseguem transformar, como o mar, os olhos em pérolas, os ossos em corais.

Pessoa traduz os versos de Áriel, na margem do livro, como:

A cinco braças jaz teu pae
Os seus ossos coral são:
Pérolas são seus olhos, ai!
Nada d'elle *corre ou vai
Mas, no mar *contudo, fica
Qualquer c[oisa] estranha e rica

É notável o esforço em ser o mais fiel possível ao lirismo de Shakespeare: a tradução mantém não apenas a rima do original (ABABACC), mas ainda exatamente o mesmo número de sílabas de cada verso. Em tamanho exercício de fidelidade, alguma coisa se perdeu: Pessoa vê-se obrigado a inserir um melodramático "ai!" no terceiro verso, para alcançar os efeitos desejados de transposição rítmica e métrica. Podemos comparar a tradução de Pessoa com uma tradução moderna, por três tradutores trabalhando em conjunto:

A cinco braças jaz morto o teu pai
Já se tornaram seus ossos corais,
Já foram olhos e pérolas são,
Tudo em seu corpo teve alteração.
Nada se perdeu, o mar o mudou,
Em coisa mais rica ele o transformou.[23]

Esta tradução altera a rima para AABBCC, e os seus versos têm dez sílabas, em vez das oito originais.

Embora a qualidade da tradução de Pessoa seja questionável - esse "ai" dissonante estraga um pouco o conjunto – o seu trabalho revela bem o seu ideal de tradução. Num texto maravilhoso intitulado "Sobre traduzir Shakespeare", provavelmente destinado a ser um prefácio às traduções que pretendia fazer, Pessoa explica que aquilo que distinguirá as suas traduções das traduções existentes será "o exato translado de Shakespeare para português":

Achei que a peor cousa que se podia obrigar a um portuguez era traduzir

22 *The Tempest* (Londres, Paris, Nova York, Toronto e Melbourne: Cassel & Co., 1908), p. 43.

23 *A Tempestade, seguido de "O Mar e o espelho" de W. H. Auden*, trad. José Manuel Mendes, Luís Lima Barreto e Luis Miguel Cintra (Lisboa: Cotovia, 2009), p. 45.

> Shakespeare. Por isso – entenda-se bem – se traduzi Shakespeare foi para discordar do stado actual da mentalidade portugueza. Em Portugal nunca se traduziu acima de Castilho.[24] O vernaculo é a desculpa do stupido, como a fé é o fogão do pobre de spirito.
>
> Não devo àquelles a quem não devo explicações outra explicação que não seja esta. Fallo em Shakespeareano de proposito, e pressinto ao fallar que não me compreendem.
>
> Diz Sydney Smith que um escosez só percebia um dito de espirito mediante intervenção cirurgica.[25] Só com a operação do timpano pode um portuguez perceber Shakesp[eare.] É preciso pôr este commentario antes de esta tradução. O que o leitor vae ler é o exacto translado de Sh[akespeare] para portuguez. Vae o leitor não perceber nada. É que isto é Shak[es]p[eare.] O resto é o rei D. Luiz e os outros.[26]

Este parece ter sido sempre o seu ideal, pelo menos no caso dos escritores que mais admirava: a sua tradução do poema "The Raven" [O Corvo], de Edgar Allan Poe, publicada pela primeira vez na revista *Athena* 1 (1924), traz uma nota a explicar que é "ritmicamente conforme o original."[27] A sua fidelidade ao lirismo de Shakespeare encontraria a sua maior projeção nos seus próprios sonetos ingleses.

Shakespeare na poesia de Pessoa

Pessoa era fascinado pelos *Sonetos* de Shakespeare, mais do que por qualquer outro texto shakespeariano a julgar pela marginália no seu exemplar da *Obra completa*. Interessou-se, sobretudo, pelo que poderiam revelar sobre a sexualidade do autor, tema que exploro no Capítulo 4. Mas também se sentiu atraído pelo seu virtuosismo estilístico e pela sua retórica, que usou como modelo explícito para *35 Sonnets* (1918). David Shepherd descobre duas outras influências nos sonetos de Pessoa: a poesia romântica inglesa e a poesia metafísica. Mas a maior influência é, sem dúvida, Shakespeare.[28]

[24] António Feliciano de Castilho (1800-1875) foi um escritor português cujos poemas *Amor de melancolia* (1828), *A primavera* (1837), e *O Outono* (1863) abriram o caminho para o romantismo português. Castilho nasceu em Lisboa e ficou cego aos seis anos de idade, mas foi um grande estudioso, tendo traduzido as *Metamorphoses* de Ovídio, as *Geórgicas* de Virgílio, o *Fausto* de Goethe, e peças de Molière e Shakespeare (embora não falasse inglês).

[25] Sydney Smith, clérigo inglês que trabalhou em Edimburgo por volta de 1800, afirmara: "It requires a surgical operation to get a joke well into a Scotch understanding." Citado em *A Memoir of the Reverend Sydney Smith by his Daughter Lady Holland, with A Selection From His Letters*, org. Sarah Austin, 2 vols. (Londres: Longman, Brown, Green, e Longmans, 1855) I, pp. 31-2.

[26] "Apêndice", in *A Tormenta, de William Shakesepeare*, trad. Fátima Lopes, série Pessoa Editor, org. Mariana Gray de Castro (Lisboa: Guimarães, 2001), pp. 36-9.

[27] *Athena: edição facsimilada* (Lisboa: Contexto, 1994), p. 3.

[28] Shepherd, "Os *35 Sonnets* de Fernando Pessoa vistos por um inglês", *Arquivos* IV:1 (Janeiro de 1982), 45-84.

Logo após a publicação de *35 Sonnets*, os críticos apontaram para o seu modelo: segundo o jornal *Graphic*, "they bear the traces of a great admiration of the Shakespearian" [revelam uma grande admiração pelo shakespeariano].[29] Pessoa orgulhou-se dos seus poemas shakespearianos; enviou-os a instituições díspares como a Biblioteca de Direito de Edimburgo, a biblioteca da Universidade de Cambridge, e o Museu Britânico em Londres. (Este último exemplar, enviado em 1922 com uma dedicatória manuscrita, encontra-se hoje na secção dos Livros Raros da biblioteca.) Guardou, até à sua morte, os recortes de jornais com as resenhas mais positivas, como o *Yorkshire Post* e o *Finance Chronicle*.[30]

Contudo, a receção crítica de *35 Sonnets* não foi sempre tão positiva quanto Pessoa gostaria. Alguns críticos, como o do *Times Literary Supplement*, elogiaram os seus "ultra-Shakespearianisms, and their Tudor tricks of repetition, involution and antithesis" [ultra-Shakespearianismos, e seus truques tudorianos de repetição, involução e antítese], mas outros, como o do *Glasgow Herald*, foram menos entusiastas.[31] A discussão em torno da qualidade de *35 Sonnets* continua: em 1982, John Pilling censurou Pessoa por parecer, nos poemas, "a lame contemporary of Shakespeare" [um fraco contemporâneo de Shakespeare], enquanto que Philadelpho Menezes, seis anos mais tarde, descreveu-os como um *tour de force* linguístico.[32] A maioria de editores modernos relegam os poemas às "obras menores" do cânone pessoano: Richard Zenith, na sua edição de 2007, afirma que eles têm interesse, sobretudo, porque contêm ideias que teriam uma expressão mais plena em outros escritos pessoanos.[33] Outro crítico concorda que "todo o drama pessoano se encontra *in nuce* nos *35 Sonnets*."[34]

Os *35 Sonnets* representam a apropriação mais direta, clara e desenvolvida que Pessoa faz de Shakespeare. Existem duas ou três referências explícitas à vida e obra do dramaturgo no *Livro do desassossego* (1982), mas nenhuma na poesia ortónima de Pessoa, nem na poesia de Alberto Caeiro e Ricardo Reis. Esta ausência é, à partida, surpreendente, pois quase todos os amantes de Shakespeare, como os contemporâneos de Pessoa, T. S. Eliot e James Joyce, infiltram a sua obra literária com referências, ecos, e alusões. Mas, para além de servir como modelo estilístico

29 "Books of General Interest", *Graphic* XCVII (17/08/1918).

30 Ver *Fernando Pessoa: imagens de uma vida*, org. Manuela Nogueira (Lisboa: Assírio & Alvim, 2005), pp. 90-8.

31 *TLS* 870; "The sonnets are well done, and but for a certain crabbedness of speech, due to an imitation of the Shakespearian trick, would be excellent" [Os sonetos são bem feitos, e se não fosse por um certo intrincamento do discurso, devido a uma imitação dos truques de Shakespeare, seriam excelentes.] *Glasgow Herald*, 19/07/1918.

32 Pilling, "Fernando Pessoa (1888-1935)", in *An Introduction to Fifty Modern European Poets*, p. 176; Philadelpho Menezes, *Fernando Pessoa: 35 Sonnets, Tradução* (São Paulo: Arte Pau-Brasil, 1988), p. 11.

33 Zenith, Prefácio, *Obra essencial de Fernando Pessoa: poesia inglesa*, org. Zenith, trad. Luísa Freire (Lisboa: Assírio & Alvim, 2007) p. 15.

34 Esteban Torre, "Fernando Pessoa, poeta metafísico", *Revista do Ocidente* 94 (Março de 1989), 72.

para *35 Sonnets*, Shakespeare apenas aparece em alguns poemas de Álvaro de Campos. Mesmo nestes, tende a ser tratado superficialmente e de passagem: há, por exemplo, o "Shakespeare da sensação que começa a andar a vapor" no poema "Saudação a Walt Whitman" (1915), onde o dramaturgo inglês é citado como sendo um dos vários paralelos possíveis para o génio de Whitman, os outros sendo "Jean-Jacques Rousseau do mundo que havia de produzir máquinas" e o fantasma de duas faces "Milton-Shelley do horizonte da Electricidade futura" (*AdC*, pp. 161-2).

Há uma exceção notável. É curioso que ninguém tenha pensado em confrontar o poema de Campos que começa "Se te queres matar, porque não te queres matar?" (1926), com o solilóquio mais célebre de toda a obra shakespeariana, a grande meditação ontológica de Hamlet, "Ser ou não ser, eis a questão" (3.1.64-98).[35] Trata-se de uma das questões mais primordiais, e radicais, da filosofia ocidental, tendo sido originada pelos pré-socráticos, como Parménides, e tem sido debatida, na filosofia, na literatura, e até na ciência, desde então. O primeiro verso de "Se te queres matar, porque não te queres matar?" remete-nos imediatamente para a meditação de Hamlet sobre a vida e a morte, por isso vale a pena explorarmos a natureza da resposta do Poeta ao Príncipe.

Os primeiros versos de "Ser ou não ser" podiam ser a sinopse perfeita do tema do poema de Campos:

> To be, or not to be: that is the question:
> Whether 'tis nobler in the mind to suffer
> The slings and arrows of outrageous fortune,
> Or to take arms against a sea of troubles,
> And by opposing end them?
>
> [Ser ou não ser, eis a questão:
> Se é mais nobre no espírito sofrer
> As fundas e as flechas da fortuna ultrajante,
> Ou brandir armas contra um mar de agravos,
> E, opondo-os, fazê-los cessar?]

No discurso de Hamlet, a morte - ou, melhor, a condição de não se estar vivo - é descrita como sendo um estado altamente desejável:

> To die: to sleep:
> No more; and, by a sleep to say we end
> The heart-ache and the thousand natural shocks
> That flesh is heir to, 'tis a consummation
> Devoutly to be wish'd.

[35] Todas as citações do discurso de Hamlet são de *CW*, pp. 958-9; as traduções são de António Feijó, in *Hamlet*, trad. António Feijó (Lisboa: Cotovia, 2007), pp. 80-1. As citações do poema de Campos são de *Campos: poesia*, org. Teresa Rita Lopes (Lisboa: Assírio & Alvim, 2002), pp. 304-6.

[Morrer - dormir,
Mais nada; e num sono dizer que cessou
O torno no peito e os mil choques naturais
De que a carne é herdeira: eis uma consumação
Que devotamente se busque.]

Hamlet já havia vocalizado a sua vontade de se matar no seu primeiro solilóquio da peça; em "O! that this too too solid flesh would melt" (1.2.136-61) [Ah, que esta carne tão, tão sólida se fundisse], chega à conclusão desoladora de que o ato seria contrário à lei divina:

O! that [...] the Everlasting had not fix'd
His canon 'gainst self-slaughter! O God! O God!

[Ah, que [...] o Intemporal não houvera fixado
Um cânone contra matarmo-nos. Meu Deus!]

Havia, ainda, dirigido a Polónio a memorável frase: "You cannot, sir, take from me anything that I would more willingly part withal – Except my life, except my life, except my life" (2.2.215) [Não podeis, senhor, nada levar de mim de que de maior grado não queira eu separar-me - exceto a minha vida, exceto a minha vida, exceto a minha vida]. Se a sua vida é a coisa da qual Hamlet se separaria de maior grado, por que razão é que ele não se mata? A resposta mais simples, sem entrarmos em leitura psicológicas do seu carácter, e deixando de lado o argumento religioso, é aquela que Hamlet nos oferece em "Ser ou não ser": o seu medo do país desconhecido que fica do outro lado da morte.

Who would fardels bear,
To grunt and sweat under a weary life,
But that the dread of something after death,
The undiscover'd country from whose bourne
No traveller returns

[Quem alçara fardos,
Esfalfado a suar sob esse jugo estafado,
Se não que o temor de algo depois da morte,
Esse país não descoberto de cujo término
Viajante nenhum retorna]

Uma das coisas que Hamlet está a fazer, em "Ser ou não ser", é a convencer-se a si mesmo a não se matar. Muitas das representações mais célebres da peça tratam o discurso como um inequívoco discurso-suicida: no seu filme de 1948, Laurence Olivier chega a puxar um punhal ao seu pescoço quando o profere.

Em "Se te queres matar, porque não te queres matar", Pessoa desconstrói o medo de Hamlet do "país não descoberto", com seguinte argumento: como nada é conhecido, mesmo neste mundo dos vivos (este ceticismo atravessa toda a obra pessoana), não faz o menor sentido falarmos do desconhecido:

Tens, como Hamlet, o pavor do desconhecido?
Mas o que é conhecido? o que é que tu conheces,
Para que chames desconhecido a qualquer coisa em especial?

O sujeito poético evoca, então, outra grande personagem shakespeariana, Falstaff, como a representante da visão oposta à de Hamlet perante a condição humana. No caso de Falstaff, é o seu amor à vida, não o seu pavor da morte, que o faz temer um fim precoce:

Tens, como Falstaff, o amor gorduroso da vida?
Se assim a amas materialmente, ama-a ainda mais materialmente:
Torna-te parte carnal da terra e das coisas!

A conclusão inescapável do poema "Se te queres matar" é que, quer se odeie, quer se adore, a vida - como Hamlet e Falstaff, respetivamente - o melhor será brandir armas contra um mar de agravos e, opondo-os, fazê-los cessar. Ou seja, o suicídio é mais do que uma saída válida: é um ato positivamente recomendável. O namoro implícito do destinatário do poema com o suicídio é portanto louvado, ao longo de todo o poema, como sendo uma prova de coragem em vez de uma cobardia. Aliás, o sujeito poético afirma que ele próprio se mataria, se tivesse a coragem necessária:

Se te queres matar, porque não te queres matar?
Ah, aproveita! que eu, que tanto amo a morte e a vida,
Se ousasse matar-me, também me mataria...
Ah, se ousares, ousa!

Reparem na sua identificação subtil, no segundo verso, com Hamlet e Falstaff, respetivamente. As personagens shakespearianas são aqui evocadas pelas suas diferentes atitudes perante a existência: "eu, que tanto amo a morte" (como Hamlet) "e a vida" (como Falstaff).

"Se te queres matar", ao contrário de "Ser ou não ser" e de quase todos os poemas heteronímicos de Pessoa, não é um monólogo dramático. Trata-se, em vez disso, de um diálogo implícito, no qual só temos acesso às palavras de um dos participantes na conversa. Quem será o destinatário implícito do poema, a sua ausência conspícua, o "tu" do verso "Se *te* queres matar, porque não *te* queres matar?" que, como aprendemos, namora com a ideia do suicídio, e é incitado pelo sujeito poético a agir de forma corajosa?

Uma pista está na data que Pessoa dá ao poema. Pessoa não data a grande maioria de seus poemas, principalmente no caso dos poemas, como este, que não foram publicados em vida. As poucas exceções tendem a trazer datas fictícias: basta recordarmos que "Autopsicografia", que começa com o verso "O poeta é um fingidor", traz a data de 1 de Abril, o dia das mentiras. Outro exemplo é o poema "Opiário", que apareceu no primeiro número da revista *Orpheu*, em 1915, mas com a nota "1914, Março / No canal de Suez, a bordo." A razão pela pré-datação do poema é que o estilo de Álvaro de Campos supostamente só evoluiu depois dele ter caído sob a influência de Alberto Caeiro, o que só poderia ter acontecido após a aparição do mestre no dia triunfal, 8 de Março de 1914 (esta data também é fictícia). Pessoa refere-se à data que escolheu para "Opiário" em carta de 1915 a Armando Côrtes-Rodrigues:

> Ia-me esquecendo... com efeito, esqueci-me... Na lista da colaboração da revista [*Orpheu*], depois dos *Frisos* do Almada Negreiros vão duas poesias do meu *filho* Álvaro de Campos - o homem da ode de cuja terminação (descritiva da Noite) você tanto gostava. Umas das poesias é aquela *Ode Triunfal* (o canto das máquinas e da civilização moderna) que v[ocê] já conhece. A outra é uma poesia anterior (que é posterior) do mesmo cavalheiro. Depois, quando seguir para aí a revista, lhe falarei deste assunto mais detalhadamente. (*Corr I*, p. 429)

Tendo em mente os jogos cronológicos de Pessoa, importa analisarmos a data que ele dá a "Se te queres matar." É 26 de Abril de 1926: o décimo aniversário da morte – ou melhor, do *suicídio* - de Mário de Sá-Carneiro, escritor modernista que foi o seu melhor amigo.[36]

Como se quisesse chamar a nossa atenção para a importância das datas que circunscrevem uma vida, Pessoa escreve no poema de Campos os seguintes versos, que criam uma imagem visual das inscrições nas lápides de cemitério:

> Só és lembrado em duas datas, aniversariamente:
> Quando faz anos que nasceste, quando faz anos que morreste;
> Mais nada, mais nada, absolutamente mais nada.

Na obra de Sá-Carneiro, o suicídio é uma obsessão. Muitos dos seus poemas e contos parecem antever a morte do autor: seis dos sete protagonistas da coleção *Princípio* (1912) matam-se. O poema que a maioria dos editores de Sá-Carneiro intitula "Fim" (o título é dos editores), e coloca no fim das suas antologias, exprime o desejo de morrer num espetáculo de circo:

> – Quando eu morrer batam em latas,
> Rompam aos saltos e aos pinotes –
> Façam estalar no ar chicotes,
> Chamem palhaços e acrobatas![37]

[36] Ver "Aparato Genético", in *Álvaro de Campos: poesia*, p. 429.

[37] Mário de Sá-Carneiro, *Poemas completos*, org. Fernando Cabral Martins (Lisboa: Assírio & Alvim, 2001), p. 132.

No liceu, Sá-Carneiro testemunhara o suicídio de Tomás Cabreira Júnior. O poema em memória do seu amigo, "A um suicida" (1911), conclui por louvar a coragem do seu ato, como um objetivo alcançado, e por isso mesmo preferível a uma vida passiva de parcas conquistas:

Foi triste, muito triste, amigo a tua sorte –
Mais triste do que a minha e mal-aventurada
... Mas tu ainda alcançaste alguma coisa: a morte,
E há tantos como eu que não alcançam nada...[38]

Se Sá-Carneiro é, como proponho, o destinatário implícito do poema "Se te queres matar, porque não te queres matar?", a revisão poética que Pessoa faz de Shakespeare assume uma seriedade que se sobrepõe ao seu tom superficial de humor negro. Hamlet é a personagem shakespeariana preferida de Pessoa, como veremos ao longo deste livro; "Se te queres matar" dialoga com o seu mais célebre discurso. A conclusão do poema de Pessoa, que a ação de Sá-Carneiro, ao matar-se, foi a mais nobre - mais nobre que a de Hamlet, uma das personagens mais amadas de toda a literatura ocidental - é um tributo comovente a um querido amigo.

Por que razão faz Pessoa o seu elogio oblíquo a Sá-Carneiro por intermédio de Álvaro de Campos, atribuindo-lhe o poema? Sabemos que Sá-Carneiro acompanhou, em primeira mão, a génese dos heterónimos; foi, tirando o próprio Pessoa, o primeiro leitor de Alberto Caeiro, Ricardo Reis e Álvaro de Campos. Entusiasmou-se de imediato pelas enormes possibilidades dramáticas da heteronímia - uma excelente razão para Pessoa evocar, no poema que implicitamente lhe dedica, o maior dramaturgo de todos os tempos, Shakespeare - e escreveu a Pessoa poucos meses após a aparição dos heterónimos, em 1914, sobre o seu heterónimo preferido: "Muito interessante o enredo Alberto Caeiro, Ricardo Reis e Álvaro de Campos. Devo dizer-lhe que simpatizo *singularmente* com este cavalheiro."[39]

Outro poema célebre de Álvaro de Campos traz a mesma data do poema "Se te queres matar": "Lisbon Revisited (1926)." O seu tom também é o de saudade pelo passado perdido, que revisita e recria. Termina com as maravilhosas estrofes:

Outra vez te revejo - Lisboa e Tejo e tudo -,
Transeunte inútil de ti e de mim,
Estrangeiro aqui como em toda a parte,
Casual na vida como na alma
Fantasma a errar em salas de recordações,
Ao ruído dos ratos e das tábuas que rangem
No castelo maldito de ter que viver...
Outra vez te revejo,

[38] *Ibid.*, p. 234.
[39] Carta de Sá-Carneiro, 20/06/1914, in *Cartas a Fernando Pessoa*, 2 vols. (Lisboa: Ática, 1958), I, p. 161.

Sombra que passa através das sombras, e brilha
Um momento a uma luz fúnebre desconhecida,
E entra na noite como um rastro de barco se perde
Na água que deixa de se ouvir...

Outra vez te revejo,
Mas, ai, a mim não me revejo!
Partiu-se o espelho mágico em que me revia idêntico.
E em cada fragmento fatídico vejo só um bocado de mim -
Um bocado de ti e de mim!... (*AdC*, p. 131)

Se recordarmos que este poema, como "Se te queres matar, porque não te queres matar?", ou foi escrito no décimo aniversário do suicídio de Sá-Carneiro, ou então datado para esse dia, torna-se muito difícil lermos estes versos sem pensarmos em Sá-Carneiro como o fantasma que erra em salas de recordações, a sombra que passa através das sombras, entrando na noite para brilhar com uma luz fúnebre, enquanto que Pessoa permanece preso no maldito castelo de ter que viver. E quanta da sua presença pode ser sentida no "tu" coletivo ("Outra vez te revejo... Lisboa e Tejo e *tudo*") do verso que é repetido não menos de cinco vezes ao longo do poema: "Outra vez te revejo"?

Shakespeare no cânone de Pessoa

A presença de Shakespeare na poesia de Pessoa é relativamente contida, mas Pessoa escreveu inúmeros textos teóricos sobre o dramaturgo inglês. Shakespeare é o autor mais vezes citado por Pessoa na sua crítica, de acordo com o "Índice de autores citados" na edição de Fernando Cabral Martins.[40] Contudo, Pessoa nunca chegou a publicar a sua crítica shakespeariana - parece que nunca chegou a completar nenhum artigo ou ensaio – e os seus juízos são fragmentários, dispersos, desordenados, e aparecem no contexto de meditações mais abrangentes sobre os temas que mais o fascinaram: a arte e a vida, o génio e a loucura, e também a sexualidade.

"Erostratus" [Heróstrato] (final da década de 1920) e "Impermanece" [Impermanência] (início da década de 1930), os dois ensaios ingleses de Pessoa mais extensos sobre o génio artístico e a posteridade, citam Shakespeare do princípio ao fim.[41] Nestes e em outros textos, Pessoa compara-o a outros gigantes do cânone literário ocidental, como sendo a figura com a qual o génio deverá ser medido, pois como afirma: "whatever genius may be, it is certain that Shakespeare has it" [o que quer que seja o génio, o certo é que Shakespeare é genial] (*GL*, p. 354).

Os principais candidatos ao lugar de pares de Shakespeare seriam, para além do próprio Pessoa, Milton, Homero, Dante, Whitman e Camões - provavelmente nessa ordem, a julgar pelo número de vezes que ele aproxima o dramaturgo inglês

[40] *Crítica: ensaios, artigos e entrevistas*, org. Fernando Cabral Martins (Lisboa: Assírio & Alvim, 2000), pp. 535-7.
[41] Ver Zenith, "Critérios e organização da presente edição", in *H*, p. 38.

a cada um deles. Pessoa escreve sobre Shakespeare e Milton de uma assentada: em "Erostratus", afirma que Shakespeare tem grande génio e grande inteligência mas pouco talento, e que Milton tem grande génio e grande talento mas pouca inteligência (*H*, p. 30). Pessoa pondera as diferenças entre esses atributos em dezenas de escritos (ver *GL*), descobrindo que a suposta falta de talento de Shakespeare é especialmente evidente pela sua incapacidade em conseguir publicar a sua obra, como veremos no início do Capítulo 3.

Homero é outro possível rival de Shakespeare:

> Não sei se se tem reparado sufficientemente em [...] quam curiosamente similhantes são, pois, os dois maiores poetas do mundo. Num caso, o antigo, a fusão, por um indivíduo Homero (outra hypothese se não pode admittir) de um lyrismo epico disperso em uma epopeia fixa. No outro caso, o moderno, a sublimação, por um génio em comprehender e exprimir, de uma dramaturgia de enredo e ação em dramaturgia de almas e poesia.[42]

John Keats também é regularmente equiparado ao dramaturgo inglês:

> Keats probably - almost certainly - loved beauty more intensely than Shakespeare, for Keats was intense and one-souled, whereas Shakespeare was spasmodically intense and many-souled. (*GL*, p. 352)

> [Keats provavelmente - quase certamente - amou a beleza mais intensamente que Shakespeare, pois Keats era intenso tinha só uma alma, enquanto que Shakespeare era espasmodicamente intenso e de alma múltipla.]

Em "Erostratus", Pessoa escreve que Whitman e Shakespeare ambos reúnem, na sua obra, a totalidade da observação e da experiência da alma humana ("gather in their individuality the totality of observation and experience which are traditions of results within the human soul") (*H*, p. 169).

Tais exercícios escolásticos de comparação e contraste, nos quais Pessoa compara Shakespeare a outros escritores que admira, podem parecer simplistas, e ainda mais vindo de um escritor de quem esperamos uma maior sofisticação crítica. Mas eles representam mais do que referências fáceis para o leitor, ou provas de vastas leituras e conhecimento: são a tentativa de Pessoa em definir o seu cânone literário, e em abrir um espaço para si próprio nesse cânone.

No longo ensaio "Milton maior do que Shakespeare", atribuído a Ricardo Reis, Pessoa afirma:

> Uma epopéa é mais difficil de escrever - e portanto maior - do que um drama. Ninguém diz que o *Rei Lear* seja maior do que o *Paraiso Perdido*; o que se diz é

[42] Citado em Mariana Gray de Castro, "Shakespeare, dramaturgo invisível", *Jornal i* (30/12/2009), p. 42.

que a somma da obra, e sobretudo das tragedias, de Shakespeare, é mais que aquella epopéa (*RR*, p. 199).

Que Reis idolatre a poesia criteriosamente construída de Milton, colocando-a acima da poética das peças de Shakespeare, não é surpreendente, mas mesmo assim ele admite que a obra shakespeariana, como um todo, representa um feito superior a *Paradise Lost*. Em "Impermanence", Pessoa também propõe que Keats é melhor poeta que Shakespeare, mas não maior escritor. No *Livro do desassossego*, faz com que Bernando Soares repita a ideia de que outros poderão ter sido melhores criadores de poesia, apesar de Shakespeare ser um autor mais completo:

> Se eu tivesse escrito o *Rei Lear*, levaria com remorsos toda a minha vida de depois. Porque essa obra é tão grande, que enormes avultam os seus defeitos, os seus monstruosos defeitos, as coisas até mínimas que estão entre certas cenas e a perfeição possível delas.
>
> [...] Amo alguns poetas líricos porque não foram poetas épicos ou dramáticos, porque tiveram a justa intuição de nunca querer mais realização do que a de um momento de sentimento ou de sonho. [...] Nenhum drama de Shakespeare satisfaz como uma lírica de Heine. É perfeita a lírica de Heine, e todo o drama – de um Shakespeare ou de um outro, é imperfeito sempre. Poder construir, erguer um Todo, compor uma coisa que seja como um corpo humano, com perfeita correspondência nas suas partes, e com uma vida, uma vida de unidade e congruência, unificando a dispersão de feitios das suas partes! (*LD*, pp. 277-78)

Mas é precisamente a amplitude de Shakespeare que o redime. Ralph Waldo Emerson, no ensaio "Shakespeare; ou o poeta", que Pessoa leu com atenção (ver Introdução), chama a nossa atenção, logo na primeira frase, para este aspeto da obra shakespeariana: "Great men are more distinguished by range and extent, than by originality" [Os grandes homens são mais cotados pelo seu alcance e amplitude do que pela sua originalidade].[43] Embora Pessoa concorde com esta avaliação, sempre que pondera se Shakespeare foi o maior poeta que já existiu, chega à conclusão que não o foi. Escreve a um editor inglês desconhecido em 1916: "Personally, I confess that I tend ever more and more to put Milton above Shakespeare as a poet" [Pessoalmente, confesso que tendo cada vez mais a colocar Milton acima de Shakespeare como poeta] (*Corr I*, p. 235). As palavras-chave dessa frase são "como poeta."

Além de não se tratar do maior poeta que já existiu, Pessoa considera Shakespeare ainda mais deficiente como dramaturgo, como explica em carta de 10 de Agosto de 1925 a Francisco Costa:

[43] Emerson, *Works*, p. 187.

> Um Homero, um Dante, um Milton, como, em porém menor grau, um Camões, são é certo mais *limitados* que Shakespeare no que exprimem; são, mais certamente ainda, menos profundos na expressão; são, porém, mais complexos, porque exprimem construindo, arquitectando, estruturando, e Shakespeare – patentemente um precipitado e um impaciente – é naturalmente falho de qualidades de complexidade construtiva (*Corr II*, p. 85).

A crítica aos enredos de Shakespeare como sendo descuidados, inverosímeis e mal construídos é antiga. É um dos principais argumentos, por exemplo, de um livro que Pessoa possuía de Georges Pellissier, *Shakespeare et La Supersition shakespearienne* [*Shakespeare e a superstição shakespeariana*] (1914).[44] Pessoa sublinhou afirmações de Pellissier como "Ayons le courage de le dire, ce 'dieu du théâtre' est un très mauvais dramatiste" [Tenhamos a coragem de dizer: este "deus do teatro" é um dramaturgo muito fraco].[45] Sublinhou, ainda o seguinte trecho num dos seus livros de J. M. Robertson: "It is idle to pretend that Shakespeare was deeply concerned to secure perfect artistic consistency. As an adaptor and reconstructor he worked wonders" [É inútil fingirmos que Shakespeare se preocupasse com a coerência artística. Como adaptador e reconstrutor fez maravilhas].[46] Robertson foi o prolífico autor de grandes volumes eruditos, embora pouco originais ou imaginativos, sobre Shakespeare, vários dos quais se encontram na biblioteca de Pessoa.

Num texto, Pessoa pondera os defeitos de Shakespeare enquanto dramaturgo:

> O poeta lyrico que seja tão grande lyrico que transborde para dramaturgo fica com pois as qualidades *psychologicas* do dramaturgo, mas não com as qualidades *constructivas*, que pertencem a uma outra categoria.
>
> No dramaturgo, há porém, 3 ordens de qualidades:
>
> 1. *as qualidades psychologicas* – pelas quaes elle visiona por dentro as personagens. (São estas que o lyrico maximo pode ter)
>
> 2. *as qualidades equilibradas* – pelas quaes elle equilibra
>
> (a) o assumpto geral com os episódios,
>
> (b) os psychismos com a acção,
>
> (c) os psychismos entre si. (São qualidades que elle tem de commum com o epico.)
>
> 3. *as qualidades constructivas* – pelas quaes constrói o drama propriamente dito – isto é, elabora a acção no grau propriamente e exclusivamente dramatico.
>
> Shakespeare tem (1) em alto grau, (2) em um grau menos notavel; é falho

[44] Georges Pellissier, *Shakespeare et La Superstition shakespearienne* (Paris: Hachette, 1914).

[45] *Ibid.*, p. 3.

[46] J. M. Robertson, *The Problem of "Hamlet"* (Londres: George Allen & Unwin, 1919), p. 86.

em (3).[47]

Esta é uma forma prolixa de dizer que Shakespeare, embora hábil na construção de personagens com profundidade psicológica, não tinha muito jeito a construir enredos. É possível que Pessoa considerasse as duas qualidades como sendo mutuamente exclusivas, uma vez que escreveu um aprovativo "good" [bom] na margem de uma biografia de Shakespeare que possuía, ao lado da frase: "When a plot engrosses the vitality of a dramatist's mind, his character-drawing dies" [Quando o enredo domina a vitalidade da mente de um autor, a sua construção de personagens morre].[48] A falta de admiração de Pessoa por Shakespeare como dramaturgo explica por que razão ele não o usa como modelo neste contexto. (A única peça de teatro que Pessoa chegou a publicar, *O Marinheiro* (1913), é um drama inteiramente estático, e, por isso, mais próximo da "poesia dramática" que do "drama" propriamente dito. Talvez por esse motivo, a peça nunca foi encenada em vida.)

Num texto com o título "Shakespeare: his defects" [Shakespeare: os seus defeitos] (há vários textos com o mesmo título), Pessoa explora a classificação genérica de Shakespeare, ponderando se ele seria essencialmente um poeta lírico, um dramaturgo, ou um poeta dramático:

> 1. Is Shakespeare a great dramatist *and* a great poet; a great dramatist essentially; or a great poet essentially and a dramatist only secondarily or out of qualities coherent to being a great poet?
>
> 2. Not *essentially* a great dramatist, like Corneille, Molière and even Racine who are dramatists first and poets very secondarily. A man essentially a dramatist is essentially a constructive mind (and Shakespeare is the reverse: he has no notion of construction...) He proceeds by degrees of intuition.
>
> 3. Not equally a dramatist and a poet, as e.g. Ben Jonson. His power of expression far exceeds his power of construction; his great dramatic force is in the comprehension of character and the power to *express* mental states, qualities, conflicts which can exist outside drama (as in poems, novels, etc.) and therefore not fundamental to the 'dramatist' type of mind.
>
> 4. Shakespeare is therefore essentially a poet, but he is a poet of such force and power that he rises naturally to dramatic level.[49]

[47] *Apreciações Literárias de Fernando Pessoa* [*Literary Apreciations*], org. Pauly Ellen Bothe (Critical Edition; Lisbon: IN-CM, 2013), p. 243. Manuscrito transcrito e apresentado por mim, pela primeira vez, na tese de doutoramento *Fernando Pessoa's Shakespeare* (King's College, London, Abril 2010).

[48] John Masefield, *William Shakespeare: His Life and Works* (Londres: Williams & Norgate/Nova York: Henry Holt, s.d.), p. 33.

[49] *Apreciações Literárias de Fernando Pessoa*, org. Pauly Ellen Bothe, p. 247. Manuscrito transcrito e apresentado por mim, pela primeira vez, na tese de doutoramento *Fernando Pessoa's Shakespeare*.

[1. Será Shakespeare um grande dramaturgo *e* um grande poeta; essencialmente um grande dramaturgo; ou essencialmente um grande poeta, e um dramaturgo apenas de forma secundária, ou devido às qualidades que o fazem um grande poeta?

2. Não é *essencialmente* um grande dramaturgo, como Corneille, Molière ou mesmo Racine, que são primeiro dramaturgos e poetas de forma muito secundária.[50] Um homem que seja essencialmente dramaturgo é essencialmente uma mente construtora (e Shakespeare é o contrário: não tem qualquer noção de construção...) Procede por graus de intuição.

3. Não é igualmente dramaturgo e poeta, como por exemplo Ben Jonson. O seu poder de expressão excede, em muito, o seu poder de construção; a sua grande força dramática está na compreensão das personagens e no poder de *exprimir* estados mentais, qualidades que podem perfeitamente existir fora do drama (em poemas, romances, etc.) e que portanto são fundamentais para o tipo de mente "dramatúrgica."

4. Shakespeare é portanto essencialmente um poeta, mas é ele um poeta de tamanha força e poder que se eleva naturalmente ao nível dramático.]

A conclusão a que Pessoa chega, aqui e em inúmeros outros textos, é que Shakespeare não será, essencialmente, nem dramaturgo nem poeta lírico: o Shakespeare de Pessoa é um *poeta dramático* sem igual.

A classificação genérica é fundamental para a nossa compreensão do lugar que ele ocupa no cânone do Poeta, pois toda e qualquer instância de aparente ambivalência, ou até depreciação, sobre a arte de Shakespeare refere-se a um de dois aspetos: a sua mestria como poeta lírico, ou a sua destreza como dramaturgo. Em ambas as competências considera que existem escritores equivalentes ou, até, superiores. É como poeta dramático que o Shakespeare de Pessoa reina soberanamente.

Não é por coincidência que Pessoa considere a poesia dramática o mais alto grau literário. Escreve em "Os graus da poesia":

> O primeiro grau da poesia lírica é aquele em que o poeta, concentrado no seu sentimento, exprime esse sentimento. Se ele, porém, for uma criatura de sentimentos variáveis e vários, exprimirá como que uma multiplicidade de personagens, unificadas somente pelo temperamento e o estilo. Um passo mais, na escala poética, e temos o poeta que é uma criatura de sentimentos vários e fictícios, mais imaginativo do que sentimental, e vivendo cada estado de alma antes pela inteligência que pela emoção. Este poeta exprimir-se-á como uma multiplicidade de personagens, unificadas, não já pelo temperamento e o estilo, pois que o temperamento está substituído pela imaginação, e o sentimento pela

[50] Pierre Corneille (1606-1684), autor de tragédias francês, foi um dos três grandes dramaturgos franceses do século XVII, juntamente com Jean Baptiste Poquelin, melhor conhecido por seu nome artístico Molière (1622-1673) e Jean Racine (1633-1699).

inteligência, mas tão somente pelo simples estilo. Outro passo, na mesma escala de despersonalização, ou seja de imaginação, e temos o poeta que em cada um dos seus estados mentais vários se integra de tal modo nele que de todo se despersonaliza, de sorte que, vivendo analiticamente esse estado de alma, faz dele como que a expressão de um outro personagem, e, sendo assim, o mesmo estilo tende a variar. Dê-se o passo final, e teremos um poeta que seja vários poetas, um poeta dramático escrevendo em poesia lírica. Cada grupo de estados de alma mais aproximados insensivelmente se tornará uma personagem, com estilo próprio, com sentimentos porventura diferentes, até opostos, aos típicos do poeta na sua pessoa viva. E assim se terá levado a poesia lírica — ou qualquer forma literária análoga em sua substância à poesia lírica — até à poesia dramática, sem, todavia, se lhe dar a forma do drama, nem explícita nem implicitamente (*PECTL*, p. 106).

O contraste tradicional entre a poesia lírica (passiva, pessoal, subjetiva) e a poesia dramática (ativa, impessoal, objetiva) deriva da *Poética* de Aristóteles, como Pessoa reconhece na introdução de "Os graus da poesia." Mas a distinção entre o drama e a poesia dramática não surgiria até meados do século XIX, quando Vítor Hugo e outros escritores descreveram a evolução da poesia, desde a época primitiva até à época moderna, como uma evolução da poesia lírica até à poesia épica, e finalmente a poesia dramática.[51] Os autores das tragédias gregas eram, naturalmente, todos poetas, como Pessoa bem sabia; mas como o autor de um dos livros na sua biblioteca afirma, a natureza essencial ("essential character") dos dramas gregos "was lyrical, and not at all dramatic or tragic, in the modern sense of these words" [era lírica, e nada dramática ou trágica, no sentido moderno das palavras].[52] Pessoa sublinhou este juízo.

A geração modernista de Pessoa, ao rever a celebração romântica do lírico, colocou a poesia dramática no cume da hierarquia dos géneros.[53] James Joyce, em *A Portrait of the Artist as a Young Man* [*Um Retrato do artista quando jovem*] (1916) descreve a progressão hierárquica da poesia desde a lírica, passando pela épica, até à dramática.[54]

A classificação que Pessoa faz da obra de Shakespeare é tendenciosa, pois não podemos negar que Shakespeare é também dramaturgo e poeta lírico, e o próprio Pessoa interessou-se pelos *Sonetos*, que são poemas líricos. Mas ela explica por que razão, apesar de fazer algumas avaliações negativas sobre o talento de Shakespeare como poeta e dramaturgo, e de acreditar que outros escritores, como

[51] Ver Victor Hugo, *Cromwell* (Paris: Testard, 1827).

[52] John Stuart Blackie, "Of the Greek Tragedy", in *The Lyrical Dramas of Aeschlylus, translated into English Verse by John Stuart Blackie* (1906; Londres/Toronto: J. M. Dent & Sons; Nova York: E. P. Dutton & Co., 1917), pp. 12-3.

[53] Ver H. H. Anniah Gowda, *Dramatic Poetry from Mediaeval to Modern Times* (Madras, India: The Macmillan Company of India, 1972).

[54] James Joyce, *A Portrait of the Artist as a Young Man* (1916), org. Seamus Deane (Londres: Penguin, 1992), pp. 232-3.

Milton e Dante, o ultrapassariam nos dois géneros, Pessoa pode colocar Shakespeare no centro do seu cânone literário, escrevendo: "o nome maior de toda a literatura europeia é o de Shakespeare."[55] Críticos shakespearianos posteriores, como Harold Bloom, Harry Berger e Lukas Erne, têm igualmente insistido que as suas peças deveriam ser lidas como poemas em vez de dramas, sendo Shakespeare um homem mais da página do que do palco, um poeta dramático em vez de um dramaturgo poético.[56]

Shakespeare e a invenção do humano

Para Pessoa, a característica distintiva do poeta dramático, aquilo que o separa do poeta lírico e do dramaturgo, é sua capacidade de construir personagens dramáticas psicologicamente complexas, profundamente humanas, com personalidades diferentes da do autor: em "Os graus da poesia", define a poesia dramática como sendo "poesia lírica posta na boca de diversos personagens" (*PETCL*, p. 106). Outros escritores modernistas descreveriam a poesia dramática de forma idêntica: para Joyce, trata-se de "literature in dialogue" [literatura em diálogo].[57]

Num dos textos onde Pessoa classifica Shakespeare de poeta dramático, escreve ainda:

> Distingamos, no typo do dramaturgo-poeta, o que é o apport do poeta e o que é o apport do dramaturgo. O dramaturgo-poeta differe do dramaturgo vulgar em que a sua arte é feita *mais fundo*; a acção do drama-em-verso passa-se mais perto das almas do que a do drama vulgar. O elemento lyrico, portanto, é aqui presente no *aprofundamento da vida psychica das personagens. O elemento dramático.*[58]

Em "Impermanence", Pessoa aproxima Shakespeare a dois outros poetas dramáticos que admira, Browning e Whitman, por partilharem todos a mesma qualidade:

> We see the same care for universal men in Shakespeare, who penetrates their natures and their waking souls, in Whitman, who penetrates their lives, and in Browning, who penetrates their *separate types* (the philosophical tendency

[55] *PPP II*, p. 185; publicado pela primeira vez em António Mega Ferreira, *Fernando Pessoa – O Comércio e a Publicidade* (Lisboa: Cinevoz – Lusomedia, 1968), p. 185; citado também em Pizarro, *Escritos sobre génio e loucura*, p. 345.
[56] Ver Ron Rosenbaum, *The Shakespeare Wars: Clashing Scholars, Public Fiascos, Palace Coups* (Nova York: Random House, 2006), pp. 34-7.
[57] Joyce, "Drama and Life" (1900), in *Occasional, Critical, and Political Writings*, org. (Oxford: Oxford University Press, 2000), p. 23.
[58] *Apreciações literárias de Fernando Pessoa*, p. 243. Manuscrito transcrito e apresentado por mim, pela primeira vez, na tese de doutoramento *Fernando Pessoa's Shakespeare*. Bothe propõe "opposto" em vez de "apport".

obscure in their intuitions). All describe what man does not reveal (*H*, p. 238).

[Vemos o mesmo interesse no homem universal em Shakespeare, que penetra os seus carateres e as suas almas, em Whitman, que penetra as suas vidas, e em Browning, que penetra os seus *tipos distintos* (a tendência filosófica obscura nas suas intuições). Todos descrevem o que os homens não revelam.]

Como Pessoa afirma de forma tão memorável, com referência a Shakespeare: "a [dramatic] poet is selfish, he builds others from himself" [o poeta [dramático] é egoísta: constrói outros de si próprio] (*PC II*, p. 238).

A capacidade de construir outros de si próprio é a grande qualidade que Pessoa descobre em Shakespeare desde o início. Em carta ao jornal *Natal Mercury* de 7 de Julho de 1905, há o seguinte trecho revelador:

> To us, Englishmen [Pessoa is writing as Charles Robert Anon], of all men the most egoistic, the thought has never occurred that misery and greed ennoble, despicable and self-caused though they be. A drunken woman reeling through the streets is a pitiable sight. The same woman falling awkwardly in her drunkenness is, mayhap, an amusing spectacle. But this very woman, drunken and awkward though she be, when weeping the death of her child is no contemptible nor ridiculous creature, but a tragic figure as great as your Hamlets and your King Lears (*Corr I*, p. 14).

> [Para nós, os ingleses [Pessoa escreve como Charles Robert Anon], de todos os homens os mais egocêntricos, nunca nos ocorreu que a miséria e ganância enaltecem, por desprezíveis e auto-causadas que sejam. Uma mulher embriagada cambaleando pelas ruas é um espetáculo lamentável. A mesma mulher caindo desajeitadamente, no seu estado de embriaguez, talvez seja um espetáculo divertido. Mas essa mesma mulher, por mais bêbada e desajeitada que seja, chorando a morte de seu filho, não é uma criatura desprezível ou ridícula, mas uma figura trágica do tamanho dos seus Hamlets e Rei Lears.]

A comparação tem de operar nos dois sentidos: se a condição da mulher que chora pode ser comparada às tragédias "pessoais" de Hamlet e Lear, as suas tragédias fictícias afetam-nos por serem profundamente "humanas." Com a tenra idade de dezassete anos, Pessoa já tinha percebido o coração psicológico das peças de Shakespeare. A sua dificuldade em descrevê-lo com precisão é evidente no seu uso recorrente, nas suas avaliações do génio do poeta-dramaturgo, da palavra vaga, espiritual, metafísica, e com contornos indefiníveis, "alma." Num texto seu, Pessoa elogia Shakespeare por ser "o maior intuitivo da alma humana."[59] O que ele

[59] *Sensacionismo e outros ismos*, org. Jerónimo Pizarro (Lisboa: INCM, 2009), p. 94; publicado pela primeira vez, e com ortografia moderna, por Gianluca Miraglia em "Fernando Pessoa – Um texto inédito", *Colóquio-Letras* 125-126 (Junho-Dezembro 1992), 195-8, p. 198.

mais admira é a forma como Shakespeare cria, exibe e vive outras almas, as almas das personagens dramáticas que põe no palco.

Em vários textos, Pessoa enfatiza a primazia da "alma" na época de Shakespeare: "Qual é a atitude da Renascença perante o universo e a vida? Que é que para ela constitui essencialmente a Realidade? É a alma e só a alma."[60] Compara com frequência esta atitude com a falta de sensibilidade psicológica da época romântica, como por exemplo em carta de 1912 a Boavida Portugal:

> Para os românticos a única verdadeira Realidade é a Natureza; da Alma conhecem só cada um a sua alma individual. Daí o carácter inteiramente diverso da poesia romântica em relação à da Renascença. [...] A sua fraqueza psicológica é conhecida: os únicos românticos capazes de alguma intuição psicológica, Goethe e Shelley, apoiam-se no passado, à tradição da Renascença, na figura de Shakespeare, para beber psicologia [...] Para a Renascença a Realidade é a Alma, para o Romantismo a Realidade é a Natureza (*Corr I*, pp. 49-50).

Pessoa faz a pergunta retórica, noutro texto: "Afinal, o que é uma obra literária senão a projeção em linguagem de um estado de espírito, ou de uma alma humana?" (*PC II*, p. 87).

Esta avaliação faz lembrar a afirmação do crítico contemporâneo Harold Bloom, no seu influente livro *Shakespeare: The Invention of the Human* [*Shakespeare: A invenção do humano*] (1998), que "the representation of human character and personality remains always the supreme literary value" [a representação do caráter e da personalidade humana será sempre o maior valor literário]. Bloom é inequívoco tanto quanto Pessoa na sua avaliação de "where Shakespeare's eminence was located: in a diversity of persons. No one, before or since Shakespeare, made so many separate selves" [onde reside a superioridade de Shakespeare: numa diversidade de pessoas. Ninguém, nem antes nem depois de Shakespeare, criou tantos "eus" diferentes]. O seu prefácio e introdução estão cheios de comentários neste sentido: "Shakespeare went beyond all precedents (even Chaucer) and invented the human as we continue to know it" [Shakespeare superou todos os seus precedentes (até mesmo Chaucer) e inventou o ser humano como continuamos a conhecê-lo]; "Shakespeare has taught us to understand human nature" [Shakespeare ensinou-nos a compreender a natureza humana]; "No world author rivals Shakespeare in the apparent creation of personality" [Nenhum escritor no mundo rivaliza com Shakespeare na aparente criação de personalidade]. Bloom defende que as personagens de Shakespeare transbordam os limites da representação, tornando-se criações autónomas, independentes do seu autor: "larger and more detailed than any closest friends or lovers seem to be" [maiores e mais profundos do que parecem ser os nossos amigos mais íntimos ou amantes].[61] Não admira que Pessoa, que também sabia criar personagens

[60] *Textos de crítica e de intervenção* (Lisboa: Ática, 1980), p. 77.
[61] Harold Bloom, *Shakespeare: The Invention of the Human* (Nova York: Riverhead

dramáticas (os heterónimos) que parecem ser autónomas, com personalidades poderosas e distintas, se tivesse entusiasmado pela mesma qualidade; faz com que Bernardo Soares afirme, com palavras muito parecidas às de Bloom: "Tenho reparado, muitas vezes, que certas personagens [...] tomam para nós um relevo que nunca poderiam alcançar os que são nossos conhecidos e amigos" (*LD*, p. 275).

A tese de Bloom, de que Shakespeare inventou o conceito moderno do ser humano, tem sido controversa. Para além disso, ela ignora ou menospreza as abordagens shakespearianas predominantes do século XX, em especial o "novo historicismo" ("New Historicism") que tem predominado desde a década de 1980, retomando a tradição romântica oitocentista, já fora de moda. William Kerrigan explica que Bloom está "attempting to bring back character criticism" [a tentar ressuscitar a crítica de personagens], a abordagem crítica que "assumed its enduring contours in the Romantic criticism of Samuel Taylor Coleridge and William Hazlitt" [assumiu os seus contornos na crítica romântica de Samuel Taylor Coleridge e William Hazlitt].[62] Pessoa estava muito mais próximo, no tempo, da tradição crítica que Bloom retoma; ela ainda estava em voga na sua própria época, e está bem representada nos livros da sua biblioteca.

Recordando os seus anos escolares em carta de 1932 a José Osório de Oliveira, Pessoa cita as suas principais influências literárias, na juventude, como sendo Shakespeare, Milton, e os poetas românticos ingleses (*Corr II*, pp. 278-9). A sua referência aos românticos juntamente com Shakespeare é significativa, pois foram precisamente os leitores românticos de Shakespeare, muitos dos quais também eram, como Pessoa, grandes poetas, que viram em Shakespeare um criador de almas.

Antes da geração romântica, a crítica havia focado, obsessivamente, as regras do drama, avaliando as peças shakespearianas em relação aos conceitos clássicos de tempo, ação e espaço. Samuel Johnson tinha em mente um modelo do escritor correto e regular, que confrontou com o incorreto e irregular Shakespeare. Pessoa tinha um exemplar de *Lives of the Poets* [*As Vidas dos poetas*] (1779-81), de Johnson, mas este livro de ensaios não inclui nenhum sobre Shakespeare porque Johnson, ao contrário de Pessoa, classifica-o como dramaturgo em vez de poeta dramático.

A maior contribuição da crítica romântica aos estudos shakespearianos foi a deslocação da nossa atenção da ação dramática para as personagens. Na introdução à sua edição das peças de 1768, Edward Capell descreve Shakespeare como "this *Proteus*, who could put on any shape that either serv'd his interest or suited his inclination" [este *Proteu*, capaz de assumir qualquer forma que servisse os seus interesses ou a sua vontade].[63] Capell inventou a metáfora para descrever

Books [Penguin], 1998), pp. 4, 1, xx, 2, xix, xviii.

[62] William W. Kerrigan, "The Case for Bardolatry: Harold Bloom Rescues Shakespeare from the Critics", in *Harold Bloom's Shakespeare*, org. Christy Desmet e Robert Sawyer (Nova York: Palgrave, 2001), pp. 33-42, p. 33.

[63] Citado em *The Romantics on Shakespeare*, org. Jonathan Bate (Londres: Penguin, 1992), p. 11.

a sua capacidade de escrever em qualquer género que o público exigisse, mas seis anos mais tarde William Richardson, em *A Philosophical Analysis and Illustration of Some of Shakespeare's Remarkable Characters* [*Uma Análise filosófica e uma ilustração de algumas das notáveis personagens de Shakespeare*] (1774), uma das primeiras obras daquilo que viria a ser conhecido como a "crítica de personagens" em Inglaterra ("character criticism"), escreveu que "the Proteus of the drama" [o Proteu do drama] conseguia "change himself into every character, and [enter] easily into the condition of human nature" [transformar-se em qualquer personagem, e [entrar] facilmente na condição da natureza humana].[64] A partir daí, a imagem passou a ser empregue pelos principais leitores românticos de Shakespeare, em Inglaterra e na Alemanha.[65] O Shakespeare de Pessoa, um escritor que "viveu os tipos mais diferentes de humanidade com igual esplendor de imaginação e de inteligência" (*PETCL*, p. 345), faz lembrar este Proteu.

Na segunda metade do século XVIII, começaram a surgir livros para explicar as personagens shakespearianas relativamente às peças nas quais apareciam. Em *Essay on the Dramatic Character of Sir John Falstaff* [*Ensaio sobre a personalidade dramática de Sir John Falstaff*] (1777), Maurice Morgann tentou demonstrar, com ousadia, que Falstaff não seria um cobarde.[66] Atribuiu-lhe uma biografia completa, tratando-o como se fosse um homem de carne e osso, que podemos conhecer e admirar. Falstaff transcende, assim, as peças em que aparece, passando a ser o arquétipo de um conjunto de características humanas. Esta abordagem foi, então, estendida a um leque de outras personagens. Eça de Queirós inaugurou-a em Portugal, com um aprofundado artigo de jornal sobre Lady Macbeth, em 1866.[67] É o primeiro exemplo da crítica de personagens no país.

Em *Wilhelm Meisters Lehrjahre* [*Os Anos de formação de Wilhelm Meister*] (1774), de Johann Wolfgang von Goethe, que Pessoa possuía em tradução francesa, Wilhelm analisa Hamlet como se ele fosse uma pessoa verdadeira.[68] O livro começa, como tendem a começar os romances de formação ("Bildungsroman") com a sua infância. Depois, reconstrói a juventude de Hamlet: um estudante e pensador, um bom companheiro e parceiro de conversas, um terno amante. Prossegue até ao momento de crise: a morte do pai, a sucessão do tio ao trono, o apressado segundo casamento da mãe. Conclui por descobrir a chave para a tragédia na disjunção entre a natureza íntima de Hamlet e a tarefa externa que deve desempenhar. O romance contém uma descrição do Príncipe que passaria a

[64] William Richardson, *A Philosophical Analysis and Illustration of Some of Shakespeare's Remarkable Characters* (Edinburgo: J. Murray/Londres: W. Creed, 1774), p. 17.
[65] Ver Brian Vickers, "The Emergence of Character Criticism, 1774-1800", *Shakespeare Studies* XXXIV (1981), 11-21.
[66] Maurice Morgann, *An Essay on the Dramatic Character of Sir John Falstaff* (Londres: T. Davies, 1777).
[67] Eça de Queirós, "Macbeth", *Gazeta de Portugal* (1866).
[68] Johann Wolfgang von Goethe, *Werther, Faust, Hermann et Dorothée* (Paris: Ernest Flammrion, s.d. [1832?]).

ser a visão romântica: "An oak tree planted in a precious pot which should only have held delicate flowers. The roots spread out, the vessel is shattered" [Um carvalho plantado num vaso precioso que deveria conter apenas flores delicadas. As raízes espalham-se; parte-se o vaso].[69]

Os atores que fazem parte da produção de *Hamlet*, em *Wilhelm Meister*, exprimem dúvidas quanto à adequação da peça ao palco. A conclusão a que chegam é que a história tem de ser adaptada, pois *Hamlet* só pode ser lido, uma vez que "it has something of the breadth of a novel" [tem a envergadura de um romance].[70] Segundo Hegel, os românticos transformaram as tragédias de Shakespeare no "progress and history of a great soul, its inner development, the picture of its self-destructive struggle against circumstances, events, and their consequences" [desenvolvimento e história de uma alma nobre, do seu desenvolvimento interno, a imagem da sua luta autodestrutiva contra as circunstâncias, os eventos e as suas consequências].[71] A crítica de personagens transformou as personagens shakespearianas em ficções de um romance. Por vezes, explicitamente, como no caso de livros que foram escritos sobre os eventos anteriores ou posteriores àqueles da ação teatral, que preenchiam lacunas nas vidas das personagens. Dois exemplos, publicados na época de Pessoa, são a antologia anónima de contos *The True Ophelia and Other Studies of Shakespeare's Women* [*A Verdadeira Ophélia e outros ensaios sobre as mulheres de Shakespeare*] (1913), e o romance *Gertrude of Denmark: An Interpretative Romance* [*Gertrudes da Dinamarca: uma história de amor interpretativa*] (1924), de Lilie Buffum Chace Wyman. Esta visão das personagens de Shakespeare atingiu o seu apogeu quando Sigmund Freud deu a Hamlet um subconsciente, em *A Interpretação dos sonhos* (1899), numa nova leitura da peça que em muito influenciou a sua receção crítica no século XX (ver Capítulo 3).[72] A abordagem de Pessoa às personagens shakespearianas é, igualmente, a de um escritor de romances, não obstante a sua classificação de Shakespeare como poeta dramático. Os dois géneros têm afinidades, como explica Bernardo Soares no *Livro do desassossego*: "Um romance é uma história do que nunca foi e um drama é um romance dado sem narrativa" (*LD*, p. 140),

Coleridge foi o mais influente crítico oitocentista de Shakespeare, e Pessoa possuía um exemplar de *Essays and Lectures on Shakspeare* [sic] *and Other Poets and Dramatists* [*Ensaios e palestras sobre Shakspeare* [sic] *e outros poetas e dramaturgos*] (1907).[73] Infelizmente, não há marginália pessoana nesse livro, mas

[69] Ann Thompson e Neil Taylor, Introdução, in *Hamlet*, org. Ann Thompson e Neil Taylor, p. 124.

[70] *Ibid.*, p. 125.

[71] Georg Wilhelm Friedrick Hegel, *Aesthetics: Lectures on Fine Art*, trad. T. M. Knox (Oxford: Clarendon Press, 1975), p. 1231.

[72] Pessoa parece ter desconhecido este livro; o seu conhecimento de Freud é explorado no Capítulo 4. Freud relaciona Hamlet a Édipo, protagonista de uma tragédia grega, mas o seu interesse na sua psicologia é romanesco.

[73] *Coleridge's Lectures on Shakspeare* [sic] *and other Poets and Dramatists* (1907; Londres: J. M. Dent & Sons/Nova York: E. P. Dutton & Co., 1914).

nele Coleridge frisa a primazia das personagens: "The interest in the plot is always in fact on account of the characters, not *vice versa*, as in almost all other writers; the plot is a mere canvass and no more" [O interesse no enredo é sempre, efetivamente, devido às personagens, e não vice-versa, como em quase todos os outros escritores; o enredo é apenas um suporte e nada mais]; "Shakespeare's characters are all *genera* intensely individualized" [as personagens de Shakespeare são todas profundamente individualizadas].[74] Uma das suas mais célebres descrições é de Shakespeare como "myriad-minded" [uma miríade de mentes].[75] Estas palavras evocam as de Pessoa, numa das avaliações de Shakespeare citadas acima, como "many-souled" [alma múltipla]. Camilo, no primeiro estudo português de uma peça de Shakespeare (1886), celebrara o dramaturgo inglês de forma parecida: "Shakespeare, o colosso, ressalta, intérprete de todas as modalidades da complicada alma humana sob feições diversas, vibrando-a fibra por fibra."[76]

Os livros "tradicionais" de Pessoa sobre Shakespeare (em oposição àqueles que focam especificamente o problema da autoria da sua obra, listados separadamente no Capítulo 2) revelam que a crítica romântica de personagens ainda se fazia sentir durante as primeiras décadas do século XX. São estes, em ordem cronológica de publicação:

1. Coleridge, Samuel Taylor. *Coleridge's Essays and Lectures on Shakespeare and Some Other Old Poets and Dramatists* (Londres: J. M. Dent & Sons, Nova York: E. P. Dutton & Co., s.d. [1907])
2. Masefield, John. *William Shakespeare: His Life and Works* (Londres: Williams & Norgate, Nova York: Henry Holt, s.d. [1911])
3. Mathew, Frank. *An Image of Shakespeare* (Londres: Jonathan Cape, s.d. [1922])[77]
4. Pellissier, Georges. *Shakespeare et la Supersition Shakespearienne* (Paris: Hachette, 1914)
5. Robertson, J. M. *The Problem of 'Hamlet'* (Londres: George Allen & Unwin, 1919)
6. --- *'Hamlet' Once More* (Londres: Richard Dobden-Sanderson, 1923)
7. Seibel, George. *The Religion of Shakespeare* (Londres: Watts & Co., 1924)
8. Shaw, Bernard. *The Doctor's Dilemma; and the Dark Lady of the Sonnets* (Leipzig: Bernhard Tauchnitz, 1914)
9. Knight, G. Wilson. *Myth and Miracle: An Essay on the Mystic Symbolism of*

[74] *Ibid.*, pp. 33, 67.
[75] Coleridge, *Biographia Literaria or Biographical Sketches of My Literary Life, and Opinions* (1817; Whitefish, Montana: Kessinger, 2005), Capítulo XV, p. 151.
[76] Citado em Flor, "Camilo e a tradução de Shakespeare", in *Actas do XIII encontro da associação portuguesa de estudos anglo-americanos* (Porto, 19-21 de Março de 1992), pp. 178-93, p. 184.
[77] Pessoa encomendou este livro em dezembro de 1924; ver a sua carta a W. Heffer & Sons, in *Corr II*, pp. 62-63.

Shakespeare (Londres: J Burrow & Co., 1929).[78]

Os escritos de Robertson, por exemplo, inserem-se perfeitamente na tradição romântica. Em meados de 1930, em *The Geniune in Shakespeare* [*O Genuíno em Shakespeare*], livro sobre o problema da autoria shakespeariana (ver Capítulo 2), Robertson afirma que o génio de Shakespeare reside exclusivamente nas suas personagens dramáticas, que se assemelham a pessoas de carne e osso:

> Great genius for dramatic poetry [...] consists not in plot-making or plot-constructing; and the gift for these yields in the main immemorable [*sic*] work. The required genius consists, fundamentally, in the power to conceive or create what we feel to be living personalities; to enter into any kind of soul in any dramatic situation; to make us feel that in each we are listening to a real voice, even in verse, which actual people do speak.[79]

> [A maior genialidade para a poesia dramática [...] não consiste na criação ou construção de enredos; esse dom produz, regra geral, uma obra pouco memorável. O génio necessário, reside essencialmente, no poder de conceber ou criar o que sentimos serem personalidades vivas; de entrar em qualquer tipo de alma em qualquer situação dramática; de fazer-nos sentir que em cada uma ouvimos uma voz verdadeira, mesmo que seja em verso, que é falada por pessoas reais.]

Pessoa escreveu "ex" (para "excellent", "excelente") na margem, ao lado destas palavras. Sublinhou, ainda, a declaração de Robertson de que "Shakespeare's real interest is in persons, not plots" [o verdadeiro interesse de Shakespeare está nas pessoas, não nos enredos], e a sua conclusão de que ele "was not an originator of plots and plays; he was the transformer and transfigurer of souls" [não era um gerador de enredos e peças; era um transformador e transfigurador de almas].[80]

Pessoa estava tão imbuído na crítica romântica shakespeariana que assimilou os seus métodos, para além dos seus juízos: o paralelo entre Shakespeare e Milton, por exemplo, era prática corrente no século XIX. Matthew Arnold, num ensaio sobre o autor de *Paraíso perdido*, cita Shakespeare constantemente; como Pessoa, Arnold conclui – "this I take as requiring no discussion, this I take as certain" [isto eu tomo como indiscutível, isto eu tomo como certo] – que Milton foi o maior poeta.

[78] Existem ainda vários capítulos e ensaios sobre Shakespeare em outros livros na biblioteca de Pessoa, tais como "Shakespeare Once More", de James Russell Lowe, in *A Gallery of The English Poets: Lessing, Rousseau: Essays by James Russell Lowell, with "An Apology for a Preface"* (London: The Walter Scott Publishing Co., s.d.), pp. 81-148, e George Gilfillan's 'Shakespeare – A Lecture' in *Literary Portraits* (Londres: J. M. Dent & Co., Nova York: E. P. Dutton & Co., s.d. [Introduction dated 1909]), pp. 184-215.

[79] Robertson, *The Genuine in Shakespeare: A Conspectus* (Londres: George Routledge & Sons, 1930), p. 30.

[80] *Ibid.*, pp. 135, 102.

Pessoa sublinhou estas palavras no seu exemplar do ensaio.[81] Coleridge foi mais caridoso do que Arnold e Pessoa quanto à destreza poética de Shakespeare, posicionando-o ao lado de Milton, como "compeers not rivals" [camaradas, não rivais], nos "two glory-smitten summits of the poetic mountain" [dois gloriosos píncaros da montanha poética].[82]

No século XX, embora fosse periodicamente retomada, a crítica de personagens não teve grande prestígio junto a shakespearianos profissionais, como podemos testemunhar pela reação negativa ao livro de Bloom sobre Shakespeare. Mas ela continua a ser a abordagem privilegiada de leitores não académicos, como evidencia o apelo popular da tese de Bloom: poucos livros sobre Shakespeare, excluindo as biografias, são *best-sellers*. O célebre diretor shakespeariano contemporâneo Peter Brook defende que as magníficas personagens de Shakespeare também explicam a atração duradoura de atores e diretores pelas suas peças:

> Shakespeare's sense of each character having *endless facets* so you can see, year after year, new interpretations can be given to any character and they're *always* based on truths which are *there* - that is what is unique and I think that is inseparable from Shakespeare being so anonymous. One thing everyone can agree about him is that he is the least known of any great writer.[83]
>
> [o facto de cada personagem shakespeariana ter *infinitas facetas* faz com que, ano após ano, novas interpretações possam ser dadas a qualquer uma, e elas serão sempre baseadas em verdades que estão *presentes* - isto é o que é único e, penso, inseparável do anonimato de Shakespeare. Uma coisa com que todos podemos concordar é que ele é o menos conhecido de todos os grandes escritores.]

O anonimato de Shakespeare levaria alguns leitores da sua obra a questionar se Shakespeare teria realmente escrito as obras a ele atribuídas, como veremos no capítulo seguinte. Mas a ideia incisiva de Brook sobre a natureza anónima do dramaturgo inglês não se deve apenas à falta de informação histórica sobre ele; é também fruto da forte associação entre o drama e a despersonalização. Como Jorge de Sena afirma num ensaio sobre uma peça de José Régio: "a verdade é que o teatro corresponde como criação poética [...] ao máximo de despersonalização de que é suscetível a humanidade criadora."[84]

[81] Matthew Arnold, "Milton", in *Essays in Criticism: Second Series* (Londres: Macmillan & Co., 1927) pp. 62-3.
[82] Jonathan Bate, *Shakespeare and the English Romantic Imagination* (Oxford: Clarendon Press, 1986), p. 2.
[83] Rosenbaum, *The Shakespeare Wars*, p. 367.
[84] Jorge de Sena, "Sobre 'Benilde ou a Virgem-Mãe' de José Régio", in *Régio, Casais, a "presença" e afins* (Porto: Brasileira Editora, 1977), pp. 104-9, p. 106.

A Poesia dramática e a despersonalização: o autor "refinado para fora da existência." (James Joyce)[85]

Em carta de 1802, Coleridge descreve a inigualável capacidade de Shakespeare em imaginar-se na pele de outros:

> It is easy to clothe Imaginary Beings with our own Thoughts and Feelings; but to send ourselves out of ourselves, to *think* ourselves in to the Thoughts and Feelings of Beings in circumstances wholly and strangely different from our own / hoc labor, hoc opus / and who has achieved it? Perhaps only Shakespeare.[86]
>
> [É fácil vestirmos Seres Imaginários com os nossos próprios Pensamentos e Sentimentos; mas sairmos de nós próprios, *pensarmos* a nós próprios com os Pensamentos e Sentimentos de Seres em circunstâncias inteiramente estranhas e diferentes das nossas / *hoc labor, hoc opus* / e quem conseguiu fazer isso? Talvez apenas Shakespeare.]

Hazlitt, no ensaio "Sobre Shakespeare e Milton" (1818), compara este talento ao do ventríloquo:

> Each of his characters is as much itself, and as absolutely independent of the rest, as well as of the author, as if they were living persons, not fictions of the mind. The poet may be said, for the time, to identify himself with the character he wishes to represent, and to pass from one to another, like the same soul successively animating different bodies. By an art like that of the ventriloquist, he throws his imagination out of himself, and makes every word appear to proceed from the mouth of the person in whose name it is given [...] His characters are real beings of flesh and blood; they speak like men, not like authors. One might suppose that he had stood by at the time, and overheard what passed.[87]
>
> [Cada uma das suas personagens é tão individual, e tão completamente independente das outras, bem como do próprio autor, que parece ser uma pessoa viva, e não uma ficção da inteligência. Pode dizer-se que o poeta se identificou com as personagens que quis representar, uma por uma, e passou de uma para outra, como uma mesma alma animando, sucessivamente, diferentes corpos. Através de uma arte como a do ventríloquo, lançou a sua

[85] Original em inglês: "refined out of existence". Joyce, *A Portrait*, p. 219.

[86] Coleridge, carta a William Sotheby, Julho de 1802, in *Collected Letters of Samuel Taylor Coleridge*, org. Earl Leslie Griggs, 6 vols. (Oxford: Clarendon Press, 1971), II (1801-1806), p. 810.

[87] Hazlitt, "On Shakespeare and Milton", in *Lectures on the English Poets* (Londres: Taylor & Hessey 1818); repr. in *The Romantics on Shakespeare*, org. Jonathan Bate, p. 184.

imaginação para fora de si próprio, e fez com que cada palavra parecesse sair da boca da pessoa em cujo nome ela é proferida [...] As suas personagens são seres reais de carne e osso; elas falam como homens, não como autores. Pode supor-se que ele estivesse lá no momento, ouvindo o que se passou.]

A ideia de Shakespeare como sendo um autor que transmigra a sua própria alma para uns e para outros corpos aproxima-se da metempsicose.

Em *Characters in Shakespeare's Plays* [*As Personagens das peças shakespearianas*] (1817), Hazlitt propõe que Shakespeare, ao viajar através das suas personagens dramáticas, ficava com "scarcely [...] an individual existence of his own" [uma parca existência individual própria].[88] Um ano mais tarde, no contexto de uma meditação sobre Shakespeare, Keats escreveria sobre o "chameleon poet" [poeta camaleão], que estaria "continually in for and filling [*sic*] some other Body" [sempre a representar, e encher, algum outro corpo]; o resultado seria que o autor ficaria com "none, no Identity" [sem nenhuma identidade própria].[89]

Estas assombrosas palavras sobre a despersonalização autoral foram determinantes para os ideais artísticos da geração modernista de Pessoa, tanto em termos de prática literária quanto de teoria estética.

Os modernistas viriam a considerar a despersonalização, muitas vezes representada pelo exemplo de Shakespeare, como uma das principais características do génio artístico; o ensaio seminal de Eliot "Tradition and the Individual Talent" [A Tradição e o talento individual] (1919) defende que a melhor parte da obra de um poeta será "a continual self-sacrifice, a continual extinction of personality" [um autossacrifício contínuo, uma contínua extinção da personalidade].[90] Joyce postulou que o autor ideal seria "like the God of creation, [...] within or behind or beyond or above his handiwork, refined out of existence, indifferent, paring his fingernails" [como o Deus da criação, [...] dentro ou atrás ou além ou acima de sua obra, invisível, refinado para fora da existência, indiferente, limando as unhas].[91] Estas palavras seguem numa linha direta da prescrição de Flaubert de que "L'artiste, dans son oeuvre, doit être comme Dieu dans l'univers, présent partout et visible nulle part" [O artista, na sua obra, devia ser como Deus no universo, presente em toda a parte e em nenhuma parte visível].[92] Pessoa sublinhou a seguinte frase num ensaio sobre Shakespeare na sua biblioteca: "This

[88] Bate, "Introdução", in *The Romantics on Shakespeare*, p. 7.
[89] Keats, carta a Richard Woodhouse, 27/10/1818, in *Letters of John Keats 1814-1821*, org. H. E. Rollins, 2 vols. (Cambridge, MA: Harvard University Press, 1958), I, pp. 386-7. O trecho é, por vezes, reproduzido como "continually in for, and filling", "continually in, for, and filling", ou "continually informing and filling."
[90] Eliot, *Selected Prose of T.S. Eliot*, org. Frank Kermode (Londres: Faber & Faber, 1975), p. 40.
[91] Joyce, *A Portrait*, pp. 219, 233.
[92] Gustave Flaubert, carta a Louise Collet, 9/12/1852, in *Correspondance*, 4 vols. (Paris: Gallimard, 1973-1998), II, p. 204.

unconsciousness, or impersonality, I have always held to be the highest style of genius" [Sempre considerei esta inconsciência, ou impessoalidade, o mais alto marco do génio].[93]

Keats via a despersonalização de Shakespeare num contexto dramático, escrevendo que "the poetical character [...] is not itself – it has no self [...] it has no character [...] It has as much delight in conceiving an Iago as an Imogen" [a natureza poética [...] não é o que é [...] não tem identidade [...] não tem natureza [...] tem tanto prazer a conceber um Iago quanto uma Imogen].[94] Joyce afirma, de forma parecida, no ensaio de 1900 "Poetry and Drama" [Poesia e drama]: "In every other art personality, mannerism of touch, local sense, are held as adornments, as additional charms. But here [i.e. in drama] the artist forgoes his very self" [em todas as outras artes a personalidade o maneirismo do estilo, o sentido de espaço, são tidos como adornos, como encantos. Mas no drama o artista renuncia à sua própria identidade].[95] Em *A Portrait of the Artist as a Young Man*, faz com que o protagonista, Stephen Dedalus, teorize que no movimento do lírico para o épico para o dramático, a personalidade do poeta, "at first a cry or a cadence or a mood and then a fluid and lambent narrative, finally refines itself out of existence, impersonalises itself, so to speak" [inicialmente um grito ou uma cadência ou um estado de espírito e depois uma narrativa fluida e suave, finalmente refina-se para fora da existência, despersonalizando-se, por assim dizer]. No mesmo livro, Joyce desenvolve a ideia de forma muito parecida com Pessoa em "Os Graus da poesia":

> The lyrical form is in fact the simplest verbal vesture of an instant of emotion, a rhythmical cry such as ages ago cheered on the man who pulled at the oar or dragged stones up a slope. [...] The simplest epical form is seen emerging out of lyrical literature when the artist prolongs and broods upon himself as the centre of an epical event and this form progresses till the centre of emotional gravity is equidistant from the artist himself and from others. The narrative is no longer purely personal. The personality of the artist passes into the narration itself, flowing round and round the persons and the action like a vital sea. [...] The dramatic form is reached when the vitality which has flowed and eddied round each person fills every person with such vital force that he or she assumes a proper and intangible esthetic life.[96]

> [A lírica é, efetivamente, a vestimenta verbal mais simples de um momento de emoção, um grito rítmico que antigamente alegrava o homem a remar ou a carregar pedras montanha acima. [...] O épico mais simples surge, na literatura lírica, quando o artista desenvolve e medita sobre si próprio enquanto centro de um evento épico, e desta forma progride até ao centro de gravidade emocional ser equidistante do artista e dos outros. A narrativa já não é

93 Gilfillan, "Shakespeare – A Lecture", in *A Gallery of Literary Portraits*, p. 190.
94 Keats, carta a Woodhouse, 27/10/1818, in *Letters*, p. 386.
95 Joyce, *Occasional, Critical, and Political Writings*, p. 26.
96 *A Portrait*, pp. 217, 233.

> puramente pessoal. A personalidade do artista entra na própria narração, fluindo em torno das personagens e da ação como um mar vital. [...] O dramático é alcançado quando a vitalidade à volta de cada personagem enche-a com tamanha força vital que ele ou ela tem uma vida estética própria e intangível.]

Pessoa, em "Os Graus da poesia", também explica que a progressão ascendente da poesia, da lírica à dramática, é caracterizada por crescentes graus de despersonalização. Numa versão diferente deste texto, cita Shakespeare como o expoente máximo da poesia dramática precisamente devido ao seu "espantoso grau de despersonalização":

> O quarto grau da poesia lírica é aquele, muito mais raro, em que o poeta, mais intelectual ainda mas igualmente imaginativo, entra em plena despersonalização. Não só sente, mas vive, os estados de alma que não tem diretamente. Em grande número de casos, cairá na poesia dramática, propriamente dita, como fez Shakespeare, poeta substancialmente lírico erguido a dramático pelo espantoso grau de despersonalização que atingiu. (*PETCL*, p. 67)

Pessoa chega a afirmar, em outro texto, que a despersonalização de Shakespeare permite que ele crie uma obra fora deste mundo, o seu "poder de impersonalização, de se consubstanciar com a alma de qualquer personagem que inventasse ou adaptasse e a animar com uma vida intima completa" resultando em "qualquer coisa de outro mundo e de um entendimento que não é o humano."[97] "Consubstanciação" é uma palavra inequivocamente religiosa, referente à doutrina cristã, segundo a qual a substância do pão e do vinho se transformam no corpo e sangue de Cristo durante a Eucaristia.

A devoção a Shakespeare, ou a "bardolatria" ("Bardolatry"), teve início com a observação de Ben Jonson no *Primeiro fólio*, de que ele amava Shakespeare, e honrava a sua memória, "on this side idolatry" [quase ao ponto de idolatria]. Pessoa fez uma linha na margem ao lado deste tributo, no seu exemplar de *The Works of Ben* Jonson [*Obra de Ben Jonson*]. O texto de Jonson começa com a sua célebre constatação que Shakespeare nunca corrigira um verso; este mito contribuiu para a visão romântica dele como génio espontâneo e inspirado:

> I remember, the players have often mentioned it as an honour to Shakespeare, that in his writing (whatsoever he penned) he never blotted a line. My answer hath been, Would he had blotted a thousand. Which they thought a malevolent speech. I had not told posterity this, but for their ignorance, who choose that circumstance to commend their friend by, wherein he most faulted; and to justify mine own candour: for I loved the man, and do honour his memory, on this side idolatry, as much as any.[98]

[97] *Sensacionismo*, p. 93.
[98] Ben Jonson, *Discoveries, The Works of Ben Jonson*, 3 vols., (Londres: Chatto &

[Lembro-me que os atores mencionaram isto muitas vezes em louvor a Shakespeare, que na sua escrita (tudo o que tenha escrito) nunca corrigiu um verso. Minha resposta seria, Tivesse corrigido mil. Que eles acharam um comentário maldoso. Eu não teria dito isto à posteridade, exceto para mostrar a ignorância deles, pois escolheram este ponto para elogiar o seu amigo, naquilo que ele mais errou; e para justificar a minha própria sinceridade: pois eu amei o homem, e honro a sua memória quase ao ponto de idolatria, tanto quanto qualquer um.]

A aplicação de terminologia religiosa a Shakespeare tornou-se prática corrente no século XVIII: para Alexander Pope, Shakespeare era "divine" [divino] (1737); para Samuel Johnson, ele era "immortal" [imortal] (1747): o seu génio seria "divine emanation" [emanação divina], portanto "unexplicable" [inexplicável] e "incomprehensible" [incompreensível].[99] Quando Elizabeth Montagu afirmou, em 1789, que Shakespeare "was approved by his own age, admired by the next, and is revered, and almost adored by the present" [foi aprovado pela sua própria época, admirado pela época seguinte, e é reverenciado, quase adorado pela presente], não estava a exagerar.[100] A história do falsificador William Henry Ireland, que em meados de 1790 produziu manuscritos "inéditos", supostamente da autoria de Shakespeare, que enganaram o seu pai e várias personagens ilustres da época, demonstra o apetite que então havia por relíquias shakespearianas.

Thomas Carlyle, no ensaio "The Hero as Poet" [O Herói como poeta] (1840), faz referência ao fascínio de Goethe pela destreza de Shakespeare em criar uma intensa vida interior para as suas personagens: "you may say what [Goethe] himself says of Shakespeare: 'His characters are like watches with dial-plates of transparent crystal; they show you the hour like others, and the inward mechanism also is all visible'" [pode dizer-se o que [Goethe] diz sobre Shakespeare: "as suas personagens são como relógios, com mostradores de cristal transparente; dizem as horas como os outros, mas o mecanismo interno também é visível."] Pessoa fez uma linha ao lado desta avaliação, e sublinhou a afirmação de Carlyle de que "there is actually a kind of sacredness in the fact of such a man being sent into this Earth" [há realmente algo de sagrado no facto de tal homem ter sido enviado à Terra].[101] A imagem de Goethe, de Shakespeare como relojoeiro,

Windus, 1897-1904), III, p. 393.

[99] Citado em Louis Marder, *His Exits and His Entrances: The Story of Shakespeare's Reputation* (Philadelphia/Nova York: Lippincott, 1963), p. 18; ver também Robert Witbeck Babcock, *The Genesis of Shakespeare Idolatry 1766-1799: A Study in English Criticism of the Late Eighteenth Century* (Nova York: Russel & Russel, 1964), pp. 121-5.

[100] Elizabeth Montagu, *An Essay on the Writings and Genius of Shakespear* [sic], *Compared with the Greek and French Dramatic Poets. With Some Remarks Upon the Misrepresentations of Mons. de Voltaire* (1789; Nova York: Augustus M. Kelley Publishers, 1970), p. 10.

[101] Thomas Carlyle, *Sartor Resartus; Heroes; Past and Present* (Londres: Chapman & Hall, 1903), pp. 97, 103.

citada por Carlyle e anotada por Pessoa, é reminiscente do argumento teológico pela existência de Deus, segundo o qual o universo tem de ter sido criado por um criador inteligente, porque é concebido com a perfeição de um mecanismo de relógio.

Escrevendo em 1907, Walter Raleigh lamentou o tratamento religioso dado a Shakespeare, ao declarar que já era tempo de tratá-lo como um ser humano, um artesão que constrói personagens dramáticas em vez de uma divindade que cria pessoas reais.[102] Mas a bardolatria seguiu inabalável. O próprio Pessoa tem tendência a comparar Shakespeare a um Deus, em momentos de pura adoração heroicizante: "Shakespeare escreve como um anjo caído [...] Shakespeare escreve como um deus carnal (*a carnal god*)" (*PI*, p. 384). Ao descrevê-lo assim, torna literal a metáfora implícita no seu emprego contínuo da palavra "almas" com relação às personagens shakespearianas.

Na segunda metade do século XX, Jorge Luis Borges apropriou-se da imagem de Keats do "poeta camaleão" para o seu conto em inglês, "Everything and Nothing" [Tudo e nada] (1961) - na sua carta a Woodhouse, Keats afirmara que Shakespeare, não tendo identidade própria, era "every thing and nothing" - para nos oferecer uma visão inescapável de Shakespeare como Deus.[103] Borges escreve que, no princípio, Shakespeare não tinha nenhuma identidade: "There was no one in him" [Não havia ninguém nele]. Como ator, Shakespeare descobriu que a melhor forma de preencher esse vazio era imaginar e representar outros: "No one has ever been so many men as this man, who like the Egyptian Proteus" [novamente essa imagem recorrente] "could exhaust all the guises of reality" [Ninguém foi tantos homens como este homem foi, que como o egípcio Proteu pôde esgotar todas as variedades do ser]. Depois da sua morte, Shakespeare enfrentou Deus:

> History adds that before or after dying he found himself in the presence of God and told Him: "I who have been so many men in vain want to be one and myself." The voice of the Lord answered from a whirlwind: "Neither am I anyone; I have dreamt the world as you dreamt your work, my Shakespeare, and among the forms in my dream are you, who like myself are many and no one."[104]
>
> [A história acrescenta que, antes ou depois de morrer, viu-se diante de Deus e disse-lhe: - Eu, que tantos homens tenho sido em vão, quero ser único e eu. A voz de Deus respondeu num turbilhão: - Eu tampouco sou alguém; sonhei o mundo como tu sonhaste a tua obra, meu Shakespeare, e entre as formas do meu sonho estavas tu, que como eu és muitos e ninguém.]

[102] Walter Raleigh, *Shakespeare* (1907; Londres: Macmillan, 1965), p. 23.
[103] Keats, Carta a Richard Woodhouse, 27/10/1818, in *Letters*, p. 387.
[104] Jorge Luis Borges, *Labyrinths: Selected Stories and Other Writings*, trad. James Irby (Nova York: Penguin, 1964), pp. 248-9.

Não há melhor forma de fazer a aproximação de Shakespeare a Deus do que fazer com que seja Deus a propor essa ligação.

A imagem de Shakespeare como o Deus invisível (porque completamente despersonalizado) da criação costuma ser metafórica, mas o autor de *The Romantic Cult of Shakespeare* [*O Culto romântico a Shakespeare*] (1998) define a bardolatria como "a secular cult whose psychology, ritual and rhetoric reveal latent religious patterns" [um culto secular cuja psicologia, ritual e retórica revelam padrões religiosos latentes]. Afirma, ainda, que "the characteristic response that distinguishes the cultic attitude from the critical [...] is the unconditional readiness to acknowledge and defend Shakespeare's unfathomable perfection even when his plays happen to show features the admirer would deplore in some (or any) other work written by somebody else" [a reação característica que distingue a atitude de culto da atitude crítica é a prontidão incondicional de reconhecer e defender a inimaginável perfeição de Shakespeare, mesmo quando as peças contêm elementos que o admirador desprezaria em qualquer outra obra escrita por qualquer outro autor].[105] Se assim for, a postura de Pessoa é mais crítica do que de culto, pois ele não é cego aos defeitos de Shakespeare enquanto poeta e dramaturgo, mesmo que nunca diga uma palavra contra ele enquanto poeta dramático.

O Génio de Shakespeare e a heteronímia

O Shakespeare de Pessoa, cujo génio reside na criação de dramáticos outros, é uma fusão do conceito romântico de génio e do ideal modernista do autor despersonalizado.[106] É ainda, contudo, fruto de projeções autobiográficas, pois Pessoa descobre em Shakespeare características altamente pessoanas. Num texto inédito (reproduzido na página seguinte), escreve:

> Literature is the art of expressing artificially through words a feeling, or a number of feelings, which have undergone a process, conscious or unconscious, of analysis by thought. Until a feeling has been analysed by thought, and thus reduced to intelligibility to others, it has not reached the literary stage; for that analysis eliminates the element which is purely personal, which is the feeling itself, and consolidates by intellect the general and transmissible part. This intellectualized feeling is put into words because words are the material of literature. Finally, once put into words, it is so put artificially, such being the condition of all art. The very words art and artifice are related.
>
> The writing of literature involves three elements: (1) expression, which is the rendering in as highly intelligent a way as possible of what is felt; (2) verbalizing, which is the careful attention to the words which is used for that

105 Péter Dávidházi, *The Romantic Cult of Shakespeare: Literary Reception in Anthropological Perspective* (Londres: Macmillan, 1998), pp. ix, 13.

106 Sobre o conceito de Pessoa do génio, e as suas fontes românticas, ver Maria Irene Ramalho de Sousa Santos, *Fernando Pessoa's Turn in Anglo-American Modernism* (Hanover/Londres: University Press of New England, 2003), pp. 35-47.

expression; (3) construction, which is the disposition of the whole thus produced into as artificially exact a way as possible (BNP/E3 76-20).

[A literatura é a arte de exprimir, artificialmente, através das palavras, um sentimento, ou vários sentimentos, que foram submetidos a um processo, consciente ou inconsciente, de análise pelo pensamento. Até um sentimento ter sido analisado pelo pensamento, e assim reduzido à inteligibilidade para os outros, não terá atingido o estágio literário; pois esta análise elimina o elemento que é puramente pessoal, que é o próprio sentimento, e consolida pelo intelecto a parte universal e transmissível. Este sentimento intelectualizado é posto em palavras porque as palavras são a matéria da literatura. Finalmente, uma vez posto em palavras, é assim posto artificialmente, pois esta é a condição de toda a arte. As próprias palavras arte e artifício são relacionadas.

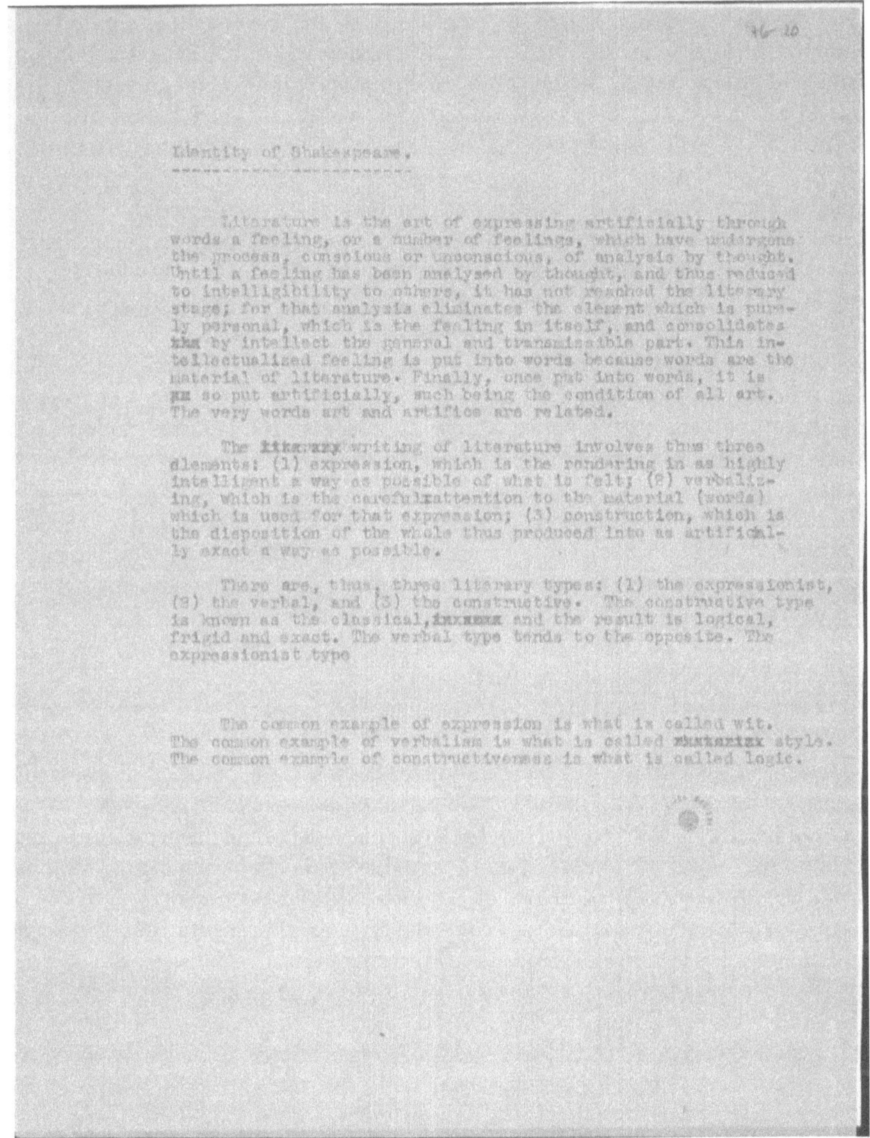

76-20

Identity of Shakespeare.

Literature is the art of expressing artificially through words a feeling, or a number of feelings, which have undergone the process, conscious or unconscious, of analysis by thought. Until a feeling has been analysed by thought, and thus reduced to intelligibility to others, it has not reached the literary stage; for that analysis eliminates the element which is purely personal, which is the feeling in itself, and consolidates by intellect the general and transmissible part. This intellectualised feeling is put into words because words are the material of literature. Finally, once put into words, it is so put artificially, such being the condition of all art. The very words art and artifice are related.

The writing of literature involves thus three elements: (1) expression, which is the rendering in as highly intelligent a way as possible of what is felt; (2) verbalizing, which is the careful attention to the material (words) which is used for that expression; (3) construction, which is the disposition of the whole thus produced into as artificially exact a way as possible.

There are, thus, three literary types: (1) the expressionist, (2) the verbal, and (3) the constructive. The constructive type is known as the classical, and the result is logical, frigid and exact. The verbal type tends to the opposite. The expressionist type

The common example of expression is what is called wit. The common example of verbalism is what is called style. The common example of constructiveness is what is called logic.

BNP/E3 76-20.

A escrita da literatura envolve três aspetos: (1) a expressão, que é a realização de forma mais inteligente possível daquilo que é sentido; (2) a verbalização, que é a cuidadosa atenção ao material (palavras) dessa expressão; (3) a construção, que é a disposição do todo assim produzido de forma tão artificialmente exata quanto possível.]

É esta uma exposição, relativamente simples, do processo criativo de Pessoa, conforme a ideia expressa no poema "Autopsicografia" (1934). O aspeto mais surpreendente do texto é o seu título: "*Identity of Shakespeare*" [A Identidade de Shakespeare]. Um prefácio projetado para a sua obra poética traz o subtítulo, em parêntesis: "(aproveitar para Shakespeare)" (*PI*, p. 27). Outro exemplo de autoprojeção é o texto "Sobre traduzir Shakespeare", que começa com a frase: "A infelicidade fundamental de cada individuo é não ser outro individuo."[107] Pode ser que esta seja uma verdade universal, embora isso seja naturalmente discutível, e pode ser que seja uma verdade extremamente aplicável a Pessoa, mas simplesmente não podemos saber se é, ou não, aplicável a Shakespeare. São estas ilustrações pertinentes de como Pessoa, nas suas avaliações do génio de Shakespeare, cai no vício preferido da crítica: o de moldar o objeto da sua análise à sua própria imagem.

Muitas dos seus juízos sobre a arte do seu escritor favorito poderiam ser descrições da sua própria arte:

> Representativeness must be general to hope for survival *on that score*. An artist must *sum up a whole age* to live out of that [age]. All secondary and perishing artists represent certain currents, but the artist who survives on this score must represent the current at bottom of all those currents.
>
> The common characteristic of all representative artists is that they include all sorts of tendencies and currents.
>
> The highest type of this kind of artist is Shakespeare.[108]

> [A representatividade deve ser universal para ter a esperança de sobreviver *por essa característica*. Um artista deve *resumir toda uma época* para viver fora dessa [época]. Todos os artistas secundários e perecíveis representam certas correntes, mas o artista que sobrevive pela representatividade deve representar a corrente que está na base de todas essas correntes.
>
> A característica comum a todos os artistas representativos é que eles incluem todos os géneros de tendências e correntes.
>
> O maior exemplo deste género de artista é Shakespeare.]

Em carta de 15 de Fevereiro de 1934 a Tomás Ribeiro Colaço, Pessoa escreve que até os seus defeitos são iguais aos de Shakespeare: "verifiquei definidamente que estou totalmente desadaptado de escrever com simplicidade. Já do nosso confrade William Shakespeare dizia alguém [...] que conseguira escrever em todos os estilos, exceto o simples. Assim, ao menos, estou mal em boa companhia" (*Corr II*, p. 325).

Pessoa explica que a geração de *Orpheu* era motivada pelo mesmo desejo que atribui a Shakespeare, a invenção do humano: "Nós do Orpheu fazíamos, em nossa

[107] *A Tormenta, de William Shakespeare*, p. 36.
[108] *Sensacionismo*, p. 236.

literatura, a expressão de estados complexos e contraditórios de alma."[109]

Em "Erostratus", pondera a imensidão da obra shakespeariana:

> Variety is the only excuse for abundance. No man should leave twenty different books unless he can write like twenty different men. [...] If he can write like twenty different men, he is twenty different men, however that may be, and his twenty books are in order (*H*, p. 179).

> A variedade é a única desculpa para a abundância. Nenhum homem devia deixar vinte livros diferentes, a não ser que consiga escrever como vinte homens diferentes. [...] Se ele conseguir escrever como vinte homens diferentes, ele é vinte homens diferentes, seja isso como for, e os seus vinte livros diferentes têm razão de ser.]

Esta podia ser uma descrição perfeita da heteronímia. Chegamos, assim, ao principal ponto de identificação que Pessoa cria entre a essência do seu próprio génio e a do seu ídolo.

É de conhecimento geral que Pessoa define a si próprio como sendo, como o seu Shakespeare, poeta dramático. Esta auto-classificação genérica é expressa de forma mais vincada nas cartas a João Gaspar Simões e Adolfo Casais Monteiro, quando começa a oferecer explicações sistemáticas do seu processo criativo. Escreve a 11 de Dezembro de 1931 a Gaspar Simões:

> O ponto central da minha personalidade como artista é que sou um poeta dramático; tenho, continuamente, em tudo quanto escrevo, a exaltação íntima do poeta e a despersonalização do dramaturgo. [...] Desde que o crítico fixe [...] que sou essencialmente poeta dramático, tem a chave da minha personalidade (*Corr II*, p. 255).

Na mesma carta, faz a ligação entre a poesia dramática e a despersonalização, exatamente como a tinha feito no caso de Shakespeare: "como poeta dramático, sinto despegando-me de mim" (*Corr II*, p. 256). Da mesma forma, informa Casais, em carta de 20 de Janeiro de 1935, que a sua "despersonalização instintiva" é aquilo que caracteriza a sua auto-classificação genérica: "o fenómeno da minha despersonalização instintiva, a que aludi em minha carta anterior, para explicação da existência dos heterónimos, conduz naturalmente a essa definição" (*Corr II*, p. 350). Em seguida, explica que é esta despersonalização que lhe permite habitar diferentes personalidades dramáticas, em palavras altamente evocativas das suas avaliações da arte de Shakespeare: "Vou mudando de personalidade, vou [...] enriquecendo-me na capacidade de criar personalidades novas, novos tipos de fingir que compreendo o mundo, ou, antes, de fingir que se pode compreendê-lo" (*Corr II*, p. 351).

[109] *Ibid.*, p. 94.

A enorme despersonalização que Pessoa atribui a Shakespeare, e também a si próprio, é a qualidade que permite aos dois homens, segundo ele, criarem personagens tão reais – ou até mais reais - do que os seus autores. Como afirma num prefácio inacabado a *Aspectos*, uma projetada antologia de poesia heteronímica:

> Afirmar que estes homens todos diferentes, todos bem definidos [os heterónimos], que lhe passaram pela alma incorporadamente, não existem – não pode fazê-lo o autor destes livros; porque não sabe o que é existir, nem qual, Hamlet ou Shakespeare, é que é mais real, ou real na verdade (*PIAI*, p. 95).

Para dar ainda mais peso ao paralelismo entre o génio dos dois autores, no rascunho da carta a Casais citada anteriormente, Pessoa escreve que a sua despersonalização o deixa sem nenhuma identidade própria:

> Hoje já não tenho personalidade: quanto em mim haja de humano, eu o dividi entre os autores vários de cuja obra tenho sido o executor. Sou hoje o ponto de reunião de uma pequena realidade só minha.
>
> Trata-se, contudo, simplesmente do temperamento dramático elevado ao máximo; escrevendo, em vez de dramas em atos e ação, drama em almas. Tão simples é, na sua substância, este fenómeno aparentemente tão confuso (*PIAI*, p. 101).

Para frisar esta ideia, uma das "almas" do drama pessoano, Álvaro de Campos, prestativamente informa-nos que "Fernando Pessoa [...] não existe, propriamente falando."[110] Com uma identidade própria tão ténue, Pessoa torna-se, como o seu Shakespeare, noutro Deus invisível da criação artística.

A auto-elevação de Pessoa ao patamar do divino encontra a melhor representação no poema ortónimo "Deixo ao cego e ao surdo" (1930), cuja primeira estrofe exprime o seu frequentemente citado desejo "sentir tudo / de todas as maneiras." O poema então descreve o método para se atingir este objetivo: "Quebro a alma em pedaços / E em pessoas diversas"; "Sou vário e não sou eu." O poema continua:

> Assim eu me acomodo
> Com o que Deus criou,
> Deus tem diverso modo,
> Diversos modos sou.
> Assim a Deus imito.
> Que quando fez o que é
> Tirou-lhe o infinito
> E a unidade até.[111]

[110] *Notas para a recordacão do meu Mestre Caeiro*, org. Teresa Rita Lopes (Lisboa: Estampa, 1997), p. 75.
[111] *Poesia do eu*, org. Zenith (Lisboa: Assíro & Alvim, 2006), pp. 213-4.

O poema de Álvaro de Campos que começa "Afinal, a melhor maneira de viajar é sentir", põe de forma ainda mais explícita a natureza quasi-divina da criação de outras almas:

> Quanto mais eu sinta, quanto mais eu sinta como várias pessoas,
> Quantas mais personalidades eu tiver,
> Quanto mais intensamente, estridentemente as tiver,
> [...]
> Mais análogo serei a Deus, seja ele quem for
> [...]
> Cada alma é uma escada para Deus,
> Cada alma é um corredor-Universo para Deus (*AdC*, pp. 151-2)

A génese dos heterónimos é assim embutida de uma justificação metafísica. Isto remete ao ideal missionário de Pessoa, que neste contexto representa mais do que um exemplo da sua megalomania. Como afirma Richard Zenith, num manuscrito Pessoa copiou um verso da primeira Epístola de São Paulo aos Coríntios: "I became all things to all men, that I might save all" [Tornei-me tudo para todos os homens, para que eu pudesse salvar a todos].[112] O ideal missionário de Pessoa está em *Mensagem*, quando ele visa, como Stephen Dedalus no final de *A Portrait of the Artist as a Young Man*, "forge in the smithy of my soul the uncreated conscience of my race" [forjar na ferraria da minha alma a consciência não criada do meu povo], mas é igualmente aplicável ao projeto heteronímico, pois a fragmentação de Pessoa em diversas almas faz dele, como Shakespeare e Deus, ao mesmo tempo tudo e nada.[113]

Se Pessoa é, como defende, um poeta dramático despersonalizado ao estilo de Shakespeare, segue logicamente que os seus heterónimos serão semelhantes a personagens dramáticas. A analogia é proposta pelo próprio Pessoa: "Álvaro de Campos", escreve, "é a personagem de uma peça; o que falta é a peça" (*AdC*, p. 15).

Há muito mais a dizer sobre a aproximação que Pessoa faz entre o seu génio e o de Shakespeare. No capítulo final deste livro, "Shakespeare e a invenção dos heterónimos", explorarei em maior profundidade a sua recorrente evocação do dramaturgo inglês no contexto da heteronímia, analisando a sua apropriação das características fundamentais que descobre na obra shakespeariana para a invenção do seu próprio drama em gente. Mas primeiro, vale a pena examinarmos o fascínio do Poeta pela invisibilidade, loucura, e sexualidade de Shakespeare, através de interpretações que reforçam a aproximação fulcral entre o génio dos dois autores.

[112] Zenith, "Introductory Note", in *Forever Someone Else: Selected Poems*, org. e trad. Zenith (Lisboa: Assíro & Alvim, 2009), pp. 13-22, p. 15.
[113] Joyce, *A Portrait*, pp. 275-6.

A INVISIBILIDADE DE SHAKESPEARE

O Problema da autoria da obra shakespeariana

Nas suas avaliações a respeito do génio de Shakespeare, Pessoa eleva o dramaturgo inglês à posição de maior poeta dramático, com a enorme despersonalização que o género implica. Tamanha despersonalização, afirma Pessoa, ecoando o pensamento de Keats e outros românticos, e com um olho no ideal modernista da invisibilidade autoral, tem o efeito de o deixar com uma ténue identidade própria, aproximando-o de Deus. Mas e se Shakespeare fosse tão invisível que não existisse fora dos seus escritos? E se não fosse o autor das obras que lhe são atribuídas? A pergunta é absurda, mas foi precisamente este raciocínio que gerou uma das maiores teorias da conspiração literárias do final do século XIX, o debate sobre se os escritos atribuídos ao ator de Stratford-upon-Avon não teriam sido, na realidade, produzidos por outro escritor, ou outros escritores.

Não foi por acaso que o surgimento da controvérsia coincidiu com a bardolatria oitocentista que fez de Shakespeare uma divindade, como Pessoa reconhece: "Shakespeare is posited as a god; it is not strange that Shakespeare of Stratford should fail in the part" [Shakespeare é visto como um deus; não é de estranhar que Shakespeare de Stratford falhe no papel] (*GL*, p. 352).

Segundo Jonathan Bate, "The moment a faith takes hold, heretics emerge" [Quando uma fé é criada, emergem hereges].[1] Os hereges, ou anti-Stratfordianos, são levados pela aparente invisibilidade de Shakespeare - como diz uma das personagens de *Ullyses*, de James Joyce, "of all great men he is the most enigmatic. We know nothing but that he lived and suffered. Not even so much" [de todos os grandes homens ele é o mais enigmático. Não sabemos nada para além de que ele viveu e sofreu. Nem isso][2] - a partir em busca do autor escondido, o escritor (ou os escritores) que teria(m) realmente redigido as obras ditas shakespearianas. Curiosamente, os anti-Stratfordianos, que querem destronar Shakespeare, apenas o substituem, no trono divino, por outro candidato à autoria. William Smedley fornece um bom exemplo do procedimento num trecho que Pessoa anotou no seu exemplar de *The Mystery of Francis* Bacon [*O Mistério de Francis Bacon*] (1912): "At a very early age, probably before [Bacon] was twelve, he had conceived the idea that he would imitate God, that he would hide his works in order that they might be found out - that he would be seen only by his mind and that his image should be concealed" [Numa idade muito precoce, provavelmente antes dos seus doze anos, Bacon havia concebido a ideia de que iria imitar Deus, escondendo as suas obras para que pudessem ser descobertas - que seria visto apenas pela sua mente e que a sua identidade permaneceria oculta].[3]

Pessoa leu e escreveu extensamente sobre o problema da autoria da obra shakespeariana, tanto que o tema constitui a parte mais significativa, em termos

[1] Bate, *The Genius of Shakespeare* (Londres: Macmillan, 1997), p. 74.
[2] Joyce, *Ulysses* (1922; Londres: Penguin, 2000), p. 186.
[3] William Smedley, *The Mystery of Francis Bacon* (Londres: Robert Banks & Son, 1912), p. 105.

quantitativos, do seu encontro com Shakespeare. Foi no contexto daquilo que ele tende a designar como "problema shakespeariano", que embarcou em muitas das suas análises do seu génio, descritas no capítulo anterior. Apesar disso, o seu fascínio pela invisibilidade de Shakespeare atraiu pouca atenção crítica. O estudo mais desenvolvido é o artigo pioneiro de João Almeida Flor (1984), no qual argumenta que Pessoa visou reconciliar, pragmaticamente, as visões de Stratfordianos e anti-Stratfordianos.[4] É pouco provável que fosse esse o seu objetivo, porque tal projeto estaria destinado ao fracasso desde o início. Os Stratfordianos acreditam que o ator de nome William Shakespeare escreveu as obras a ele atribuídas; os anti-Stratfordianos acreditam que não, ou que os escreveu em colaboração. Entre estas posições não há meio-termo possível.

Aqueles que alegam que o ator a quem se referem, pejorativamente, como "o homem de Stratford", dificilmente teria escrito o cânone shakespeariano, defendem a premissa de que o verdadeiro autor seria alguém que não podia, ou não queria, revelar a sua identidade. Muitos imaginam que se trataria de um aristocrata, que não estaria disposto a associar o seu nome a algo tão indigno como a criação de peças de teatro. Entre os candidatos mais vezes apoiados como os verdadeiros autores da obra shakespeariana estão Francis Bacon, Edward de Vere (17º Conde de Oxford), William Stanley (6º Conde de Derby) e, mais recentemente, Christopher Marlowe. Em *Ulysses*, Stephen Dedalus transforma tais dignitários numa só entidade, descartando-os, com ironia, como "Rutlandbaconsouthampton-shakespeare or another poet of the same name in the comedy of errors [who] wrote *Hamlet*" [Rutlandbaconsouthampton-shakespeare ou outro poeta de mesmo nome na comédia de erros que escreveu *Hamlet*].[5]

Desde as primeiras décadas do século XX, o problema da autoria da obra shakespeariana tem caído fora de moda, pelo menos nos círculos académicos, embora haja uma notável exceção: o curso de mestrado em "Shakespeare Authorship Studies" [Estudos sobre a da autoria de Shakespeare] atualmente oferecido pela Universidade de Brunel, em Londres. Contudo, na época de Pessoa o interesse pela controvérsia estava no seu auge. Pessoas célebres do final do século XIX e meados do século XX, incluindo escritores como Walt Whitman, Henry James, Ralph Waldo Emerson e Mark Twain, associaram-se ao grupo dos incrédulos.

Whitman estava convencido de que "only one of the 'wolfish earls' so plenteous in the plays themselves, or some born descendent and knower, might seem to be the true author of those amazing works" [apenas um dos "condes lupinos" tão abundantes nas peças, ou algum descendente e conhecedor, poderia ser o verdadeiro autor daquelas obras incríveis]; Henry James escreveu a um amigo em 1903 que ele estava "haunted by the conviction that the divine William is the biggest and most successful fraud ever practiced on a patient world" [assombrado pela convicção de que o divino William é a maior e mais bem-sucedida fraude jamais praticada num mundo paciente]; Mark Twain observou, num livro que

[4] Flor, "Fernando Pessoa e a questão shakespeariana", in *Afecto às letras*, pp. 276-83.
[5] Joyce, *Ulysses*, p. 199.

Pessoa possuía: "So far as anybody actually knows and can prove, Shakespeare of Stratford-on-Avon never wrote a play in his life" [Tanto quanto alguém realmente saiba e possa provar, Shakespeare de Stratford-on-Avon nunca escreveu uma peça de teatro em toda a sua vida].[6]

A crença de Sigmund Freud de que o autor do cânone shakespeariano teria sido Edward de Vere, uma crença que Freud tornou pública na edição de 1930 de *A Interpretação dos sonhos*, foi extremamente embaraçosa para o seu primeiro biógrafo, Ernest Jones, e continua a ser embaraçosa até hoje. A nota de rodapé de Freud, nessa edição, é: "I no longer believe that William Shakespeare, the actor from Stratford, was the author of the works that have so long been ascribed to him. Since the publication of *Shakespeare Identified* [1920] I am almost convinced that the assumed name conceals the personality of Edward de Vere, Earl of Oxford. The man from Stratford seems to have nothing at all to justify his claim, whereas Oxford has almost everything" [Já não acredito que William Shakespeare, o ator de Stratford, foi o autor das obras que têm sido há tanto tempo atribuídas a ele. Desde a publicação de *Shakespeare identificado* [1920], estou quase convencido de que o nome fictício esconde a personalidade de Edward de Vere, Conde de Oxford. O homem de Stratford não parece ter nada que justifique a sua autoria, enquanto que Oxford tem quase tudo].[7] Ernest Jones tipifica a reação habitual a esta ideia do seu mentor: "I recall some faddist ideas he had about Shakespeare's personality. He [...] pooh-poohed the Baconian theories, but in later life he was greatly taken with the idea of the Earl of Oxford being the author of the plays and was rather disappointed at my scepticism" [Recordo-me de algumas ideias caprichosas que ele tinha sobre a personalidade de Shakespeare. Ele [...] ridicularizou as teses baconianas, mas quando era mais velho ficou convencido de que o Conde de Oxford seria o autor das peças, e ficou muito desapontado com meu ceticismo].[8]

Os obcecados pelo problema da autoria da obra shakespeariana, como Pessoa, gravitam em torno do dito "problema biográfico", ou a dificuldade em reconciliar o nosso conhecimento do Shakespeare histórico com a consciência genial implícita nos seus escritos. As investigações do problema biográfico focam-se nas discrepâncias aparentes entre a sua vida e obra; por exemplo, o facto de pelo menos uma das suas filhas ser analfabeta, não sabendo sequer assinar o seu nome, é salientado por Pessoa:

> Seu pae não soubéra escrever; de suas trez filhas, duas tambem não sabiam. D'onde parece dever-se concluir que o melhor modo de ser analphabeto

[6] Whitman, "What lurks behind Shakespeare's historical plays?", in *November Boughs* (Londres: Alexander Gardner, 1889, pp. 50-53, p. 52); James, *Letters of Henry James* (Nova York: Scribner, 1929), p. 254); Twain, *Extract from Captain Stormfield's Visit to Heaven; and Is Shakespeare Dead?* (Leipzig: Bernhard Tauchnitz, s. d. [1909]), p. 13.
[7] Citado em Norman Holland, *Psychoanalysis and Shakespeare* (Michigan: McGraw-Hill, 1966), p. 57.
[8] Ernest Jones, *The Life and Times of Sigmund Freud*, 3 vols. (Londres: Hogarth Press, 1957), I, p. 22.

podendo não o ter ficado, é ter por pae o maior poeta do mundo. (*GL*, pp. 345-56)

Através de uma análise das peças shakespearianas, alguns participantes na controvérsia descobriram campos de conhecimento especializado que afirmam que Shakespeare teria que ter dominado, tais como o conhecimento dos costumes e atividades da aristocracia, técnicas de navegação, terminologia médica e militar, desportos como a falcoaria, e procedimentos legais. Como exemplo representativo desta abordagem, o advogado George Greenwood chega à conclusão de que as peças só podem ter sido escritas por um advogado (a autoprojeção é endémica à controvérsia).[9] A natureza supostamente sobre-humana do vocabulário de Shakespeare, considerado muito superior ao vocabulário de qualquer outro escritor inglês, é outra "prova" frequentemente citada por anti-Stratfordianos. Escreve Max Muller:

> We are told on good authority by a country clergyman that some of the labourers in his parish had not 300 words in their vocabulary [...] A well-educated person in England who had been at a public school, and at the university, who reads his Bible, his Shakespeare, *The Times*, and all the books of Mudie's Library, seldom uses more than about 3,000 or 4,000 words in actual conversation. Accurate thinkers and close reasoners, who avoid vague and general expressions, and wait till they find the word that exactly fits their meaning, employ a larger stock, and eloquent speakers may rise to a command of 10,000. The Hebrew Testament says all that it has to say with 5,642 words; Milton's works are built up with 8,000, and Shakespeare, who probably displayed a greater variety of expression than any writer in any language, produced all his plays with about 15,000 words.[10]
>
> [Somos informados por um clérigo rural que alguns dos trabalhadores da sua paróquia não possuíam 300 palavras de vocabulário [...]. Uma pessoa instruída em Inglaterra, que tenha frequentado a escola privada e a Universidade, que lê a sua Bíblia, o seu Shakespeare, o *Times*, e todos os livros da biblioteca de Mudie, raramente usa mais do que 3.000 ou 4.000 palavras em conversação. Os pensadores precisos, que evitam as expressões vagas e genéricas, e esperam até encontrar a palavra que se ajuste de forma precisa ao sentido que procuram, empregam um número maior, e os oradores eloquentes podem chegar à marca das 10.000 palavras. O Testamento Hebraico diz tudo o que tem a dizer com 5.642 palavras; as obras de Milton são construídas com cerca de 8.000, e Shakespeare, que provavelmente exibiu uma maior variedade de expressão que qualquer escritor em qualquer língua, produziu todas as suas

[9] George Greenwood, *The Shakespeare Problem Restated* (Londres: John Lane, 1908).
[10] Max Muller, *Lectures on the Science of Language* (Londres: Longmans, 1871) p. 41. As estimativas do vocabulário de Shakespeare variam muito, dependendo de quem faz a a contagem.

peças com cerca de 15.000 palavras.]

O enorme vocabulário de Shakespeare é um dos argumentos de peso dos "grupistas" ("groupists"), aqueles que defendem a teoria de autoria coletiva: um conjunto de escritores, possivelmente liderado por um escritor principal, que seria também o principal conspirador. A maioria de grupistas considera que Shakespeare foi um de vários autores a trabalhar em conjunto: é isso que propõe H. T. S. Forrest em *The Five Authors of Shakespeare's Sonnets* [*Os Cinco autores dos Sonetos de Shakespeare*] (1923), um livro que Pessoa possuía, que imagina uma competição de sonetos com Shakespeare, Barnes, Donne e Daniel a competir por um prémio oferecido pelo destinatário da sua dedicatória, o Conde de Southampton.[11]

Os anti-Stratfordianos defendem que não existe nenhum documento que ligue Shakespeare a qualquer atividade literária. É verdade, a não ser que contemos a "Mão D" ("Hand D"), a expressão sem corpo para o autor de um trecho manuscrito da peça *Sir Thomas More* (c. 1591-3), que a maioria de shakespearianos não conta.[12] O testamento pormenorizado de Shakespeare, deixando à sua mulher Anne Hathaway a herança porventura mais misteriosa da história, a sua "segunda melhor cama" ("second-best bed"), pode ter sido redigido, e assinado em seu nome, por advogados. Stephen Dedalus, na sua palestra sobre Shakespeare em *Ulysses*, descarta a ideia de que esta seria uma herança valiosa: "She [Ann Hathaway] lies out in start stiffness in that secondbest bed, the mobled queen, even though you prove that a bed was as rare as a motocar is now and that its carvings were the wonder of seven parishes" [Ann Hathaway deita-se na rigidez daquela segunda melhor cama, a rainha encoberta, mesmo que se prove que uma cama era tão rara como um automóvel é agora e que os seus entalhes eram a maravilha de sete paróquias.][13]

Para além disso, a única vez que Shakespeare fala inequivocamente na sua própria voz, salvo talvez nas dedicatórias a *Venus and Adonis* [*Vénus e Adónis*] e *The Rape of Lucrece* [*O Estupro de Lucrécia*], é como testemunha no "caso do fabricante de perucas" ("Wigmaker's case"), de Bellot contra Mountjoy, no Tribunal de Requerimentos de Westminster.[14] James Shapiro afirma que Shakespeare também fala "for and as himself" [na sua voz, e por si próprio] numa única ocasião nas peças, nomeadamente no epílogo revisto, para representação na

[11] H. T. S. Forest, *The Five Authors of Shakespeare's Sonnets* (Londres: Chapman & Dodd, 1923).

[12] Para um resumo do caso a favor e contra a identificação de Shakespeare com a "Mão D", ver Rosenbaum, "The Indian, the Judean, and Hand D", in *The Shakespeare Wars*, pp. 196-220.

[13] *Ulysses*, p. 198.

[14] Os documentos do julgamento foram publicados por Charles Wallace em 1910, e são citados na maioria das biografias posteriores de Shakespeare; uma versão moderna do episódio é a de Charles Nicholl em *The Lodger: Shakespeare on Silver Street* (Michigan: Allen Lane, 2007).

corte, de *The Second Part of Henry the Forth* [*A Segunda parte de Henrique IV*], mas é problemático atribuirmos quaisquer sentimentos de um poeta dramático despersonalizado ao autor verdadeiro.[15]

No seu exemplar do ensaio de Mark Twain sobre a controvérsia da autoria da obra shakespeariana, Pessoa sublinhou a afirmação, ecoada por quase todos os anti-Stratfordianos, de que "Shakespeare's eminent literary contemporaries [...] *did not regard him as the author of his Works*" [os eminentes contemporâneos literários de Shakespeare [...] *não o consideravam como sendo o autor das suas Obras.*][16] Isto simplesmente não é verdade, pois vários dos seus contemporâneos referiram-se a ele como dramaturgo; veja-se o poema comemorativo de Ben Jonson no *Primeiro fólio*. Existe, ainda, a célebre alusão ao "upstart crow" [corvo arrivista] no panfleto *Greene's Groatsworth of Wit, Bought with a Million of Repentance* [*Um Tostão de sabedoria, comprada com um milhão de arrependimento*] (1592) de Robert Greene. Publicado menos de um mês após a morte de Greene, o panfleto foi impresso por Henry Chettle, que provavelmente escreveu grande parte do texto, e atacava muitos dos principais dramaturgos da época (acusando Marlowe, por exemplo, de ateísmo, uma acusação grave).[17] Continha a seguinte referência a um autor misterioso:

> there is an upstart Crow beautified with our feathers, that with his *Tygers hart wrapt in a Players hyde*, supposes he is as well able to bombast out a blanke verse as the best of you: and beeing an absolute *Iohannes fac totum*, is in his owne conceit the onely Shake-scene in a countrey.[18]
>
> [existe um corvo arrivista embelezado por nossas penas, que com o seu *coração de tigre envolto em disfarce de Ator*, supõe-se bem capaz de produzir verso livre como os melhores de vós: e sendo um faz-tudo, pau para toda a obra, é na sua própria conceção o único Choque-em-cena [*Shake-scene*] no país.]

Quase todos os leitores interpretam estas palavras como sendo uma inconfundível, embora velada, referência a Shakespeare. Halliwell Phillips escreve que o texto foi composto "under the influence of a profound jealousy of Shakespeare" [sob a influência de uma profunda inveja de Shakespeare]; E. K. Chambers afirma que "We have no certainty of Shakespeare's presence in London before 1592, when a scoffing note by Robert Green shows that he was already an actor and had already begun to write plays" [não temos a certeza da presença de Shakespeare em Londres antes de 1592, quando uma nota sarcástica de Robert Greene revela que ele já era um ator e já começara a escrever peças]; Samuel

15 James Shapiro, *1599: A Year in the Life of William Shakespeare* (Londres: Faber & Faber, 2005), p. 39.
16 Twain, *Is Shakespeare Dead?*, pp. 248-9.
17 Ver Greenblatt, *Will in the World: How Shakespeare Became Shakespeare* (Londres: Random House, 2004), p. 212.
18 *Greene's Groatsworth of Wit* (1592; Nova York: Barnes & Noble, 1966), pp. 45-6.

Schoenbaum propõe: "That Green has singled out Shakespeare for attack is evident from the punning reference to a Shake-scene, and confirmed by a parodic allusion to one of Shakespeare's earliest plays" [Que Greene escolheu Shakespeare para atacar é provado pela referência em trocadilho a um Choque-em-cena, e confirmado por uma alusão paródica a uma das sua primeiras peças.] Jonathan Bate acredita que "There can be no doubt that this refers to Shakespeare, the player turned 'maker' who is here accused of borrowing the stylistic plumage of university-educated playwrights such as Greene himself" [Não pode haver dúvida de que isto se refira a Shakespeare, o ator transformado em "fazedor" que é acusado de roubar a plumagem estilística dos dramaturgos de formação universitária, tais como o próprio Greene.][19]

A referência ao "corvo arrivista" é importante, por ser a primeira referência a Shakespeare no mundo teatral de Londres, após os "anos perdidos" de escassa documentação sobre a sua vida. Ela é citada, portanto, em quase todos os relatos biográficos do dramaturgo inglês. A frase em itálico, "Tyger's hart wrapt in a Players hide" [coração de tigre envolto em disfarce de ator], parece ser a corrupção consciente de um verso de *Henry VI*: "O tiger's heart wrapped in a woman's hide!" [Ó coração de tigre envolto em disfarce de mulher!] Que o "corvo arrivista" ficou ofendido por essas linhas, e agiu no sentido de remediar o insulto, é sugerido pela negação de Chettle, menos de três meses após a publicação do panfleto, de que ele teria participado nele, e a sua subsequente publicação de um pedido de desculpas. Chettle explicou, num pedido de desculpas torcido e untuoso, que deveria ter impedido a impressão do injustificável ataque de Greene ao dramaturgo: "That I did not, I am as sorry as if the original fault had been my own, because myself have seen his demeanour no less civil than he excellent in the quality he professes" [Por não tê-lo feito, sinto tanta culpa como se o erro original tivesse sido meu, porque eu próprio testemunhei a sua boa educação, e ele é brilhante na profissão que exerce.][20] Os anti-Stratfordianos precisam de resolver o problema da referência ao "corvo arrivista", e da reviravolta de Chettle; fazem-no propondo que a expressão é ambígua, não sendo necessariamente alusiva a Shakespeare mas sim a outro autor. Joseph Sobran, por exemplo, autor de *Alias Shakespeare: Solving the Greatest Mystery of All Time* [*Resolução do maior mistério de todos os tempos*] (1997), "resolve" a alusão ao "corvo arrivista" da seguinte forma:

> This supposed swipe at Shakespeare is mentioned in every biography, and appears even in the shortest biographical sketches. It has been quoted so often that most readers, including most English professors, have formed the mistaken impression that not only this sentence but the whole pamphlet is

[19] Halliwell Phillips, *Outlines of the Life of Shakespeare* (Londres: Longmans, 1881), p. 100; E. K. Chambers, *William Shakespeare – A Study of Facts and Problems*, 2 vols. (Oxford: Clarendon Press, 1930) I, p. 22; Samuel Schoenbaum, *William Shakespeare: A Compact Documentary Life* (Oxford: Clarendon Press, 1977), p. 151; Bate, *The Genius of Shakespeare*, p. 213.

[20] Citado em Greenblatt, *Will in the World*, p. 214.

directed at Shakespeare [....] Yet there are problems with this interpretation, apart from its assumption of a rather poor and awkward pun. For one thing, *Henry VI, Part 3,* was not yet publicly known to be Shakespeare's in 1592.[21]

[Este suposto ataque a Shakespeare é referido em todas as biografias, e aparece mesmo nos mais curtos relatos biográficos. Tem sido citado com tamanha frequência que a maioria dos leitores, incluindo muitos catedráticos de literatura inglesa, formaram a equivocada impressão de que não só a frase, como o panfleto inteiro, é direcionado a Shakespeare [...]. Porém, há problemas com essa interpretação, para além da sua base num trocadilho pobre e desajeitado. Por exemplo, *Henrique VI, Parte 3,* ainda não era publicamente conhecida como sendo de Shakespeare em 1592.]

No entanto, existe ainda outro indício de que o "corvo arrivista" fosse Shakespeare: um passo de *Hamlet* é interpretado por muitos estudiosos como sendo uma resposta direta ao episódio. Quando Polónio começa a ler, em voz alta, uma carta de Hamlet à "celestial, and my soul's idol, the most beautified Ophelia" [celestial, e ídolo de minha alma, a mais embelezada Ophélia], interrompe-se a si mesmo para exclamar: "That's an ill phrase, a vile phrase; 'beautified' is a vile phrase" [Essa é uma expressão imprópria, uma expressão vil; "embelezada" é uma expressão vil] (*CW*, p. 953). Shakespeare não usa a expressão vil em nenhuma outra ocasião na sua obra. Pessoa interessou-se pela condenação de Polónio da palavra "embelezada", e apropriou-se do trecho na qual aparece quando declarou o seu amor a Ophélia Queiroz, como veremos no Capítulo 5. O seu conhecimento do episódio do "corvo arrivista" aponta para a vastidão das suas leituras sobre o debate da autoria da obra shakespeariana, e para o seu conhecimento íntimo dos seus principais pontos de disputa.

"Só leio Shakespeare em relação ao 'problema shakespeariano.' O resto já sei."[22] (Pessoa)

A afirmação de Pessoa, embora caracteristicamente irreverente e auto-enaltecedora, não é tão absurda como parece ser à primeira vista, pois Pessoa leu, anotou e respondeu a um enorme número de livros sobre o problema da autoria da obra shakespeariana. Vale a pena listar os livros que sabemos que ele leu, porque isto nunca foi feito.[23] Dos 25 livros sobre Shakespeare que sobrevivem na biblioteca pessoana, 15, ou seja, mais da metade do total, são especificamente sobre o "problema shakespeariano." A maioria são grandes tomos: o *Nova Resuscitatio de Bacon*, de Walter Begley, por exemplo, tem 3 volumes. A seguinte

[21] Joseph Sobran, *Alias Shakespeare* (Nova York: Free/Londres: Simon & Schuster, 1997), pp. 33-4.

[22] Original em inglês: "I read Shakespeare only in relation to the 'Shakespeare problem'. The rest I know already." *GL*, p. 341.

[23] A lista de Pizarro em *GL* (p. 341), que contém seis títulos, é a mais completa, mas visa ser seletiva.

lista está por ordem cronológica de publicação, por razões que tornar-se-ão evidentes quando viermos a fazer a ligação entre o pensamento de Pessoa sobre a autoria shakespeariana e a heteronímia:

1. Woodward, Parker. *The Early Life of Lord Bacon* [*Os Primeiros anos de Lord Bacon*] (Londres: Gay & Bird, 1902)
2. A Graduate of Cambridge [Um Graduado da Universidade de Cambridge; Begley, Walter]. *Is It Shakespeare? The Great Question of Elizabethan Literature Answered in the Light of New Revelations and Important Contemporary Evidence* [*Será Shakespeare? A grande pergunta da literatura isabelina respondida à luz de novas revelações e importantes provas contemporâneas*] (Londres: John Murray, 1903)
3. Bacon, Francis. *The Philosophical Works of Francis Bacon* [*A Obra filosófica de Francis Bacon*], org. John M. Robertson (Londres: George Routledge & Sons, 1905)
4. Begley, Walter. *Bacon's Nova Resuscitatio, or the Unveiling of his Concealed Works and Travels* [*Nova resuscitatio de Bacon, ou o desvendar de suas obras e viagens secretas*, 3 vols. (Londres: Gay & Bird, 1905)
5. Greenwood, George. *The Shakespeare Problem Restated* [*O Problema de Shakespeare reformulado*] (Londres: John Lane, 1908)
6. Beeching, H. C. *William Shakespeare Player, Playmaker and Poet: a Reply to Mr. George Greenwood* [*William Shakespeare ator, dramaturgo e poeta: uma resposta ao Sr. George Greenwood*] (2ª ed. Londres: Smith, Elder & Co., 1908)
7. Greenwood, George. *In Re Shakespeare: Beeching v. Greenwood; A Rejoinder on Behalf of the Defendant* [*Shakespeare no banco dos réus: Beeching vs. Greenwood; uma réplica em defesa do réu*] (Londres / Nova York: John Lane, 1909)
8. Twain, Mark. *Extract from Captain Stormfield's Visit to Heaven; and Is Shakespeare Dead?* [*Excerto da visita de Capitão Stormfield ao céu; e Shakespeare está morto?* (Leipzig: Bernhard Tauchnitz, s. d. [1909])
9. Smedley, William. *The Mystery of Francis Bacon* [*O Mistério de Francis Bacon*] (Londres: Robert Banks & Son, 1912)
10. Demblon, Célestin. *Lord Rutland Est Shakespeare: Le Plus Grand des Mistéres Dévoilé Shaxper de Stratford Hors Cause* [*Lord Rutland é Shakespeare: O maior dos mistérios revelado, Shaxper de Stratford exonerado*] (Paris: Paul Ferdinand, 1913)
11. Robertson, J. M. *The Baconian Heresy: A Confutation* [*A Heresia baconiana: uma refutação*] (Londres: Herbert Jenkins, 1913)
12. Frades Rosa-Cruz. *Secret Shakespearean Seals: Revelations of Rosicrucian Arcana: Discoveries in the Shakespeare Plays, Sonnets and Works Printed Circa 1586-1740* [*Selos secretos shakespearianos: revelações dos arcanos Rosacruz: descobertas nas peças, sonetos e obras de Shakespeare impressos circa 1586-1740*] (Nottingham: Jenkins, 1916)
13. Lefranc, Abel. *Sous le masque de "William Shakespeare": William Stanley VIᵉ*

Comte de Derby [*Sob a mascára de "William Shakespeare": William Stanley, VI Conde de Derby*], 2 vols. (Paris: Payot & Cie, 1919)
14. Forrest, H. T. S. *The Five Authors of Shakespeare's Sonnets* [*Os Cinco autores dos Sonetos de Shakespeare*] (Londres: Chapman & Dodd, 1923)
15. Robertson, J. M. *The Genuine in Shakespeare: A Conspectus* [*O Cenuíno em Shakespeare: uma sinopse* (Londres: George Routledge & Sons, 1930)

A marginália nestes livros revela que Pessoa leu a maioria deles com atenção e, em muitos casos, mais de uma vez: muitos contêm anotações a lápis ou com tintas diferentes; os seus exemplares de *Is Shakespeare Dead*, de Twain, *In Re Shakespeare*, de Greenwood, e *Bacon's Nova Resuscitatio* de Walter Begley, revelam pelo menos três leituras. Pessoa também chegou a estudar livros "neutros" da sua biblioteca no contexto da controvérsia da autoria, os mais significativos sendo:

1. Jonson, Ben. *The Works of Ben Jonson* [*Obra completa de Ben Jonson*], 3 vols. (Londres: Chatto & Windus, 1897-1904)
2. Bacon, Francis. *The Philosophical Works of Francis Bacon* [*Obras filosóficas de Francis Bacon*], org. J. M. Robertson (Londres: Routledge & Sons, 1905)

As obras de Bacon trazem uma introdução de Robertson, um Stratfordiano convicto, na qual uma das poucas passagens anotadas por Pessoa é um ataque ao baconiansmo.[24] No primeiro volume das *Obras* de Ben Jonson, que Pessoa recebeu como premio escolar em 1903, dois anos antes de receber as *Obras Completas* de Shakespeare, sublinhou um trecho sobre alguns textos apócrifos do dramaturgo.[25] No segundo volume, rabiscou referências a números de páginas na contracapa; uma destas páginas contém o célebre comentário de Jonson de que Shakespeare sabia "small Latin and less Greek" [pouco latim e menos grego].[26] No terceiro volume, escreveu "Bacon" na margem ao lado de uma suposta cifra escondida, num dos poemas de Jonson, a anunciar Bacon como o verdadeiro autor da obra shakespeariana. Esta possível cifra é citada por muitos hereges, e aparece no poema "On Cheveril the Lawyer" [Sobre Cheveril, o advogado], de Jonson. As letras que Pessoa circulou - um anagrama para "F Bacon" - estão em negrito:

24 Ver Robertson, "Editor's Introduction", in *The Philosophical Works of Francis Bacon*, p. xiv.
25 Em cada um há um autocolante referente ao prémio, com a data de 1903; Ver William Gifford, "Memoir of Ben Jonson", in *The Works of Ben Jonson*, I, p. viii, nota de rodapé.
26 Pessoa rabiscou "*Primeiro fólio* - 324"; "Ref. to Sh. 519 (a) / p. 525 (b)." A segunda referência a uma página é à alusão de H. Ramsey ao famoso dito de Jonson de que Shakespeare tinha pouco latim e menos grego (no *Primeiro fólio*), uma avaliação frequentemente referida pelos anti-Stratfordianos. Ramsey escreve sobre Jonson: "That Latin he reduced, and could command / That which your Shakespeare scarce could understand." Pessoa fez uma linha ao lado destas palavras em *The Works of Ben Jonson*, II, contracapa e p. 525.

No cause, no client fat, will CHEVERIL leese,
But as they come, on both sides he takes fees,
And pleaseth both: for while he melts his grease
For this; that wins, for whom he hold his peace.[27]

Pessoa até deixou indícios do seu interesse nos argumentos utilizados por Stratfordianos e anti-Stratfordianos dentro do seu exemplar das *Obras completas* de Shakespeare: ao lado de um trecho de *Hamlet*, por exemplo, rabiscou "Baconian phrasing" [fraseado baconiano] (*CW*, p. 954). Anotou, ainda, excertos referentes à controvérsia na Introdução da sua edição de 1921 de *A Tormenta*.

Nos seus escritos sobre o problema shakespeariano, Pessoa faz referência a outros 29 livros, que não se encontram hoje na sua biblioteca, muitas vezes acompanhadas de breves notas de leitura, referências a páginas específicas, ou preços de venda. A mais completa bibliografia, sobre o tema, no seu espólio é uma lista de três páginas com o título "Questão Shakespeare-Bacon" (BNP/E3 144D2-16, 144D2-16v e 144D2-17). Embora Pessoa provavelmente não tenha lido todos os seguintes livros, tendo em conta que o seu espólio está repleto de ambiciosas listas de leitura, ele tinha conhecimento destas publicações (novamente, por ordem cronológica de publicação):

1. Bacon, Delia. *The Philosophy of the Plays of Shakspere* [sic] *Unfolded* [*A Filosofia das peças de Shakspere* [sic] *revelada*] (Londres: Groombridge & Sons, 1857)
2. Smith, William Henry. *Bacon and Shakespeare: an Inquiry Touching Players, Playhouses, and Play-Writers in the Days of Elizabeth* [*Bacon e Shakespeare: um inquérito sobre atores, companhias de teatro e dramaturgos na época de Isabel* (Londres: John Russell Smith, 1857)[28]
3. Spedding, James. *The Letters and the Life of Francis Bacon, Including all his Occasional Works, Namely Letters Speeches Tracts State Papers Memorials Devices and all Authentic Writings not Already Printed Among his Philosophical Literary or Professional Works* [*As Cartas e a vida de Francis Bacon, incluindo todos os seus escritos ocasionais, nomeadamente cartas discursos tratados documentos públicos memórias e todos os escritos autênticos ainda inéditos entre sua literatura filosófica ou escritos profissionais*], 7 vols. (Londres: Longmans, Green, Reader, & Dyer, 1862-74)
4. Green, Henry. *Shakespeare and the Emblem Writers* [*Shakespeare e os escritores de emblemas*] (Londres: Truber, 1870)
5. Spedding, James. *Evenings with a Reviewer: or, A Free and Particular Examination of Mr. Macaulay's article on Lord Bacon, in a Series of Dialogues* [*Serões com um crítico; ou, um examinação livre e específica do artigo de Sr. Macaulay sobre Lord Bacon, em uma série de diálogos*] (Londres: Kegan Paul,

[27] *The Collected Works of Ben Jonson*, III, p. 231. Para outro exemplo no mesmo livro, ver p. 25.
[28] Pessoa escreve "enquiry" em vez de "inquiry" (ver *GL*, p. 355).

Trench & Co., 1881)
6. Emerson, Ralph Waldo. *Works* [*Obras*], 12 vols. (Londres: Routledge, 1883), IV
7. White, Richard Grant. *Riverside Shakespeare*. (Londres: Sampson Low & Co., 1883)
8. Donnelly, Ignatius. *The Great Cryptogram: Francis Bacon's Cipher in the So-called Shakespeare Plays* [*O Grande criptograma: a cifra de Francis Bacon nas peças ditas shakespearianas*], 2 vols. (Londres: Sampson Low & Co., 1887)
9. Owen, Orville Ward. *Sir Francis Bacon's Cypher Story* [*A História da cifra de Sir Francis Bacon*], 5 vols. (Nova York: Howard Publishing Company, 1895)
10. Donnelly, Ignatius. *The Cipher in the Plays, and on the Tombstone* [*A Cifra nas peças e na lápide*] (Londres: Sampson, Lowe, & Co., 1899)
11. Bompas, George Cox. *Problem of the Shakespeare Plays* [*O Problema das peças de Shakespeare* (Londres: Sampson Low & Co., 1902)
12. Calvert, Albert F. *Bacon and Shakespeare* [*Bacon e Shakespeare*] (Nova York: Dean & Son, 1902)[29]
13. Reed, Edwin. *Francis Bacon our Shakes-speare* [*Francis Bacon nosso Shakes-speare*] (Londres: Gay & Bird, 1902)
14. Webb, Thomas Ebenezer. *The Mystery of William Shakespeare: A Summary of Evidence* [*O Mistério de William Shakespeare: um resumo das provas*] (Londres: Longmans & Co., 1902)
15. Acheson, Arthur. *Shakespeare and the Rival Poet* [*Shakespeare e o poeta rival*] (Londres: John Lane, 1903)
16. Corbin, John. *A New Portrait of Shakespeare* [*Um Novo retrato de Shakespeare*] (Londres: John Lane, 1903)
17. Sutton, William. *The Shakespeare Enigma: Assessing the Baconian Authorship of Shakespeare's Works* [*O Enigma de Shakespeare: uma exploração da autoria baconiana das obras de Shakespeare* (Dublin: Sealy, Bryers & Co., 1903)
18. Pitt-Lewis. *The Shakespeare Story* [*A História de Shakespeare*] (Londres: Swan Sonnenschein & Co., 1904)
19. Stotsenbury, John, H. *Impartial Study of the Shakespeare Title* [*Estudo imparcial do título de Shakespeare*] (Kentucky: John P. Morton & Co., 1904)
20. Davis, Latham. *Shake-speare England's Ulysses, the Masque of Love's Labor's Won or the Enacted Will. Dramatized from the Sonnets of 1609* [*Shake-speare, Ulisses de Inglaterra, a máscara de Love's Labor's Won ou Will em cena. Dramatização a partir dos Sonetos de 1609*] (Delaware: M. N. Willey, 1905)
21. Robertson, J. M. *Did Shakespeare Write "Titus Andronicus"?* [*Terá Shakespeare escrito "Titus Andronicus"?*] (Londres: Watts & Co., 1905)
22. *Baconiana* (Julho 1906-Jan 1907)[30]
23. Gollancz, Israel (org.). *The Shakespeare Classics: Being the Sources and Originals of Shakespeare's Plays* [*Os Clássicos de Shakespeare: as fontes e os*

[29] Especulação; Pessoa deixa um espaço em branco após o nome deste autor.
[30] Periódico da *Bacon Society*, de Londres.

originais das peças de Shakespeare] (Londres: Chatto & Windus, 1907)
24. Munro, John James, Clement Mansfield Ingleby, Lucy Toulmin Smith e Frederick James Furnivall. *The Shakespeare Allusion Book* [*O Livro das alusões de Shakespeare*], 2 vols. (Londres, Chatto & Windus, 1909)
25. Durning-Lawrence, Edwin. *Bacon Is Shake-Speare* [*Bacon é Shake-Speare*] (Londres: Gay & Hancock, 1910)
26. Lang, Andrew. *Shakespeare, Bacon and the Great Unknown* [*Shakespeare, Bacon e o grande desconhecido*] (Londres: Longmans, Green & Co., 1912)
27. Bleibtreu, Karl. *Der Wahre Shakespeare* [*O Verdadeiro Shakespeare*] (Munique: G. Mueller, 1907)
28. Lee, Sidney, Walter Alexander Raleigh e Charles Talbut Onions. *Shakespeare's England: An Account of the Life & Manners of His Age* [*A Inglaterra de Shakespeare: um relato da vida e dos costumes de sua época*], 6 vols. (Londres: Chatto & Windus, 1916)
29. Roe, John Elisha. *Sir Francis Bacon's Own Story* [*A História de Sir Francis Bacon*] (Nova York: The Du Bois Press, 1918)[31]

É uma impressionante bibliografia sobre um único tema, e mais ainda, quando se sabe que estes livros não estavam disponíveis em Portugal na altura (ou mesmo hoje). Pessoa teve de encomendar muitos deles do estrangeiro.[32] E, partindo do princípio que a lista só inclui os livros na sua biblioteca, mais os que refere nos seus manuscritos, é possível que ele tenha lido ainda mais.

As leituras de Pessoa sobre o problema da autoria da obra shakespeariana levaram-no a escrever mais de duzentos textos sobre o tema, dos quais cerca de 90 por cento são inéditos. Nestes escritos, Pessoa descreve, refuta, e explora os principais pontos de atrito. Uma comparação entre as leituras e os escritos de Pessoa sobre o problema oferece-nos um fascinante vislumbre do poeta como pega, apropriando-se das suas fontes de forma seletiva, ativa, criativa, e por vezes propositadamente enganosa.

O Poeta como pega: usos e abusos de fontes shakespearianas

As apropriações não identificadas podem ser simples erros, mas as de Pessoa são muitas vezes deliberadamente tendenciosas. Um bom exemplo está no seguinte texto inédito (reproduzido na página seguinte), no qual ele introduz a controvérsia desta maneira:

> The primary argument on which the one-time Shakespeare-Bacon question – now more fitly to be called the Shakespeare-everyone question – was and is based is that there is such a disparity between the life and the work of the man that he can hardly be conceived to be its real author. "I cannot marry the man

[31] Pessoa refere-se a este como "*The Own Story of Francis Bacon* (panfleto americano)"; ver 144D2-16v.
[32] Ver, por exemplo, os seus esforços para obter um exemplar de *Secret Shakespearean Seals* (*Corr I*, pp. 282, 292).

to his verse" was Coleridge's expression of this doubt.

[O argumento chave, em que se sustenta a questão Shakespeare-Bacon - que agora seria mais apropriadamente chamada de questão Shakespeare-todos - era e continua a ser o facto de haver tamanha disparidade entre a vida e a obra do homem que ele dificilmente pode ser concebido como sendo o seu verdadeiro autor. "Não consigo casar o homem com o seu verso" foi a expressão de Coleridge para esta desconfiança.]

Pessoa continua:

> The argument as to the disparity between the man and the work falls under two heads:
>
> (1) the one Coleridge presumably alluded to, that between Shakespeare's life and character, so far as we know them, and the works under his name there is no psychological consonance;
>
> (2) the one that the works show several special sorts of learning - classical, legal and others - which Shakespeare would not have had. (BNP/E3 74A-26)

> [O argumento sobre a disparidade entre o homem e a obra apresenta duas facetas:
>
> (1) aquela a que Coleridge presumivelmente alude, de que entre a vida e o caráter de Shakespeare, segundo o que conhecemos deles, e as obras com o seu nome, não há qualquer consonância psicológica;
>
> (2) aquela que defende que as peças revelam várias modalidades específicas de conhecimento - clássico, legal e outros - que Shakespeare não teria tido.]

Coleridge nunca fez tal alusão, nem nunca expressou a menor dúvida de que o Shakespeare histórico fosse o verdadeiro autor das obras shakespearianas. No entanto, Pessoa refere-se a ele como expoente do problema biográfico em diversos textos:

> The primary argument put forth in doubt of the identity of William Shakespeare of Stratford and the Shakespeare of literature is that there is no conformity between his genius, as shown in this works, and his life, in so far as it is known to us. Coleridge's "I cannot marry his life to his verse" is the typical, and the often cited, statement in this respect (*GL*, p. 353).

> [O argumento principal, a favor da desconfiança quanto à identificação de William Shakespeare de Stratford com o Shakespeare da literatura, é o de não haver coerência entre o seu génio, contido nas suas obras, e a sua vida, até onde a conhecemos. A frase "Não consigo casar a sua vida com o seu verso", de Coleridge, é a típica, e a frequentemente citada, declaração a esse respeito].

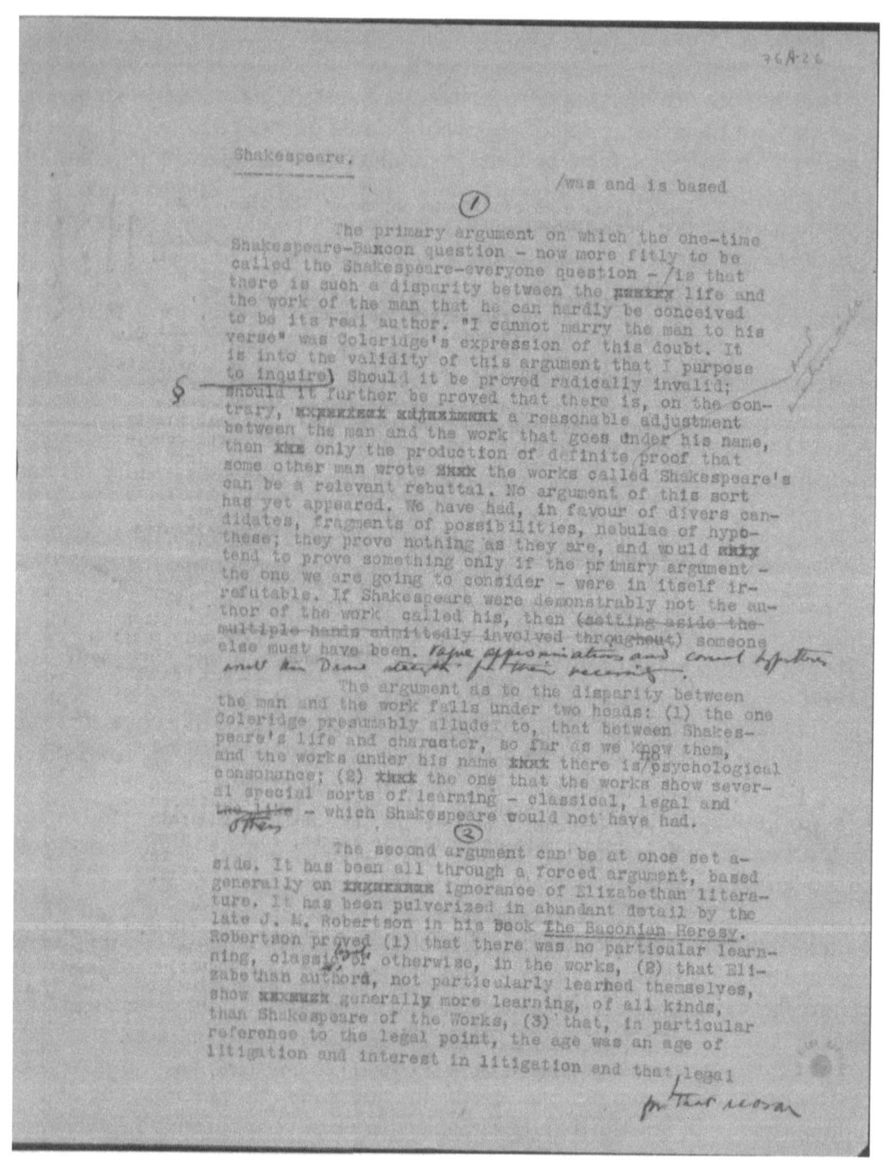

76A-26

Shakespeare.

The primary argument on which the one-time Shakespeare-Bacon question – now more fitly to be called the Shakespeare-everyone question – was and is based is that there is such a disparity between the life and the work of the man that he can hardly be conceived to be its real author. "I cannot marry the man to his verse" was Coleridge's expression of this doubt. It is into the validity of this argument that I purpose to inquire. Should it be proved radically invalid; should it further be proved that there is, on the contrary, a reasonable adjustment between the man and the work that goes under his name, then only the production of definite proof that some other man wrote the works called Shakespeare's can be a relevant rebuttal. No argument of this sort has yet appeared. We have had, in favour of divers candidates, fragments of possibilities, nebulae of hypotheses; they prove nothing as they are, and would tend to prove something only if the primary argument – the one we are going to consider – were in itself irrefutable. If Shakespeare were demonstrably not the author of the work called his, then someone else must have been.

The argument as to the disparity between the man and the work falls under two heads: (1) the one Coleridge presumably alluded to, that between Shakespeare's life and character, so far as we know them, and the works under his name there is no psychological consonance; (2) the one that the works show several special sorts of learning – classical, legal and others – which Shakespeare would not have had.

The second argument can be at once set aside. It has been all through a forced argument, based generally on ignorance of Elizabethan literature. It has been pulverized in abundant detail by the late J. M. Robertson in his book The Baconian Heresy. Robertson proved (1) that there was no particular learning, classical or otherwise, in the works, (2) that Elizabethan authors, not particularly learned themselves, show generally more learning, of all kinds, than Shakespeare of the Works, (3) that, in particular reference to the legal point, the age was an age of litigation and interest in litigation and that, for that reason, legal

BNP/E3 76A-26

Não é verdade que a declaração de Coleridge seja a típica, e a frequentemente citada, declaração a esse respeito, não menos porque foi Emerson, e não Coleridge, que escreveu as palavras que Pessoa cita. A frase que ele apresenta como uma citação direta é na realidade uma paráfrase, pois é ligeiramente diferente nos diversos textos acima. Nenhuma versão está completamente correta, pois o que

Emerson escreveu foi que Shakspeare "was a jovial actor and manager. *I cannot marry this fact to his verse.* Other admirable men had led lives in some sort of keeping with their thought; but this man, in wide contrast" [foi um jovial ator e gerente de teatro. *Não consigo casar este facto com o seu verso.* Outros homens admiráveis levaram a vida de modo coerente com o seu pensamento; mas este homem, em grande contraste].[33] Pessoa possuía o ensaio de Emerson onde esta avaliação aparece, por isso não há boa razão para que não a reproduzisse com fidelidade, ou para a atribuir ao homem errado. Pessoa até faz uma referência, num manuscrito inédito, à página onde ela se encontra na edição que possuía das *Obras* de Emerson (BNP/E3 76-83).

Apontarmos o dedo para o erro de Pessoa, ao atribuir a declaração de Emerson a Coleridge, pode parecer um gesto trivial e pedante, mas este erro revela que Pessoa está mais interessado no seu argumento - nomeadamente, que um dos mais célebres críticos shakespearianos, de língua inglesa, levantou suspeitas sobre a atribuição das obras - do que em ser fiel à sua fonte. É uma coincidência irónica, se é que Pessoa não estivesse ciente do facto, que Emerson tenha sido um dos principais proponentes da leitura como atividade criativa (ver Introdução).

Para além de fazer erros de citação e atribuição, Pessoa tem tendência a esconder as suas fontes por inteiro. Num texto, escreve que o nosso parco conhecimento da biografia de Shakespeare

> torna obrigatório concordarmos com as frias palavras syntheticas de um critico recente e imparcial: "Se não soubessemos nada, podiamos imaginar tudo." O que realmente sabemos é fatal para a hypothese. Dá azo á mais fundada das suspeitas contra a identidade de Shakespeare o ator com Shakespeare o poeta. Explica inteiramente como é que Whittier poude escrever, *Não sei se Bacon escreveu ou não os assombrosos dramas; do que estou certo é de que o homem Shakespeare nem os escreveu nem os podia ter escripto*, e como John Bright poude dizer, no seu habitual estylo incisivo, *Quem acredita que Shakespeare de Stratford escreveu o* Hamlet *ou o* Lear *é uma besta.* (*GL*, p. 346)

Este parágrafo é quase uma tradução literal de um trecho do livro anti-Stratfordiano de Greenwood, *The Shakespeare Problem Restated* (1907), que Pessoa anotou quando leu, desenhando uma linha ao lado do seguinte parágrafo:

> *If we knew nothing, we might imagine anything.* What we do know is fatal to the case. It gives rise to the strongest possible presumption against the identity of Shakspere the player with Shakespeare the poet. It fully explains how Whittier came to write "Whether Bacon wrote the wonderful plays or not, I am quite sure the man Shakspere neither did nor could", and how John Bright came to say, in the vigorous style that was usual in him, "Any man who believes that William Shakspere of Stratford wrote "Hamlet" or "Lear" is a fool."[34]

33 Emerson, *Works*, pp. 193-4. Grifo meu.
34 Greenwood, *The Shakespeare Problem Restated*, p. 203.

[*Se não soubéssemos nada, poderíamos imaginar tudo.* O que sabemos é fatal para o caso. Dá origem à presunção mais forte possível contra a identificação de Shakspeare, o ator, com Shakespeare, o poeta. Explica completamente como Whitier veio a escrever "Quer Bacon tenha escrito as maravilhosas peças ou não, tenho quase a certeza de que o homem Shakespeare nem o fez nem o poderia fazer", e como John Bright veio a dizer, no vigoroso estilo que lhe era costume, "Qualquer homem que acredite que William Shakespeare de Stratford escreveu "Hamlet" ou "Lear" é um tolo."]

Ou Pessoa tinha o livro de Greenwood aberto nesta página quando redigiu o seu texto acima, ou então reconstruiu-o a partir de notas de leitura. Seja como for, Greenwood era um anti-Stratfordiano, portanto dificilmente o crítico imparcial que Pessoa alega. Para além de ser pouco generosa, a apropriação de Pessoa é tendenciosa, pois "besta" tem conotações mais fortes e negativas do que "tolo" ("fool"), a palavra original de Greenwood. Isto aponta para o tom intencionalmente combativo de Pessoa em quase todos os seus escritos sobre o problema shakespeariano.

A dada altura, Pessoa tencionou publicar um ensaio sobre a controvérsia em Portugal: em carta de 22 de Março de 1913 a Álvaro Pinho, refere-se com otimismo a um iminente "folheto [...] sobre a questão da autoria da obra Shakespeareana" (*Corr I*, pp. 91-92). O folheto projetado aparece em várias listas no seu espólio mas, como tantos projetos de Pessoa, nunca se materializou.[35] Um texto intitulado "William Shakespeare, Pseudonymo", que é, ao contrário da maioria dos seus escritos sobre o tema, dactilografado e em português, é a sua mais concreta encarnação, embora lhe falte uma conclusão. Há, ainda, notas preparatórias, e textos fragmentários que seriam esboços. "William Shakespeare, Pseudonymo" foi publicado, juntamente com alguns outros textos pessoanos sobre o problema da autoria da obra shakespeariana, na edição de Pizarro dos escritos pessoanos sobre génio e loucura (*GL*, pp. 344-9). É o texto mais desenvolvido de Pessoa sobre a o tema, por isso constitui um bom ponto de partida para a nossa investigação do seu pensamento sobre a invisibilidade de Shakespeare.

"William Shakespeare, Pseudonymo"

Em "William Shakespeare, Pseudonymo", Pessoa começa por descrever os argumentos contra a atribuição ortodoxa da obra shakespeariana, de forma tipicamente anti-Stratfordiana: expõe a suposta existência de um "problema biográfico." Menos comum, contudo, é o seu uso repetido da palavra "pseudónimo" neste contexto: "'William Shakespeare' será, literariamente, puro pseudonymo? Será parcialmente pseudonymo [...]? A interrogação é n'este sentido" (*GL*, pp. 344-5). Se "Shakespeare" é puramente um pseudónimo, haverá outro autor que é o autor verdadeiro da obra shakespeariana. Se é parcialmente um pseudónimo, terá redigido apenas algumas das obras a ele atribuídos, pelo menos em colaboração, e

[35] Ver, por exemplo, *Sensacionismo*, pp. 436, 609.

nesse caso haverá mais de um autor. Como explica Pessoa: "ha duas coisas possiveis: ou 'William Shakespeare' é autonymo, e ha dois William-Shakespeares, um ator e outro poeta; ou 'William Shakespeare' é pseudonymo" (*GL*, p. 348). Curiosamente, Pessoa parece não ter concordado com Greenwood e os demais que julgaram que "'Shakespeare', and, more particularly, 'Shakes-spear' makes a very good pseudonym" ["Shakespeare" e, especialmente, "Shake-spear" é um ótimo pseudónimo], pois sublinhou estas palavras e perguntou "why?" [porquê?] na margem junto a esta frase no seu exemplar do livro *In Re Shakespeare*, de Greenwood.[36]

Em "William Shakespeare, Pseudonymo", Pessoa adota uma postura anti-Stratfordiana desde o início, apresentado como um facto a existência de um problema biográfico. Continua num crescendo sensacionalista:

> A investigação biographica *nada tem revelado* (medite-se bem isto!) sobre um autor William Shakespeare como pessoa, como ente. [...] O que os biographos apuraram de illuminador do caracter do ator Shakespeare contradiz a tal ponto tudo quanto se pode ter como coexistente com uma alta actividade imaginativa que se tem immediatamente a noção de que ha, n'este problema, um erro qualquér, de qualquér especie. É que, ao que se descobre, William Shakespeare, actor, tinha apparentemente, como elementos basilares do caracter, todos aquelles traços que se reconhecem como caracteristicos do arranjista estupido - mercantilismo absoluto, indifferença por tudo quanto fosse intellectual, habilidade mesquinha e cauta em valer-se das circunstancias e dos homens, mas sem outro fito que o do ganho puro e simples (*GL*, p. 345).

Este tom é reminiscente da exposição do problema biográfico feita por Mark Twain em *Is Shakespeare Dead?* [*Shakespeare está morto*?], e não é por coincidência que Pessoa tenha destacado o seguinte trecho no seu exemplar deste livro:

> About him you can find out *nothing*. Nothing that even remotely indicates that he was ever anything more than a distinctly commonplace person - a manager, an actor of inferior grade, a small trader in a small village that did not regard him as a person of any consequence, and had forgotten all about him before he was fairly cold in his grave. We can go to the records and find out the life-history of every renowned *race-horse* of modern times - but not Shakespeare's![37]

> [Sobre ele não podemos descobrir *nada*. Nada que remotamente indique que ele tenha sido mais que uma pessoa perfeitamente comum - um diretor, um ator inferior, um pequeno comerciante numa pequena vila que não o reconhecia como sendo uma pessoa de menor importância, e que se esqueceu

[36] Greenwood, *In Re Shakespeare*, p. 7.

[37] Twain, *Is Shakespeare Dead?*, pp. 248-9. Grifos do autor.

> dele por completo antes que o seu corpo arrefecesse no túmulo. Podemos ir aos registos e descobrir a história da vida de qualquer *cavalo de corridas* célebre dos tempos modernos – mas não a de Shakespeare!]

Os documentos que existem sobre a vida de Shakespeare são, efetivamente, dececionantes, pois dizem-nos muito pouco sobre o seu génio, mas é da natureza de registos históricos serem, em grande parte, registos legais.

Em seguida, Pessoa emprega o argumento jurídico, a premissa de que apenas um advogado ou jurisconsulto poderia ter escrito as peças shakespearianas:

> o uso tão constante, tão complexo, tão seguro, tão consubstanciado com o psychismo do poeta, de *termos de jurisprudencia*, para similes, para metaphoras, para simples acasos inconscientes de phrase, e o tão completo conhecimento dos usos e costumes do foro que é dificil, se não impossivel considerar tudo isso como trahindo outra cousa que não seja uma erudição preeminentemente de advogado ou jurisculto [*sic*]. (*GL*, p. 347)[38]

O argumento jurídico contra a atribuição tradicional da obra Shakespeariana é difícil de se combater, tendo em conta que Bacon e outros candidatos à autoria eram juristas, enquanto que os registos históricos fazem crer ser improvável que Shakespeare de Stratford tivesse qualquer formação jurídica. Nos seus escritos sobre a polémica, Pessoa cita importantes autoridades como defensores da teoria de Shakespeare como advogado, como Lord Campbell, Chefe da Justiça de Inglaterra àquela época, Lord Penzance, e Richard Grant White. John Campbell, em *Shakespeare's Legal Acquirements Considered*, escrevera que o conhecimento de procedimentos jurídicos, presente nas peças, era instintivo e infalível:

> He uniformly lays down good law. While novelists and dramatists are constantly making mistakes as to the law of marriage, of wills and inheritance, to Shakespeare's law, lavishly as he propounds it, there can be neither demurrer, bill of exception, or writ of error.[39]

> [Ele invariavelmente escreve boa lei. Enquanto que os romancistas e os dramaturgos estão constantemente a cometer erros quanto às leis do casamento, testamentos e heranças, ao direito de Shakespeare, como ricamente o postula, não pode haver qualquer desmando, lei de exceção ou mandado de erro.]

O argumento jurídico estava especialmente bem servido na biblioteca de Pessoa: é longamente exposto em *The Shakespeare Problem Restated*, de Greenwood (1908); Robertson discorda em *The Baconian Heresy: A Confutation*

[38] Pessoa emprega "jurisculto" e "jurisconsulto" de forma indiferenciada em vários textos.

[39] *Shakespeare's Legal Acquirements Considered* (Londres: John Murray, 1859), p. 74.

(1913), alegando que o conhecimento jurídico das peças apresenta erros e falhas. Tais confrontos são típicos da controvérsia, a aparente discrepância entre o conhecimento especializado patente nas obras sendo enfatizada por anti-Stratfordianos, enquanto que aqueles a favor da atribuição ortodoxa defendem que este conhecimento não é impressionante, nem sequer superior ao nível de instrução de qualquer isabelino inteligente.

O segundo argumento que Pessoa emprega é o infinitamente mais controverso, e menos difundido, na sua época ou desde então, argumento sexual: a tese de que o autor das obras shakespearianas era claramente homossexual, enquanto que o ator Shakespeare claramente não o era. O parágrafo de Pessoa sobre a disparidade entre a sexualidade que descobre no autor dos *Sonetos* e a do homem histórico, o ator casado de Stratford, merece ser citado por inteiro, como um primoroso exemplo da sua retórica manipuladora em "William Shakespeare, Pseudonymo":

> O outro ponto [...] é inútil querer considerar como não assente, farta-se d'elle o inquieto pasmo do leitor imparcial dos assombrosos sonetos. É a inversão sexual do poeta. O mysterioso inspirador da mais intensa e complexa poesia amorosa que se tem escripto seria tudo, mas não era mulher, como n'um momento de horrorosa, posto que moralissima, alienação mental de crítico, o poeta Coleridge quiz, desculpando, persuadir os outros que se tinha persuadido a si que acreditava. Pouco importa que o "sr. W. H." fosse William Herbert, Conde de Pembroke, como querem muitos, um ator William Hughes (cuja existência, aliás, por emquanto não consta de documento algum), como outros, e em especial Oscar Wilde, opinam, ou um individuo cujas iniciaes não sejam senão literariamente W. H. O caso é o sexo d'esse individuo (*GL*, p. 347).

A leitura que Pessoa faz dos *Sonetos* de Shakespeare, e as suas implicações, serão exploradas no Capítulo 4, "A Sexualidade de Shakespeare." O que quero mostrar aqui é que o parágrafo acima está repleto de truques retóricos que visam expor, de forma indiscutível, uma interpretação altamente tendenciosa dos *Sonetos*. A "inversão" sexual de Shakespeare é-nos apresentada como sendo a única conclusão possível de uma leitura honesta dos poemas problemáticos, quando é evidente que eles podem ser abordados como poemas impessoais em vez de confissões autobiográficas. Nomes de peso, os de Coleridge e de Óscar Wilde, são citados em suporte da conclusão de Pessoa, apesar de Pessoa reconhecer que Coleridge foi um dos poucos leitores do século XIX que se recusou a ver, nos *Sonetos*, nas suas próprias palavras, "even na allusion to that very worst of all possible vices" [sequer uma alusão ao pior de todos os vícios possíveis]; escrevendo a seu filho Hartley, Coleridge insistiu: "I pray fervently that thou may'st know inwardly how impossible it was for Shakespeare not to have been in his heart's heart chaste" [Rezo para que possas saber intimamente que era completamente impossível que Shakespeare não fosse completamente casto].[40]

[40] Coleridge, *Marginalia*, in *The Collected Works of Samuel Taylor Coleridge*, org. Kathleen Coburn (Londres: Routledge & Kegan Paul,1969-), XII, p. 42.

Segundo Pessoa, Coleridge não pode ter estado no seu perfeito juízo - estaria "n'um momento de horrorosa [...] alienação mental" - ou, então, não podia acreditar no que concluiu: quis, simplesmente, convencer os outros com aquilo com que se convenceu a si próprio que acreditava. Repare-se, também, na subtil substituição de "quis" pelo esperado "diz": Coleridge quereria, ou desejaria, que a destinatária dos *Sonetos* fosse uma mulher, quando na realidade não o era: "seria tudo, mas não era mulher."

Tendo postulado, como facto inequívoco, que nos *Sonetos* Shakespeare se dirige, na sua própria voz, a um amante do sexo masculino, Pessoa imediatamente abandona qualquer especulação sobre a identidade desta suposta figura histórica como sendo irrelevante. Cita, como se fosse de passagem, a teoria de Wilde em *The Portrait of Mr W. H.* [*O Retrato do Sr. W. H.*] (1891), um conto que ele possuía em duas edições diferentes, de que o "fair youth" [belo jovem] dos *Sonetos* seria um jovem ator na companhia de teatro de Shakespeare, chamado Willie Hughes. (Numa das suas bibliografias sobre a controvérsia da autoria da obra shakespeariana (144D2-16v), Pessoa lista o conto de Wilde entre outros títulos sobre o tema, sinal de que estava interessado nele neste contexto.) A referência de Pessoa a Wilde tem o efeito de forjar uma associação imediata, na mente do leitor, entre a sexualidade do escritor irlandês e a do autor dos *Sonetos*.

Depois de argumentar que o autor dos *Sonetos* homoeróticos teria de ser necessariamente homossexual, Pessoa então alega que o ator de Stratford não o era, concluindo assim que eles não podem ter sido o mesmo homem:

> o que consta da vida sexual de Shakespeare – uma anecdota quasi-indecente e o facto de que o seu primeiro filho nasceu cinco mezes apenas após a data de um casamento que parece ter sido forçado – não impugna a sua normalidade de macho. Tal é a desgraça do candidato tradicional a poeta que até o que não tem de vergonhoso lhe é prejudical à candidatura. (*GL*, p. 348)

A anedota quasi-indecente à qual se refere só pode ser a famosa descrição, no diário de John Manningham, de um encontro entre Shakespeare e uma admiradora. Manningham foi aluno de direito em Middle Temple nos anos de 1601-1602, e escreveu um diário de eventos e observações, que inclui duas referências a Shakespeare. A segunda, ajudando a datar a peça, é uma referência à representação de *Twelfth Night* [*Noite dos Reis*]. O relato de Manningham é um dos poucos que existem sobre Shakespeare o homem, e provavelmente o único relativamente ao seu comportamento sexual, e é, por isso, reproduzido com frequência. Quase todos os estudiosos, sendo no entanto céticos quanto à sua possível veracidade, desconfiam que o humor, e a piada do desfecho, indicam que não se tratará de uma descrição realista de um evento e conversa:

> March 1601
> Vpon a tyme when Burbidge played Richard III there was a citizen gone soe farr in liking with him, that before shee went from the play shee appointed him to

come that night vnto hir by the name of Richard the Third. Shakespeare ouerhearing their conclusion went before, was intertained and at his game ere Burbidge came. Then message being brought that Richard the Third was at the dore, Shakespeare caused returne to be made that William the Conqueror was before Richard the Third. Shakespeare's name William.[41]

[Março, 1601
Certa vez, quando [o ator Richard] Burbage interpretava Ricardo III, uma cidadã gostou tanto dele, que antes de se ir embora combinou com ele que fosse encontrá-la essa noite sob o nome de Ricardo Terceiro. Shakespeare, sabendo do arranjo, foi antes dele, e estava entretido ao seu jogo quando Burbage chegou. Então, quando foi recebida a mensagem de que Ricardo Terceiro estava à porta, Shakespeare mandou dizer em resposta que William o Conquistador veio antes de Ricardo Terceiro. Sendo William o nome de Shakespeare.]

O argumento sexual de Pessoa, em "William Shakespeare, Pseudonymo", uma linha de ataque anti-Stratfordiana muito menos difundida do que o argumento jurídico, é altamente reminiscente da tese de um dos seus livros baconianos. *Is It Shakespeare?* [*Será Shakespeare?*] (1903), com o subtítulo sensacionalista *The Great Question of Elizabethan Literature Answered in the light of New Revelations and Important Contemporary Evidence* [*A Grande pergunta da literatura isabelina respondida à luz de novas revelações e importantes provas contemporâneas*], era um livro tão escandaloso que foi publicado anonimamente, atribuído a um "Graduate from Cambridge" [Graduado da Universidade de Cambridge]; mesmo hoje, encontra-se na secção de Livros Raros da Biblioteca Folger, uma das mais importantes bibliotecas shakespearianas. Pessoa estudou o livro atentamente, lendo-o pelo menos três vezes.[42] O graduado de Cambridge era Walter Begley, que dois anos mais tarde publicaria *Bacon's Nova Resuscitatio* [*Nova resuscitatio de Bacon*], em três volumes, que Pessoa também possuía.

Em *Is It Shakespeare?*, Begley começa por acumular "provas" da homossexualidade de Francis Bacon, a partir de referências veladas dos seus contemporâneos, cartas da sua mãe, e relatos de tentativas de chantagem por parte de homens que podem ter sido seus amantes. Begley faz referência a trechos das cartas de Lady Anne Bacon para o seu filho mais velho, Anthony, queixando-se das más companhias de Francis: "I pity your brother" [Tenho pena do seu irmão], escreve Lady Anne, "yet so long as he pities not himself, but keepeth that bloody Perez, yea a costly fellow, whose being about him, I verily fear, the Lord God doth mislike" [enquanto ele não tem pena de si próprio, e mantem aquele maldito Perez, um rapaz caro, cuja influência sobre ele, muito temo, pois Deus Nosso Senhor não

[41] *Diary of John Manningham, of the Middle Temple, and of Bradbourne, Kent, Barrister-at-Law, 1602-1603*, org. John Bruce (Londres: J. B. Nichols & Sons, 1868), p. 39.

[42] Há marginalia de Pessoa em *Is it Shakespeare?* a lápis roxo, lápis normal, e tinta preta.

aprova]. (Perez era um protegido do Conde de Essex, que residiu com Bacon em sua casa perto de Twickenham Park.) Pessoa fez uma linha na margem ao lado destas palavras, e escreveu um "N" (para "note", ou "N. B.") na margem. Anotou, ainda, as afirmações de Begley que "there are letters [...] very compromising for Francis Bacon, and have a worse appearance in regard to the scandal than his familiar acquaintance with Perez" [há cartas [...] muito comprometedoras para Francis Bacon, que contêm ainda piores revelações do escândalo do que a sua relação íntima com Perez], e que "it appears Bacon used to sleep with one of his men-servants and take him out with him in his coach" [parece que Bacon costumava dormir com um dos seus empregados, e levá-lo para passear com ele na sua carruagem].[43]

Begley não foi pioneiro na sua crença de que Bacon seria homossexual, pois John Aubrey dissera o mesmo em *Brief Lives* [*Vidas breves*] (escrito na segunda metade do século XVI mas só publicado em meados do século XIX), quando se referira a ele como "*paiderastes*."[44] Mas Begley foi o primeiro a argumentar que a homossexualidade de Bacon fazia dele um candidato mais provável à autoria do cânone shakespeariano do que o homem de Stratford, que não poderia ser desgraçado dessa maneira, pois aos 19 anos já era um homem casado e um pai de família, e segundo o diário de Manningham era um ativo sedutor de mulheres.

Pessoa apropria-se da tese baconiana de Begley por inteiro em "William Shakespeare, Pseudonymo", e por uma vez reconhece a influência, citando a sua fonte:

> Do poeta sabe-se alguma coisa. Sabe-se que é jurisconsulto, sabe-se que é invertido. [...] Basta que o problema se ponha assim, com o que cremos ser lucidez, para se tornar impossivel desviar a vista da figura que, sobre ser, parallelamente á de "Shakespeare", uma das maiores da sua epoca, accumula precisamente as trez qualidades que a analyse e a investigação arrancaram para a indubitabilidade. Trata-se do philosopho e estadista Francis Bacon. Era, como se sabe, advogado e jurisconsulto; era, como tambem se sabe, tido por a figura mais eminente e brilhante d'aquella sociedade; e era, como se pode ficar sabendo desde que se leia os dois documentados volumes do Rev. Walter Begley, conhecido como pederasta (*GL*, p. 349).

Em seguida, Pessoa pondera uma objeção típica ao baconianismo. Robertson havia feito a objeção Stratfordiana, na sua introdução a *The Philosophical Works of Francis Bacon* [*As Obras filosóficas de Francis Bacon*], que Bacon foi tão ambicioso, produtivo e prolífico sob o seu próprio nome que não chegou a completar os seus escritos filosóficos; por isso, dificilmente terá tido o tempo e a energia necessários

[43] *Is It Shakespeare*, pp. 44, 48, 50.

[44] John Aubrey, *Lives of Eminent Men* (Oxford: Muday & Slatter, 1813). Um transcrição quase completa, *Brief Lives Chiefly of Contemporaries set down John Aubrey between the Years 1669 and 1696*, org. Andrew Clark (Oxford: Clarendon Press, 1898), é a melhor edição disponível.

para produzir, também, as obras completas de Shakespeare:

> It must be reckoned one of the supreme flights of human perversity to surmise that the man so immeasurably preoccupied with the two orbs of natural and civil lore actually wrought, in addition to what he vainly sought to do, the stupendous imaginative performance of Shakespeare.[45]

> [deve ser considerado um dos supremos voos da perversidade humana supor-se que o homem tão incomensuravelmente focado nas duas esferas de erudição, natural e civil, pudesse ter escrito, para além do que em vão tentou fazer, a extraordinária obra criativa de Shakespeare.]

Pessoa fez uma linha na margem ao lado desta objeção. Em "William Shakespeare, Pseudonymo", rejeita-a com veemência:

> Responda-se, de chapeu na mão, que a observação é idiota. Quando a formulou, o erudito e arguto racionalista vinha sem duvida de soffrer a passageira bestialisação de uma conferencia politica com o seu charlatanesco co-partidário, o sr. Lloyd George. Esta generosa hypothese nossa pode servir, até, para lhe desculpar mais peccados intellectuaes do que o de considerar vida cheia de trabalho publica uma que só o foi dos cincoenta annos em deante (*GL*, p. 349).

Isto é pouco mais do que assassinato de carácter, voltado gratuitamente contra mais de uma pessoa. Para além disso, o conhecimento de Pessoa sobre o cargo público de Bacon é falho, pois Bacon entrou para o parlamento, como deputado, em 1584, aos 23 anos, e até 1618 fez parte de sucessivos parlamentos, representando várias cidades, incluindo Taunton, Southampton, Liverpool, Ipswich e St Albans.

Pessoa depois refere-se aos "anos perdidos" de Bacon:

> Entre o muito que se sabe da vida do philosopho, e que inclue constatar-se, os indubitavis testemunhos, a sua precocidade intellectual e a sua capacidade e rapidez de trabalho, mesmo o seu não saber estar desoccupado, ha uma cousa que se não sabe, e que é o que esse genio infatigavel e precoce, que a si proprio se classificava de literato por natureza, fez entre os dezoito e os trinta e oito annos (de 1579 a 1599), approximadamente (*GL*, p. 349).

Pessoa aqui insinua, em resposta a Robertson, que Bacon poderia perfeitamente ter redigido as obras atribuídas a Shakespeare durante esses vinte anos. E assim termina o seu mais coerente e desenvolvido texto sobre a controvérsia da autoria da obra shakespeariana. É possível que exista uma

[45] *The Philosophical Works of Francis Bacon*, p. xiv.

conclusão, perdida nas profundezas do seu espólio, mas penso que Pessoa simplesmente abandonou o texto nesta altura. Conforme está, "William Shakespeare, Pseudonymo" é uma amostra deslumbrante da sua vasta leitura, e do seu detalhado conhecimento, sobre a polémica. O ensaio é inegavelmente anti-Stratfordiano, tendendo para o baconianismo.

Pessoa um anti-Stratfordiano?

Existem mais indícios que, enganosamente, nos levariam a concluir que Pessoa tivesse namorado com o baconianismo. Ele intitulou muitos dos seus textos sobre o problema da autoria "Shakespeare-Bacon", ou vice-versa, colocando a maioria num envelope com o mesmo título.[46] Vários dos seus fragmentos inéditos exploram possíveis paralelos entre os escritos de Bacon e as obras atribuídas a Shakespeare. Num destes, Pessoa escreve: "eu phantasio e faço-me um passatempo deleitoso no mero ponderar do quanto, na essencia reflectiva e □ do magno prosador de Inglaterra, faz pensar no poeta da anterior geração que escreveu o discurso idealisante de Prospero" (BNP/E3 76A-50).

Em 1915, Pessoa escreveu uma carta a Alfred Barley, autor de um artigo sobre Bacon na revista inglesa *Modern Astrology* [*Astrologia moderna*], pedindo o horóscopo detalhado de Bacon:

> Sir,
>
> I take the liberty of writing to you without being able to invoke any other excuse, except that I am a student of astrology. My purpose in writing is to request you to send me, if possible, Fancis Bacon's horoscope.
>
> In your book *1001 Notable Nativities* you refer twice to Bacon's horoscope (in the notes), buy you have omitted it from the nativities given. I am intensely interested in that figure, and should be much obliged if you could send me, if only in a post-card, the note of cusps and planets, as by the system adopted in your book, but including, if possible, the positions of Dragon's Head, Isis and Osiris, and giving, if you have them, the cusps and planet's places with the minutes.[47]
>
> [Exmo. Senhor,
>
> Tomo a liberdade de lhe escrever, sem ser capaz de invocar qualquer outra justificação que não seja a de ser um estudante de astrologia. O meu objectivo, ao escrever-lhe, é pedir-lhe que me envie, se possível, o horóscopo de Francis Bacon.
>
> No seu livro *1001 Notable Nativities* refere duas vezes o horóscopo de Bacon (nas notas), mas não o incluiu nos nascimentos apresentados. Estou muitíssimo interessado nesse mapa, e ficaria muito grato se pudesse enviar-me, mesmo num postal, a nota das cúspides e planetas, pelo sistema adoptado no seu livro,

[46] Hoje dois envelopes no espólio de Pessoa, 76 e 76A.

[47] Carta a Alfred Barley, 24/06/1915, in *Corr I*, p. 168. É possível que a carta de Pessoa nunca tenha sido enviada, pois a resposta de Barley, de 24 de Janeiro, refere-se a uma segunda carta que Pessoa teria escrito a 10 de Janeiro, hoje perdida.

mas incluindo, se possível, as posições das cúspides e planetas como os minutos. (*Corr I*, p. 170)]

Barley respondeu que não tinha o horóscopo de Bacon, mas deu algumas indicações astrológicas a Pessoa, com base na sua crença que Bacon foi o verdadeiro autor do cânone shakespeariano: "I think Bacon (especially as Shakespeare) plainly shows the influence either of Gemini, or Mercury *in the ascendant* (love of *playing on words* for example" [Penso que Bacon (especialmente enquanto Shakespeare) apresenta nitidamente a influência ou de gémeos, ou mercúrio *no ascendente* (o amor pelos *trocadilhos*, por exemplo)].[48]

Quatro anos após esta troca de correspondência, Pessoa procurou obter mais um livro sobre a controvérsia da autoria da obra shakespeariana, desta vez sob uma perspetiva Rosacruz; *Secret Shakespearian Seals* [*Selos secretos shakespearianos*] foi escrito pelo misterioso Frades Rosa-Cruz.[49] Foi por essa razão que compôs duas cartas, sendo a primeira das duas para a editora do livro em Inglaterra, Herbert Jenkins, perguntando se o livro ainda estaria disponível.[50] Impaciente com a ausência de resposta ou com uma resposta desfavorável, um mês mais tarde, decidiu abordar um dos coautores do livro, Frank Woodward, diretamente: "Should you publish a second edition of *Secret Shakespearian Seals*, I would be much obliged if you would instruct the publisher of it (Mr Jenkins or another) to notify me of its appearance" [Se publicarem uma segunda edição, ficaria muito grato se a editora me informasse].[51] Woodward escreveu a Pessoa que "of this we feel sure - Francis Bacon was [...] the real Author of the "Shakespeare Plays" & the Author of many of the works of the period ascribed to other writers" [estamos seguros disto: Francis Bacon foi o autor verdadeiro das "Peças de Shakespeare", bem como de muitas outras obras da época atribuídas a outros escritores].[52] Não há dúvida que Pessoa gostava de ler livros baconianos, e de corresponder-se com os seus autores. Não sabemos ao certo quem foi que lhe enviou o livro, mas *Secret Shakespearian Seals* finalmente entrou para a sua biblioteca.

Ana Maria Freitas, no seu verbete "Shakespeare-Bacon" no *Dicionário de Fernando Pessoa e do modernismo português* (2008), conclui de tais indícios que Pessoa foi, efetivamente, um baconiano: "Defensor da hipótese Francis Bacon."[53] Mas as referências contínuas de Pessoa a Bacon no contexto do problema da autoria da obra shakespeariana simplesmente refletem que, na sua época, Bacon

[48] Carta de Alfred Barley, 24/01/1916, in *Correspondência inédita*, org. Manuela Parreira da Silva (Lisboa: Horizonte, 1996), p. 95.

[49] Frades Rosa-Cruz, *Secret Shakespearean Seals: Revelations of Rosicrucian Arcana: Discoveries in the Shakespeare Plays, Sonnets and Works Printed Circa 1586-1740* (Nottingham: Jenkins, 1916).

[50] Carta a Herbert Jenkins, 26/05/1919, in *Corr I*, p. 282. A resposta é desconhecida.

[51] Carta a Frank Woodward, 20/06/1919, in *GL*, p. 292.

[52] Carta de Frank Woodward, 07/07/ 1919, in *Corr I*, p. 450.

[53] Ana Maria Freitas, "Shakespeare-Bacon", in *Dicionário de Fernando Pessoa*, p. 800.

era de longe o principal candidato a autor verdadeiro defendido por anti-Stratfordianos, como uma rápida vista de olhos sobre os títulos da biblioteca de Pessoa o comprova. No fim da década de 1880, o caso baconiano já havia sido debatido em milhares de livros, panfletos e artigos de jornais e revistas: um artigo de 1883, de Richard Grant White, tem o adequado título "The Bacon-Shakespeare Craze" [A Loucura Bacon-Shakespeare].[54] Em 1885, a adesão ao movimento baconiano levou à fundação da "Bacon Society" [Associação baconiana], que sete anos mais tarde começaria a publicar a revista *Baconiana*; existe um número desta revista na biblioteca pessoana. Inúmeros teóricos da conspiração continuariam a atolar-se naquilo que Samuel Schoenbaum maravilhosamente chama "the bog of Baconianism" [o pântano do Baconianismo], até que a fação oxfordiana começasse a ganhar aderentes, por volta da década de 1920; Edward de Vere, Conde de Oxford, foi proposto pela primeira vez como candidato em 1920, pelo autor, de nome infeliz, Thomas Looney ["Louco"], no livro que convenceu Freud.[55] Há mais de três mil livros defendendo a causa de Bacon, na secção da Biblioteca Folger dedicada à controvérsia da autoria da obra shakespeariana.[56]

O alinhamento de Pessoa com o discurso da sua época não prova que ele fosse um baconiano. Além disso, apesar do seu interesse em Bacon como candidato alternativo à autoria da obra shakespeariana, em última análise não se convenceu pela tese baconiana, declarando num texto inédito: "we are *not* led to the conclusion that the poet Bacon was 'Shakespeare'" [*não* concluimos que o poeta Bacon fosse "Shakespeare"] (BNP/E3 76-34). Também não se convenceu pela hipótese de nenhum dos outros candidatos: a julgar pela marginália no seu exemplar no livro de Abel Lefranc defendendo Rutland, perdeu o interesse nessa figura antes de chegar ao segundo volume.[57]

A conclusão de Freitas deve-se, ainda, à sua leitura de "William Shakespeare, Pseudonymo", um dos poucos textos conhecidos de Pessoa sobre o problema da autoria. Conforme está, no seu estado inacabado, vimos que o ensaio sugere uma certa tendência de Pessoa pelo baconianismo. Mas o ensaio dificilmente pode ser considerado como representativo do pensamento de Pessoa sobre o tema, pois trata-se de um corpo estranho no contexto dos seus outros escritos: é datilografado, em português, enquanto que a maioria é manuscrita e é em inglês; tem um princípio e meio, mas não tem fim, e é logicamente estruturado, enquanto que a maioria é fragmentada e desarticulada; é agressivamente manipulador, enquanto que em quase todos os outros, Pessoa adota uma postura imparcial. Isto

[54] Richard Grant White, "The Bacon-Shakespeare Craze", *Atlantic Monthly* (April 1883).
[55] Thomas J. Looney, *"Shakespeare" Identified in Edward de Vere* (Nova York: Frederick A. Stokes Company, 1920).
[56] Schoenbaum, *Shakespeare's Lives* (Oxford: Clarendon Press/Nova York: Oxford University Press, 1970), p. 316.
[57] Abel Lefranc, *Sous le masque de "William Shakespeare": William Stanley VI Comte de Derby*, 2 vols. (Paris: Payot, 1919). O primeiro volume contém muitas anotações de Pessoa, mas não há marginália no segundo.

sugere que a intenção de Pessoa, ao escrever "William Shakespeare, Pseudonymo", fosse, pura e simplesmente, expor a existência do problema da autoria da obra shakespeariana a um público português que não o conhecia.

Em 1884, tinham sido publicados 161 livros sobre o tema nos Estados Unidos, 69 em Inglaterra, 10 na Escócia, 3 no Canadá, 2 na Alemanha, 2 em França, e 1 em cada em um dos seguintes países: Itália, Holanda, Irlanda e Índia.[58] Nenhum havia sido publicado em Portugal. Durante a vida de Pessoa, nenhum livro sobre a autoria shakespeariana apareceu no país; penso que até hoje em dia não exista nenhum. Tivesse Pessoa publicado o seu projetado panfleto, como parte de sua ambição em colocar Shakespeare de modo mais proeminente na cultura portuguesa (representada também pelo seu desejo de traduzir os seus escritos; ver Capítulo 1), é provável que despertasse um maior interesse pela vida e obra do dramaturgo inglês, como ocorreu em outros países.

Atente-se, por um momento, no próprio ato de descrever a controvérsia a alguém pela primeira vez. Podia começar por explicar que não existe nenhum documento literário pela mão de Shakespeare, e que as suas peças revelam conhecimentos especializados que um modesto ator não teria na época, continuando por explicar que Bacon, pelo contrário, era um aristocrata e um jurisconsulto. A esta altura, soaria como se fosse um baconiano.

A maior prova que Pessoa não era realmente um anti-Stratfordiano é a seguinte introdução, inédita, seguida por um breve plano de estrutura; penso que se trata do plano para o ensaio "William Shakespeare, Pseudonymo":

> Tencionamos, n'este opusculo, versar este problema, e apontar qual nos parece ser o seu estado atual. Como o candidato mais votado para autor da obra Shakespeareana é Francis Bacon, e como, por certo – pelas razões que no decurso da nossa exposição serão apontadas – este é quem mais argumentos tem em seu favor, o nosso exame da questão recahirá sobre a controvérsia Shakespeare-Bacon, propriamente dita. Buscaremos expôr qual nos pareça o estado atual d'ella.
>
> Como o que especialmente queremos é tornar o problema lúcido para o leitor, não o encararemos chronologicamente, mas seguindo o methodo que mais logicamente concatene os seus elementos componentes. Assim ser-nos-ha possivel dar aos interessados que o ignorem, uma noção concreta e completa de até onde chegou, hoje, o problema Shakespeare-Bacon.
>
> 1. Duvidas com respeito a Shakespeare.
> 2. Argumentos a favôr de Bacon (e Rutland).
> 3. Contra-argumentação Shakespeareana.
> 4. □
>
> (BNP/E3 76-31)

Este plano indica que Pessoa pretendia continuar o ensaio com uma exposição dos argumentos a favor de outros candidatos à autoria da obra shakespeariana,

[58] W. H. Wyman, *Bibliography of the Bacon-Shakespeare Controversy* (Cincinnati: Thomson, 1884), p. 5.

para além de Bacon, como por exemplo Rutland, e que teria rematado, finalmente, com uma refutação "Shakespeariana", ou seja, Stratfordiana.

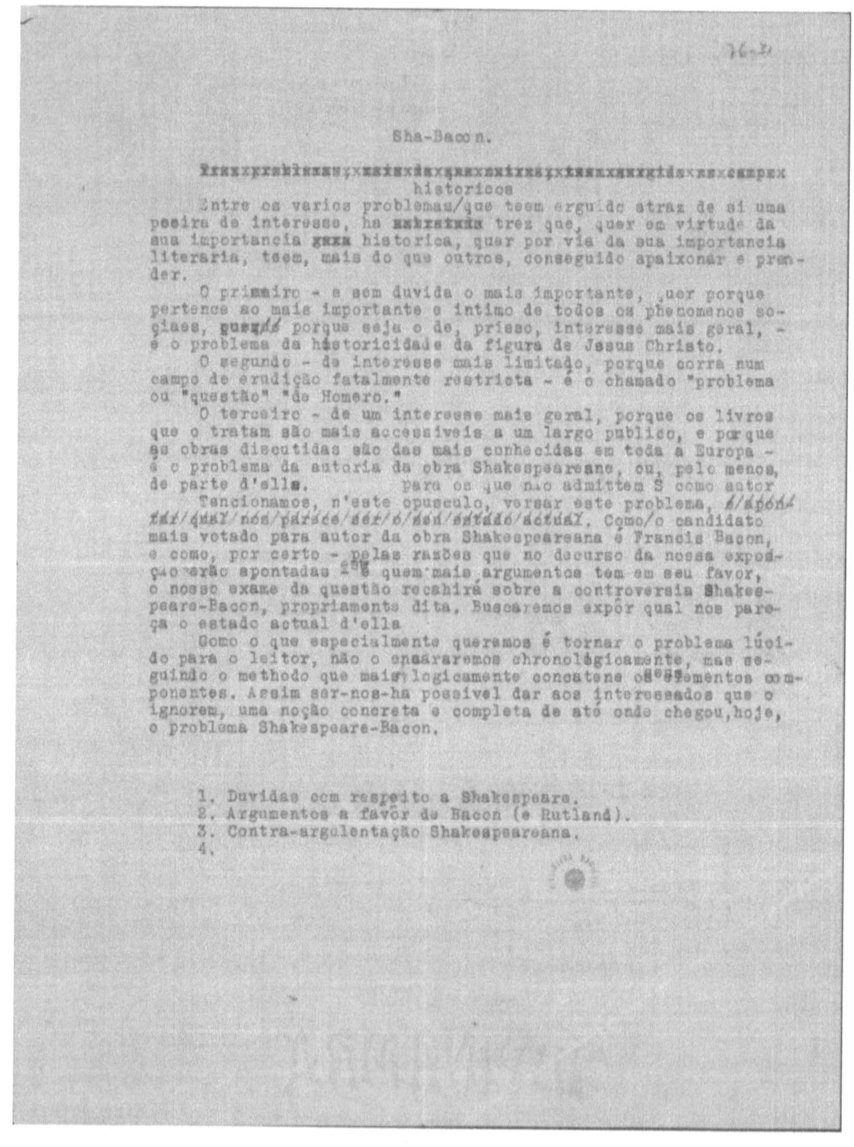

76-31

Sha-Bacon.

historicos

Entre os varios problemas/que teem erguido atraz de si uma poeira de interesse, ha trez que, quer em virtude da sua importancia historica, quer por via da sua importancia literaria, teem, mais do que outros, conseguido apaixonar e prender.

O primeiro - e sem duvida o mais importante, quer porque pertence ao mais importante e intimo de todos os phenomenos sociaes, porque seja o de, por isso, interesse mais geral, - é o problema da historicidade da figura de Jesus Christo.

O segundo - de interesse mais limitado, porque corra num campo de erudição fatalmente restricta - é o chamado "problema ou "questão" "de Homero."

O terceiro - de um interesse mais geral, porque os livros que o tratam são mais accessiveis a um largo publico, e porque as obras discutidas são das mais conhecidas em toda a Europa - é o problema da autoria da obra Shakespeareana, ou, pelo menos, de parte d'ella.   para os que não admittem S como autor

Tencionamos, n'este opusculo, versar este problema. Como/o candidato mais votado para autor da obra Shakespeareana é Francis Bacon, e como, por certo - pelas razões que no decurso da nossa exposição serão apontadas - é quem mais argumentos tem em seu favor, o nosso exame da questão recahirá sobre a controversia Shakespeare-Bacon, propriamente dita. Buscaremos expôr qual nos pareça o estado actual d'ella

Como o que especialmente queremos é tornar o problema lúcido para o leitor, não o encararemos chronologicamente, mas seguindo o methodo que mais logicamente concatene os elementos componentes. Assim ser-nos-ha possivel dar aos interessados que o ignorem, uma noção concreta e completa de até onde chegou, hoje, o problema Shakespeare-Bacon.

1. Duvidas com respeito a Shakespeare.
2. Argumentos a favôr de Bacon (e Rutland).
3. Contra-argumentação Shakespeareana.
4.

BNP/E3 76-31

Em suma, Pessoa nunca foi um baconiano, nem nunca duvidou que Shakespeare de Stratford tivesse escrito as obras que lhe são atribuídas. Para termos uma visão mais completa das razões do seu profundo interesse pelo problema da autoria da obra shakespeariana, temos de analisar os seus textos inéditos sobre o tema.

Alguns são simples notas de leitura, apontamentos sobre os livros que leu.[59] Outros são listas de datas referentes a especifidades biográficas de Shakespeare, Bacon, e outros candidatos à autoria. As palavras de Shakespeare, na dedicatória do seu poema *Vénus e Adónis*, sobre o poema como "the first heir of my invention" [o primeiro herdeiro da minha invenção], são frequentemente citadas por anti-Stratfordianos que questionam a datação do poema, defendendo que outro autor o possa ter escrito noutra altura. Num texto inédito, Pessoa explora a questão:

> *Venus and Adonis* – "first heir of my invention." Is this to be taken as strict truth? Or not? And, if not, can "invention" have the Latin meaning, "find"? - "The first heir of my find?"
>
> What evidence is there of the Shakespearian *touch* before *Venus and Adonis*? Probably *none*. The Shakespearean *hand* in plays is *later*.
>
> Then, it being natural that the "first heir" phrase is correct, what age was Shakespeare when *Venus and Adonis* was written?
>
> But what of the 12 plays cited by Meres? Since *Titus* is cited, and this is not Shakespearean, what can be understood?
>
> Shakespeare the actor was certainly an author; probably a fairly competent author on such a level as his. But another "hand" otherwise "arranged" his compositions (BNP/E3 76-14).
>
> [*Vénus e Adónis* – "o primeiro herdeiro da minha invenção." Isto deve ser tomado como a rigorosa verdade? Ou não? E, se não, pode "invenção" ter o sentido latino "descoberta"? – "O primeiro herdeiro da minha descoberta?"
>
> Que indício há do *toque* shakespeariano antes de *Vénus e Adónis*? Provavelmente *nenhum*. A mão shakespeariana nas peças é *posterior*.
>
> Assim, sendo natural que a expressão "o primeiro herdeiro" seja correta, que idade teria Shakespeare quando *Vénus e Adónis* foi escrito?
>
> Mas então e as 12 peças citadas por Meres? Como *Titus* é citada, e ela não é shakespeariana, o que podemos apreender?
>
> O ator Shakespeare foi certamente um autor; provavelmente um autor bastante competente num nível como o seu. Mas outra "mão" "arranjou" de outro modo as suas composições.]

Vários dos textos de Pessoa sobre a autoria da obra shakespeariana, ao contrário do que ocorre em "William Shakespeare, Pseudonymo", refutam as alegações anti-Stratfordianas. Num destes, Pessoa ridiculariza a ideia, repetida por legiões de hereges, de que apenas um aristocrata poderia ter escrito as peças de teatro shakespearianas, levando a posição à sua *reductio ad absurdum*:

[59] Ver, por exemplo, BNP/E3 76-57 e 76-58, no Apêndice.

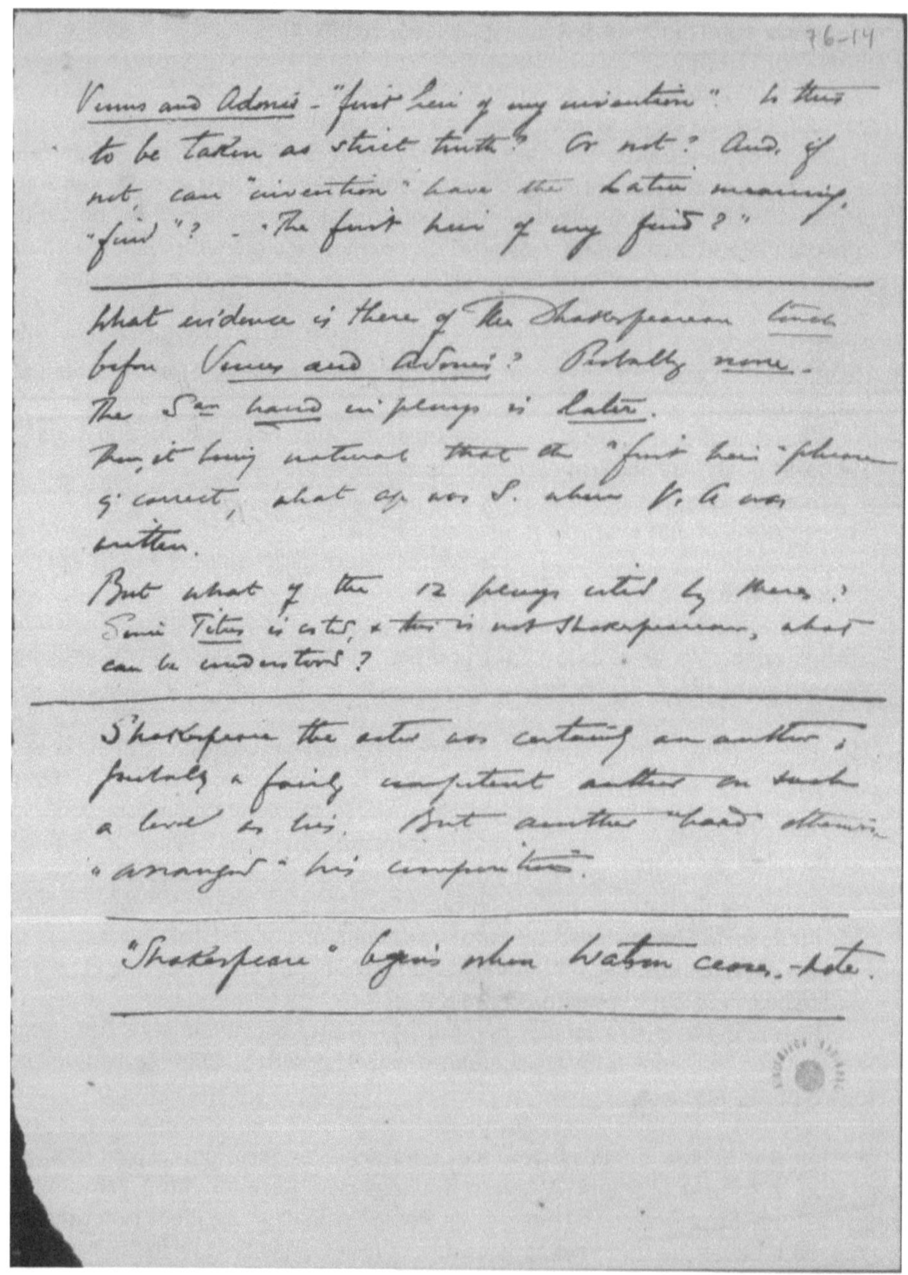

76-14

Venus and Adonis – "first heir of my invention". Is this to be taken as strict truth? Or not? And, if not, can "invention" have the Latin meaning "find"? – "The first heir of my find?"

What evidence is there of the Shakespearean touch before Venus and Adonis? Probably none.
The 2nd hand in plays is later.
Then, it being natural that the "first heir" phrase is correct, what age was S. when V. A. was written.
But what of the 12 plays cited by Meres? Since Titus is cited, & this is not Shakespearean, what can be understood?

Shakespeare the actor was certainly an author; probably a fairly competent author on such a level as his. But another "hand" alters & "arranges" his compositions.

"Shakespeare" begins when Watson ceases. – Note.

BNP / E3 76-14

> It has been claimed that Shakespeare of Stratford, being a not very well educated man, could not write works which no one has ever shown to be the product of learning or culture. It has been claimed that Shakespeare of Stratford, being a middle class man, cannot have written works which show a familiarity with the inner life of princes and nobles which, in any case, no sort of work, short of a rhymed Debrett, can show. It has been claimed that Shakespeare of Stratford, being involved in sordid litigation, cannot be the author of works which show a great power of expression and a great sensibility to intuition.
>
> From this primary attitude it is but a step to that which makes it compulsory that the author of the Shakespeare plays be a son of Queen Elizabeth, for it is a known fact that the greatest geniuses have been princes. (*GL*, pp. 352-3)

> [Tem sido afirmado que Shakespeare de Stratford, não sendo um homem de muita instrução, não poderia ter escrito as obras que ninguém jamais demonstrou serem produto de aprendizagem ou cultura. Tem sido afirmado que Shakespeare de Stratford, sendo um homem de classe média, não pode ter escrito as obras que revelam um certo conhecimento da vida interior de príncipes e aristocratas que, seja como for, nenhum tipo de obra, fora um Debrett rimado, pode revelar. Tem sido afirmado que Shakespeare de Stratford, estando envolvido num sórdido litígio, não pode ser o autor de obras que revelam um grande poder de expressão e uma grande sensibilidade intuitiva.
>
> A partir desta posição primária, é um pequeno passo tornar-se obrigatório que o autor das peças de Shakespeare seja filho da Rainha Isabel, pois é bem sabido que os maiores génios têm sido príncipes.]

No *Livro do desassossego*, Pessoa faz Soares declarar que "A *reductio ad absurdum* é uma das minhas bebidas predilectas" (*LD*, p. 282). Pessoa também se diverte a explorar todos os pontos e argumentos possíveis: em alguns textos inéditos, contraria a objeção de que há uma distância intransponível entre o ator histórico e o autor das peças shakespearianas, enquanto que noutros parece aceitar que exista um problema biográfico. O seu interesse em explorar os principais pontos no debate, de todos os ângulos possíveis, é confirmado pela marginália dentro dos livros que leu: na página-título de *Richard III* [*Ricardo III*] nas *Obras completas* de Shakespeare, por exemplo, procura resumir a história da publicação da peça, referindo-se aos argumentos Stratfordianos de que as suas expansões seriam prova de revisões do próprio Shakespeare:

> Published anonymously in 1597; in 1598 again ("by William Shake-speare"); then in 1602, 1605, 1612 (with unimportant changes in these cases); finally in Folio 1623, with marked improvements and revisions, but with 12 printers errors peculiar to the Quarto of 1622. The expansions are "quite in the manner of Shakespeare" (Cambridge editors), "evidently from the perfecting hand of the author in the maturity of his powers" (Richard Grant White). (*CW*, p. 644)

[Publicada anonimamente em 1597; novamente em 1598 ("de William Shakespeare"); depois em 1602, 1605, 1612 (com insignificantes alterações nestes casos); finalmente no Fólio em 1623, com nítidas de melhorias e revisões, mas com 12 erros de impressão peculiares ao Quarto de 1622. As expansões são "bem à maneira de Shakespeare" (editores de Cambridge), "claramente da mão aperfeiçoadora do autor na maturidade de seus poderes" (Richard Grant White).]

Algumas das anotações de Pessoa (riscos na margem, por exemplo) revelam que ele aceitou certos argumentos, enquanto que em outras ocasiões foi claramente crítico: ao lado da afirmação de Edwin Bormann, no seu panfleto baconiano *The Quintessence of the Shakespeare Secret* [*A Quintessência do segredo de Shakespeare*] (1905), de que "Ben Jonson, on Bacon's sixtieth birthday, praises him as *his* king, therefore as *king of poets*" [Ben Jonson, no sexagésimo aniversário de Bacon, saúda-o como o *seu* rei, e portanto como o *rei dos poetas*], Pessoa escreve, incrédulo: "the 'King' is James I!" [o "Rei" é Jaime I!][60]

Vistos como um todo, os escritos de Pessoa sobre a controvérsia não representam uma defesa de nenhum candidato alternativo à autoria das obras de Shakespeare. Isto é curioso, porque a grande maioria de escritores que se dedicam ao tema ou forçosamente tenta validar o(s) seu(s) candidato(s) à autoria – veja-se os títulos na biblioteca de Pessoa: *Lord Rutland Est Shakespeare* [*Lord Rutland é Shakespeare*], *Francis Bacon our Shakes-speare* [*Francis Bacon o nosso Shakes-speare*], *The Five Authors of Shakespeare's Sonnets* [*Os Cinco autores dos Sonetos de Shakespeare*], etc. – ou então embarca numa defesa Stratfordiana, a fim de resgatar Shakespeare dos teóricos da conspiração. Muitos, como Begley e Looney, são pelo menos altamente originais nos argumentos que empregam, ou têm o mérito de ser os primeiros a propor um novo candidato ou uma nova tese, por mais improváveis que sejam. Pessoa, pelo contrário, está pouco interessado em fazer qualquer contribuição original ao debate (há uma exceção, que veremos no início do Capítulo seguinte). Se Pessoa não aborda o problema da invisibilidade de Shakespeare de forma convencional, vale a pena examinarmos as razões do seu fascínio por ela. Interessante por si só, como a história da imersão de um grande escritor num importante debate da sua época, que gerou tanta atenção crítica, o fascínio de Pessoa torna-se ainda mais interessante quando o relacionarmos com a sua própria obra.

Histórias policiais, homens que nunca foram, e a "transpersonalização"

A controvérsia da autoria da obra shakespeariana atingiu o seu auge durante o auge da ficção policial britânica. Desde a última década do século XIX, livros anti-Stratfordianos têm sido quase invariavelmente estruturados como histórias policiais, com as suas revelações do mistério e deduções da solução. Looney

[60] Edwin Bormann, *The Quintessence of the Shakespeare Secret* (Londres: A. Siegle, 1905), p. 16.

começa por apresentar uma lista das características das peças, e em seguida examina cada possível "suspeito", até finalmente chegar ao nome do criminoso. Na história da autoria, este não é o vilão mas sim o injustamente caluniado e negligenciado herói da história.

A tese baconiana, em especial, apoia-se em supostas cifras escondidas nos escritos shakespearianos. Selecionando letras e palavras soltas dos poemas e das peças shakespearianas, os baconianos alegam ter descoberto mensagens ocultas de Francis Bacon, anunciando-se como o verdadeiro autor. O livro de Ignatius Donnelly *The Great Cryptogram: Francis Bacon's Cipher in the So-Called Shakespeare Plays* [*O Grande criptograma: a cifra de Francis Bacon nas ditas peças shakespearianas*] (1888), que Pessoa cita numa lista de leituras, revisita o cânone shakespeariano com o único intuito de lá descobrir a tal cifra; Donnelly finalmente descobre aquilo que procura nas duas partes de *Henry IV*: este texto, "always growing out of the same numbers, employed in the same way, and counting from the same, or similar, starting-points, cannot be otherwise than a prearranged arithmetical cipher" [sempre crescendo a partir dos mesmos números, empregues da mesma forma, e contando a partir dos mesmos, ou parecidos, pontos de partida, não pode ser outra coisa que não uma cifra aritmética].[61]

Num manuscrito inédito, Pessoa refere-se a uma "biliteral cipher" [cifra] que poderá estar escondida no *Primeiro fólio* (BNP/E3 76A-54); os baconianos têm-se entusiasmado pela possibilidade porque Bacon projetou uma cifra biliteral, que publicou como ilustração em *De Augmentis Scientiarum* [*Sobre o progresso das ciências*] (1605), organizando as letras A e B em combinações de cinco letras, cada uma representando uma letra do alfabeto. São, ainda, atraídos pela palavra inventada do palhaço em *Love's Labours Lost* [*Trabalhos de amores perdidos*]: "Honorificabilitudinitatibus." A palavra curiosa também aparece entre as notas rabiscadas nos manuscritos de Northumberland (descobertos em 1867 em Northumberland House, em Londres), que contêm cópias de alguns textos de Bacon, e também nos manuscritos de Bacon no Museu Britânico de Londres. Das várias mensagens produzidas ao reorganizar as letras desta palavra, nenhuma foi anunciada com maior segurança que a de Sir Edwin Durning-Lawrence em *Bacon is Shakes-speare* (1910):

> the true solution of the meaning of the long word "Honorificabilitudinitatibus", about which so much nonsense has been written, is without possibility of doubt or question to be found by arranging the letters to form the Latin hexameter:
> HI LUDI F. BACONIS NATI TUITI ORBI
> These plays F. Bacon's offspring are preserved for the world.
> It is not possible to afford a clearer mechanical proof that THE SHAKESPEARE PLAYS ARE BACON'S OFFSPRING...
> It is not possible that any doubt can any longer be entertained respecting the

[61] Ignatius Donnelly, *Diary*, citado em Martin Ridge, *Ignatius Donnelly: The Portrait of a Politician* (Chicago/Londres: University of Chicago Press, 1962), p. 243.

manifest fact that BACON IS SHAKESPEARE.[62]

[a verdadeira solução do significado da longa palavra "Honorificabilitudinitatibus", sobre a qual tanta coisa sem sentido tem sido escrita, é, sem possibilidade ou sombra de dúvida, descoberta ao organizar as letras de modo a formar o hexâmetro latino:

HI LUDI F. BACONIS NATI TUITI ORBI

"Estas peças prole de F. Bacon estão preservadas para o mundo."

Não é possível conceber uma prova mais clara e mecânica de que AS PEÇAS DE SHAKESPEARE SÃO DE BACON...

Não é possível que qualquer dúvida possa ainda ser cogitada com respeito ao facto manifesto de que BACON É SHAKESPEARE.]

Durning-Lawrence estava tão seguro de ter descoberto a única solução correta que, a 11 de Novembro de 1910, ofereceu um prémio a qualquer leitor do jornal *Pall Mall Gazette* que conseguisse inventar "another sensible anagram" [outro anagrama sensato]. O desafio foi aceite por Ralph J. Beevor, de St. Albans, que propôs: "Abi inivit F. Bacon Histrio ludit" [Saia daqui, F. Bacon, o ator entrou e está a representar]. Bom perdedor, Durning-Lawrence enviou-lhe um cheque de cem guinéus.

Pessoa faz referência ao livro de Durning-Lawrence nos seus apontamentos sobre o problema da autoria shakespeariana, e explora os seus principais argumentos baconianos, incluindo "Honorificabilitudinitatibus and adjunt crypters [*sic*]" [Honorificabilitudinitatibus e outras cifras] (BNP/E3 76A-46). A sua marginália revela que ele gostava de testar os códigos secretos propostos pelos vários anti-Stratordianos. No seu exemplar das obras de Ben Jonson, por exemplo, circulou o nome de Bacon no seguinte poema da Jonson:

But, on thy malice, tell me didst thou spy
Any least loose or scurrile paper lie
Concealed or kept there, that was fit to be,
By thy own vote, a sacrifice to thee?[63]

Os títulos projetados de Pessoa para textos sobre a autoria da obra shakespeariana, ou mais provavelmente, para o texto que eventualmente seria "William Shakespeare, Pseudonymo", apontam para o seu interesse na natureza policial da controvérsia:

The Person of Shakespeare
A Study in Transcendental Detection
A Detective Study (BNP/E3 76-13v)

[62] Durning-Lawrence, *Bacon is Shake-speare*, p. 102.
[63] *The Works of Ben Jonson*, III, p. 320.

[*A Pessoa de Shakespeare*
Um Estudo na mais alta deteção transcendente
Um Estudo policial]

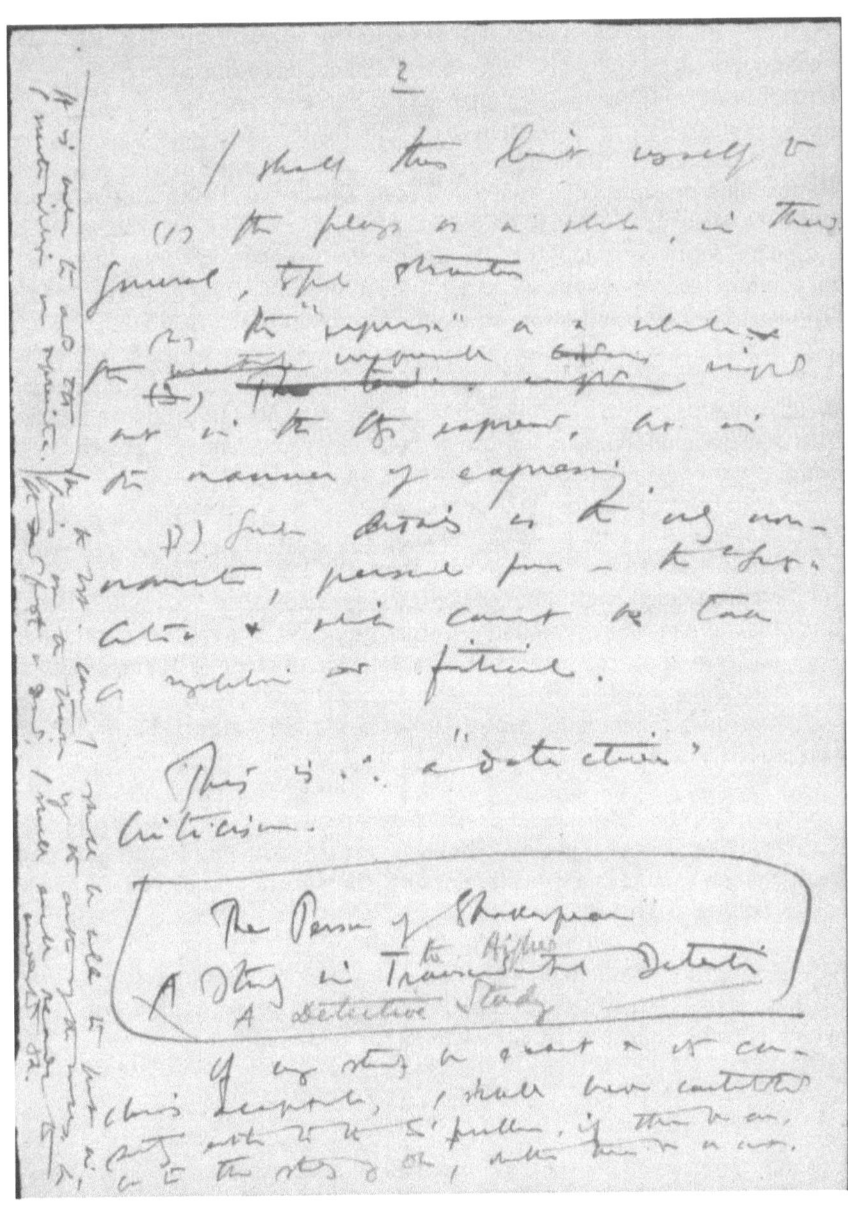

BNP / E3 76-13v

Neste manuscrito inédito (reproduzido acima), Pessoa escreve: "This is therefore a 'detective' criticism" [Trata-se, portanto, de uma crítica "policial"]. Além disso, o seu interesse pelo mistério da invisibilidade de Shakespeare coincide com a sua redação das suas próprias histórias policiais, protagonizadas pelo detetive Abílio Quaresma, como revela esta lista de textos projetados:

> 14. Small book on [pequeno livro sobre] Shakespeare-Bacon
> Longer book on [livro mais extenso sobre] Shakespeare-Bacon
> [...] 17. Contos Quaresma – em livro ou folhetos.[64]

Noutra lista de obras, de Janeiro de 1914, "Quaresma, Decifrador" aparece ao lado de "O Mito de William Shakespeare".[65] Há até uma referência direta a Shakespeare num dos contos de Quaresma, referência esta que parece curiosamente despropositada a não ser que lembremos que o mistério da autoria shakespeariana estava em primeiro plano na mente de Pessoa quando ele estava a redigir os seus contos policiais:

> o raciocinador nunca crê que a razão possa ser substancialmente irracional, que o raciocinador não admite o irracional como elemento positivo, e não simplesmente negativo. Olha lá, tu já leste Shakespeare?
> - Li em francês – respondeu Quaresma.
> O Tio Porco teve um gesto de impaciência.
> - É pior que não ter lido – disse. – Bem não é de Shakespeare que se trata. Há uma peça dele – continuou, virando-se para nós outros –, no *All's Well that Ends Well*, uma menina chamada Beatriz, que quando o tio lhe pergunta se vê bem, ou coisa parecida, responde: "Sim, tio, vejo uma igreja ao meio-dia."
> - Que diabo quer isso dizer? – perguntou o Guedes.
> - Não quer dizer nada, e aí é que está o caso – respondeu o Tio Porco sorrindo.[66]

Mais significante, vimos que o fascínio de Pessoa pela controvérsia da autoria da obra de Shakespeare ergueu-se sobre o aparente "problema biográfico", ou seja, a dificuldade em conciliar a vida simples de Shakespeare com o génio implícito na sua obra. Como Pessoa explica:

> The assumption, from which this problem took its birth, seems to be that Shakespeare of Stratford lived a life considered incompatible with the life which is to be expected, by the expectors [*sic*], from a man of genius. (*GL*, p. 352)

[64] *Sensacionismo*, p. 436.
[65] Ver *Fausto: Tragédia Subjectiva*, org. Teresa Sobral Cunha (Lisboa: Presença, 1988), pp. 200-1.
[66] *Ficção e Teatro*, org. António Quadros (Mem Martins: Europa-América, 1986), p. 105.

[O pressuposto que gerou este problema foi o facto de Shakespeare de Stratford ter vivido uma vida considerada incompatível com a vida que seria de se esperar de um homem de génio.]

Pessoa interessou-se sobretudo pelos trechos, nos seus livros sobre Shakespeare, que frisam a disparidade entre a vida e obra do dramaturgo inglês: escreveu um aprovativo "good" [bom], por exemplo, junto à afirmação de Gillian, num ensaio sobre Shakespeare, de que "His external history is, in his own language, a blank; his internal, a puzzle, save as we may dubiously gather it from the escapes of his sonnets, and the masquerade of his plays" [A sua história exterior é, nas suas próprias palavras, um vazio; a interior, uma incógnita, salvo aquilo que podemos incertamente depreender do escape dos seus sonetos, e das máscaras de suas peças].[67]

Pessoa também se interessou pela aparente invisibilidade de duas outras personagens históricas cujas existências têm sido postas em dúvida: Homero, e Jesus Cristo. Num texto, afirma: "Não sei se se tem reparado sufficientemente em como o caso Shakespeare é similhante ao caso Homero."[68] No *Livro do desassossego*, Bernando Soares cita "aquele Jesus Cristo que não foi nada no mundo, tanto que se duvida dele pela história" (*LD*, p. 166). Pessoa reúne os três exemplos de invisibilidade na anteriormente citada introdução e plano estrutural para "William Shakespeare, Pseudonymo":

> Entre os varios problemas historicos que teem erguido atraz de si uma poeira de interesse, ha trez que, quer em virtude da sua importancia historica, quer por via da sua importancia literaria, teem, mais do que os outros, conseguido apaixonar e prender.
>
> O primeiro - e sem duvida o mais importante, quer porque pertence ao mais importante e intimo de todos os phenomenos sociaes, porque seja o de, por isso, interesse mais geral, - é o problema da historicidade da figura de Jesus Christo.
>
> O segundo - de interesse mais limitado, porque corra num campo de erudição fatalmente restricta - é o chamado "problema" ou "questão" "de Homero."
>
> O terceiro - de um interesse mais geral, porque os livros que o tratam são mais acessiveis a um largo publico, e porque as obras discutidas são das mais conhecidas em toda a Europa - é o problema da autoria da obra Shakespeareana, ou, pelo menos, parte d'ella, para os que não admittem Shakespeare como autor. (BNP/E3 76-31)

O próprio Pessoa viveu uma vida que poderia ser considerada incompatível com a vida que seria de se esperar de um homem de génio. É tão esquivo, nos seus

67 Gilfillan, "Shakespeare - A Lecture", in *A Gallery of Literary Portraits*, p. 188.
68 Citado em Mariana Gray de Castro, "Shakespeare, dramaturgo invisível", *Jornal i* (30/12/ 2009), p. 42.

escritos, quanto Shakespeare, Homero e Cristo; tanto que a sua própria "inexistência" se tornou um lugar-comum da crítica. Octávio Paz afirma que a história de Pessoa "could be reduced to the passage between the unreality of his daily life and the reality of his fictions" [poderia reduzir-se à passagem entre a irrealidade de sua vida diária e a realidade de suas ficções].[69] Jorge de Sena chega ao ponto de declarar, fazendo uma alusão a Hamlet, que Pessoa sacrificou a sua existência real, como um Cristo, "on the cross of being words, words, words" [na cruz de ser palavras, palavras, palavras]; o seu epíteto "the man who never was" [o homem que nunca foi] foi duradouro.[70]

Alguns leitores chegaram a especular, em forma de brincadeira, se Pessoa não seria um pseudónimo para outras identidades. Aurea Bueno escreveu um engenhoso artigo em 1984, com a tese de que os escritos ditos pessoanos teriam sido, na realidade, redigidos por Campos, Caeiro e Reis, os autores de poemas publicados em revistas literárias. Para complicar a história, estes três autores seriam também ficções, e seus poemas teriam sido escritos por Casais, José Régio e Miguel Torga, respectivamente. Carlos Queiroz teria produzido a poesia do ortónimo e Gaspar Simões teria escrito a sua biografia de Pessoa como disfarce; David Mourão-Ferreira teria escrito as cartas de amor a Ophélia, e o *Livro do desassossego* teria sido escrito por todos os autores acima citados, em colaboração, até à data de sua publicação em 1982. Sena teria reagido com algum ceticismo ao segredo que lhe foi revelado, mas por fim acabaria por aceitar escrever toda a obra crítica e teórica atribuída a Pessoa.[71]

Não é difícil percebermos por que razão, para os pessoanos bem como para o próprio Pessoa, a imagem de um escritor-mestre, que seria também um grande conspirador, trabalhando com uma sociedade secreta de autores sob a sua orientação, para produzir alguma da melhor literatura de qualquer época, ao mesmo tempo que escondia a sua própria identidade, seja tão atraente. Numa das suas cartas citadas anteriormente, a Woodward, correspondente baconiano e autor de *The Early Life of Lord Bacon* [*Os Primeiros anos de Lord Bacon*] (1902), Pessoa escreve:

> I am most interested in the controversy round the identity of the author of the Shakespearean works, and in the curious arguments put forth in favour of those works having been written by Fra[ncis] Bacon, or by a society of dramatists or of authors under his guidance, or (as in the latest, and French, attribution) by Lord Derby. The attribution to the Earl of Rutland (by Celestin Demblon) seems to me unacceptable (*GL*, p. 292).

[69] *A Centenary Pessoa*, org. Eugénio Lisboa e L.C. Taylor (Manchester: Carcanet, 1995), p. 3.
[70] Sena, "The Man Who Never Was", in *The Man Who Never Was: Essays on Fernando Pessoa*, org. George Monteiro (Rhode Island: Gávea-Brown, 1982), p. 31.
[71] Aurea Bueno, "A verdade sobre a trama heteronímica: o Poeta português Fernando Pessoa não é menos fictício do que o Rei Artur", *Diário de Avisos* (01/11/1984).

[Estou muito interessado na controvérsia em torno da identidade do autor das obras shakespearianas, e nos curiosos argumentos propostos a favor de que tais obras tenham sido escritas por Francis Bacon, ou por uma sociedade de dramaturgos ou autores sob a sua orientação, ou (como na atribuição mais recente, e francesa) por Lord Derby. A atribuição ao Conde de Rutland (por Célestin Demblon) parece-me inaceitável.]

Mesmo quando Pessoa explora Bacon como o possível autor da obra shakespeariana, interessa-se mais pelas possíveis afinidades entre Bacon e si próprio do que pelas possíveis semelhanças entre os dois autores isabelinos. Na sua carta a Barley a pedir o horóscopo de Bacon, admite-o, quando escreve que o seu interesse em Bacon é devido ao interesse pelo seu próprio processo artístico:

> My interest in Francis Bacon's horoscope is due to several circumstances, of which the Shakespeare-Bacon controversy is only one. The chief interest arises from a desire to see what in Bacon's horoscope registers his peculiar characteristic of being able to write in different styles (a fact even non-Baconians admit) and his general faculty of transpersonalization.
>
> I possess (in what degree, or with what quality, it is not for me to say) the characteristic to which I am alluding. I am an author, and have always found it impossible to write in my own personality; I have always found myself, consciously or unconsciously, assuming the character of someone who does not exist, and through whose imagined agency I write. I wish to study to what this may be due by position or aspect and am therefore interested in the horoscope of a man who is known to have possessed this faculty in an extraordinary degree. (*Corr I*, pp. 168-9)
>
> [O meu interesse no horóscopo de Francis Bacon deve-se a várias circunstâncias, entre as quais a controvérsia Shakespeare-Bacon é apenas uma. O principal interesse resulta de um desejo de ver até que ponto o horóscopo de Bacon regista a sua característica particular de ser capaz de escrever em estilos diferentes (um facto que mesmo os não-baconianos admitem) e a sua faculdde geral de transpersonalização.
>
> Eu possuo (em que grau, ou com que qualidade não me cabe a mim dizê-lo) a característica a que aludo. Sou escritor, e sempre achei impossível escrever na minha própria personalidade; sempre dei por mim, consciente ou inconscientemente, a assumir o carácter de alguém que não existe, e através de cuja mediação imaginária escrevo. Desejo estudar a que é que isto é devido, pela posição ou aspecto e estou, portanto, interessado no horóscopo de um homem que é conhecido por possuir esta faculdade num grau extraordinário. (*Corr I*, p. 170)]

Pessoa quis, portanto, obter o horóscopo de Bacon, sobretudo, para ver se havia nele alguma determinação astrológica que explicasse o seu talento, bem pessoano, de assumir diferentes personalidades dramáticas na sua escrita. "Transpersonalization" [transpersonalização] é uma palavra maravilhosamente expressiva, e foi inventada por Pessoa.[72] É uma descrição perfeita daquilo que ele considera ser a principal característica do seu próprio génio, bem como do génio de Shakespeare (e de Bacon): a capacidade de criar personagens dramáticas.

Num texto inédito citado acima, Pessoa afirma que a despersonalização dramática de Shakespeare levou-o a conseguir simular, na sua obra, conhecimentos e experiências que porventura não tinha:

> He could derive from one of his conversations with Ben Jonson as much simulation of learning - involuntarily intermingled with his rapid inspiration - as could, to a shallow psychologist, give proof of scholarship. He could turn the results of an hour's talk with a lawyer into an exuberance of natural legal expressions that an innocent critic would easily take for a trained lawyer's production. Even for a prehensile mind of no very high quality the simulation of learning, voluntary or involuntary, is extremely easy: a dictionary of quotations is *matter enough. I know a man (here in Portugal) whose knowledge of contemporary French literature is extensive, exact and vivid; so much so that we can hardly imagine that he has never read any at all of the books which, *with their authors, he so brilliantly and exactly explains and discusses. He simply buys and reads carefully every week the *Nouvelles Littéraires*, which is a kind of French *John O'London*. If to this man this is possible, why not to Shakespeare? (BNP/E3 74A-26)

> [Conseguia obter de uma de suas conversas com Ben Jonson tanta simulação de conhecimento - involuntariamente interligada com a sua rápida inspiração - tanto quanto poderia, um psicólogo superficial, fazer prova de erudição. Conseguia transformar os resultados de um diálogo de uma hora com um advogado em exuberantes expressões jurídicas reais, que um crítico inocente facilmente tomaria pela produção de um advogado formado. Mesmo para uma mente menos brilhante, a simulação de conhecimento, voluntária ou involuntária, é extremamente simples: um dicionário de citações é matéria suficiente. Conheço um homem (aqui em Portugal) cujo conhecimento de literatura francesa contemporânea é extenso, exacto e vivo; e tanto é assim que dificilmente poderíamos imaginar que ele terá tempo para ler tanto. E não tem; nunca leu nenhum dos livros que, juntamente com os seus autores, explica e discute com tanta precisão. Ele simplesmente compra e lê com atenção, todas as semanas, a *Nouvelles Littéraires*[73], que é uma espécie de *John O'London* francesa.[74] Se para este homem isto é possível, por que não seria para

[72] A palavra de Pessoa em inglês ("transpersonalization") não aparece no *Oxford English Dictionary*, embora presumivelmente o prefixo "trans-" possa ser adicionado a "personal" e derivados, criando assim o significado "tornar trans-pessoal".

[73] Revista de crítica literária francesa (1922-1985).

[74] *John O'London's Weekly* era uma revista literária semanal publicada por George Newnes, em Londres, entre 1919 e 1954. No seu auge havia uma circulação de 80.000 exemplares.

Shakespeare?]

Este é mais um argumento a favor da despersonalização. O que interessa, no caso de um poeta despersonalizado, será não a sua vida mas a sua obra, como forma de alcançar a imortalidade da glória póstuma, o tema dos longos ensaios "Erostratus" e "Impermanence". Como escreve Soares no *Livro do desassossego*:

> A literatura [...] parece-me ser o fim para que deveria tender todo o esforço humano. [...] dizer-se é sobreviver.
>
> [...] Mais vale escrever do que ousar viver, ainda que viver não seja mais que comprar bananas ao sol, enquanto o sol dura e há bananas que vender (*LD*, pp. 63, 183).

A Autoria invisível e a heteronímia

O confronto de Pessoa com a controvérsia da autoria da obra shakespeariana foi, sobretudo, uma profunda meditação em torno da sua própria obra despersonalizada, a heteronímia; como afirma Pizarro, foi "uma ante-câmara importante da criação dos heterónimos" (*GL*, p. 341). Este facto é confirmado pela cronologia do seu maior interesse por ela.

Num dos textos inéditos nos quais Pessoa atribui as palavras de Emerson sobre Shakespeare a Coleridge, ele em seguida responde ao argumento típico de que o homem de Stratford não teria os conhecimentos jurídicos patentes nas peças shakespearianas. Afirma que tal conhecimento não seria nada excecional na época, podendo facilmente ter sido absorvido do *Zeitgeist*. O argumento jurídico, Pessoa escreve,

> has been pulverized in abundant detail by the late J. M. Robertson in his book *The Baconian Heresy*. Robertson proved (1) that there was no particular learning, classic, legal, or otherwise, in the works, (2) that Elizabethan authors, not particularly learned themselves, show generally more learning, of all kinds, than Shakespeare of the Works, (3) that, in particular reference to the legal point, the age was an age of litigation and interest in litigation and that for that reason legal expressions came readily to anyone at the time. (BNP/E3 74A-26)

> [foi completamente destruído, detalhadamente, pelo falecido J. M. Robertson, no seu livro *A Heresia baconiana*. Robertson provou (1) que não há nenhum conhecimento específico, clássico, jurídico, ou qualquer outro, nas obras, (2) que mesmo os escritores isabelinos que não eram especialmente eruditos demonstram geralmente maior conhecimento, de todo o género, do que Shakespeare na sua obra (3) que, com referência especial ao argumento jurídico, a época era de litígio e de interesse em litígio, e que por isso as expressões legais apareciam prontamente a qualquer um, a qualquer momento.]

O argumento de Pessoa é comum, e o trecho tem mais interesse pelo que revela sobre a duração do tempo ao longo do qual Pessoa ponderou a controvérsia. A pista está na sua referência ao "late J. M. Robertson" [falecido J. M. Robertson], pois Robertson morreu em 1933, e referir-se a um autor vivo como falecido não seria apropriado. Pizarro defende, com base em provas materiais e referências identificáveis, que Pessoa escreveu "William Shakespeare, Pseudonymo" em 1912 ou 1913 (*GL II*, pp. 856-7). Isto significa que Pessoa meditou o problema da invisibilidade de Shakespeare durante mais de vinte anos. É possível, contudo, precisarmos o período de maior fascínio.

A maioria dos escritos de Pessoa sobre a autoria shakespeariana, como vimos, exibe o cabeçalho "Shakespeare-Bacon", o que sugere que foi redigida antes de 1920, data até a qual Bacon era o candidato a Shakespeare alternativo mais fortemente apoiado. O livro pioneiro de Looney, propondo Oxford pela primeira vez, foi publicado nesse ano, mas Pessoa faz poucas referências a Oxford como candidato à autoria, embora mencione vários outros. (Uma exceção é um texto inédito no qual Pessoa se refere a Bacon, Derby, Rutland e Oxford: BNP/E3 76-19, citado no Capítulo seguinte.) Se estivesse a escrever sobre a autoria da obra shakespeariana após 1920, seria uma flagrante omissão para alguém tão conhecedor das diferentes teses, argumentos e candidatos possíveis.

Além disso, Pessoa assinou o seu nome em quase todos os livros sobre a autoria shakespeariana que se encontram na sua biblioteca "Fernando Pessôa": 6 dos 14 livros trazem esta assinatura, enquanto que em apenas um se lê "Pessoa", sem o acento circunflexo (os demais estão sem assinatura). Sendo que Pessoa só abandonou o acento circunflexo em 1916, quando tencionou publicar os seus *English Poems* [*Poemas ingleses*] em Inglaterra, isso condensa o período de seu interesse mais agudo na autoria da obra shakespeariana para antes de 1916. Há várias teses de porque é que Pessoa teria alterado a sua assinatura, incluindo o desejo de metaforicamente matar o seu pai, mas não há razão para duvidarmos que a sua ideia principal fosse a que vem exposta numa carta de 4 de Setembro de 1916 a Armando Côrtes-Rodrigues: "Como [...] vou publicar umas coisas em inglês, acho melhor desadaptar-me do inútil ^, que prejudica o nome cosmopolitamente" (*Corr I*, p. 220).

Veja-se novamente a lista de livros sobre o problema da autoria da obra shakespeariana na biblioteca de Pessoa. As suas datas de publicação confirmam que ele se interessou pelo tema até pelo menos 1930, e o seu conhecimento da morte de Robertson revela que escreveu sobre ele até, pelo menos, 1933. No entanto, 11 dos 14 livros, ou seja, quase todos, foram publicados antes de 1914 (compare este número aos 2 dos 8 livros que possuía de crítica shakespeariana "tradicional", listados no Capítulo 1). Dos outros 29 livros e artigos sobre a autoria shakespeariana que Pessoa cita nos seus escritos, 27 também foram publicados antes de 1914. Isto significa, embora não prove, que Pessoa pode tê-los lido antes desse ano, o que correlacionaria com o período em que escreveu o seu mais completo texto sobre a autoria, "William Shakespeare, Pseudonymo" (1912 ou 1913).

Estas provas cumulativas sugerem que os dois anos que antecederam à explosão heteronímica de 1914, foram a altura fulcral do confronto de Pessoa com o problema shakespeariano. Durante esses dois anos, em especial, Pessoa leu vorazmente as diferentes teses relativas à controvérsia, analisou minuciosamente os seus principais pontos de atrito, respondeu a argumentos Stratfordianos e anti-Stratfordianos em mais de duzentos textos, e escreveu um panfleto destinado a expor o problema, pela primeira vez, a um público português.

Não quero com isto afirmar que o fascínio de Pessoa com a invisibilidade de Shakespeare fosse o fator determinante na criação dos heterónimos. Propor uma corrente positivista de causa e efeito seria enganoso, tendo em conta que centenas de outros escritores interessaram-se a fundo pelo assunto, e nenhum deles explodiu em heterónimos como resultado disso, ou procurou modelar-se no dramaturgo isabelino invisível. Pessoa investira em outros dramáticos – em "persons not his", para roubar a expressão de Robert Browning, outro poeta dramático que Pessoa admirava – desde jovem. Contudo, o problema da autoria da obra shakespeariana ofereceu-lhe valiosos pontos de reflexão, tanto no sentido de servir de espelho para o seu próprio processo de autoria invisível, a heteronímia, quanto no sentido de ser um rico espaço conceptual no qual pôde ponderar a essência do seu próprio génio, a invenção dos heterónimos.

A LOUCURA DE SHAKESPEARE

A Contribuição original de Pessoa para o problema da autoria da obra shakespeariana

O fascínio de Pessoa pelo problema da autoria da obra shakespeariana tem interesse no contexto das questões que levanta acerca da sua própria arte, sobretudo a heteronímia. Os seus escritos sobre o tema não são, regra geral, muito originais, focando-se principalmente nos aspetos que refletem o seu eu. Contudo, Pessoa faz uma contribuição ao debate sem precedentes.

Em vários textos sobre a invisibilidade de Shakespeare, Pessoa pondera o problema do aparente desinteresse do dramaturgo inglês pela posteridade, revelado pelo seu manifesto desleixo pelo destino póstumo das suas brilhantes obras. Que o maior génio literário de todos os tempos tenha deixado a publicação das suas peças de teatro a cargo de atores da sua companhia teatral, e que elas tenham aparecido, após a sua morte, cheias de inconsistências, erros, e em versões diferentes daquelas dos Quartos que circularam durante a sua vida, é uma incongruência que tem perturbado várias gerações de shakespearianos, e que vai ao encontro das alegações anti-Stratfordianas. Como explica Pessoa:

> The common illusion is that a man of genius, be that genius small or great (minor or major), must necessarily have a concern for that genius and for its works in the future, and a respect for it, is one of the factors that has contributed to the disbelief in Shakespeare's authorship of the works which pass under his name. (*GL*, p. 350)
>
> [A ilusão comum é que um homem de génio, seja esse génio modesto ou grande (menor ou maior), deva necessariamente preocupar-se com esse génio, e as suas obras, no futuro, fazendo respeitar-se a si e a elas. Este é um dos fatores que têm contribuído para a descrença de que Shakespeare tenha escrito as obras que trazem o seu nome.]

A sua atração pelo problema da aparente falta de habilidade, ou falta de interesse, de Shakespeare em publicar e promover o seu génio é coerente com a sua equilibrada tentativa de explorar todos os pontos do debate, e com o seu especial interesse por aqueles que refletem o seu próprio caso. Apesar de deixar mais de 27 mil manuscritos, o próprio Pessoa também publicou pouco em vida, relativamente aos seus ambiciosos planos, espalhados por todo o espólio, de organizar, rever, editar e apresentar a sua obra. A mais notável exceção é *Mensagem* (1934), e neste caso o prémio financeiro que ele e seus amigos almejaram foi o incentivo imediato.[1] A publicação de *English Poems* e *35 Sonnets*, em 1917 e 1918, respetivamente, faz parte de um esforço diferente: o de se

[1] Ver Blanco, "A Verdade sobre a *Mensagem*", in *A Arca de Pessoa*, org. Jerónimo Pizarro e Steffen Dix (Lisboa: Imprensa de Ciências Sociais, 2007), pp. 147-61.

estabelecer como um sucessor digno da tradição literária inglesa, não menos dos *Sonetos* de Shakespeare. É preciso recordar, porém, que Pessoa publicou vários poemas importantes em periódicos e revistas da época, como escreve Eduardo Lourenço: "Pessoa só publicara um único livro em língua portuguesa, *Mensagem*, mas a quase totalidade dos seus mais belos poemas já tinha sido publicada nas diversas revistas ligadas ao nosso Modernismo."[2]

Num texto inédito, reproduzido na página seguinte, Pessoa responde ao argumento de que um génio como Shakespeare deveria preocupar-se com o destino póstumo da sua produção artística:

> It is one of the strangest logical positions in this unfortunate case that the real or apparent indifference of Shakespeare for his own works - neither publishing them, nor collating them, nor caring what works were published under his name - should be cited as an anti-Stratfordian argument. If this indifference be a fact, it is a fact, and it affects the author, whomsoever he may be. Indeed, it is a stronger argument for the authorship of a man like Shakespeare of Stratford than for any Bacon, Derby, Rutland or de Vere. A spontaneous, precipitate and headlong genius, not trained by position to give himself importance nor educated by learning to give importance to his works, will more readily be careless about those works than the other men who are assumed to have written these works. (BNP/E3 76-19)

> [É uma das mais estranhas posições lógicas neste caso lamentável que a indiferença verdadeira ou aparente de Shakespeare pelas suas próprias obras - não publicando, reunindo ou preocupando-se com que obras seriam publicadas com o seu nome - seja citada como um argumento anti-Stratfordiano. Se tal indiferença for um facto, é um facto, e afeta o autor, quem quer que ele seja. Na realidade, é um argumento mais forte a favor da autoria de um homem como Shakespeare de Stratford do que qualquer Bacon, Derby, Rutland ou de Vere. Um génio espontâneo, precipitado e impetuoso, que não tenha sido treinado pela posição social para dar importância a si próprio, que não tenha sido educado para dar importância à sua obra, será mais facilmente descuidado com esta obra que os outros homens que se supõe terem-na escrito.]

Ou seja, a falta de autopromoção de Shakespeare não reforça o caso para nenhum dos candidatos alternativos à autoria, e a sua modéstia pode ser sinal de simples boa educação. Talvez por nem ele se ter convencido com esta curiosa explicação, exposta apenas neste único manuscrito, em outros textos Pessoa propõe outra solução para o problema. Numa longa lista inédita, analisa o "absolute carelessness of Shakespeare, whoever he was, about his works and their publication, except in a few cases, such as the two poems" [total descuido de

[2] *Fernando, Rei da nossa Baviera*, p. 24.

Shakespeare, quem quer que ele fosse, relativamente às suas obras e à sua publicação, exceto em raros casos, como a dos dois poemas [*Vénus e Adónis* e *O Estupro de Lucrécia*]. Este descuido, continua Pessoa, teria uma das seguintes causas:

76-19

The Identity of Shakespeare.

A Conspectus of the Problem.

It is one of the strangest logical positions in this unfortunate case that the real or apparent indifference of Shakespeare for his own works - neither publishing them, nor collating them, nor caring what works were published under his name - should be cited as an anti-Stratfordian argument. If this xxxx indifference be a fact, it is a fact fxx, and it affects the author, whomsoever he may be. Indeed, it is a stronger argument for the authorship of a man like Shakespeare of Stratford than for any Bacon, Derby, Rutland or de Vere. A spontaneous, precipitate and headlong genius, not trained by positionxx to give himself importance nor educated by learning to give importance to his works, will more readily be careless about those works than the other men who are assumed to have written these works.

The central facts about the Shakespearean works are these: (1) they are composite, in two senses, as being (a) written, in some cases, in what must be considered as collaboration, and in some of these cases, a reasonable approach to the identity of the collaborator can be made, (b) written, in other cases, over original work by another man or men; (2) they are written precipitately and journalistically, in some cases patently for the moment ot the urgency thereof; (3) the author cared nothing for collating or printing them, nor for the fact that under his name works not his were foisted on the public.

These facts, which exactly fit the case of (1) an actor-poet, or a poet connected with the theatre, (2) a precipitate and hasty writer, (3) a man of genius who, though conscious of his genius, was at the same conscious of the bad conditions in which he had expressed it, too impatient by nature to revize, too aware of the disparity between his genius and his achievement to care whether the works were published or not, - these facts, I say, are in no sort of congruity with the hypothesis of (a) professed authors, careful of their dignity and of literature, (b) aristocrats, who would not willingly collaborate, nor even easily do so, with common players' poets, (c) learned men, conscious of rules and plans.

BNP / E3 76-19

1. that he did not give his own works that importance which we give them,
2. that he was mentally diseased in some respect of the will and had no artistic scruple, not owing to absence of artistic qualities but owing to lack of will to put them into action except under a sudden and compelling inspiration
3. that he simply arranged and altered other men's works and therefore cared little for the fate of the resultant work, which was never wholly his - as the *Sonnets* and the Poems were
4. that he was away from England
5. that he had no power to interfere, either through fear or simply through having no power. The last is the least probable hypothesis. (BNP E3 / 76A-85)

[1. que ele não dava às suas obras a importância que nós lhas damos
2. que ele era doente mental em algum aspeto da vontade, e não teve escrúpulo artístico, não devido à ausência de qualidades artísticas, mas sim devido à falta de vontade de colocá-las em ação, exceto quando sob uma inspiração súbita e profunda
3. que ele simplesmente organizava e modificava as obras de outros autores e por isso importava-se pouco com o destino da obra final, que nunca era inteiramente sua, ao contrário dos *Sonetos* e dos poemas
4. que ele não estava em Inglaterra
5. que ele não tinha poder para intervir, devido ao medo ou simplesmente por falta de poder. Esta última hipótese é a menos provável.]

Quase todas estas especulações são comuns, e foram propostas por diversos anti-Stratfordianos ao longo dos anos. O segundo item na lista, no entanto, é um exclusivo de Pessoa. Noutro texto, Pessoa defende que Shakespeare "no doubt [...] knew his genius" [sabia, sem dúvida, o seu génio], e "no doubt [...] felt that he owned something to posterity" [sentia, sem dúvida, que devia algo à posteridade], mas que "the more he thought of it the less fit he was to carry it through" [quanto mais pensava nisso, menos capaz era de desempenhar essa tarefa] (*GL*, p. 351).

Qual seria, especificamente, a "doença mental" que Pessoa imagina que tivesse impedido Shakespeare de publicar os seus escritos geniais de forma adequada? Num texto, Pessoa escreve que Shakespeare revela:

1. *always* the characteristic of hysteria
2. in the beginning the consciousness of a neurasthenic so
3. finally, a predominance of the neurasthenic over the hysterical characteristics (*GL*, p. 363).

[1. *sempre* a característica da histeria
2. ao início a consciência de um neurasténico, portanto
3. por fim, uma predominância das características neurasténicas sobre as histéricas.]

Num texto com o título "O Problema de Shakespeare psychologicamente considerado", Pessoa chega à mesma conclusão: "a analyse da individualidade mental [de Shakespeare] leva à conclusão da base do caracter - a hystero-neurasthenia (N.B. A hystero-neurasthenia é sempre constitucional e innata" (*GL*, p. 357). Uma frase solta, em português, numa página de apontamentos inéditos, em inglês, sobre "Shakespeare's constitutional mental disease" [a doença mental constitucional de Shakespeare], repete de forma inequívoca: "Conclusão: hystero-neurasthenia de S[hakespeare]" (BNP/E3 76A-4).

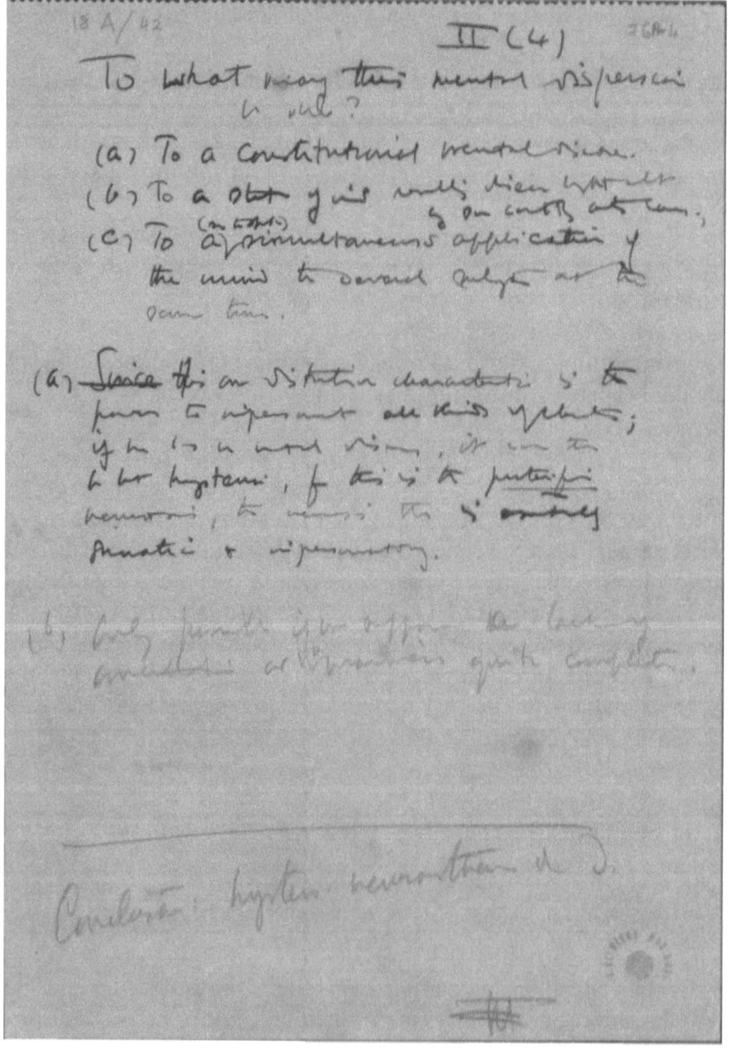

II (4)

To what may this mental dispersion be due?

(a) To a constitutional mental disease.

Conclusão: hystero-neurasthenia de S.

BNP / E3 76A-4

Noutro texto em inglês, Pessoa cita o seu diagnóstico da suposta "loucura" de Shakespeare duas vezes: "conclusion – *neurasthenia*. Therefore final conclusion: Shakespeare was a *hystero-neurasthenic*" [conclusão: *neurastenia*. Portanto conclusão final: Shakespeare era um *hystero-neurasténico*].[3] Este juízo de Pessoa era inabalável; repete-o em inúmeros textos.

Ao propor a "loucura" que descobre em Shakespeare, nomeadamente a histero-neurastenia, como a solução para a sua aparente indiferença para com a glória póstuma, chega à sua contribuição mais original para a polémica da autoria da obra shakespeariana, nunca antes proposta, nem nunca mais proposta desde então. Importa reconhecermos, no entanto, que ela é fruto da sua classificação de Shakespeare como poeta dramático (ver Capítulo 1). Pessoa menospreza, por inteiro, as considerações práticas da vida de um dramaturgo isabelino, embora estas possam explicar, para a maioria dos críticos, a vontade de Shakespeare de produzir guiões, e de encenar as suas peças, em vez de as publicar.

A solução que Pessoa propõe para o problema da aparente indiferença de Shakespeare pela posteridade aponta para o seu profundo interesse pela loucura, tema que lhe era caro. O jovem Pessoa escreveu cartas a antigos professores em Durban, fingindo ser psiquiatra, perguntando se eles poderiam comentar o estado psicológico dos seus doentes, um certo Fernando Pessoa, que segundo a carta teria recentemente cometido suicídio ou estaria internado num asilo.[4] A 31 de Agosto de 1925, escreveu a um correspondente desconhecido sobre a possibilidade de se internar (*Corr II*, p. 87).

Pessoa descobriu em si mesmo a mesma "loucura" que atribuiu a Shakespeare. Refere-se à sua "histero-neurastenia fundamental" numa carta de 1916 a Mário de Sá-Carneiro.[5] Em carta de 1919 a Hector e Henri Durville, afirma que é um histero-neurasténico, antes de embarcar numa detalhada exposição da sua suposta neurose (*Corr I*, pp. 285-6). O autodiagnóstico de Pessoa seria repetido vezes sem conta, ao longo de toda uma vida.

O duplo diagnóstico de Pessoa, de si próprio e de Shakespeare como histero-neurasténicos, faz parte da sua tentativa de criar fortes pontos de afinidade entre os dois autores. Como no caso do seu pensamento sobre o génio e a invisibilidade de ambos, as ideias de Pessoa sobre a sua "loucura" são *sui generis* e subjetivas. "Loucura" é um palavra forte demais para a condição mental do seu Shakespeare e de si próprio, uma vez que a histeria e a neurastenia eram consideradas, na época, como sendo neuroses, enquadrando-se na categoria clínica mais branda de doença ou distúrbio mental, em vez de insanidade.[6] Quando se refere a estas

[3] *Apreciações literárias de Fernando Pessoa*, p. 249. Transcrito e apresentado, pela primeira vez. por mim na tese de doutoramento *Fernando Pessoa's Shakespeare* (2010).

[4] *The Selected Prose of Fernando Pessoa*, org. e trad. Zenith (Nova York: Grove Press, 2001), pp. 120-5.

[5] Carta a Sá-Carneiro, 14/03 1916, in *Cartas a Fernando Pessoa*, II, p. 221.

[6] Ver Roy Porter e G. E. Berrios, *A History of Clinical Psychiatry: The Origin and History of Psychiatric Disorders* (Londres: Athlone Press, 1995).

neuroses, Pessoa emprega palavras como "loucura", "doença mental", "condição mental", e "neurose" como termos quase intercambiáveis, mas nas páginas que se seguem opto, muitas vezes, por "loucura" (doravante sem aspas) porque a designação recorda a associação que Pessoa faz entre a loucura e o génio dos dois autores.

O pensamento de Pessoa sobre a histeria e a neurastenia teve um impacto profundo na sua obra, pois ele apropria-se da loucura que descobre em Shakespeare e nas suas personagens dramáticas, Hamlet sobretudo, para os heterónimos, em especial a poesia de Álvaro de Campos. Além disso, oferece-nos a sua própria loucura, shakespeariana, como a explicação psicológica da génese da heteronímia.

"As Duas grandes neuroses do final do século XIX"[7]

Na época de Pessoa, a histeria já era uma doença antiga, possivelmente a mais antiga categoria de neurose registada na história da medicina, com um passado rico em tonalidades e matizes.[8] Fontes egípcias, gregas e romanas revelam a crença de que o útero errante migraria pelo corpo, criando toda a espécie de sintomas físicos e mentais nas mulheres: podia "make skin go numb (anaesthesia), engender fits, muteness, paralysis and [...] that choking breathlessness of 'globus hystericus' when it lodged in the throat" [tornar a pele dormente (anestesia), provocar desmaios, mutismo, paralisia e [...] a sufocante falta de ar do "globus hystericus" quando se desloca para a garganta].[9] A histeria ressurgiu como diagnóstico no fim do século XIX (*fin-de-siècle*; 1880-1914), tornando-se extremamente popular depois de entrar para a consciência pública, principalmente através do trabalho do célebre neurologista clínico francês Jean-Martin Charcot.[10] Sigmund Freud não foi o único a atribuir a redescoberta da histeria a Charcot, num artigo de 1893[11]; mais de dez anos antes, o jornalista francês Jules Claretie havia proclamado que

> a doença da nossa época é a histeria. Encontra-se em toda a parte. Em toda parte a vemos... Estudando a histeria, [...] Monsieur Charcot pôs o dedo na ferida do dia. Ela não está apenas enclausurada entre as paredes cinzentas da Salpêtrière; esta neurose singular, com os seus assombrosos efeitos, viaja pelas

[7] Original em inglês: "The two grand neuroses of the late nineteenth century." Petteri Pietikainen, *Neurosis and Modernity: The Age of Nervousness in Sweden* (Leiden/Boston: Brill, 2007), p. 2.

[8] Para uma história da histeria, ver Mark S. Micale, *Approaching Hysteria: Disease and Its Interpretations* (Princeton: Princeton University Press, 1996).

[9] Lisa Appingnanesi, *Mad, Bad and Sad: A History of Women and the Mind Doctors from 1800 to the Present* (Londres: Virago, 2008), p. 143.

[10] Neste livro, *fin-de-siècle* refere-se ao período 1880-1914, seguindo o exemplo e o raciocínio da organizadora de um livro de 1996 com ensaios críticos sobre a literatura *fin-de-sciècle*: ver Lyn Pykett, Introdução, in *Reading* Fin-de-siècle *Fictions*, org. Lyn Pykett (Londres/Nova York: Longman, 1996), pp. 1-15.

[11] Freud, *Collected Papers* (Londres: Basic Books, 1959), p. 20; publicado pela primeira vez como "Charcot", *Weiner Medizinishe Wochenscrift* 37 (1893).

ruas e pelo mundo.
[...] Histéricos! Histéricos! Todos histéricos![12]

Em 1882, o diagnóstico já era tão comum em França que Guy de Maupassant pode parodiar a sua presença:

> Histeria, Madame, é a palavra do dia. Está apaixonada? É uma histérica. É indiferente às paixões que movem as outras pessoas? É uma histérica, mas uma histérica casta. Trai o seu marido? É uma histérica, mas uma histérica sensual. Rouba pedaços de seda de uma loja? Histérica. Mente sempre que pode? Histérica! (Mentir é precisamente a característica distintiva da histeria.) É uma glutona? Histérica! É propensa ao nervosismo? Histérica! É isto, é aquilo, é tudo o que todas as mulheres sempre foram desde o início do mundo? Histérica! Histérica, digo![13]

Charcot defendia que a histeria também podia ser uma neurose masculina, mas as suas espetaculares demonstrações públicas de doentes do sexo feminino, e a própria etimologia da palavra, via latim do grego *husterikos* (do útero), derivado do latim *hustera* (útero), fez com que ela fosse geralmente concebida como sendo associada especificamente às mulheres.

A neurastenia, literalmente "fraqueza" ou "debilidade" dos nervos, derivada de *neuro* (nervo) e *asthenia* (fraqueza), era, pelo contrário, um diagnóstico comparativamente recente, e geralmente aplicado aos homens, sendo tipicamente associada a indivíduos de classe alta, artistas ou intelectuais, cujo trabalho era sedentário. A neurastenia era descendente, em linha direta, da melancolia renascentista, cuja melhor descrição vem em *The Anatomy of Melancholy* [*A Anatomia da melancolia*] (1621), de Robert Burton, um livro popular que teve centenas de edições na Europa e na América do Norte, e que expunha a natureza polimórfica da doença:

> The melancholic constitution manifested itself in anxiety, insomnia, irritability, and a variety of other complaints that fell into the category of neurosis. Doctors considered the neurotic manifestations of this humour difficult to treat, let alone cure, with many of its stages degenerating into deep depression and sometimes even madness. Thomas Willis, for example, believed that madness and melancholy were "so-much akin, that these Distempers often change, and pass from one into the other."[14]

[12] Jules Claretie, *La vie à Paris: 1881* (Paris: Victor Harvard, s. d.), pp. 126, 135.
[13] Maupassant, "Une femme", *Gil Blas* (16/08/1882), repr. in *Chroniques*, org. Hubert Juin, 3 vols. (Paris: Union Générale d'Éditions, 1980), II, pp. 104-13.
[14] Citado em J. S. madden, "Melancholy in Medicine and Literature: Some Historical Considerations", *British Journal of Medical Psychology*, 72 vols. (Londres: British Psychological Society (1923-2001), XXXIX (1966), 116-31, pp. 127.

> [A constituição melancólica manifesta-se em ansiedade, insónia, irritabilidade, e uma variedade de outras queixas que se enquadram na categoria de neurose. Os médicos consideravam as manifestações neuróticas deste humor difíceis de tratar, para não falar em curar, com muitos de seus estágios degenerando em depressão profunda e por vezes mesmo em loucura. Thomas Willis, por exemplo, acreditava que a loucura e a melancolia eram "tão parecidas que se transformavam frequentemente, passando de uma para a outra."]

Após a odisseia intelectual de Burton, a melancolia tornou-se no estado mental da moda entre homens jovens, uma descrição psicológica e clínica atraente para os neuróticos preocupados com o seu estatuto social.[15] A melancolia nas mulheres, por outro lado, tinha conotações mais negativas, tendo uma origem biológica e emocional.[16]

A palavra "neurastenia" foi popularizada, como "exaustão nervosa", pelo neurologista americano George Beard, numa série de livros e artigos que publicou de 1868 em diante. Contudo, mesmo antes de Beard as pessoas tinham reparado na "constant correlation of certain symptoms and had grouped these together as marks of a definitive disorder" [constante correlação de certos sintomas, que agruparam como os sinais de um transtorno específico].[17] O fluxo constante de escritos de Beard sobre o tema, incluindo o seminal *A Practical Treatise on Nervous Exhaustion (Neurastenia), Its Symptoms, Nature, Sequences and Treatment* [*Um Tratado prático sobre a exaustão nervosa (neurastenia), os seus sintomas, natureza, sequelas e tratamento*] (1880), fizeram disparar a imaginação clínica, e também a imaginação pública. Como a melancolia anteriormente, a neurastenia tornou-se agora a mais almejada neurose do mundo ocidental, a "cultural illness *par excellence*" [doença cultural por excelência] do *fin-de-siècle*.[18] O diagnóstico era aplicado a quase todas as psiconeuroses da época.

A histeria e a neurastenia caíram hoje em desuso, tendo sido expulsas das classificações clínicas, absorvidas por outros diagnósticos, ou racionalizadas para fora da existência. Outras doenças outrora difundidas tiveram o mesmo fim: Craig Raine explora, com grande humor, o desaparecimento de "brain fever" [febre cerebral], a misteriosa doença que vitimou tantas heroínas literárias do século XIX: nos *Irmãos Karamazov* (1880) de Dostoiévski, Madame Hohlakov teme que a histeria de Katerina Ivanova possa provocar a febre cerebral, e a morte de Luísa,

[15] Ver Charles Haventhal Jr, "Robert Burton's *Anatomy of Melancholy* in Early America", *Papers of the Bibliographical Society of America*, LXIII (1969), 157-75.

[16] Elaine Showalter, "Representing Ophelia: women, madness, and the responsibilities of feminist criticism", in *Shakespeare and the Question of Theory*, org. Patricia Parker and Geoffrey Hartman (Londres: Methuen, 1985), pp. 76-92, p. 81. Ver também Juliana Schiesari, *The Gendering of Melancholia* (Ithaca: Cornell University Press, 1992).

[17] Ver Ivo Geikie Cobb, *A Manual of Neurasthenia (Nervous Exhaustion)* (Londres: Baillière, Tindall and Cox, 1920), p. 5.

[18] Pietikainen, *Neurosis and Modernity*, p. 38.

em *O Primo Basílio* (1878), de Eça de Queirós, é resultado da doença.[19] A maioria dos psiquiatras atuais considera a histeria um diagnóstico ultrapassado para uma longa série de males: um médico vitoriano catalogou 75 páginas de sintomas histéricos e disse que a lista estava incompleta.[20] A neurastenia também desapareceu: embora continue a ser diagnosticada em Hong Kong e em Taiwan, no resto do mundo é considerada sintoma de outra doença em vez de doença independente. A síndrome da fadiga crónica, por exemplo, é semelhante com aquilo que as pessoas no *fin-de-scièle* chamavam neurastenia.[21]

Embora a histeria e a neurastenia sejam hoje diagnósticos quase obsoletos, na época de Pessoa eram os dois distúrbios mentais mais endémicos no mundo ocidental. Pessoa leu imensa literatura clínica sobre as duas neuroses: possuía, entre outros livros em inglês, *Volo or the Will: What it is; How to Strenghten, and How to Use it* [*Volo ou a vontade: o que é; como fortalecê-la e usá-la*] (1900), de Arthur Lovell, *Have You a Strong Will?: or how to develope* [sic] *and strengthen will-power, memory, or any other faculty or attribute of the mind, by the easy process of self-hypnotism* [*Tem uma vontade forte?: ou como desenvolver e reforçar a força de vontade, memória ou qualquer outra faculdade ou atributo mental, através do simples processo da auto-hipnose*] (1912), de Charles Godfrey Leland, e *Nerves* [*Nervos*] (1913), de David Fraser Harris. Possuía, ainda, o livro português *Os Neurasthenicos: esboço d'um estudo medico e philosophico* (1895), de José de Lacerda, com um prefácio de Sousa Martins.[22] Sousa Martins foi o médico de Cesário Verde, e diagnosticou Antero de Quental como neurasténico, como veremos mais adiante.

Não admira que as duas grandes neuroses finisseculares viessem a ser parte integrante da autoanálise de Pessoa, como revela a sua carta de 10 de Outubro de 1935 a Tomás Ribeiro Colaço:

> O facto é que, desde o ano passado, tenho estado sob o influxo de estados nervosos de diversas formas e feitios, que por um longo período me arrancaram da vontade até o desejo de não fazer nada. Tenho-me sentido uma espécie de filme psíquico de um manual de psiquiatria, secção psiconevroses.

[19] Craig Raine, "Whatever Became of Brain Fever?", in *Haydn and the Valve Trumpet* (1990; Londres: Picador, 2000), pp. 12-21; Fydor Dostoiévski, *The Brothers Karamazov* (1880), trad. Constance Garnett (Nova York: Barnes and Noble, 2004), p. 199.

[20] Ver Micale, "On the 'Disappearance' of Hysteria: A Study in the Clinical Deconstruction of a Diagnosis", *Isis* 84 (1993), 496–526; sobre o entusiasmo finnisecular pela histeria no ocidente, ver Laura Briggs, "The Race of Hysteria: 'Overcivilization' and the 'Savage' Woman in Late Nineteenth-Century Obstetrics and Gynaecology", *American Quarterly* 52 (2000), 246–73.

[21] O verbete sobre a neurasthenia em *Concise Encyclopaedia of Chronic Fatigue Syndrome*, de Roberto Patarca-Montero (Londres: Routledge, 2000) remete o leitor para o verbete sobre a síndrome da fadiga crónica (p. 58).

[22] José de Lacerda, *Os Neurasthenicos: Esboço d'um estudo medico e philosophico* (Lisboa: M. Gomes, 1895).

(*Corr II*, p. 354)

Havia distinções clínicas, como Pessoa sabia melhor que a maioria de não-especialistas, entre a histeria e a neurastenia, mas o seu uso da palavra composta "histero-neurastenia", em relação a si próprio e Shakespeare, como uma descrição geral de um estado de espírito, corresponde à fluida e nebulosa fronteira que havia entre as duas neuroses, especialmente quando migraram da medicina para a arte. O diagnóstico de Pessoa é fora do comum, mas não completamente excêntrico, pois a histero-neurastenia aparece no índice de um manual clínico de 1905, e em alguns relatos clínicos da época.[23]

As Neuroses eruditas e os seus críticos: "*Fin-de-siècle! Fin-de-siècle*! A literatura é uma coisa de [...] nervos"[24]

A histeria e a neurastenia tornaram-se "contagious diagnostics" [diagnósticos contagiosos] no *fin-de-siècle*, ou seja, diagnósticos clínicos que se tornaram relativamente populares num curto espaço de tempo (cerca de 10 anos), sendo também aceites, e até adotados, por certas secções da população em geral.[25] Uma secção da população em geral que recebeu as duas neuroses de braços abertos foram os artistas, os escritores sobretudo, que colocaram as teorias clínicas da época na sua ficção. Paris era o principal centro da medicina psicológica vanguardista, e os escritores franceses foram, portanto, os primeiros a fazer uso da loucura do dia na sua arte. Outros autores, de diversas culturas, seguiram o seu exemplo.

Madame Bovary, de Gustave Flaubert (1857), foi o romance pioneiro com a histeria como tema central. Foi publicado como folhetim na revista *La Revue de Paris* em 1856, resultando num julgamento em janeiro de 1857, sob a acusação de obscenidade, que o tornou notório. Viria a ser um *bestseller* na sua versão em livro, celebrado como a obra seminal do realismo psicológico.

O pai de Flaubert e o seu irmão eram médicos, e o próprio escritor foi um sério, embora pouco sistemático, leitor de literatura clínica, provavelmente motivado pelas suas crises epiléticas. Sintomas que seriam reconhecidos pelos leitores da época como sintomas histéricos – tonturas, fraquezas, palpitações cardíacas, crises de nervos – são abundantes na protagonista, Emma Bovary. Flaubert nunca a rotulou de histérica, mas outros o fizeram, e ele não os contrariou. Charles Baudelaire foi o primeiro, quando celebrou a inovadora transposição da histeria da medicina para a literatura, numa célebre resenha de 1857, que Flaubert elogiou

[23] J. Michell Clarke, *Hysteria & Neurasthenia: The Practitioner's Handbook* (Londres/Nova York: The Bodley Head, 1905), p. 238; F. G. Gosling, *Before Freud: Neurasthenia and the American Medical Community, 1870-1910* (Urbana, Chicago: University of Illinois Press, 1987), p. 38.
[24] Original em inglês: "*Fin-de-sciècle! Fin-de-sciècle!* Literature is a thing of [...] nerves." Lionel Johnson, artigo sem título, *Anti-Jacobin* (1891); citado em Hurb Hermans, W. E. Krul e Hans van Maanen, *1894: European Theatre in Turmoil: Meaning and Significance of the* (Amsterdão: Rodopi, 1996), p. 20.
[25] *Neurosis and Modernity*, p. 6.

como uma perspicaz crítica do seu livro:

> L'hystérie! Pourquoi ce mystère physiologique ne ferait-il pas le fond et le tuf d'une oeuvre littéraire, ce mystère que l'Académie de médecine n'a pas encore résolu, et qui, s'exprimant dans les femmes par la sensation d'une boule ascendante et asphyxiante (je ne parle que du symptôme principal), se traduit chez les hommes nerveux par toutes les impuissances et aussi par l'aptitude à tous les excès?[26]
>
> [A histeria! Por que razão este mistério fisiológico não constituiria a base e o verniz de uma obra literária, este mistério que a Academia de medicina ainda não resolveu, e que, exprimindo-se nas mulheres pela sensação de uma bolha ascendente e asfixiante (falo tão-somente do sintoma principal), traduz-se nos homens neuróticos em todas as impotências e também na aptidão a todos os excessos?]

O ciclo épico de romances de Émile Zola sobre o declínio da nação francesa, a série de 20 volumes *Rougon-Macquart* (1870-93), descreve a propagação de patologias neuróticas em seis gerações de duas famílias, até chegar ao defeito neurológico original ("tare nerveuse"), de "Tante Dide", a progenitora de ambas as linhas genealógicas, Rougon e Macquart. A "Tante Dide" sofria de semi-imbecilidade, ataques nervosos e convulsões. Nos romances, a histeria opera como uma patologia que pode gerar outros vícios nos seus descendentes, como o alcoolismo, a prostituição, a perversão sexual, a criminalidade, e o suicídio.

À Rebours [*Às Avessas*], de Joris-Karl Huysmans (1884), é outra obra que retrata histéricos literários. Des Esseintes, o protagonista, deseja novidades artísticas e "alguns livros sugestivos [...] para sacudir o seu sistema nervoso com histerias eruditas", bem como harmonias musicais modernas que o deixem "engasgado com a sufocante *boule* da histeria."[27] Uma historiadora cultural descobriu que Huysmans se baseou em dois textos clínicos, que haviam acabado de ser reimpressos, como guias para a descrição da neurose de Des Esseintes.[28]

A histeria literária não tardou em viajar para além das fronteiras francesas. Em *The Strange Case of Dr Jekyll and Mr Hyde* [*O Estranho caso de Dr Jekyll e Mr Hyde*] de Robert Louis Stevenson (1886), a empregada doméstica de Jekyll rompe em "hysterical whimpering" [choramingos histéricos].[29] Os médicos desempenham

[26] Charles Baudelaire, "Madame Bovary", in *Oeuvres complètes*, 2 vols., org. Claude Pichois (Paris: Gallimard, 1975), II, p. 83; publicado pela primeira vez em *L'artiste* (18/10/1857).
[27] Citado em Alfred Edward Carter, *The Idea of Decadence in French Literature 1830-1900*, (Toronto: The University of Toronto Press, 1958), p. 83.
[28] *Traité des névroses* e *Nouveaux éléments de pathologie générale*. Ver Debora Leah Silverman, *Art Nouveau in Fin-de Siècle France: Politics, Psychology, and Style* (Los Angeles: University of California Press, 1989), p. 15.
[29] Robert Louis Stevenson, *The Strange Case of Dr Jekyll and Mr Hyde*, org. Jenni Calder (Harmondsworth: Penguin, 1979), p. 64.

um papel fundamental na história, que nos é apresentada como um caso clínico. Em *Dracula*, de Bram Stoker (1897), quase todas as personagens se tornam histéricas: Mina Murray é "hysterical" [histérica]; Lord Godalming "grew quite hysterical" [tornou-se bastante histérico]; até mesmo Van Helsing, o suposto bastião masculino da razão e da sabedoria, "one of the most advanced scientists of the day" [um dos cientistas mais avançados da época], entra em colapso quando Lucy morre, sofrendo "a regular fit of hysterics" [um ataque histérico].[30] As personagens fictícias neuróticas do *fin-de-siècle* são as irmãs artísticas de Dora de Freud.[31]

Emma Bovary, Des Esseintes, e as personagens em *Drácula* são mais histéricos que neurasténicos, mas os artistas geralmente assimilaram e apropriaram-se das neuroses finisseculares como uma linguagem, mais ou menos vaga, de nervos e nervosismo, e não como categorias diagnósticas com contornos bem definidos. O *spleen* de Baudelaire, típico do *mal du siècle*, é um nervosismo sombrio que as suas vítimas, nos contos, são incapazes de definir com precisão: "Mes nerfs trop tendus ne donnent plus que des vibrations criardes et douloureuses" [Os meus nervos, tensos demais, não produzem senão vibrações agudas e dolorosas], declara um protagonista típico.[32] *Les Fleurs du Mal* (1857), que Pessoa possuía, contém vários poemas sob o título "Spleen et Idéal".[33] *Spleen* (a palavra deriva do órgão, o baço) tem ligações mais frisadas com a neurastenia do que com a histeria, tento em conta que se acreditava que o baço produzia bílis negra, cujo excesso era uma das marcas do temperamento melancólico, do qual a neurastenia derivou.

Não se preocupando em fazer uma transposição precisa da psicologia finissecular para a arte, os escritores alternadamente aplicaram, parodiaram, plagiaram, usaram e abusaram das novas ciências mentais.[34] O conto "O Alienista" (1882), de Machado de Assis, tem como como protagonista um médico, Dr. Simão, que quer aprofundar o estudo científico das neuroses. Implícita na história, na qual Machado magistralmente transforma metonímia em metáfora, é a convicção que a loucura será, em grande parte, uma construção social, não existindo nenhuma linha divisória precisa entre a sanidade e a loucura, mas sim uma ténue fronteira, como Maupassant sugerira no mesmo ano. Dr. Simão interna mais de 75% da população da cidade no seu asilo, a Casa Verde, mas depois percebe que há algo de errado com o seu critério e decide revê-lo: se a maioria seguia um desvio de padrão, quem tinha regularidade nas suas ações e força de caráter seriam os verdadeiros loucos. Então ele decide prender a minoria. Por fim, não encontra ninguém que possua ao menos um desvio de caráter a não ser ele mesmo. Dr.

[30] Bram Stoker, *Dracula: A Tale* (Oxford: Oxford University Press, 1983), pp. 184, 230, 112, 174.
[31] Ver Nina Auerbach, *Woman and Demon* (Cambridge, M.A.: Harvard University Press, 1982), pp. 22-4.
[32] Baudelaire, "Le Confiteor de l'artiste", in *Oeuvres complètes*, I, p. 278.
[33] Baudelaire, *Les Fleurs du Mal* (Paris: Ernest Flammarion, s. d.).
[34] Ver Judith Ryan, *Vanishing Subject: Early Psychology and Literary Modernism* (Chicago: The University of Chicago Press, 1991).

Simão então interna-se e fica sozinho na Casa Verde, falecendo dezassete meses depois.

Os escritores portugueses da época também começaram a colocar as duas grandes neuroses nas suas obras. No poema "Esplêndida", de Cesário Verde, o sujeito poético acompanha a *femme fatale* "como um doido, em convulsões, / Febril, de colarinho amarrotado."[35] O poema que a maioria dos leitores conhece como "Contrariedades", o título quando apareceu em *O Livro de Cesário Verde* (1887), foi inicialmente intitulado "Nevroses" (1876).[36] Crises de nervos também invadem os poemas de António Nobre, como por exemplo "Lusitânia no Bairro Latino", um poema escrito, não por acaso, quando Nobre estava em Paris, a pátria de histéricos e neurasténicos, em 1891-2, o apogeu dos neuróticos parisienses:

> Tísicos! Doidos! Nus! Velhos a ler a sina!
> [...] Reumáticos! Anões! Delirium tremens! Quistos![37]

"Delirium tremens" era um dos muitos sintomas associados à histeria, e a poesia de Nobre está cheia do nervoso *mal du siècle*. Em "Males do Anto", lemos:

> Nem mesmo sei dizer que doença era a minha,
> Porque eram todas, eu sei lá!
> [...] os meus nervos gastos, velhos,
> Convulsionavam-nos relâmpagos vermelhos.[38]

Pessoa foi leitor tão assíduo das neuroses finisseculares na poesia e ficção quanto na literatura clínica. Nas "Notas" que Armando Côrtes-Rodrigues escreveu sobre as suas influências entre 1905 e 1908, aparecem Baudelaire e Cesário, revelando que Pessoa descobriu várias das acima citadas apropriações literárias das neuroses na mesma altura.[39] Não existe nenhum exemplar de *Madame Bovary* na sua biblioteca, mas sabemos que leu o romance, pela primeira vez, em 1907, e que muito o admirou: em "Impermanence", Pessoa propõe que dos romancistas do século XIX, é provável que apenas Flaubert continuará a ser lido no futuro (*H*, p. 243). Faz, ainda, a seguinte alusão a *Madame Bovary* no *Livro do desassossego*:

> As misérias de um homem que sente o tédio da vida do terraço da sua vila rica são uma coisa; são outra coisa as misérias de quem, como eu, tem que contemplar a paisagem do meu quarto num 4º andar da Baixa, e sem poder esquecer que é ajudante de guarda-livros.

[35] Cesário Verde, *Obra completa*, org. Joel Serrão (Lisboa: Horizonte, 1988), p. 74; publicado pela primeira vez in *Diário de Notícias* (22/03/1874).
[36] *Ibid.*, p. 107.
[37] Nobre, *Poesia completa*, p. 193.
[38] *Ibid.*, p. 349.
[39] *Cartas a Armando Côrtes-Rodrigues* (Lisboa: Horizonte, 1985), p. 76.

"Tout notaire a rêvé des sultanes"... (*LD*, p. 492)

Pessoa aqui cita de memória, pois a citação está ligeiramente errada. A frase de Flaubert é "Le plus médiocre libertin a rêvé des sultanes; chaque notaire porte en soi les débris d'un poète" [O mais medíocre libertino sonhou com amantes; cada notário traz em si os destroços de um poeta].[40] Paradoxalmente, o erro de Pessoa só revela a sua intimidade com o romance, visto que não sentiu a necessidade de o consultar.

A apropriação artística das neuroses da época não passou despercebida aos críticos culturais, especialmente em França e na Alemanha. Côrtes-Rodrigues concluiu as suas "Notas" sobre as influências de Pessoa entre 1905 e 1908 com a afirmação: "Livro capital que destrói parte de toda esta influência: *A Degenerescência*, de Max Nordau. Lê então vários livros sobre psiquiatria."[41] Parece que Pessoa leu *Madame Bovary* e *A Degenerescência* (1892) no mesmo ano, 1907.[42] A simultaneidade do seu contacto com duas importantes exposições da neurose, uma literária e a outra pseudo-clínica, é significativa, pois em *A Degenerescência* Nordau parte do "enorme aumento de histeria nos nossos dias" facto que descobre refletido nas características da Europa finissecular como um todo, sobretudo a sua arte.[43] *A Degenerescência*, por razões de difícil compreensão para os leitores modernos, sendo as suas ideias tão contrárias à nossa sensibilidade, foi "easily the most widely-read piece of cultural criticism in central Europe between Friedrich Wilhelm Nietzsche's *Thus Spoke Zarathustra* (1883-4) and Oswald Spengler's *The Decline of the West* (1918)" [facilmente o livro de crítica cultural mais lido na europa central entre *Assim falou Zarathustra* (1883-4), de Nietzsche, e *O Declínio do Ocidente* (1918), de Oswald Spengler (1918)].[44] As teorias de degenerescência começaram a surgir, na década de 1860, em revistas científicas especializadas, mas foi o livro de Nordau que fez da degenerescência um dos maiores conceitos organizadores do fim do século XIX, uma ficção heurística que provinha de, e por sua vez influenciava, as ficções literárias.[45]

Nordau e o seu círculo, nas suas diatribes anti modernistas, sondaram e atacaram o estado mental dos artistas da época, à luz de elementos supostamente neuróticos nas suas obras. Huysmans, segundo Nordau, é "a clássica mente histérica, sem originalidade, que é a predestinada vítima de toda a sugestão." Noutro trecho, Nordau explica que como os alemães não têm a sensibilidade

[40] Flaubert, *Madame Bovary: moeurs de provence* (Paris: Michel Lévy Frères, 1862), p. 349.

[41] *Cartas a Armando Côrtes-Rodrigues*, p. 76.

[42] Numa lista de leitura de 1907, Pessoa escreve, "Max Nordau: *Dégénérescence* (trad. A. Dietrich). I. 120 pages. / May 29th: Max Nordau: *Deg.* I. 255 p. / [...] June 8: Nordau: Vol II up to p. 100" (*GL*, p. 624).

[43] Max Nordau, *Degeneration*, trad. George L. Mosse (Nova York: Howard Fertig, 1968) p. 36.

[44] Micale, *Approaching Hysteria*, p. 207

[45] Ver Lyn Pykett, "Introduction", in in *Reading* Fin-de-siècle *Fictions*, pp. 12-14.

artística narrativa dos franceses, na Alemanha a histeria expressava-se por outras vias, como o antissemitismo e "a moda de Wagner."[46] Nietzsche, no "Caso de Wagner", concordaria com ele, declarando que "a arte de Wagner é doentia. Os problemas que coloca no palco nada mais são do que os problemas de histéricos – a natureza convulsiva da sua emoção, a sua sensibilidade super-excitada, o seu gosto por temperos cada vez mais fortes [...] *Wagner é uma nevrose.*"[47]

Não há nenhum exemplar de *A Degenerescência* na biblioteca pessoana, mas ela contém cinco outros livros de Nordau, todos eles anotados por Pessoa.[48] (A sua marginália nestes livros revela que não aceitou vários dos argumentos de Nordau, e tinha também um severo ataque às suas ideias, o anónimo *Regeneration: A Reply to Max Nordau* [*A Regeneração: uma resposta a Max Nordau*].)[49] Possuía, ainda, quatro livros sobre a teoria da evolução de Charles Darwin, e vários livros com referências a Césare Lombroso.[50] Penso que não ficou convencido pelas ideias de Lombroso, pois escreveu num texto que a ligação entre o génio e a loucura "teve interpretações extremas e absurdas, como em Lombroso" (*PETCL*, p. 87). Darwin havia enfatizado a diferença entre os sexos em detrimento das mulheres, baseando-se nas medições cranianas de criminologistas pioneiros como Lombroso. Em *Drácula*, Van Helsing explica aos seus amigos que o temível enigma do vampiro devia ser abordado não por meio de uma fisionomia popular mas através das experiências de craniometria desenvolvidos no laboratório de antropologia criminosa de Lombroso: "The Count is a criminal and a criminal type. Nordau and Lombroso would so classify him, and *qua* criminal he is of imperfectly formed mind" [O Conde é um criminoso e pertence ao tipo criminoso. Nordau e Lombroso assim o classificariam, e *qua* criminoso ele tem uma mente mal desenvolvida].[51] As teorias darwinistas de evolução eram usadas por alguns psicólogos para aprofundar o pessimismo terapêutico de Nordau e Lombroso: pensava-se que a herança biológica pudesse provocar a loucura e a criminalidade.

A existência do livro português *Degenerescência* (1901) na biblioteca de Pessoa, baseado na primeira tese de doutoramento sobre o tema em Portugal, revela que as ideias associadas às neuroses e à degenerescência tinham penetrado a cultura portuguesa no início do novo século. *Degenerescência* contém capítulos

[46] Nordau, *Degeneration*, pp. 103, 171-213.

[47] Nietzsche, *The Nietzsche Reader*, org. R. J. Hollingdale (Harmondsworth, Middlesex: Viking, 1981), pp. 142-3.

[48] Nordau, *Vue du dehors: essai de critique scientifique et philosophique sur quelques auteurs français contemporains*, trad. August Dietrich (Paris: Félix Alcan, 1903); *Paradoxes sociologiques*, trad. Dietrich (Paris: Félix Alcan, 1907); *On art and artists*, trad. W. F. Harvey (Londres: T. Fisher Unwin, 1907); *Paradoxes psychologiques*, trad. Dietrich (Paris: Félix Alcan, 1911); *Psycho-physiologie du génie et du talent*, trad. Dietrich (Paris: Félix Alcan, 1911).

[49] Anon. [Alfred Egmont Hake e Nicholas Murray Butler], *Regeneration: A Reply to Max Nordau* (Westminster: Archibald Constable & Co., 1895).

[50] Por exemplo, William Hirsch, *Genius and Degeneration: A Psychological Study* (Londres: William Heinemann, 1897).

[51] Stoker, *Dracula*, p. 342.

sobre Lombroso, Darwin, a criminologia, a evolução, a histeria e a neurastenia.[52]

A moda de diagnosticar artistas, e correntes artísticas, como neuróticos e degenerados, gerou uma nova escola de crítica literária e cultural, que floresceu antes do surgimento da psicanálise. Inúmeras pessoas, vivas ou mortas, foram submetidas ao novo escrutínio psicológico – Rousseau, o Marquês de Sade, Byron, Poe, Dostoiévski, Nietzsche, Napoleão – e começaram a aparecer estudos pseudo-clínicos de movimentos como o romantismo e o decadentismo. Um dos primeiros críticos de *À Rebours* lamentou: "O herói do Senhor Huysmans é doente, como todos os heróis dos romances desta época doente [...] É vítima da *neurose do século*. Vem do hospital de Charcot."[53] A revista *London World* publicou uma resenha de *Jude the Obscure* [*Judas, o obscuro*] (1895), de Thomas Hardy, sob o título "Hardy the Degenerate" [Hardy, o Degenerado].[54] Teses de doutoramento foram conduzidas neste viés, com títulos como *La Folie de Maupassant* [*A Loucura de Maupassant*] (1907), *Dégénérescence et dispsomanie d'Edgar Poe* [*A Degenerescência e a dipsomania de Edgar Poe*] (1907) e *Essai sur la psychologie morbide de Huysmans* [*Ensaio sobre a psicologia mórbida de Huysmans*] (1917).[55] Como afirma Chris Baldick, esta linha de crítica é "not only judicial in tone but positively inquisitorial, indulging in a kind of perversion-hunting" [não apenas judicial em tom, mas positivamente inquisitorial, entregando-se a uma espécie de caça às perversões], com base num "simple model of [pre- or anti-Freudian] normality and mental consistency" [modelo simples de normalidade e consistência mental [pré- ou anti freudiana]].[56]

Flaubert foi inevitavelmente rotulado de neurótico após a sua morte. Os médicos já sabiam que o romancista francês sofrera de ataques nervosos periódicos, mas quando foi revelado que estes ataques eram acompanhados por depressões, nevralgias, crises de choro, e frigidez sexual, especularam que ele seria histérico. A polémica culminou na tese clínica *Flaubert et la médecine* [*Flaubert e a medicina*], de 1905.[57] O seu autor reviu exaustivamente a documentação disponível sobre a sua vida, em conjunto com as mais recentes pesquisas clínicas sobre os transtornos neuróticos, para concluir, com toda a segurança, que Flaubert sofrera de histero-neurastenia. Trata-se de um precedente notável para o

[52] Albino Pacheco, *Degenerescência*, (Coimbra: Imprensa da Universidade, 1901).

[53] Barbey d'"Aurevilly, citado em Carter, *Idea of Decadence*, p. 86.

[54] Citado em Richard Dellamora, "Homosexual Scandal and Compulsory Heterosexuality in the 1890s", in *Masculine Desire: The Sexual Politics of Victorian Aestheticism* (Chapel Hill/Londres: University of North Carolina Press, 1990), pp. 189-212, p. 201.

[55] Zacharie Lacassagne, *La Folie de Maupassant* (tese de doutoramento, Universidade de Toulouse, 1907); B. Carrère, *Dégénérescence et dispsomanie d'Edgar Poe* (tese de doutoramento, Universidade de Toulouse, 1907); G. Lavalée, *Essai sur la psychologie morbide de Huysmans* (tese de doutoramento, Universidade de Paris, 1917).

[56] Chris Baldick, *The Social Mission of English Criticism 1848-1932* (Oxford: Clarendon Press, 1983), p. 217.

[57] René Dumesnil, *Flaubert et la médecine* (Paris: Societé francaise d'imprimerie et de librairie, 1905).

diagnóstico que Pessoa faz a Shakespeare e si próprio.

A Loucura do modernismo: "O facto essencial é que estou doente" (Álvaro de Campos)[58]

Apesar dos violentos ataques de Nordau e outros, a geração de escritores modernistas que sucedeu a de Flaubert continuou a incorporar as neuroses finisseculares nas suas obras. Nos seus manifestos surrealistas, Louis Aragon e André Breton, alunos da escola de medicina quando jovens, celebraram a histeria como "a maior descoberta poética do final do século XIX"; não apenas "um fenómeno patológico", era de grande utilidade para a arte, por ser "em todos os sentidos [...] um modo supremo de expressão."[59]

T. S. Eliot emprega extensivamente a linguagem de nervos na sua poesia. A antologia *Prufrock and Other Observations* [*Prufrock e outras observações*] (1917) está repleta do discurso: o exasperado Prufrock não consegue comunicar o seu estado de espírito: "It is impossible to say just what I mean! / But as if a magic lantern threw the nerves in patterns on a screen" [É impossível dizer exatamente o que sinto! / Como se uma lanterna mágica atirasse os meus nervos em padrões numa tela], e as suas hesitações, visões e revisões ("visions and revisions") são um exemplo perfeito da paralisia da vontade associada à neurastenia.[60] O poema em prosa "Histeria" descreve um ataque histérico.

Eliot observou, em carta de 1921, que todos os médicos ingleses pareciam especializar-se em "nerves" [nervos].[61] A segunda parte de *The Waste Land* [*Terra desolada*] (1922), poema publicado um ano mais tarde, está cheia de conversas nervosas e silêncios nervosos:

> My nerves are bad to-night. Yes, bad. Stay with me.
> Speak to me. Why do you never speak? Speak.
> What are you thinking of? What thinking? What?
> I never know what you are thinking. Think.[62]
>
> [Estou cheio de nervos esta noite. Sim, cheio. Fique comigo.
> Fale comigo. Porque nunca fala? Fale.
> No que pensa? Que pensa? O quê?
> Nunca sei o que pensa. Pense.]

[58] "Opíaro" (*AdC*, p. 64).
[59] Ver "Le cinquantenaire de l'hysterie (1878-1928)", in *Histoire du surréalisme: Documents surréalistes*, org. Maurice Nadeau (Paris: Seuil, 1948), pp. 125, 127.
[60] Eliot, "The Love Song of J. Alfred Prufrock", in *Collected Poems 1909-1962* (Londres: Faber & Faber, 1963), p. 17.
[61] Eliot, carta a Julian Hurley, 31/10/1921, in *The Waste Land: A Facsimile and Transcripts of the Original Drafts*, org. Valerie Eliot (Londres: Faber & Faber, 1971), p. xxii.
[62] Eliot, *The Waste Land*, in *Collected Poems*, p. 67.

Ezra Pound não gostou deste diálogo nervoso, julgando pelos seus apontamentos no manuscrito original de Eliot. Considerou-o demasiado realista, e escreveu "photographic" [fotográfico] na margem, em modo de desaprovação. Vivien, pelo contrário, a primeira mulher de Eliot, descrita por ele como sendo doente dos nervos (seria internada num asilo em 1938), elogiou os versos acima pela mesma característica.[63] Como se tentasse superar o comentário de Pound, escreveu ao lado dele, em letras maiúsculas: "WONDERFUL" [MARAVILHOSO].[64] Eliot manteve os versos no poema final.

Como podemos explicar o renovado interesse pela histeria e pela neurastenia nas primeiras décadas do novo século? A explicação mais plausível é que ambas as neuroses estavam ligadas, segundo médicos, os seus pacientes, e artistas, com as tensões da modernidade. Beard defendeu que a neurastenia seria causada pelo *stress* da civilização moderna, e muitos médicos associaram o transtorno à crescente urbanização. Era, como escreve Robert Musil em *The Man Without Qualities* [*O Homem sem qualidades*] (1930-42), "a nerve-racked age" [uma época cheia de nervos], de "restlessness and constant change, of speed and shifting perspectives, in which something was definitely amiss" [desassossego e mudança constante, velocidade e deslocamento de perspetivas, na qual algo estava claramente errado].[65] As duas grandes neuroses refletiam o ritmo alucinante do mundo moderno, que provocava choques no sistema nervoso.[66] No posfácio à edição de 1912 de *Jude the Obscure*, Hardy propôs que Sue devesse ser encarada como uma "intellectualized, emancipated bundle of nerves that modern conditions were producing, mainly in cities as yet" [pilha de nervos intelectualizada, emancipada, que as condições modernas estavam a produzir, principalmente, até agora, nas cidades].[67] Outra pilha de nervos - um homem com "toda a sensibilidade dos meus nervos", com os "nervos postos à superfície" – é Bernardo Soares, que reclama da "horrorosa histeria dos comboios, dos automóveis, dos navios" da cidade, que não permite que os seus habitantes adormeçam (*LD*, pp. 203, 263, 143).

Escrevendo em 1922, um médico concluiu que a neurastenia continuava a ser "rampant in all large cities, often undistinguised from its near-neighbour hysteria, and its chief symptoms are headache, gastro-intestinal disturbances, and subjective sensations of all kinds" [dissipada em todas as grandes cidades, frequentemente indistinguível da aparentada histeria, e os seus principais sintomas são dores de cabeça, distúrbios gastrointestinais, e sensações subjetivas de toda a espécie].[68] Não é por coincidência que sensações subjetivas de toda a espécie se tornassem a pedra angular das correntes vanguardistas que invadiram

[63] Eliot, carta a Conrad Aiken, 21/10/1916, in *The Waste Land: A Facsimile*, pp. x-xi.
[64] Ver *The Waste Land: A Facsimile*, pp. 10-11.
[65] Citado em Lisa Appingnanesi, em *Mad, Bad and Sad*, p. 100.
[66] Ver Louis A. Sass, *Madness and Modernism: Insanity in the Light of Modern Art, Literature, and Thought* (Cambridge, Mass.: Harvard University Press, 1994).
[67] Thomas Hardy, *Jude the Obscure* (Toronto: Macmillan, 1969), p. viii.
[68] Cobb, *A Manual of Neurasthenia*, p. 14.

a Europa, num desfile de *ismos* modernistas em busca da melhor retratação do espírito da época. Em Itália, havia o agressivo futurismo de Marinetti; em França, os pintores explodiram com as perspetivas tradicionais com o cubismo; a Alemanha tinha o expressionismo; a Grã-Bretanha o vertiginoso vorticismo de Ezra Pound e Wyndham Lewis. Em Portugal, Pessoa e os demais modernistas ligados à revista *Orpheu* (1915) procuraram sintetizar estas diversas correntes, a fim de estabelecer um modernismo cosmopolita no país. Os artistas do *Orpheu* não se importaram de ser chamados de loucos ("os doidos do *Orpheu*"); um deles, Ângelo de Lima, era "objetivamente" louco: enviava as suas contribuições de um asilo.

Uma das experiências mais longevas do grupo foi o "sensacionismo", uma versão mutilada de futurismo adaptada por Pessoa e Sá-Carneiro para o mercado nacional. Como ideal estético, o sensacionismo corresponde à afirmação de Eliot de que, para os artistas da sua geração, já não bastava "look into our hearts and write" [olharmos para dentro de nossos corações e escrever]; deveriam, em vez disso, examinar "the cerebral cortex, the nervous system, and the digestive tracts" [o córtex cerebral, o sistema nervoso e o aparelho digestivo].[69] Esta posição subjaz a inúmeras obras-primas modernistas, como por exemplo *Ulysses*. Joyce sabia que o homem moderno era uma criatura nervosa: "one might say of modern man that he has na epidermis" [pode-se dizer do homem moderno que ele tem uma epiderme].[70] Pessoa descreve *Ulysses*, no seu único fragmento sobrevivente sobre o romance, como "o delírio [...] dos psiquiatras, exposto como fim."[71]

Álvaro de Campos, o mais modernista dos heterónimos, que Pessoa descreve como sendo "the undisciplined child of sensation" [o filho indisciplinado da sensação], sofre na pele as crises nervosas provocadas pela modernidade.[72] Na última estrofe do poema "A Passagem das horas", Pessoa faz explicitamente a ligação entre a loucura e o sensacionismo, ao fazer com que Campos se autodescreva como "Absolutamente doido só por sentir."[73]

A terminologia de nervos alastra-se pela poesia de Álvaro de Campos a um grau extraordinário. Os primeiros poemas, os mais sensacionistas, estão cheios de referências e alusões às neuroses finisseculares. Em "Ode Triunfal" (1914), Campos fala de "todos os meus nervos dissecados fora", e celebra a eletricidade como "nervos doentes da Matéria!" (*AdC*, pp. 81, 89) Em "Ode Marítima" (1914), sente pesar sobre os nervos "o facto de que [o Pacífico] é o maior dos oceanos", e deplora os seus "nervos postos como enxárcias"; no mesmo poema, refere-se aos "nossos nervos femininos e delicados", e à "histeria de sensações" da sua época (*AdC*, pp. 112, 120, 127, 132). No poema inacabado "Saudação a Walt Whitman" (1915), alude aos "meus versos-ataques-histéricos, / Os meus versos que arrastam

69 Eliot, *Selected Prose*, p. 66.
70 Joyce, *Occasional, Critical and Political Writings*, p. 188.
71 Citado em Zenith, "Joyce, James", in *Dicionário de Fernando Pessoa*, p. 369.
72 Citado em L. C. Taylor, "Life and Times", in *A Centenary Pessoa*, p. 220.
73 *Álvaro de Campos: A Passagem das Horas*, org. Cleonice Berardinelli (Lisboa: INCM, 1988), p. 33.

o carro dos meus nervos", e à sua "megalomania dos nervos" (*AdC*, p. 169). Há uma longa descrição de nervos em "A Passagem das horas":

> nos meus nervos todas as machinas, todos os systemas de engrenagem,
> Nos meus nervos locomotiva, carro-electrico, automovel, debulhadora a vapor,
> Nos meus nervos machina maritima, Diesel, semi-Diesel, Campbell,
> Nos meus nervos installação absoluta a vapor, a gaz, a oleo e a eletricidade.[74]

Há até referências às duas grandes neuroses nos poemas menos sensacionistas de Campos. No primeiro verso do poema decadentista "Opiário" (1914), lemos: "minh'alma é doente." Campos prossegue retratando a si próprio como um produto típico das neuroses da época: "São dias só de febre na minha cabeça"; "Tenho os nervos na forca, vinte a vinte"; "sou um convalescente do Momento"; "Sou doente e fraco"; "estes nervos são a minha morte" (*AdC*, pp. 59, 60, 61, 62). Num dos seus primeiros sonetos, Campos afirma: "Sonho, histérico oculto, um vão recanto..." (*AdC*, p. 78) Mesmo depois da sua energia futurista se ter esgotado, no poema "Tabacaria" (1928), continua a sofrer crises nervosas, como na imagem do sujeito poético como um comboio, com

> uma partida apitada
> De dentro da minha cabeça
> E uma sacudidela dos meus nervos e um ranger de ossos na ida. (*AdC*, p. 320)

Em outro poema tardio de Campos, há o verso: "Hoje tenho uma alma parecida com a morte dos nervos" (*AdC*, p. 398).

Num poema sem título, Campos vê-se como o espelho da loucura da sua geração – "Ah, com os nervos de toda a gente, os meus nervos vibram..." – desespera-se da sua condição: "Ó doença humanitária dos meus nervos vibrando cheios de outras pessoas" (*AdC*, pp. 240, 241). Noutro poema, reconhece: "Eu [...] tenho vivido através do meu sangue e dos meus nervos" (*AdC*, p. 219). O seu nervosismo poético reflete, ainda, o pensamento de Nordau sobre a simbiose negativa entre a arte e a neurose: num dístico de "Saudação a Walt Whitman", lemos: "Raios partam a mandriice que nos faz poetas, / A degenerescência que nos engana artistas"; em "A Passagem das horas", descreve-se a si mesmo como um "degenerado superior sem arquivos na alma" (*AdC*, p. 176, 192).

Pizarro, que estudou as leituras e os escritos de Pessoa sobre génio e loucura em profundidade, propõe num artigo que "Pessoa seria um histero-neurasténico, mas ao escrever enquanto Campos potenciaria só o seu histerismo. [...] Campos seria uma 'subpersonalidade', precisamente por não ter um traço neurasténico..."[75] Foi o próprio Pessoa quem primeiro postulou que este heterónimo representaria o lado histérico da sua histero-neurastenia, sendo uma personificação literária do

[74] *Ibid.*, p. 26.
[75] Pizarro, "Da Histeria à Neurastenia (Quental e Pessoa)", *Conceito* 1 ("Loucura & Desrazão") (Outono de 2005), 168-78, p. 173.

"mais histericamente histérico de mim."[76] Chegou a afirmar, um tanto hiperbolicamente à luz das demais apropriações modernistas da neurose: "none has ever approached him in the [...] hysteria of our age" [ninguém o alcançou no [...] histerismo da nossa época."[77]

Contudo, simplesmente não é verdade que a poesia de Campos apresente tendências exclusivamente histéricas, em vez de neurasténicas. Nos seus primeiros poemas há, é certo, mais referências à histeria que à neurastenia, mas mesmo nestes poemas o heterónimo alterna entre atitudes histéricas e neurasténicas, por vezes no mesmo poema. Em "A Passagem das horas", poema que abre de modo exuberante com o lema sensacionista de Campos ("Sentir tudo de todas as maneiras!"), o heterónimo confessa que prefere pensar sobre fumar ópio a fumá-lo, e olhar para o absinto a bebê-lo (*AdC*, p. 196). Na linguagem científica dos nossos dias, tais mudanças de humor poderiam ser descritas como bipolaridade, ou oscilações entre euforia e depressão, mas na época de Pessoa seriam vistas como oscilações entre histeria e neurastenia. Além disso, se abordarmos os poemas de Campos cronologicamente, há uma clara evolução da histeria inicial das odes futuristas (em "Ode Marítima" o sujeito poético denuncia os que o rodeiam como débeis neurasténicos, em vez de enérgicos histéricos como ele: "Estupores de tísicos, de neurasténicos, de linfáticos") a uma neurastenia que se lhe segue, e que atinge o seu auge, porventura, no poema "Tabacaria".

A neurastenia que Pessoa atribui a Campos está ligada a um tema omnipresente da sua poesia ortónima, a "dor de pensar". Pessoa faz uma alusão velada ao sofrimento provocado pela neurose quando se refere à "terrible self-analysis" [terrível autoanálise] de Campos (*PC II*, pp. 236-7). O poema de Campos que começa "Que noite serena!" descreve a dor de pensar em termos quase literais: "dói, dói, dói... / Por amor de Deus, parem com isso dentro da minha cabeça" (*AdC*, p. 477). Acreditava-se que a neurastenia fosse causada pela introspeção intelectual excessiva, que tinha o efeito de deixar a sua vítima paralisada, incapaz de agir e de sentir. É esta a condição do protagonista do drama *Fausto*, que reage ao comovente discurso de Maria que começa "Amo como o amor ama / Não sei razão p'ra amar-te mais que amar-te" com um frio: "compreendo-te tanto que não sinto."[78]

No poema "Tabacaria", a neurastenia literária de Campos tornou-o incapaz de qualquer ação física, incapacidade esta perfeitamente encapsulada na expressão quase sem sentido "Semiergo-me" (*AdC*, p. 325). O não-introspetivo, portanto não-neurasténico, Esteves "sem metafísica" é a antítese saudável de Campos neste poema; Esteves é, não por acaso, e ao contrário do sujeito poético, caracterizado exclusivamente por suas ações: entra na tabacaria, compra cigarros, sai, põe o troco na algibeira, acena e sorri.

A postura de Bernardo Soares também é a do neurasténico: "não tenho vontade nos nervos"; "Nunca encontrei argumentos senão para a inércia" (*LD*, pp. 99, 246).

[76] Carta a Casais, 13/10/1935, in *Corr II*, p. 341.

[77] *PC II*, pp. 236-237: "none has ever approached him in the [...] hystericism of our age."

[78] *Fausto*, pp. 83-4.

O Livro do desassossego está cheio de comparações entre o estado de espírito do seu protagonista, que é essencialmente introspetivo, e a atividade física, saudável, das pessoas à sua volta. O Patrão Vasques ocupa no livro de Soares precisamente a mesma função de Esteves em "Tabacaria", e o próprio Bernardo Soares entende o simbolismo num lampejo de perspicácia: "Ah, compreendo! O patrão Vasques é a Vida. A Vida, monótona e necessária, mandante e desconhecida. Este homem banal representa a banalidade da Vida" (*LD*, p. 53). Outro representante simbólico da vida ativa, não-neurótica, como Esteves e o Patrão Vasques, é a ceifeira anónima do poema ortónimo "Ela canta, pobre ceifeira".[79] Neste poema, pleno da angustiante dor de pensar ("O que em mim sente 'stá pensando"), o sujeito poético exprime, de forma explícita, o seu desejo de não continuar preso à sua neurastenia, mas conseguir deixar de pensar, como a ceifeira que canta de forma espontânea e emotiva ("canta, canta sem razão").[80]

Mas a mais poderosa imagem pessoana daquilo que seria uma existência livre da loucura do modernismo, que aflige Álvaro de Campos, Bernardo Soares, e também o ortónimo, é o heterónimo Alberto Caeiro. No poema "Mestre, meu mestre querido", Campos inveja a sua capacidade de fugir à dor de pensar, pois a Caeiro "nenhuma coisa feriu, nem doeu, nem perturbou" (*AdC*, p. 337). Este poema oferece-nos uma visão da potencial cura da neurose: a aceitação passiva da vida, e rejeição da introspeção ou especulação metafísica. "Pensar incomoda como andar à chuva", afirma Caeiro no poema que abre *O Guardador de rebanhos* (*AC*, p. 22), insinuando com isso que pensar em excesso, além de ser desagradável, pode causar uma doença. Que Pessoa pretendesse que Caeiro representasse uma contrapartida não-neurótica a Campos, é sugerido por um texto no qual escreve que Caeiro considera que o pensamento é uma doença ("thought is a disease").[81] O próprio Campos reconhece, em "Tabacaria", que "a metafísica é uma consequência de estar mal disposto", e Soares compara a metafísica à loucura em *Desassossego*: "A metafísica pareceu-me sempre uma forma prolongada da loucura latente" (*AdC*, p. 326; *LD*, p. 116).

As experiências heteronímicas de Pessoa com a histeria estão, como vimos, em dívida com a tradição iniciada por Flaubert, e em seguida desenvolvida pelos modernistas. Proponho agora que as suas experiências heteronímicas com a neurastenia derivam, em grande parte, da sua leitura de *Hamlet*.

A Loucura das personagens de Shakespeare

As personagens de Shakespeare, que já eram tratadas como se fossem pessoas de carne e osso, na crítica oitocentista de personagens (ver Capítulo 1), tornaram-se o alvo da caça às neuroses do *fin-de-siècle*. Os médicos apontaram para Hamlet e Lear como exemplos de constituições e temperamentos neuróticos.[82] Três anos

[79] *Poesia do eu*, p. 171.
[80] *Ibid.*
[81] Citado em L. C. Taylor, "Life and Times", in *A Centenary Pessoa*, p. 220.
[82] Ver John S. Haller, *American Medicine in Transition 1840-1910* (Chicago: University of Illinois Press, 1981), pp. 9-14.

antes de conceber o Complexo de Édipo, como explicação para a psicologia de Hamlet, Freud referira-se a "Hamlet, o histérico", em carta de 1897.[83] Um livro intitulado *The Hysteria of Lady MacBeth* [*A Histeria de Lady Macbeth*] foi publicado em 1912.[84]

Shakespeare et la Supersition Shakespearienne, de Pellissier (1914), livro que Pessoa possuía, tem um capítulo dedicado à "Psychologie dans les Grands Personnages: Macbeth et Othello; Hamlet" [A Psicologia das grandes personagens: Macbeth, Otelo, Hamlet]. Pessoa não concordou com Pellissier que "Coriolan, Timon, Roméo, Lear, excluent toute étude psychologique" [Coriolano, Timão, Romeu, Lear, excluem qualquer análise psicológica], pois sublinhou estas palavras e pôs um ponto de interrogação ao lado delas. Escreveu, ainda, "All wrong" [completamente errado] junto à afirmação de Pellissier, em outro capítulo: "Évidement Shakespeare n'a vu dans ce rôle [Lear] qu'une admirable matière à déployer toute sa rhétorique" [Claramente Shakespeare viu neste papel [Lear] tão somente um maravilhoso material para exibir toda a sua retórica].[85]

Pelo contrário, Pessoa elogia Shakespeare pela sua destreza em explorar, através das suas personagens dramáticas:

> abnormal mental states, in which the opinion of modern psychiatricians [*sic*] has given him a distinct preeminence. The senile dementia of Lear, the hysteria of Lady Macbeth, Macbeth's epileptoid character, the hystero-neurasthenia of Hamlet. (*GL*, p. 354)

> [estados mentais anormais, para os quais a opinião dos psiquiatras modernos deram uma distintiva preeminência. A demência senil de Lear, a histeria de Lady Macbeth, a personalidade epileptóide de Macbeth, a histero-neurastenia de Hamlet.]

Num projeto de publicações para a Olisipo, Pessoa inclui as peças *The Tempest*, *Hamlet*, e *King Lear* (*PPP II*, p. 195). Foram estas peças que lhe mereceram especial atenção, e não é por coincidência que os seus protagonistas sejam todos, em maior ou menos grau, loucos. Como os seus contemporâneos, Pessoa diverte-se a descobrir, nas personagens shakespearianas, sintomas das condições psiquiátricas da época:

> a ciência moderna pasma da perfeição sintomatologia com que são delineadas, vivas e concretas, com os traços físicos como os psíquicos, a histero-neurasthenia de Hamlet, a demência senil de Lear, a histero-epilepsia de Lady

[83] Freud, carta a Fliess, 15/10/1897, in *The Complete Letters of Sigmund Freud to Wilhelm Fliess, 1887-1904*, trad. Jeffrey Moussaieff Masson (Cambridge, MA: University of Harvard Press, 1985), p. 272.
[84] Isador H. Coriat, *The Hysteria of Lady Macbeth* (Nova York: Moffat, Yard, 1912).
[85] Georges Pellisier, *Shakespeare et La Superstion Shakespearienne* (Paris: Hachette, 1914), p. 288.

> Macbeth. [...] Ibsen, que quis fazer drama psiquiátrico, não conseguiu, nem sequer de longe, criar personagens tão inteiramente verdadeiras, perante a própria psiquiatria, como Shakespeare. (*PETCL*, p. 87)

Pessoa classifica Álvaro de Campos e Hamlet como personalidades neuróticas; é este mais um ponto de contacto entre os dois. No entanto, embora descreva Hamlet, nestas duas ocasiões, como histero-neurasténico, tende a debruçar-se, sobretudo, nas suas atitudes neurasténicas, como por exemplo o seu discurso mais melancólico, "To be or not to be" [Ser ou não ser] (ver Capítulo 1).

Num texto sobre Hamlet, Pessoa escreve:

> A tragedia de Hamlet não é, como quiz Goethe, a de uma vontade incompetente para arcar com uma tarefa, ou liberdade, que lhe é imposta. Nem mesmo é, como outros, mais complexamente, quereriam, a de uma vontade doente em lucta com o pensamento. A tragédia é, com effeito, d'esta especie, porém mais complexa e, ao mesmo tempo, mais humana. É a de uma vontade doente incapaz de arcar com uma tarefa, ou responsabilidade, *com a qual reconhece que pode arcar, dadas que* fossem certas condições, dado certo amparo à volição, mantidas certas circunstâncias que permitissem uma organização de impulsos esporádicos em determinação concatenada. Um isolamento que, em parte, temperamento de pensador causa, interiormente porque quebra a vontade e a embota, exteriormente porque torna difficil a ligação com os outros e fugitiva a influenciação pelos acontecimentos que seguem no sentido de desigual tendência.[86]

A suposta "vontade doente incapaz de ação" de Hamlet, embora Pessoa não o diga com todas as palavras, é altamente parecida com a neurastenia. É de salientar que Goethe costuma ser citado como o primeiro a diagnosticar Hamlet de neurasténico. Descobri que Goethe nunca usou essa palavra, mas a sua descrição de Hamlet, em *Wilhelm Meister*, como um homem debilitado pela introspeção excessiva ("sickle'd o'er with the pale cast of thought"), influenciou toda uma geração de críticos shakespearianos, na Alemanha e no Reino Unido, que então relacionaram esta célebre descrição à neurose. Escreveu Goethe: "To me it is clear that Shakespeare meant, in the present case, to represent the effects of a great action laid upon a soul unfit for the performance of it. In this view the whole piece seems to me to be composed" [Para mim, é evidente que Shakespeare quis, no presente caso, ilustrar os efeitos de uma grande ação depositada numa alma inapta para a sua realização. Nesta visão a peça inteira parece-me composta]. O primeiro solilóquio de Hamlet, "O, that this too too solid flesh would melt" [Oh, se esta carne sólida, tão sólida, se desfizesse, fundindo-se em orvalho!], incita Wilhelm a desenvolver a ideia da melancolia de Hamlet: "This *taedium vitae* is a common oppression on minds cast in the Hamlet mould, and is caused by disproportionate

[86] *Apreciações literárias de Fernando Pessoa*, p. 251. Manuscrito transcrito e apresentado por mim, pela primeira vez, na tese de doutoramento *Fernando Pessoa's Shakespeare*.

mental exertion, which necessitates exhaustion of bodily feeling. Where there is a just coincidence of external and internal action, pleasure is always the result; but where the former is deficient, and the mind's appetency of the ideal is unchecked, realities will seem cold and unmoving" [Este *taedium vitae* é uma opressão comum em mentes como a de Hamlet, e é causada por um desproporcional esforço mental, que necessita a exaustão da sensação corporal. Onde há uma justa coincidência de ação externa e interna, o resultado é sempre o prazer; mas onde o primeiro é deficiente, e o apetite da mente pelo ideal não é contido, as realidades parecerão frias e incapazes de provocar sentimentos].[87]

Inúmeros leitores subsequentes ecoaram a interpretação de Goethe. Dyson Wood, por exemplo, escreve em 1870 que Hamlet é

> prey of the most painful mental conflicts, the intensity of which occasionally almost drives him to desperation. The sad result of this state of things on a sensitive nature is too often the setting up of a condition of chronic and habitual irritability, which may end either in actual insanity, or in such a weakening of the brain's power, that the individual, unless invigorated by and entire change of scene and occupation, becomes utterly unfit for anything like sustained mental effort.[88]
>
> [a presa dos mais dolorosos conflitos mentais, cuja intensidade, por vezes, quase o leva ao desespero. O triste resultado desta condição numa pessoa sensível é, muito frequentemente, a instalação de uma condição de crónica e habitual irritabilidade, que pode acabar em verdadeira loucura, ou em tamanho enfraquecimento do poder cerebral que o indivíduo, a não ser que seja revigorado por uma completa mudança de cenário e ocupação, torna-se completamente incapaz de qualquer espécie de esforço mental contínuo].

Coleridge, em especial, fez muito para a popularização desta visão; escreveu, em *Lectures on Shakspeare* [sic] [*Palestras sobre Shakspeare*], que Pessoa possuía, que Hamlet "is a man living in meditation, called upon to act by every motive human and divine, but the great object of his life is defeated by continually resolving to do, yet doing nothing but resolve" [é um homem a viver em meditação, chamado a agir por todos os motivos humanos e divinos, mas o grande objetivo da sua vida é derrotado porque ele continuamente resolve agir, mas nunca faz mais que resolver]. No mesmo livro, Coleridge afirma: "we see a great, an almost enormous, intellectual activity, and a proportionate aversion to real action" [vemos uma grande, quase enorme, atividade intelectual, e uma proporcional aversão a ação efetiva].[89]

[87] Goethe, *Wilhelm Meister*; citado em Bate, *The Romantics on Shakespeare*, pp. 306-7, 316.
[88] Dyson Wood, *Hamlet: A Psychological Point of View* (Londres: Longmans, Green, Reader, & Dyer, 1870), p. 22.
[89] *Coleridge's Lectures on Shakspeare*, pp. 479, 136.

Alguns artistas portugueses concordaram que Shakespeare criou, em Hamlet, uma personagem neurótica. Para a sua produção de *Hamlet* de 1887, o ator Eduardo Brazão, que desejava penetrar a psicologia íntima da problemática personagem, pediu a José António de Freitas uma nova tradução da peça. A tradução de Freitas, e o estudo que a acompanha, focam a degeneração e a neurose do Príncipe, através de uma análise baseada em teorias psicológicas francesas e os seus ecos em Portugal.[90] No seu estudo, Freitas aborda Hamlet como um caso clínico, e conclui: "Em nossa opinião Hamlet é um histérico [...] a personagem shakespeariana pode ser apresentada como um exemplar perfeitíssimo da histeria masculina." No entanto, ao descrevê-lo como irresoluto e carente de força de vontade, Freitas chega à descrição típica do temperamento neurasténico: "Enfermou da doença a que os gregos davam o nome de melancolia, *bílis negra*; doença que invade os ânimos acossados de aflições, fustigados por horríveis catástrofes, cruelmente desenganados, nas suas ilusões."

A representação de Eduardo Brazão de Hamlet, a partir da visão de Freitas, foi influente, assim como, na sequência, a publicação da tradução da peça. A sua segunda edição, de 1912, traz uma introdução ampliada, na qual Freitas estende o seu estudo patológico a outras personagens shakespearianas:

> Está Otelo, de quem Iago diz que é um epiléptico; está Romeu, que é um erotómano; está Timon, que é um misantropo; está Macbeth, que é um criminoso-nato; está Lady Macbeth, que é uma sonâmbula; está o Rei Lear, que é um demente senil; está Falstaff, que é não só um belo exemplo mas um acabado exemplar de alcoólico.[91]

Em *"Hamlet" Once More* (1923), de Robertson, Pessoa sublinhou a conclusão de que a peça seria "a re-writing without a reconstruction of Kyd's [play], with the old action and a new psychosis" [uma reescrita, não uma reconstrução, [da peça] de [Thomas] Kyd, com a ação antiga e uma nova psicose].[92] Seria, mais propriamente, uma neurose, como vimos, mas as palavras de Robertson revelam que a moda crítica de diagnosticar a suposta patologia de Hamlet se fazia sentir na década de 1920. Era uma leitura atraente, porque propunha uma solução inteligível para um dos maiores problemas da peça: a preferência de Hamlet por solilóquios introspetivos e a sua incapacidade de vingar, de forma ativa, o assassinato de seu pai. Esta "solução" continuou a ser a dominante, mesmo muitos anos depois de Freud propor uma interpretação alternativa, na sua criação do Complexo de Édipo, no livro *A Interpretação dos sonhos* (1899).

No final do século XX, houve retomas esporádicas do género de crítica

[90] Ver Flor, "*Hamlet* (1887): Tradução portuguesa de um caso patológico", in *Shakespeare entre nós*, org. Maria Helena Serôdio, João de Almeida Flor, Alexandra Assis Rosa, Rita Queiroz de Barros e Paulo Eduardo Carvalho (Ribeirão: Edições Húmus, 2009), pp. 184-200.

[91] Citado em *Ibid.*, pp. 194-6.

[92] Robertson, *"Hamlet" Once More*, pp. 118, 162.

psicológica que Pessoa e seus contemporâneos fizeram de Shakespeare e das suas personagens, algumas tomando como objeto o próprio Pessoa. O médico português Mário Saraiva quis diagnosticar a loucura de Pessoa nos livros *O Caso clínico de Fernando Pessoa* (1990) e *Pessoa ele próprio. Novo estudo nosológico e patográfico* (1992).[93] No primeiro, Saraiva conclui que ele era um autêntico psicopata. Descobrindo nele, ainda, traços de esquizofrenia (palavra criada em 1908 mas pouquíssimo usada na época de Pessoa), incita os pesquisadores do seu espólio a recrutarem os serviços de psiquiatras.[94] Tais diagnósticos retrospetivos são de utilidade duvidosa, pois tudo o que podemos saber com segurança é que Pessoa, como muitos outros modernistas, apropriou-se de forma magistral da loucura da época para a sua obra.

Neurose, género, e sexualidade

Há um pressuposto geral que os artistas possuem uma sensibilidade feminina, para além de masculina. Como afirma Mario Praz, em *The Romantic Agony* [*A Agonia romântica*] (1956): "feminine minds are those to which psychologists give the name 'schizoid'; and it is questionable whether the minds of all artists are not, in a greater or lesser degree, of this kind" [as mentes femininas são aquelas a que os psicólogos chamam "esquizoide"; e é possível que as mentes de todos os artistas pertençam, em maior ou menor grau, a esta categoria].[95] Pessoa aceita o seu lado feminino quando escreve numa carta de autoanálise:

> Não encontro dificuldade em definir-me: sou um temperamento feminino com uma inteligência masculina. A minha sensibilidade e os movimentos que dela procedem, e é nisso que consistem o temperamento e a sua expressão, são de mulher. As minhas faculdades de relação – a inteligência, e a vontade, que é a inteligência do impulso – são de homem (*PIAI*, p. 27).

Esta explicação tem como base a dicotomia entre a histeria/feminilidade ("temperamento", "sensibilidade") e a neurastenia/masculinidade ("inteligência", "vontade"). O diagnóstico de histeria masculina tinha conotações de feminilidade, e portanto de inversão de género.

A inversão de género associada à histeria atravessa a literatura da época. O poema "Feminina", de Mário de Sá-Carneiro, exprime o desejo de se ser o outro sexo:

> Eu queria ser mulher para excitar quem me olhasse,
> Eu queria ser mulher pra me poder recusar...[96]

93 Mário Saraiva, *O Caso clínico de Fernando Pessoa* (Lisboa: Referendo, 1990); *Pessoa ele próprio. Novo estudo nosológico e patográfico* (Lisboa: Clássica Editora, 1992).
94 Sobre a esquizofrenia como diagnóstico, ver Roy Porter e G. E. Berrios, *A History of Clinical Psychiatry*, pp. 38-9.
95 Mario Praz, "Foreword", in *The Romantic Agony*, trad. Angus Davidson (Nova York: Meridian, 1956), p. xii.
96 Sá-Carneiro, "Feminina", in *Poemas completos*, p. 144.

António Nobre, num poema, escreve que tem, no sentido duplo de possuir, uma "torre de leite", símbolo tanto do phallo quanto do seio feminino.[97] A poesia de Nobre levou Teixeira de Pascoaes a observar, sarcasticamente, que Nobre era uma grande poetisa. Álvaro de Campos também namora com a inversão de género em vários poemas, mais claramente em "Ode Marítima" (1915):

Ser o meu corpo passivo a mulher-todas-as-mulheres
Que foram violadas, mortas, feridas, rasgadas pelos piratas!
Ser no meu ser subjugado a fêmea que tem de ser deles!
[...] Ser-vos a fêmea, ser-vos as fêmeas, ser-vos as vítimas (*AdC*, p. 125).

O universo heteronímico de Pessoa é, na superfície, um mundo dominado pelos homens, do qual as mulheres são conspicuamente excluídas; a atmosfera semelhantemente homoerótica de *Jekyll and Hyde* fez com que Henry James afirmasse: "There is something almost impertinent in the way [...] in which Mr Stevenson achieves his best effects without the aid of the ladies, and *Dr Jekyll* is a capital example of his heartless independence" [Há algo de quase impertinente na forma como [...] o Sr. Stevenson consegue os seus melhores efeitos sem a ajuda das senhoras, e *Dr. Jekyll* é um exemplo capital da sua independência fria].[98] A heteronímia apenas contém, entre as suas dúzias de vozes dramáticas, uma solitária autora, Maria José, a quem é atribuída uma única e patética carta de amor. Maria José, cujo próprio nome aponta para a ambiguidade de género, é doente e corcunda, portanto dificilmente um bom exemplo de feminilidade viril e expansiva. Campos, com a sua histeria e o seu desejo de ser mulher, é porventura mais feminino.

A aceitação poética de Campos do género contrário, enraizada na histeria que Pessoa explicitamente lhe confere, faz parte do desejo de Pessoa de alcançar, com os seus heterónimos, a autoexpressão completa. Hélène Cixous afirma: "Accepting the other sex as a component makes [poetic persons] much richer, more various, stronger, and – to the extent that they are mobile – very fragile..." [Aceitar o outro sexo como um componente faz [das personas poéticas] muito mais ricas, mais variadas, mais fortes, e – na medida em que são móveis – muito frágeis].[99] Muito frágeis: "Coitado do Álvaro de Campos!" Cixous e Julia Kristeva, nas suas teorias de género, defendem a "escrita feminina" como uma nova forma de expressão, capaz de dar voz a tudo que o racionalismo ocidental tem vindo a reprimir. Propõem que a prática pode ser empreendida tanto por homens quanto por mulheres; uma das análises mais famosas de Cixous é a do monólogo de Molly em *Ulysses*.[100] Carl Gustave Jung foi um de muitos leitores que admiraram a inquietante capacidade

[97] Nobre, "Lusitânia no Bairro Latino", in *Poesia completa*, p. 181.
[98] Henry James, "Robert Louis Stevenson", *The Century Magazine* 35:4 (Abril 1888), 869-79, p. 878.
[99] Hélène Cixous, *Sorties: Attacks / Ways Out / Forays*, in *Literary Theory: An Anthology*, org. Julie Rivkin and Michal Ryan (Londres: Blackwell, 2004), p. 351.
[100] Ver *Ibid.*, p. 349-52.

de Joyce em imaginar-se na pele de uma mulher; escreveu sobre este monólogo final: "I suppose the devil's grandmother knows so much about the real psychology of a woman. I didn't" [Suponho que a avó do diabo saiba tanto sobre a verdadeira psicologia de uma mulher. Eu não sabia].[101]

Contudo, o problema em aceitar abertamente o género contrário é que os indivíduos que resistiam às expectativas convencionais de género eram frequentemente chamados de anormais, até mesmo perversos.[102] Para Freud, a perversão e a neurose estão em relação de positivo a negativo, visto que os neuróticos, ao serem confrontados com as exigências culturais, só conseguem uma aparente e mal sucedida supressão dos seus instintos:

> I have described the neuroses as the "negative" of the perversions because in the neuroses the perverse impulses, after being repressed, manifest themselves from the unconscious part of the mind – because the neuroses contain the same tendencies, though in a state of repression, as do the positive perversions.

> [Descrevi as neuroses como as perversões "negativas" porque nas neuroses os impulsos perversos, depois de serem reprimidos, manifestam-se da parte subconsciente da mente – porque a neurose contém as mesmas tendências, embora em estado de "repressão", que as perversões positivas.]

Esta relação positivo/negativo é imediatamente transposta para um comentário sobre a diferença entre os géneros:

> The discovery that perversions and neuroses stand in the relation of positive and negative is often unmistakeably confirmed by observations made on the members of one generation of a family. Quite frequently a brother is a sexual pervert, while his sister, who, being a woman, possesses a weaker sexual instinct, is a neurotic whose symptoms express the same inclinations as the perversions of her sexually more active brother. And correspondingly, in many families the men are healthy, but from a social point of view immoral to an undesirable degree, while the women are high-minded and over-refined, but severely neurotic.[103]

> [A descoberta que as perversões e as neuroses estão em relação de positivo a negativo é, muitas vezes, inequivocamente confirmada por observações feitas

101 Citado em Deming, *James Joyce: The Critical Heritage 1928-1941*, II, p. 583.

102 Ver Elaine Showalter, "Syphilis, Sexuality and Fiction in the *Fin-de-siècle*", in *Sex Politics and Science in the Nineteenth Century Novel*, org. Ruth Bernard Yeazell (Baltimore: Johns Hopkins University Press, 1986), pp. 76-92.

103 Freud, "'Civilized' sexual morality and modern nervous illness", in *The Standard Edition of the Complete Psychological Works of Sigmund Freud*, 24 vols. (Londres: Hogarth Press, 1953-1974), X, pp. 190, 191.

aos membros de uma geração da mesma família. Muito frequentemente, um irmão é um pervertido sexual, enquanto que a sua irmã, que sendo mulher, possui um instinto sexual mais fraco, é uma neurótica, cujos sintomas expressam as mesmas inclinações que as perversões do seu irmão sexualmente mais ativo. E, de forma correspondente, em muitas famílias os homens são saudáveis, mas, sob o ponto de vista social, imorais a um grau indesejável, enquanto que as mulheres são de mente elevada e mais refinada, mas gravemente neuróticas.]

O caso de Antero de Quental correlaciona-se perfeitamente com essa divisão masculino/feminino. Antero havia sido diagnosticado clinicamente como histérico pelo célebre Charcot em 1877, mas, após o seu regresso a Portugal, Sousa Martins deu-lhe o mais suave e mais masculino diagnóstico de neurastenia. (Pizarro frisa que Sousa Martins não hesitou em diagnosticar a mãe e a irmã de Antero como histéricas.[104]) Pessoa conhecia a história de Antero: leu a "Nosografia" de Sousa Martins, que contém o seu diagnóstico do escritor, para além de um livro de António Sérgio, de 1929, sobre o mesmo tema.[105] Por coincidência, ou talvez não, a evolução poética de Campos, passando da histeria à neurastenia, espelha a evolução do diagnóstico de Antero.

O caso de Antero revela como, apesar da crescente aplicação do rótulo de histeria a homens artistas e literatos no início do século XX, a neurastenia era uma condição muito mais desejável ou, no mínimo, menos indesejável. Muitos dos supostos neuróticos que puderam responder a seus médicos ou críticos, por ainda serem vivos (muitos só foram diagnosticados após a sua morte), preferiram, de longe, a neurastenia. Flaubert foi um dos poucos a aceitar o rótulo de histeria; primeiro, ao identificar-se com a sua protagonista histérica quando declarou: "Madame Bovary, c'est moi" [Sou Madame Bovary]; depois, nas suas cartas pessoais, que contêm inúmeras referências à sua patologia histérica, incluindo descrições dos seus sintomas mais estilizados. Baudelaire considerava que parte do génio de *Madame Bovary* devia-se ao facto de Flaubert, "poète hystérique" [poeta histérico], ter conseguido transformar-se, com sucesso, em mulher: "Il ne restait plus à l'auteur, pour accomplir le tour de force dans son entier, que de se dépouiller (autant que possible) de son sexe et de se faire femme" [Só restou ao autor, para conseguir o seu *tour de force* por inteiro, despir-se (tanto quanto possível) do seu sexo e tornar-se mulher].[106]

No entanto, quando o próprio Baudelaire foi diagnosticado como histérico, no seu último ano de vida, escreveu a um amigo em desespero: "Disseram-me, para meu único consolo, que sou *histérico*!"[107]

[104] Pizarro, "Antero de Quental, entre contradições e esquecimentos", *Estudos Anterianos* 11-12 (Abril-Outubro, 2003), 57-65, p. 60.
[105] Citado em Pizarro, "Da Histeria à Neurastenia (Quental e Pessoa)", *Conceito* 1, pp. 175-6.
[106] Baudelaire, "Madame Bovary", in *Oeuvres complètes*, II, pp. 83, 81.
[107] *Baudelaire: Correspondance*, org. Claude Pichois and Jean Ziegler, 2 vols. (Paris:

No pior dos casos, a histeria masculina poderia apontar para aquilo que era considerado como o pior de todos os vícios possíveis, a homossexualidade, pois havia muita confusão, na época, entre a inversão de género (feminilidade, efeminação, afetação) e a inversão sexual. O sexólogo pioneiro Havelock Ellis, no seu livro *Sexual Inversion* [*Inversão sexual*] (1897), classifica o comportamento lésbico com base apenas na inversão de género.[108] A acusação de "efeminação", como insulto pessoal, conotava frequentemente o desejo homossexual; *The Picture of Dorian Gray* [*O Retrato de Dorian Gray*] (1890), de Óscar Wilde, foi atacado tanto por sua efeminação como por seu homoerotismo. A revista *Athenaeum* chamou o romance "unmanly, sickening, vicious" [pouco masculino, doentio, cheio de vício], e a *Scots Observer* afirmou que "its interest is medico-legal" [o seu interesso é clínico-legal].[109]

Pessoa, enquanto Álvaro de Campos, afirma que Walt Whitman, com a sua "atitude de mulher", era um "grande pederasta" (*AdC*, pp. 163, 161). Revela-se ansioso sobre as implicações da histeria masculina quando escreve a Casais, em sua carta de 13 de Janeiro de 1935 sobre a génese dos heterónimos, que se ele, Pessoa, fosse mulher, a poesia de Campos seria um alarme para a vizinhança (*AdC*, p. 341).

Pessoa saberia, conhecendo tão bem as nuances de ambos os transtornos neuróticos, que o seu autodiagnóstico automaticamente enfatizava a componente neurasténica, não a histérica, da dupla neurose: nos textos clínicos em que aparece, a histero-neurastenia refere-se especificamente a uma variedade de neurastenia, não de histeria.[110] O resultado da sua afirmação, quando canaliza toda a sua histeria para a poesia de Campos, é frisar a visão de si próprio como sendo mais neurasténico do que histérico, segundo a lógica que a histero-neurastenia menos a histeria equivale à neurastenia. (Segundo a mesma lógica, Bernardo Soares, um semi-heterónimo cuja personalidade é próxima à do seu criador, também será mais neurasténico que histérico.)

Além disso, Pessoa refere-se às suas supostas características neurasténicas com muito mais frequência do que às suas supostas características histéricas. Em 22 de Outubro de 1932, por exemplo, informa Gaspar Simões:

> Não sei se lhe disse: tive uma espécie de intoxicação geral, à qual se sobrepunha e sobrepõe, *ante e post* (pois que em parte provocou a intensidade da intoxicação, e em parte se agravou com essa intensidade), o que, se não é uma

Gallimard, 1973), II, p. 583.

108 Havelock Ellis, *Sexual Inversion*, in *Studies in the Psychology of Sex*, 8 vols. (Londres: Watford, 1897), I.

109 Ver David Hilliard, "Unenglish and Unmanly: Anglo-Catholicism and Homosexuality", *Victorian Studies* 25 (1982), 181-210; Citado em Ed Cohen, "Writing Gone Wilde: Homoerotic Desire in the Closet of Representation", *Publications of the Modern Languages Association of America* 102 (1987), pp. 798-823, pp. 803, 805.

110 Ver, por exemplo, o livro de Clarke *Hysteria & Neurasthenia: The Practitioner's Handbook* (1905), p. 238.

> neurastenia aguda, lhe copiou com êxito as feições e as maneiras. Tem sido, mais particularmente, a ação desta última inação que me tem tido preso – já de mim tão naturalmente idóneo para as clausuras da vontade! (*Corr II*, p. 275)

Pessoa cita, de forma recorrente, a sua neurastenia como desculpa para não responder prontamente aos seus correspondentes. Em 8 de Abril de 1913, escreve a Mário Beirão: "Escrevo à pressa, e logo sobre a receção do postal. Assim não me foge a energia para responder. Estou altamente neurastenizado" (*Corr I*, p. 92). Em 1929, emprega o mesmo raciocínio em carta a Gaspar Simões: "Aquela minha leve alienação mental, que é um dos meus privilégios mais Campos, tem estado permanentemente à minha cabeceira, ainda nas horas em que não estou deitado. Não tenho feito nada, e não tenho escrito nada, nem (a prova existe na ausência da prova) a ninguém" (*Corr II*, p. 179). Em 1933, novamente a Gaspar Simões, repete o autodiagnóstico de neurastenia como desculpa para não ter-lhe escrito. Um ano mais tarde, escreve o mesmo a Casais: "Recebi o seu livro *Poemas do Tempo Incerto*, que achei, francamente, admirável. Conto passar parte do mês próximo no Estoril, com a minha família (tenho estado só, há meses, em Lisboa, a não ser que uma crise neurasténica constitua acompanhamento); então lhe escreverei longamente, tanto sobre os *Poemas do Tempo Incerto* como sobre as *Considerações Pessoais*" (*Corr II*, p. 330). A estratégia de Pessoa, em citar a sua neurose como explicação para a sua inação – já em 1912, prometera a Álvaro Pinho: "Escrevo para participar que, não havendo catástrofe nevrose, lhe enviarei de aqui amanhã o meu fim de artigo!" (*Corr I*, p. 53) – é movida pela mesma lógica que emprega para "resolver" o problema da incapacidade de Shakespeare em publicar a sua obra.

No caso dos dois autores, Pessoa também cita a sua loucura como sendo a contrapartida necessária do seu génio.

A Loucura e a heteronímia: "O génio é uma doença, uma doença magnífica, mas uma grande doença" (Pessoa: Charles Robert Anon)[111]

Pessoa sublinhou o seguinte trecho no seu exemplar do livro *Marriage and Heredity* [*Casamento e hereditariedade*], de Nisbet (1908), no qual o psiquiatra Henry Maudsley incita os homens a examinarem as suas potenciais mulheres cuidadosamente por sinais físicos de degeneração:

> "In families where there is a strong disposition to insanity", writes Maudsley, "one member may sometimes suffer from one form of nervous disease, another from another form; one perhaps has epilepsy, another severe neuralgia or hysteria, a third may commit suicide, a fourth may become maniacal or melancholic, and it sometimes happens that the fifth *evinces remarkable artistic talent*." [112]

[111] Original em inglês: "Genius is a disease, a glorious disease, but a great one" (*PI*, p. 159).

[112] J. F. Nisbet, *Marriage and Heredity: A View of Psychological Evolution*. (Edinburgo: John Grant, 1908), p. 149.

["Em famílias onde há uma forte predisposição para a loucura", escreve Maudsley, "um membro pode às vezes sofrer de uma espécie de doença nervosa, e outro de outra espécie; um talvez tenha epilepsia, outro severa nevralgia ou histeria, um terceiro pode cometer suicídio, um quarto pode tornar-se maníaco ou melancólico, e às vezes ocorre que o quinto *demonstre notável talento artístico.*"]

O capítulo em este trecho se encontra tem como título "The Procreation of Genius" [A Procriação do génio].[113] A esperança de Pessoa era de que o seu toque de loucura, uma ameaça genética na sua família (a sua avó Dionísia morrera louca), resultasse em génio artístico, em vez de numa condição patológica.

Em *Fausto*, Pessoa escreve, na voz de Goethe, que o seu génio nasceu da sua alma louca:

Goethe: Do fundo da inconsciência
Da alma sobriamente louca
Tirei poesia e ciência
E não pouca.

Depois deste discurso, Shakespeare, que Pessoa também transforma em personagem dramática na peça *Fausto*, verbaliza a ideia subjacente: "é loucura a inspiração!"[114]

Pessoa era fascinado pela relação entre o génio e a loucura, que explorou, na tradição secular, como sendo os dois lados da mesma moeda. Teorias sobre a loucura do génio, com base no discurso clínico sobre as neuroses, eram correntes no final do século XIX; Havelock Ellis escreve: "I ever more realize how great a part is played in the lives of men and women by some little concealed germ of abnormality" [Vejo, cada vez mais, o enorme papel desempenhado nas vidas de homens e mulheres por alguns pequenos e secretos germes de anormalidade]; conclui que esta anormalidade será precisamente a marca do génio.[115] Pessoa escreve uma afirmação semelhante na contracapa do seu exemplar dos ensaios críticos de Thomas Carlyle: "Le génie est une névrose" [O génio é uma nevrose]. Pessoa tinha este livro desde os seus anos escolares.[116] Repete a observação em outro texto: "O génio é uma neurose" (*GL*, p.128). Por vezes era menos categórico, pois noutro texto afirma: "Genius is not a neurosis. But it is accompanied by one" [O génio não é uma neurose. Mas é acompanhado por uma neurose] (*PETCL*, p. 56).

Pessoa sempre acreditou que o génio e a loucura fossem indissociavelmente ligados, como afirma em 1916 a um correspondente não identificado:

[113] Pessoa também possuía *The Insanity of Genius and the General Inequality of Human Faculty, Physiologically Considered*, de Nisbet (3ª ed. Londres: Ward and Downey, 1893).

[114] Pessoa, *Fausto*, p. 69.

[115] Ellis, *Selected Essays*, org. J. S. Collis (Londres: Dent, 1943), p. 301.

[116] Carlyle, *Sartor Resartus*. Pessoa escreveu a data de 1904 debaixo da sua assinatura dentro do livro.

> a teoria, hoje um pouco desleixada, [...] de que o génio é uma nevrose – a tese que Lombroso estragou, mas que existe soberbamente defendida na *Insanity of Genius* de Nisbet – tem só o defeito de ser axiomática. (*Corr II*, pp. 226-7)

Consequentemente, muitas das avaliações de Pessoa sobre o génio de Shakespeare referem-se à inevitável loucura que tamanho génio implicaria. Numa, escreve: "He stands forth as the greatest example of genius, pure genius, genius immortal and unavailing" [Ele é o maior exemplo do génio, do génio puro, do génio imortal e inútil]. Poucas frases depois, afirma, como se estivesse a defender um facto óbvio: "He stands before us, melancholy, witty, at times half insane" [Ele é melancólico, espirituoso, por vezes meio louco] (*PETCL*, p. 303).

Pessoa acreditava que a histero-neurastenia, a loucura específica que diagnosticara em Shakespeare, seria um ingrediente necessário do seu génio para a poesia dramática (ver Capítulo 1). Escreve no seguinte plano para um estudo sobre Shakespeare:

> Sendo Shakespeare um poeta-dramaturgo vejamos se elle é um hystero-neurasthenico, atravez da sua obra.
>
> (a) o temperamento hystero-neurasthenico
> (b) o que deve dar como apontando-se na obra de um poeta
> (c) exame da obra de Shakespeare sob este ponto de vista. Coincidencia absoluta. (*GL*, p. 371)

Pessoa aplica esta fórmula à poesia dramática em geral, escrevendo noutro texto que se descobrirmos num artista a histero-neurastenia, ou seja, "hysteria subtilizando-se em neurasthenia, temos o temperamento do poeta-dramaturgo" (*GL*, p. 376). Dado que esta neurose é a loucura necessária para a criação do mais elevado grau de poesia, ela pode ser uma bênção em vez de uma maldição, como Pessoa sugere no projetado prefácio para uma edição da sua poesia heteronímica:

> A obra completa, cujo primeiro volume é este, é de substância dramática, embora de forma vária – aqui de trechos em prosa, em outros livros de poemas ou de filosofias.
>
> É, não sei se um privilégio se uma doença, a constituição mental que a produz. (*PIAI*, p. 95)

É, portanto, completamente natural e lógico que Pessoa empregue a sua própria loucura shakespeariana como a explicação psicológica da sua propria própria dramática, a heteronímia. Na sua carta de 11 de Dezembro de 1931 a Gaspar Simões citada no Capítulo 1, explica:

> Do ponto de vista humano – em que o crítico não compete tocar, pois de nada lhe serve que toque – sou um histeroneurasténico com a predominância do elemento histérico na emoção e do elemento neurasténico na inteligência e na

vontade. (*Corr II*, p. 255)

Gaspar Simões aceitou o autodiagnóstico de Pessoa sem o questionar, mas não aceitou que a histero-neurastenia fosse a chave para a sua criatividade. Escreveu num esboço biográfico de 1936: "Não creio que ninguém tenha penetrado ainda na *explicação central* desta personalidade, que, sendo genial, era, no entanto, capaz de nos dar de si própria esta síntese simplista: - 'sou um hystero-neurasthenico.'"[117] Gaspar Simões encontraria a chave almejada, em vez disso, na sexualidade reprimida de Pessoa, como veremos no capítulo seguinte, com base em interpretações freudianas da sua obra que Pessoa refutaria com veemência.

Na sua carta a Casais sobre a génese dos heterónimos, Pessoa novamente associa o seu génio à sua suposta loucura:

> Começo pela parte psiquiátrica. A origem dos meus heterónimos é o fundo traço de histeria que existe em mim. Não sei se sou simplesmente histérico, se sou, mais propriamente, um histero-neurasténico. Tendo para a segunda hipótese, porque há em mim fenómenos de abulia que a histeria, propriamente dita, não enquadra no registo dos seus sintomas. Seja como for, a origem mental dos meus heterónimos está na minha tendência orgânica e constante para a despersonalização e para a simulação. (*Corr II*, p. 340)

A tendência para a despersonalização e para a simulação era considerada uma das principais características da histeria. Emma Bovary deu o seu nome a uma condição chamada *bovarysme* [bovarismo], caracterizada por ilusões sobre si próprio/a, insatisfação, e o desejo de ser outra pessoa. Jules de Gaultier, que inventou a palavra na década de 1890, descreveu-a como "le pouvoir départi à l'homme de se concevoir autre qu'il n'est" [o poder concedido ao homem de conceber-se outro].[118] Isto soa como o poder de criar personagens dramáticas por meio da despersonalização, a qualidade essencial que Pessoa descobre em Shakespeare e em si próprio. Uma das suas tentativas em definir a histeria faz alusão precisamente ao seu *bovarysme*:

> The psychic symptoms of *hysteria are – extreme oscillation of mood,* depression alternating with elation with no apparent, or no sufficient cause; *simulation and depersonalization*, whether in the form of common lying, of practical acting, or of auto-suggestion of false emotions, fictitious purposes and unnatural ideas; *day-dreaming* and all its forms, from a love of artificiality, decoration and scenario in preference to life (this being the objective form), to the ache for the

117 Gaspar Simões, "Notas à margem duma carta de Fernando Pessoa", in *Novos Temas* (Lisboa: Inquérito, 1938) pp. 156-7. Ver também o seu ensaio "Fernando Pessoa", in *Retratos de poetas que conheci: autobiografia* (Lisboa: Brasília Editora, 1974), pp. 43-9.

118 Jules de Gaultier, *Le Bovarysme, la psychologie dans l'oeuvre de Flaubert* (Paris: L. Cerf, 1898), p. 4.

unseen, for the remote, for that which is not here nor even anywhere. (*GL*, p. 375)

[Os sintomas psíquicos da *histeria são: oscilação extrema de humor*, depressão alternando com exaltação sem qualquer causa aparente ou suficiente; *simulação e despersonalização*, seja na forma mais comum da mentira, do fingimento, ou da autossugestão de falsas emoções, propósitos fictícios e ideias estranhas; *sonhar acordado* e todas as suas formas, de um amor pela artificialidade, decoração e cenário em preferência à vida (esta sendo a forma objetiva), até ao anseio pelo invisível, pelo remoto, por aquilo que não está ao pé ou até mesmo em lugar nenhum.]

Num dos seus textos inéditos sobre Shakespeare, Pessoa faz a ligação entre a sua representação de outras personalidades ("impersonation") e sintomas histéricos:

His one distinctive characteristic is the power to impersonate all kinds of characters; if he has a mental disease, it can thus be but hysteria, for this is the neurosis that is essentially dramatic and impersonatory. (BNP/E3 76A-4)

[A sua característica distintiva é o seu poder de representar as mais diversas personagens; se ele tiver uma doença mental, só pode ser a histeria, pois esta é a neurose que é essencialmente dramática e da representação.]

Vimos que Pessoa se sentiu tão seduzido pelo *bovarysme* de Shakespeare como Eliot, que escreveu: "I do not believe that any writer has ever exposed this *Bovarysme*, the human will see to things as they are not, more clearly than Shakespeare" [Creio que nenhum escritor jamais exibiu este *bovarysme*, este desejo humano de ver as coisas como elas não são, mais claramente que Shakespeare].[119]

É, talvez, surpreendente que Pessoa tenha concebido a invenção dos heterónimos, na sua vertente psicológica, exclusivamente com base na psicologia finissecular simplista das neuroses. Tais ideias já estavam quase ultrapassadas quando os heterónimos surgiram em 1914, e teses psicológicas alternativas, sobre personalidades múltiplas ou dissociativas, viriam a suplantá-las por inteiro durante a sua vida.

No final do século XIX, psicólogos já falavam de personalidades secundárias, dissociadas da primária. Em 1892, Binet publicou um livro sobre as alterações de personalidade, no qual escreveu: "One observes in a large number of people, placed in the most diverse conditions, the normal unity of consciousness is disintegrated. Several distinct consciousnesses arise, each of which may have perceptions, a memory, and even a moral character, of its own" [Observa-se em grande número de pessoas, nas mais diversas condições sociais, que a unidade

119 Eliot, *Selected Essays* (Nova York: Harcourt, Brace & World, 1960), p. 111.

normal da consciência é desintegrada. Surgem várias consciências distintas, cada uma das quais pode ter percepções, uma memória, e até um caráter moral, próprios].[120] Ribot publicou um livro, em 1895, a negar que haveria uma única identidade, mas sim múltiplos "eus".[121] Janet descobriu que, quando hipnotizava uma doente histérica chamada Lucie, ela tornava-se em "a different person in short" [uma pessoa diferente, em suma], e começou a referir-se a ela, em seus diferentes estados, como Lucie 1, Lucie 2, e Lucie 3.[122]

O psicólogo americano William James assistiu a uma comunicação de Janet no primeiro Congresso Internacional de Psicologia Fisiológica, realizado em Paris em Agosto de 1889. Mais tarde, escreveria que "the simultaneous co-existence of the different personages into which one human being may split is the great thesis of M. Janet's book" [a coexistência simultânea das diferentes personagens nas quais uma pessoa se pode dividir é a grande tese do livro de M. Janet], mas advertiu que "a self presided" [uma personalidade presidia] sobre as demais: "a split-off, limited, and buried, but yet a fully conscious self" [uma personalidade dividida, limitada, e enterrada, mas ainda assim inteiramente consciente].[123] O seu artigo "The Hidden Self" [A Personalidade escondida] foi publicado em Março de 1890, e influenciou o conto "The Jolly Corner" [A Esquina alegre] (1908), de seu irmão Henry James, no qual o narrador encontra-se com a sua própria personalidade escondida.[124] Num capítulo do seu importante livro *Principles of Psychology* [*Princípios da psicologia*] (1890), publicado dois anos mais tarde em versão resumida como *Psychology: The Briefer Course* [*Psicologia: Curso breve*], William James afirma: "*a man has as many social selves as there are individuals who recognise him* and carry an image of him in their mind" [*um homem tem tantas personalidades sociais quanto há indivíduos que o reconheçam* e tragam uma imagem dele na cabeça]. Explica que "From this there results what practically is a division of the man into several selves; and this may be a discordant splitting" [daí resulta o que na prática é a divisão do homem em vários seres; e esta pode ser uma divisão discordante]. Fala de uma "Hierarchy of the Mes" [Hierarquia dos Eus].[125] Os escritores modernistas da geração de Pessoa desenvolveriam as dicotomias simplistas, finisseculares, de consciência versus hipnose, ou de duplos (retratados na ficção da altura em *Jekyll and Hyde*, *The Picture of Dorian Gray*, e *A Confissão de Lúcio*, entre outros): passariam a espelhar as ideias de James e o seu círculo, sobre

120 Citado em John Rowan, *Subpersonalities: The People Inside Us* (Londres: Routledge, 1990), p. 243.
121 *Ibid.*
122 Citado em Robert D. Richardson, *William James: In the Maelstrom of American Modernism. A Biography* (Boston/Nova York: Mariner Books, 2007), p. 296.
123 William James, *Essays in Psychology* (Cambridge, M.A.: Harvard University Press, 1983), pp. 258, 259, 263.
124 William James, "The Hidden Self", *Scribner's Magazine* 7 (1890), 361-73; Henry James, "The Jolly Corner", *The English Review* (Dezembro 1908), 5-35.
125 William James, *Psychology: The Briefer Course* (1892; Toronto: General Publishing Company, 2001), pp. 46, 47, 57.

a *multiplicidade* de identidades. (A descrição de James da conexão mente-mundo, que descreve em termos de um "fluxo de consciência" ["stream of consciousness"], também teria um impacto direto e palpável na arte modernista.)

Outro psicólogo influente foi o americano Morton Prince, que, assim como James, ajudou a disseminar as ideias europeias sobre a psicopatologia, sobretudo os fenómenos dissociativos. Reuniu ao seu redor todos os profissionais importantes no novo ramo da psicologia da anormalidade, incluindo William James – que considerava Prince um dos maiores investigadores do subconsciente, ao nível de Janet, Binet, Breuer e Freud – e tornou-se no especialista americano em transtornos dissociativos, que também rotulou de personalidade múltipla. De 1898 a 1911, realizou estudos aprofundados, e publicou na imprensa académica e popular, sendo *The Dissociation of a Personality* [*A Dissociação de uma personalidade*] (1906) um dos títulos mais representativos entre os seus 14 livros. A personalidade múltipla, concluiu Prince, dependia da dissociação e da re-associação, ou da despersonalização e da re-personalização, como assim as denominou.[126] As suas teorias, que seriam apropriadas por Henry Head e outros no Reino Unido, tiveram amplo reconhecimento e aceitação: a terceira edição do *Diagnostic and Statistical Manual of Mental Disorders* [*Manual de diagnóstico e estatística dos transtornos mentais*] (*DSM III*, 1980), uma espécie de bíblia da psicologia, tem uma secção inteira dedicada a "Dissociative Disorders" [Transtornos dissociativos], incluindo a personalidade múltipla e, ainda, "depersonalization disorder (or neurosis)" [transtorno (ou neurose) da despersonalização]. O *DSM III* oferece-nos a seguinte definição do "transtorno da despersonalização":

> a dissociative disorder in which the sufferer is affected by persistent or recurrent feelings of depersonalization and/or derealization. Symptoms include a sense of automation, going through the motions of life but not experiencing it, feeling as though one is in a movie, feeling as though one is in a dream, feeling a disconnection from one's body; out-of-body experience, a detachment from one's body, environment and difficulty relating oneself to reality. It is by no means related to psychosis as sufferers maintain the ability to distinguish between their own internal experiences and the objective reality of the outside world.[127]
>
> [um distúrbio dissociativo no qual a vítima é afetada por persistentes ou recorrentes sentimentos de despersonalização e/ou desrealização. Os sintomas incluem uma sensação de automação, de passar pelas emoções da vida mas não experimentá-las, de sentir-se como se estivesse num filme, de sentir-se como se estivesse num sonho, de sentir-se desconectado do próprio

[126] Ver Nathan G. Hale, "Introduction", in Morton Prince, *Psychotherapy and Multiple Personality: Selected Essays*, org. Nathan G. Hale, Jr. (Cambridge, M.A.: Harvard University Press, 1975), p. 9.

[127] Citado em Rowan, *Subpersonalities*, pp. 13-4.

corpo; experiências extracorpóreas, distanciamentos do próprio corpo, do ambiente, e dificuldade em relacionar-se com a realidade. Não é de forma alguma relacionado à psicose, pois os doentes mantêm a capacidade de distinguir entre as suas experiências internas e a realidade objetiva do mundo exterior.]

Henri Ellenberger, em *The Discovery of the Unconscious* [*A Descoberta do subconsciente*] (1970), afirma que as subpersonalidades tanto podiam surgir espontaneamente, quanto ser induzidas pela sugestão, exageradas pelos investigadores, e representadas através da "personification" [personificação].[128]

A teoria de personalidade múltipla, na sua insistência na despersonalização, identidades hierárquicas, e personificação, poderia parecer uma melhor analogia clínica para a heteronímia do que o mais básico modelo neurótico que Pessoa propõe. Mas não existe nenhum livro de William James nem Morton Prince na sua biblioteca, e não há provas concretas que ele conhecesse as suas ideias em primeira mão. Estes psicólogos não são citados na edição de Pizarro dos escritos de Pessoa sobre génio e loucura, embora, como Pizarro nota, Pessoa e William James partilham algumas das mesmas influências, como por exemplo Nisbet.[129]

Contudo, ao conceber e explicar a heteronímia, em termos psicológicos, somente à luz das ideias finisseculares sobre a histeria e a neurastenia, Pessoa coloca-se em ilustre companhia. Embora as duas neuroses fossem consideradas condições indesejáveis por médicos, pelos seus pacientes, e por críticos culturais como Nordau, a sua presença em homens do mundo artístico e literário era por vezes encarada como uma qualidade impressionante, até mesmo enaltecedora. Lombroso, que escreveu sobre a histeria feminina com evidente desprezo, associou a histeria masculina ao génio no seu livro *L'Homme de génie* [*O Homem de génio*] (1889).[130] Maupassant, com o exagero que lhe é característico, concluiu que "all great men were hysterical" [todos os grandes homens eram histéricos], explicando que "Napoleon I was (but not the other one), [...] and Marat, Robespierre and Danton were" [Napoleão I o era (mas não o outro Napoleão), bem como Marat, Robespierre e Danton].[131] Bernardo Soares alinha-se com as grandes personagens neurasténicas, "os grandes homens de inação, a cujo número humildemente pertenço", quando afirma: "hei-de sempre sentir, como os grandes malditos, que mais vale pensar que viver" (*LD*, pp. 170, 207). Ambas estas

128 Ellenberger, *The Discovery of the Unconscious* (Nova York: Basic Books, 1970), pp. 126-47.

129 Pessoa faz anotações a alguns dos mesmos trechos, no seu exemplar de *The Insanity of Genius*, de Nisbit, que James cita nos seus escritos (ver *Entre génio e loucura*, pp. 100, 102). Outra influência compartilhada é o livro *La Folie de Jesus*, de Binet-Sanglé, que Pessoa usou para um texto projetado de Alexander Search, *The Mental Disorder(s) of Jesus*. Binet-Sanglé é citado por James como bom exemplo de materialismo clínico (*Ibid.*, p. 111).

130 Lombroso, *L'homme de génie* (Paris: Félix Alcan, 1889), pp. 465-85.

131 Citado em Micale, *Approaching Hysteria*, p. 248.

declarações de Soares são, muito possivelmente, referências oblíquas a Hamlet; no mínimo, descrevem personalidades como a dele. Em referência a si próprio, Pessoa escreve no rascunho de uma carta a Casais, citada no Capítulo anterior:

> Não me custa admitir que eu seja louco, mas exijo que se compreenda que não sou louco diferentemente de Shakespeare, qualquer que seja o valor relativo dos produtos do lado são da nossa loucura. (*PIAI*, p. 101)

Os "produtos do lado são" da "loucura" dos dois autores são as personagens dramáticas de Shakespeare e os heterónimos de Pessoa; ou seja, a essência do seu génio.

A SEXUALIDADE DE SHAKESPEARE

"Têndencias anormais" (Pessoa)[1]

Pessoa era tão fascinado pela sexualidade quanto pelo génio e a loucura, não obstante as suas contínuas afirmações em sentido contrário, como se lê na sua carta de 11 de Dezembro de 1931 a Gaspar Simões: "Pouco [...] me interessou a sexualidade, própria ou alheia" (*Corr II*, p. 252).

O interesse pela sua própria sexualidade é evidente, sobretudo, na sua escrita automática, uma prática que era corrente durante a segunda metade do século XIX, como forma de comunicação com os espíritos. Mais tarde, na década de 1920, seria adotada pelos surrealistas franceses, que veriam nela a oportunidade de criar uma arte vinda diretamente do subconsciente. A escrita automática era tão difundida, na época de Pessoa, que chegou a ser praticada pelos mais improváveis modernistas: pelo racional Eliot para além do esotérico Yeats. Pessoa foi iniciado nas sessões espiritualistas pela sua tia Anica, e recebeu a maior parte das suas comunicações astrais entre 1916 e 1917. Os espíritos com quem se comunicava mais frequentemente eram o poeta e filósofo Henry More (1614-1687), Wardour, colega de More, e o obscuro "Voodoist" [Voduísta]. Todos eles insistiam que Pessoa, então com 26 anos de idade, devia resolver de uma vez por todas o problema de sua virgindade.[2] Um excerto típico é o seguinte:

> You must not maintain your chastity more. You are so misogynous that you will find yourself morally impotent, and in that way will not produce any complete work in literature. You must abandon your monastic life and *now.*
>
> Make up your mind to do your duty by Nature, not in a manner so insane as now. Make up your mind to go to bed with the girl who is coming in to your life.[3]

> [Não deve mais manter a sua castidade. É tão misógino que acabará por ser moralmente impotente, e assim não criará nenhuma obra literária completa. Deve abandonar a sua vida monástica e *já.*
>
> Decida-se a cumprir o seu papel para com a natureza, não de maneira tão insana quanto agora. Decida-se a ir para a cama com a mulher que vai entrar na sua vida.]

Mais tarde, Pessoa descartaria as suas sessões de escrita automática como o resultado da sua histero-neurastenia, aliada à autossugestão.[4] Esta explicação faz lembrar a observação de Eliot, de que um "efflux of poetry" [fluxo de poesia] espontâneo poderia ser produzido "by some forms of ill-health, debility or

1 Original em inglês: "abnormal inclinations". Manuscrito inédito BNP/E3 76A-75.

2 *Escritos autobiográficos, automáticos e de reflexão pessoal*, org. Zenith (Lisboa: Assírio & Alvim, 2003), p. 209.

3 *Ibid.*, p. 224.

4 "Um Caso de mediunidade", in *Ibid.*, p. 333.

anaemia" [por algumas doenças, debilidades ou anemia], em vez de "being a present form of a friendly or impertinent demon" [ser uma forma presente de um demónio amigável ou impertinente].[5] Revela, ainda, a associação finissecular que havia entre a "loucura" e a sexualidade "perversa".

Os textos pioneiros da sexologia, o estudo científico da sexualidade humana que surgiu nas últimas décadas do século XIX, tinham tendência a patologizar a sexualidade, associando-a às ideias da época sobre a neurose, a perversão e a degeneração. *Psychopathia Sexualis* (1869), de Richard von Krafft-Ebing, que tinha como objetivo aprofundar "our knowledge concerning the pathology of the sexual life" [o nosso conhecimento da patologia da vida sexual], tornou-se um livro de referência para médicos e juízes.[6] Pessoa estava ciente do discurso clínico do *fin-de-siècle* sobre a sexualidade. Um dos livros clínicos que possuía era *Walt Whitman's Anomaly* [*A Anomalia de Walt Whitman*] (1913), com uma nota na capa avisando: "The sale of this book is restricted to Members of the Legal and Medical professions" [A venda deste livro é restrita a Membros das profissões Médica e Legal].[7] A "anomalia" de Whitman, segundo o livro, era a homossexualidade.

A palavra "homossexual" foi empregue, pela primeira vez, pelo médico suíço Karoly Benkert, em 1869, e começou a ser usada em inglês quando *Psychopathia Sexualis* foi traduzido, na década de 1890. Ninguém na época de Shakespeare teria pensado em si próprio como sendo homossexual ou, na verdade, tentado definir a sua identidade pela sua atividade sexual.[8] Contudo, os desejos da audiência, predominantemente masculina, por rapazes que desempenhavam os papéis femininos nas peças de teatro da época, sugere que um dos prazeres de ir ao teatro era testar as expectativas culturais acerca de quem deveria desejar a quem.[9]

Em *The History of Sexuality* [*A História da sexualidade*] (1978-1984), Michel Foucault defende que o conceito moderno da homossexualidade é uma invenção do século XIX. Antes disso, a sodomia era concebida judicialmente, como uma série de atos proibidos que ninguém deveria cometer. O "sodomita" era, portanto, uma aberração, mas o "homossexual" do século XIX passou a ser uma identidade, uma história, um caso clínico.[10] Como Eve Sedgwick explica, "o homossexual" passou então a ser uma das muitas categorias para a sexualidade, ao lado de outras classificações neuróticas e degeneradas:

> a rich stew of male algolagnia, child-love, and autoeroticism, to mention no more of its components, seemed to have as indicative a relation as did

[5] Eliot, "The Use of Poetry and the Use of Criticism", in *Selected Prose*, p. 89.
[6] Richard von Krafft-Ebing, *Psychopathia Sexualis*, 5ª ed. trad. C. G. Chaddock (Philadelphia/Londres: F. A. Davis, 1892), p. iv.
[7] W. C. Rivers, *Walt Whitman's Anomaly* (Londres: George Allen & Company, 1913).
[8] Alan Bray, *Homosexuality in Renaissance England* (Nova York, 1995), p. 16.
[9] Ver Stephen Orgel, *Impersonations: The Performance of Gender in Shakespeare's England* (Cambridge: Cambridge University Press, 1996), pp. 53-82.
[10] Michel Foucault, *The History of Sexuality: An Introduction*, trad. Robert Hurley (Nova York: Pantheon, 1978), p. 43.

homosexuality to the whole, obsessively entertained problematic of sexual "perversion" or, more broadly, "decadence." Foucault, for instance, mentions the hysterical woman and the masturbating child, along with "entomologized" sexological categories such as zoophiles, zooerasts, auto-monosexualists, and gynecomasts, as typifying the new sexual taxonomies.[11]

uma grande caldeirada de algolagnia masculina, pedofilia, e autoerotismo, para não referir os outros ingredientes, parecia ter uma relação tão indicativa como a homossexualidade, com toda problemática obsessivamente estudada da "perversão" sexual ou, mais amplamente, da "decadência". Foucault, por exemplo, cita a mulher histérica e a criança masturbadora juntamente com as categorias sexológicas "etimologizadas", como por exempo zoófilos, zooerastas, auto-monossexualistas e ginecomastas, como característicos da nova taxonomia sexual.

Teleny (1893) é o romance finissecular seminal sobre uma relação homossexual.[12] Passado em Paris no *fin-de-siècle*, relata a atração magnética e apaixonada, tendo um final trágico, entre um jovem francês, Camille des Grieux, e o pianista húngaro René Teleny, que narra a história. A autoria do romance é desconhecida, mas é geralmente atribuída a Óscar Wilde, possivelmente em colaboração ou como responsável editorial. O envolvimento de Wilde é apontado pelo livreiro erótico parisiense Charles Hirsh, que nas suas memórias descreve como Wilde levou o manuscrito até à sua livraria em 1890, instruindo que devesse ser lá guardado até que um amigo, que teria o cartão de visitas de Wilde, o fosse recuperar. Em 1893, o manuscrito chegou às mãos de Leonard Smithers, um intermediário entre autores, editoras e distribuidoras. Pertencia a um grupo pequeno, e íntimo, de editoras envolvidas na produção e distribuição de pornografia em Londres e Paris. De 1892 a 1894, o grupo publicou uma série de romances pornográficos sob a chancela de Erotika Biblion Society. *Teleny* foi publicado em 1893 como parte desta série, com modificações de Smithers, como a omissão da Introdução, e a transposição da ação de Londres para Paris.

Teleny retrata na perfeição a associação finissecular entre a neurose e a homossexualidade: Des Grieux sofre "a fit of nervousness" [uma crise nervosa] quando a sua paixão é despertada, e os seus nervos são "utterly unstrung" [completamente abalados] pelo seu desejo por Teleny. A sua relação ilícita provoca o medo da loucura, com base no seu conhecimento de ideias sobre a hereditariedade e a degenerescência: "You know, my father died mad" [Sabe, o

11 Sedgwick, *Epistemology of the Closet* (1990), in *Literary Theory: An Anthology*, org. Julie Rivkin and Michael Ryan (Londres: Blackwell, 2004), p. 912.

12 Ver James Nelson, *Publisher to the Decadents: Leonard Smithers in the Careers of Beardsley, Wilde, Dowson* (Filadélfia: Pennsylvania State University Press, 2000) e Lisa Sigel, *Governing Pleasures: Pornography and Social Change in England, 1815-1914* (Piscataway: Rutgers University Press, 2002).

meu pai morreu louco].[13] Um livro clínico que descobre alimenta as suas preocupações.

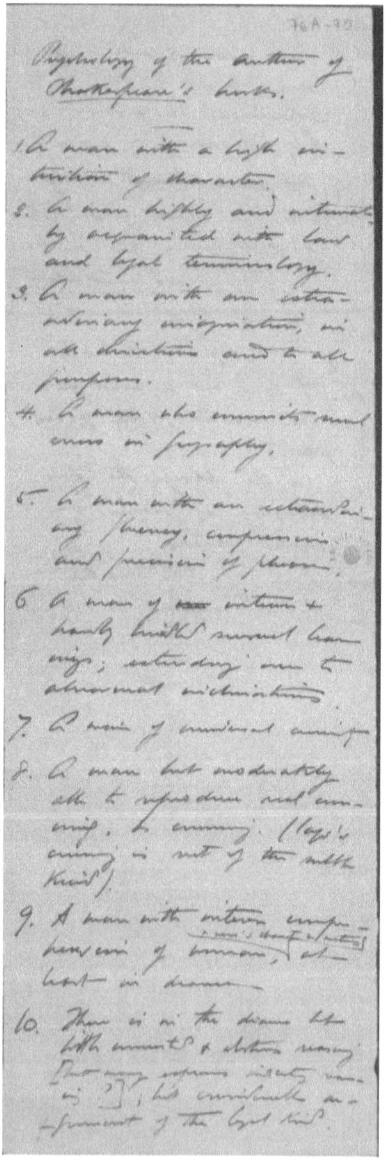

BNP/E3 76A-75

[13] Anónimo (atribuído a Wilde *et al*), *Teleny, or The Reverse of the Medal* (Nova York: Mondial, 2006), pp. 7, 6, 85.

Nos seus escritos sobre a sexualidade de Shakespeare, Pessoa chega à conclusão que as "abnormal inclinations" [tendências anormais] do dramaturgo inglês, como afirma na lista inédita "Psychology of the author of *Shakespeare's* works" [Psicologia do autor das obras de *Shakespeare*], reproduzida na página anterior, eram as mesmas de Whitman, nomeadamente a homossexualidade (BNP/E3 76A-75).

Em "Erostratus", Pessoa escreve que Shakespeare e Whitman eram ambos "paedarasts, by the bye" [pederastas, a propósito] (*H*, p. 169). No texto "Sobre traduzir Shakespeare", citado no Capítulo 1, refere-se a Shakespeare como o "Chefe dos pederastas". Noutro escrito, afirma: "Do poeta sabe-se alguma cousa. Sabe-se que é jurisconsulto, sabe-se que é invertido" (*GL*, p. 34). Em ainda outro texto inédito, inclui a "sexual inversion" [inversão sexual] de Shakespeare numa lista das suas três "characteristic peculiarities" [singularidades características] (BNP/E3 76A-3). A "homossexualidade" estava em relação oposta à "heterossexualidade", como revela a palavra metafórica que historicamente a precedeu, e a palavra que Pessoa prefere, "inversão".[14] O subtítulo de *Teleny* é "The Reverse of the Medal" [O Reverso da medalha].

Antes de examinarmos o impacto, na sua própria obra, da sexualidade que Pessoa descobre na obra de Shakespeare, importa explorarmos como, e por que razão, deduz ele as "inclinações anormais" do seu ídolo.

A Leitura dos *Sonetos* de Shakespeare

Vimos no Capítulo 2 o quanto Pessoa gostava de se corresponder com os baconianos. Numa carta de 1912 a William Smedley, autor de um dos livros baconianos na sua biblioteca, Pessoa escreve:

> Incidentally I may state that - in disagreement with the idealizing tendency shown by you in your attitude towards the *Sonnets* - I will prove that Bacon and Shakespeare were fatally sexual inverts (*GL*, p. 342).
>
> [A propósito, posso afirmar que - em desacordo com a tendência idealizadora que demonstra na sua atitude perante os *Sonetos* - provarei que Bacon e Shakespeare eram fatalmente invertidos sexuais.]

A referência aos *Sonetos* de Shakespeare na mesma frase que a sua suposta "inversão" é basilar, pois os *Sonetos* têm gerado, desde o início da era romântica, precisamente esse género de especulação. Há interpretações biográficas[15] dos

[14] Ver George Chancey, "From Sexual Inversion to Homosexuality", *Salmagundi* 58-9 (1982-1983), 114-46. John Addington Symonds colaborou com Havelock Ellis no primeiro volume, "Inversion", de *Studies in the Psychology of Sex* (1897). Citado em Stephen Heath, "Psychopathia Sexualis: Stevenson's *Strange Case*", *Critical Quarterly* 28 (1986), 69-79, p. 73.

[15] Defino as interpretações românticas de Shakespeare como "leituras biográficas" porque a palavra "psicológica" era nova à crítica naquela época, tanto que Coleridge se desculpou por usá-la no seu *Treatise on Method*, de 1818. Para uma definição de

Sonetos de Shakespeare, concluindo que o seu autor só poderia ter sido homossexual, em muitos livros anti-Stratfordianos que Pessoa leu, incluindo o de Smedley. Pessoa interessou-se profundamente pelas problemáticas composições, anotando mais passagens nos *Sonetos* que em qualquer outra obra shakespeariana no seu exemplar das *Obras completas* do dramaturgo.

A dedicatória dos *Sonetos* é extremamente ambígua:

TO.THE.ONLIE.BEGETTER.OF.
THESE.INSVING.SONNETS.
Mr. W. H. ALL.HAPPINESSE.
AND.THAT.ETERNITIE.
PROMISED.
BY.
OUR.EVER-LIVING.POET.
WISHETH.
THE.WELL-WISHING.
ADVENTURER.IN.
SETTING.
FORTH.
T.T. (*CW*, p. 1198)

É possível que, como o "único causador destes sonetos que se seguem" ("the onlie begetter of these insving sonnets"), "W. H." possa ser um erro de impressão, ou uma gralha, para as iniciais de Shakespeare, "W. S.", ou, menos provavelmente, "W. SH." (A maioria dos manuscritos de Pessoa sobre Shakespeare trazem as iniciais "W. Sh." no topo.) Se "W. H." é Shakespeare, então "o nosso poeta sempre-vivo" ("our ever-living poet") deve ser Deus, que lhe promete a eternidade. Outros candidatos incluem a pessoa que obteve o manuscrito para o editor Thomas Thorpe ou, mais plausivelmente, o inspirador dos sonetos, o "Belo Jovem" ("Fair Youth") a quem o sujeito poético se dirige em muitos deles. Contudo, se "Mr. W. H." for o Belo Jovem, então o "poeta sempre-vivo" deve ser o próprio Shakespeare, que lhe promete a "eternidade" ("eternitie") ao imortalizá-lo em verso.

Pessoa identifica o "Mr. W. H." com o Belo Jovem, pois ao lado da dedicatória, no seu exemplar das *Obras completas*, traçou uma linha vertical a seguir a "Sr. W. H.", dividindo-a assim em duas cláusulas, a primeira das quais seria: "To the onlie begetter of these insuing sonnets Mr. W. H." [Para o único causador dos sonetos que se seguem Sr. W. H.] (*CW*, p. 1198). *A* identidade desta personagem misteriosa tornou-se um dos mais divertidos enigmas biobibliográficos do século XIX.

"crítica biográfica", ver *Literature: An Introduction to Fiction, Poetry, and Drama*, de X. J. Kennedy e Dana Gioia (6ª ed. Nova York: HarperCollins, 1995), pp. 1798-802. Refiro-me às leituras de Pessoa sobre Shakespeare, quando não são puramente "biográficas" (no sentido de se focarem na vida de Shakespeare) como "psicológicas". Como mostrarei neste capítulo, elas não são psicanalíticas. "Leituras impessoais" opõem-se às biográficas e psicológicas.

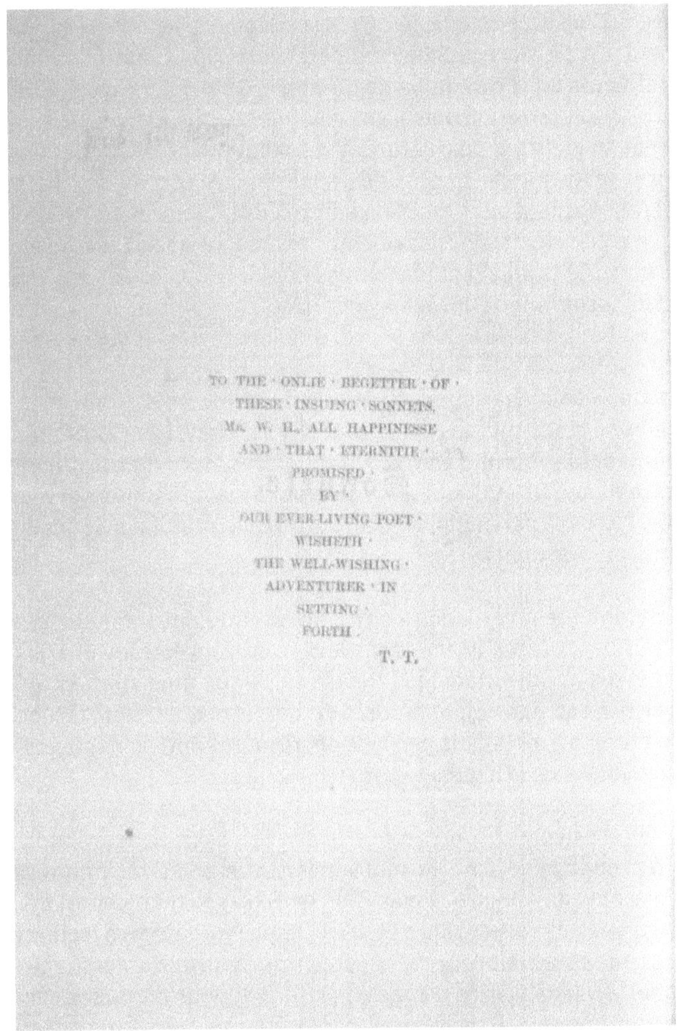

TO THE · ONLIE · BEGETTER · OF ·
THESE · INSUING · SONNETS,
Mr. W. H. ALL HAPPINESSE
AND · THAT · ETERNITIE ·
PROMISED ·
BY ·
OUR EVER-LIVING POET ·
WISHETH ·
THE WELL-WISHING ·
ADVENTURER · IN
SETTING ·
FORTH .
T. T.

CW, p. 1198

A primeira vez que os *Sonetos* foram reimpressos, em 1640, 31 anos após a primeira edição, John Benson alterou os pronomes em três deles de masculino para feminino e omitiu oito dos poemas explicitamente dirigidos a um homem. Amalgamou vários dos restantes para formar 72 poemas ao todo e deu-lhes os títulos sugestivos de um romance convencionalmente heterossexual, intitulando o soneto 113, por exemplo ("Since I left you, mine eye is in my mind" [Desde que te deixei, meus olhos se ensimesmaram]), de "Self-flattery of her Beauty" [Autoelogios à sua beleza]. A edição de Benson serviu de base para a maioria das edições do século XVIII, pois o texto reproduzindo a edição original só foi reimpresso em 1709. Outras edições, mais académicas, seguiram-se, mas só depois de meio século: a de George Steevens data de 1766, assim como a de Edward Capell, e a influente edição anotada de Edmond Malone surgiu em 1790.[16]

Quando os *Sonetos* se encontraram, finalmente, disponíveis numa forma que parecia tornar evidente a sua natureza autobiográfica, o desejo de encaixá-los numa história sobre a vida amorosa de Shakespeare tornou-se endémico na sua receção. Seis anos após a publicação da edição de Malone, August Wilhelm Schlegel anunciou que o principal valor dos poemas residia numa inspiração em amizade e amor reais, uma ideia que dominou as suas populares palestras em Viena cerca de dez anos mais tarde, em 1806. Schlegel afirmou ser o primeiro a ler a sequência como prova da biografia de Shakespeare, concluindo que os sonetos retratavam

> most unequivocally the actual situation and sentiments of the poet; they make us acquainted with the passions of the man; they even contain remarkable confessions of his youthful errors. [...] It betrays more than ordinary deficiency of critical acumen in Shakespeare's commentators, that none of them, so far as we know, have ever thought of availing themselves of his Sonnets for tracing the circumstances of his life.[17]

> [muito claramente a verdadeira situação e sentimentos do poeta; eles fazem-nos íntimos das paixões do homem; eles até contêm extraordinárias confissões dos seus erros de juventude. [...] Revela mais que uma simples deficiência de argúcia crítica entre os comentadores de Shakespeare o facto de nenhum deles, segundo sabemos, ter jamais pensado em tirar proveito dos sonetos para traçar as circunstâncias da sua vida.]

William Wordsworth concordaria com Schlegel, escrevendo no "Essay Supplementary to the Preface" [Ensaio suplementar ao Prefácio] dos seus *Poemas* de 1815, o mesmo ano em que as palestras de Schlegel apareceram traduzidas em língua inglesa, que nos *Sonetos* Shakespeare "expresses his own feelings in his own person" [exprime os seus próprios sentimentos na própria pessoa].[18] Em "Scorn not the Sonnet" [Não despreze o Soneto] (1827), repetiria esta avaliação, na frase que reverberaria por sucessivas gerações: "With this key, Shakespeare unlocked his heart" [Com esta chave, Shakespeare destrancou o seu coração]. "Did he?" [Deveras?], respondeu Robert Browning em "House" [Casa], 40 anos mais tarde. "If so, the less Shakespeare he!" [Se é verdade, ele é menos Shakespeare!][19] Muitos

[16] Ver Stephen Booth, "Facts and Theories about Shakespeare's Sonnets", in *Shakespeare's Sonnets*, org. Stephen Booth, pp. 543-4.
[17] Schlegel, artigo in *Horen*, de Schiller, 1796; repr. in *A Course of Lectures on Dramatic Art and Literature*, trad. John Black (Londres: A. J. W. Morrison, 1846), p. 352.
[18] Wordsworth, *The Poetical Works of William Wordsworth* (1815; Londres: Edward Moxon, 1849), p. 583.
[19] Citado em Schoenbaum, *Shakespeare's Lives* (Oxford: Clarendon Press; Nova York:

leitores oitocentistas dos *Sonetos* consideraram que a natureza do vício neles retratado tornavam uma biografia "honesta" de Shakespeare impossível. Um artigo na revista *Monthly Review* CV (1824), escrito por um crítico anónimo, sugeria que Shakespeare era homossexual: "The age of James the First" [A época de Jaime I], lamentava, "was na age of impurity; and the manners of the sovereign, and the consent of Catholic Europe, had given a license to practices which may not in these happier days be tolerated, but of which then a sonneteer could boast" [era uma época de impureza; e os costumes do soberano, e o consentimento da Europa Católica, deram licença a práticas que nestes dias mais felizes não podem ser toleradas, mas das quais, naquele tempo, um sonetista poderia vangloriar-se]. Concluiu por lamentar o facto de uma biografia honesta de Shakespeare ser impossível.[20]

Não há, naturalmente, qualquer prova de que, nos *Sonetos*, Shakespeare fale na sua própria voz, em vez de usar uma máscara dramática. Os poemas podem ser tanto uma convenção literária quanto confissões pessoais. Por isso, nem todos os leitores da época aceitaram a "chave" de Wordsworth e a sua imputação de homossexualidade a Shakespeare: vimos no Capítulo 2 que Coleridge, pelo contrário, descobriu no dramaturgo inglês não a pederastia mas antes "all the feelings, the sensibility, the purity, innocence, and delicacy of an affectionate girl of eighteen" [todos os sentimentos, a sensibilidade, a pureza, a inocência, e a delicadeza de uma rapariga querida de 18 anos].[21] Alexander Dyce afirmou, em 1832, que os poemas foram compostos sob uma personagem assumida, por terem sido redigidos em alturas e estilos diferentes.[22] Uma visão idêntica foi expressa por H. N. Hudson: "these poems were intended mainly as flights or exercises of fancy, thrown in to the form of a personal address, and written, it may be, in some cases at the instance or in compliment of the Poet's personal friends" [estes poemas foram projetados principalmente como voos ou exercícios de imaginação, colocados numa voz pessoal, e redigidos, talvez, em alguns casos, por insistência ou como elogio a amigos pessoais do Poeta].[23] Bolton Corney escreveu o mesmo trinta anos mais tarde, propondo que os *Sonetos* eram "*poetical exercises*" [exercícios poéticos].[24] Thomas Kenny, em *Life and Genius of Shakespeare* [*Vida e génio de Shakespeare*] (1864), equivocadamente declarou que a maioria dos seus contemporâneos concordavam que os poemas tinham sido produzidos "in a purely fanciful and fictitious character" [huma atitude imaginária e fictícia].[25]

Oxford University Press, 1970), pp. 253-4.

[20] Anon, *Monthly Review* CV (1824) 398-412, p. 412.

[21] Coleridge, *Coleridge's Shakespearean Criticism*, 2 vols., org. Thomas Middleton Raysor (Londres: Constable & Co., 1930), II, p. 119.

[22] Alexander Dyce, "Memoir of Shakespeare", in *William Shakespeare: Poems* (Londres, AMS Press, 1832), p. lxxvi.

[23] *Works*, org. H. N. Hudson (Boston, 1856), p. 118.

[24] Bolton Corney, *The Sonnets of William Shakespeare* (Nova York: J. Miller, 1862).

[25] Thomas Kenny, *The Life and Genius of Shakespeare* (Londres: Longman,1864) pp. 53-4.

Outros leitores ficaram divididos quanto à história que os *Sonetos* contam. Nathan Drake, o primeiro biógrafo shakespeariano a considerá-los, seriamente, uma fonte de revelações pessoais, propôs em 1817 que o Belo Jovem seria Henry Wriothesley, Conde de Southampton, a quem Shakespeare havia dedicado *Vénus and Adónis* e *O Esturpo de Lucrécia*. (O outro principal candidato é William Herbert, terceiro Conde de Pembroke, a quem o *Primeiro fólio* das peças de Shakespeare é dedicado.) No entanto, Drake considerou que a Dama Escura ("Dark Lady") não era uma figura autobiográfica, concluindo com *"the most entire conviction"* [*a mais inteira convicção*] (ênfase de Drake), que a tentadora senhora foi uma criação imaginária, introduzida com o único propósito de exprimir os sentimentos associados ao amor ilícito.[26]

Sidney Lee deu uma meia-volta crítica no final do século. No seu verbete sobre Shakespeare no *Dictionary of National Biography* [*Dicionário nacional de biografia*] (1897) declarara categoricamente que os poemas eram confissões pessoais e não poemas despersonalizados:

> Attempts have been made to represent them as purely literary exercises, mainly on the ground that a personal interpretation seriously reflects on Shakespeare's moral character. But only the two concluding sonnets (153 and 154) can be regarded by the unbiased reader as the artificial products of a poet's fancy.[27]
>
> [Houve tentativas de representá-los como sendo exercícios puramente literários, sobretudo porque uma interpretação pessoal impactaria seriamente o caráter moral de Shakespeare. Mas apenas os dois últimos sonetos (153 e 154) podem ser encarados, pelo leitor imparcial, como sendo produtos artificiais da imaginação de um poeta.]

Leitores da edição de Nova York do mesmo *Dicionário*, publicada poucos meses mais tarde, foram, pelo contrário, informados que os *Sonetos* haviam sido "to a large extent undertaken as literary exercises" [em grande medida empreendidos como exercícios literários] e que era apenas o instinto dramático de Shakespeare que nos levava à ilusão que seriam confessionais.[28] Um ano mais tarde, Lee dedicaria uma secção substancial da sua biografia de Shakespeare à tese anti biográfica, defendendo que o tema dos sonetos não era nada invulgar para a época.[29]

Apesar de haver alguns detratores e tergiversadores, por volta da metade do

[26] Nathan Drake, *Shakespeare and His Times: including the biography of the poet, a new chronology of his plays, and a history of the manners, customs, amusements, superstitions, poetry and elegant literature of his age*, 2 vols. (Londres: Longmans, 1817), II, p. 73.
[27] *Dictionary of National Biography*, LI (Londres: Macmillan, 1897), p. 363.
[28] *Dictionary of National Biography*, LI (Nova York: Macmillan 1897), p. 363.
[29] Ver *A Life of William Shakespeare* (Londres: Smith Elder & Co., 1898).

século XIX as leituras biográficas dos *Sonetos* eram tão correntes que David Masson pôde afirmar:

> criticism seems now pretty conclusively to have determined, what it ought to have determined long ago, that the *Sonnets* of Shakespeare are, and can possibly be, nothing else than a poetical record of his own feelings and experience - a connected series of entries, in his own diary - during a certain period of his London life.

> [a crítica parece agora ter estabelecido, de modo quase conclusivo, o que devia ter estabelecido há mais tempo: que os *Sonetos* de Shakespeare são, e só podem ser, o registo poético dos seus próprios sentimentos e experiências - uma série de textos do seu próprio diário - durante uma certa época da sua vida em Londres.]

Era um "facto" ("fact"), concluiu Masson, que "these *Sonnets* of Shakespeare *are* autobiographic - distinctly, intensely, painfully autobiographic" [estes *Sonetos* de Shakespeare *são* autobiográficos - distintamente, intensamente, dolorosamente autobiográficos].[30]

Os escritores românticos escreviam para e sobre si próprios de forma "unprecedented in literary history" [sem precedentes na história da literatura], como observa Wordsworth, e por isso tendiam a ler da mesma maneira.[31] A época romântica foi o apogeu da crítica biográfica, quando se acreditava que as "opinions, character, personality" [as opiniões, o carácter, a personalidade] de um autor, "with whatever difficulty, are and must be decipherable in his writings" [qualquer que seja a dificuldade, são e devem ser decifráveis nas suas obras], segundo Thomas Carlyle.[32] No ensaio "The Hero as Poet" [O Herói como poeta] (1903), Carlyle escreve que as obras de Shakespeare são "so many windows, through which we see a glimpse of the world that was in him" [tantas janelas, através das quais vislumbramos o mundo que há dentro dele].[33] Pessoa sublinhou estas palavras no seu exemplar do ensaio. Em "Shakespeare; or the Poet" [Shakespeare, ou o Poeta], outro ensaio que Pessoa leu atentamente, Ralph Waldo Emerson faz a pergunta retórica:

> Who ever read the volume of the Sonnets, without finding that the poet had there revealed, under masks that are no masks to the intelligent, the lore of friendship and of love; the confusion of sentiments in the most susceptible, and,

30 David Masson, "Shakespeare and Goethe", in *Essays Biographical and Critical, Chiefly on English Poets* (Cambridge: Macmillan, 1856), p. 79.
31 Citado em John Buxton, *Sir Philip Sidney and the English Renaissance* (Londres: Macmillan, 1987), p. 22.
32 Carlyle, "Goethe", in *Critical and Miscellaneous Essays*, in *Works*, 18 vols. (Londres: Chapman & Hall, 1898-1901), XVI, pp. 245-6.
33 Carlyle, "The Hero as Poet. Dante, Shakespeare", in *Sartor Resartus*, p. 102.

at the same time, the most intellectual of men?[34]

[Quem jamais leu o volume dos *Sonetos* sem descobrir que o poeta ali revelou, sob máscaras que não são máscaras para as pessoas inteligentes, a ciência da amizade e do amor; a confusão dos sentimentos no mais suscetível, e, ao mesmo tempo, mais intelectual dos homens?]

Pessoa tinha conhecimento, ainda, da resistência de Coleridge à leitura biográfica dos *Sonetos* (ver Capítulo 2), bem como da resposta de Browning à chave de Wordsworth, pois cita-a por extenso na sua carta de 11 de Dezembro de 1931 a Gaspar Simões:

A Robert Browning [...] referiram uma vez o que havia de indiscutível quanto à pederastia de Shakespeare, tão clara e constantemente afirmada nos *Sonetos*. Sabe o que Browning respondeu? "Então ele é menos Shakespeare." ("If so the lesse [*sic*] Shakespeare he.") (*Corr II*, p. 253)

Mas a mais profunda influência na sua leitura dos *Sonetos* foi a intrigante tese de Wilde, expressa no conto "The Portrait of Mr. W. H." [O Retrato do Sr. W. H.] (1889). A versão original de "The Portrait of Mr. W. H." foi publicada como artigo em 1889, mas Wilde ficou cada vez mais obcecado com os *Sonetos* de Shakespeare, e durante os quatro anos seguintes reviu e desenvolveu o conto, mais que dobrando o seu tamanho. Pensava-se que o manuscrito revisto tivesse sido perdido no caos da venda da propriedade de Wilde após a sua prisão, mas muitos anos mais tarde ele foi descoberto no escritório da editora de Wilde, John Lane, e o conto revisto foi finalmente publicado em 1921. Pessoa teve acesso ao texto original, que está no livro *Lord Arthur Savile's Crime and Other Prose Pieces* [*O Crime de Lord Arthur Samile e outros textos em prosa*] (Leipzig: Bernhard Tauchnitz, 1909), na sua biblioteca, e possuía, ainda, uma tradução francesa: *Le Portrait de Monsieur W.H.* (Paris: Bibliothèque Cosmopolite, 1906).

No conto de Wilde, o quadro do Sr. W. H. está trancado num armário em casa de Erksine, que é bastante mais velho que o narrador anónimo. O retrato é de um belo jovem, com cerca de 17 anos de idade. (A idade que Wilde dá ao Sr. W. H. tem uma curiosidade biográfica, pois Wilde foi iniciado às práticas homossexuais, pela primeira vez, por um jovem de 17 anos, Robert Ross.[35] Pessoa tinha conhecimento do facto, pois refere-se ao evento numa lista biográfica que escreveu para acompanhar o mapa astral que fez de Wilde.[36]) Erksine revela que o quadro pertencera ao seu amigo Cyril Graham, que desenvolvera uma tese original sobre os *Sonetos* de Shakespeare: Graham acreditava que o Sr. W. H. era um jovem ator

[34] Emerson, *Works*, p. 191.

[35] Richard Ellmann, "Introduction", in *The Artist as Critic: Critical Writings of Oscar Wilde* (Nova York: Random, 1969), p. xix.

[36] Esta lista foi publicada, pela primeira vez, por mim, em "Oscar Wilde, Fernando Pessoa, and the Art of Lying", *Portuguese Studies* 22 (2006), 219-49, p. 235.

efeminado na companhia de teatro de Shakespeare, de nome Willie Hughes. Era o *Hews*-Hughes do Soneto 20 ("A woman's face with nature's own hand painted" [Uma face de mulher pintada pela mão da natureza]). Infelizmente, a lista de atores que aparece no *Primeiro fólio* não faz referência a Willie Hughes, portanto a demonstração da tese depende, exclusivamente, de uma leitura biográfica dos *Sonetos*. Após a morte de Graham, o narrador assume a missão de construir um argumento convincente sobre a paixão de Shakespeare pelo jovem ator, com base na acumulação de provas poéticas.

Uma comparação entre a marginália de Pessoa junto dos *Sonetos* de Shakespeare (no seu exemplar das *Obras completas*), e as principais "provas" poéticas citadas no conto de Wilde, revela a natureza direta do impacto de "The Portrait of Mr. W. H." na convicção de Pessoa sobre a homossexualidade de Shakespeare. Isto é ainda mais evidente se estudarmos o exemplar do conto de Wilde pertencente a Pessoa; é o único conto no livro a exibir a sua marginália.

Ao lado da dedicatória dos *Sonetos*, Pessoa rabiscou três números. O primeiro, "20", aparece junto à linha "Para único causador de" ("To the only begetter of") (*CW*, p. 1198).

O Soneto 20 é aquele onde Graham descobre a identidade do destinatário da dedicatória misteriosa dos *Sonetos*, o "Mr. W. H." e é o poema basilar para qualquer discussão sobre a natureza da relação retratada nos *Sonetos*. Superficialmente, o Soneto 20 nega que haja qualquer elemento sexual na amizade entre o sujeito poético e o Belo Jovem, pois o sujeito poético explica que não tem qualquer uso para as suas partes sexuais. Esta explicação é, por vezes, aceite. Michael Spiller, por exemplo, escreve: "Shakespeare's love for the young man was not physically homosexual, as Sonnet 20 makes quite clear" [o amor de Shakespeare pelo jovem não era fisicamente homossexual, como o Soneto 20 deixa bem claro].[37] Outros leitores consideram, pelo contrário, que o Soneto 20 "reveals a man who is nearly obsessed by the fact that his lover has a penis" [revela um homem quase obcecado pelo facto do seu amante ter um pénis].[38] Desde a década de 1960, quase todos os críticos têm vindo a defender que o soneto não nega a possibilidade de uma relação sexual entre os dois homens, porque a sua primeira metade revela que o sujeito poético considera o corpo do jovem tão atraente como o de uma mulher. Como Stanley Wells escreve, no livro *Looking for Sex in Shakespeare* [*Em Busca de sexo em Shakespeare*] (2004): "It would be a naive young man who, addressed in these terms, did not regard himself as the object of desire" [apenas um jovem extremamente ingénuo, abordado nesses termos, não se consideraria o objeto de desejo].[39]

Graham descobre o sobrenome do Belo Jovem no verso "A man in hew, all Hews

[37] *Development of the Sonnet: An Introduction* (Londres/Nova York: Routledge, 1992), p. 155.

[38] Rictor Norton, *The Homosexual Literary Tradition: An Interpretation* (Nova York: Revisionist Press, 1974), p. 250.

[39] Stanley Wells, *Looking for Sex in Shakespeare* (Cambridge: Cambridge University Press, 2004), p. 65.

in his controwlling" [Uma cor masculina, a guardar todos os seus tons]. Propõe que, como "in the original edition of the Sonnets 'Hews' is printed with a capital letter and in italics" [na edição original dos *Sonetos* "Hews" está impresso com uma letra maiúscula e em itálico], isto claramente indica um trocadilho intencional.[40] Pessoa sublinhou esta afirmação no seu exemplar do conto de Wilde. Também se interessou pelos ditos "punning sonnets" [sonetos de trocadilhos] (135 e 136), que são citados para demonstrar que o primeiro nome de Sr. W. H. seria o mesmo de Shakespeare, Will (*CW*, p. 1218).

Pessoa escreveu "O. W." (para "Óscar Wilde") ao lado do Soneto 78 ("So oft have I invok'ed thee for my Muse" [Tantas vezes invoquei-vos como minha Musa] (*CW*, p. 1210). Este é um de apenas três sonetos que são citados em "The Portrait of Mr. W. H." mais de uma vez, e é decisivo para a tese de Willie Hughes.

O "O. W." de Pessoa está ao lado do terceiro verso do Soneto 78: "As every alien pen has got they use" [Como cada pena alheia tem o seu uso]. O protagonista do conto de Wilde declara que, neste verso, "the play on words (use=Hughes) is of course obvious" [o trocadilho (*use=Hughes*) é, como é evidente, óbvio].[41] Pessoa sublinhou as palavras "my use" [meu uso] no Soneto 78, e várias outros trocadilhos em torno da palavra "use" em outros sonetos. Stephen Booth, na sua maravilhosa edição anotada dos *Sonetos* de Shakespeare (1977), explica que nos sonetos a palavra "use" [uso] é sugestiva de "right of possession" [direito de posse] e "privilege of using" [privilégio de uso] no sentido sexual.[42]

Há inúmeros outros exemplos de Pessoa a testar a tese de Wilde sobre os *Sonetos*, conforme expressa em "The Portrait of Mr. W. H." Por exemplo, Graham interpreta o Soneto 53 ("What is your substance, whereof are you made / That millions of strange shadows on you tend?" [Qual é a tua substância, de que és feito / Que milhões de estranhas sombras te envolvem?]) como um elogio de Shakespeare a Willie Hughes, sobre a sua versatilidade como ator: "the lines would be unintelligible if they were not addressed to na actor, for the word 'shadow' had in Shakespeare's day a technical meaning connected with the stage" [estes versos seriam ininteligíveis se não fossem dirigidos a um ator, pois a palavra "sombra" tinha, na época de Shakespeare, um significado técnico relativo ao palco].[43] Pessoa fez uma linha, no seu exemplar dos *Sonetos* de Shakespeare, ao lado do verso (sobre as sombras) que Graham cita (*CW*, p.1209).

Outra fonte direta foi o livro de Walter Begley *Is it Shakespeare?*, que Pessoa usou para desenvolver o seu mais completo texto sobre o problema da autoria da obra shakespeariana, "William Shakespeare, Pseudónimo" (ver Capítulo 2). Begley confessa, nesse livro, que uma leitura biográfica dos *Sonetos* foi fundamental para a sua tese: "I cannot help feeling that the Sonnets refer more than once to a real scandal in the background" [Não posso deixar de sentir que os Sonetos se referem,

[40] Wilde, "The Portrait of Mr. W. H.", in *Lord Author Savile's Crime*, p. 170.
[41] *Ibid.*, p. 171.
[42] *Shakespeare's Sonnets*, org. Stephen Booth (New Haven, 1977), p. 269.
[43] "The Portrait of Mr. W. H.", in *Lord Arthur Savile's Crime*, p. 170.

mais de uma vez, a um escândalo real].[44] Pessoa sublinhou esta frase, e rabiscou "W. Begley" ao lado do Soneto 40 ("Take all my loves, my love, yea, take them all" / Tomai todos os meus amores, meu amor, sim, tomai-os todos] nas *Obras completas* de Shakespeare. É este o único nome, além do de Wilde, que aparece na sua marginália dos *Sonetos*.

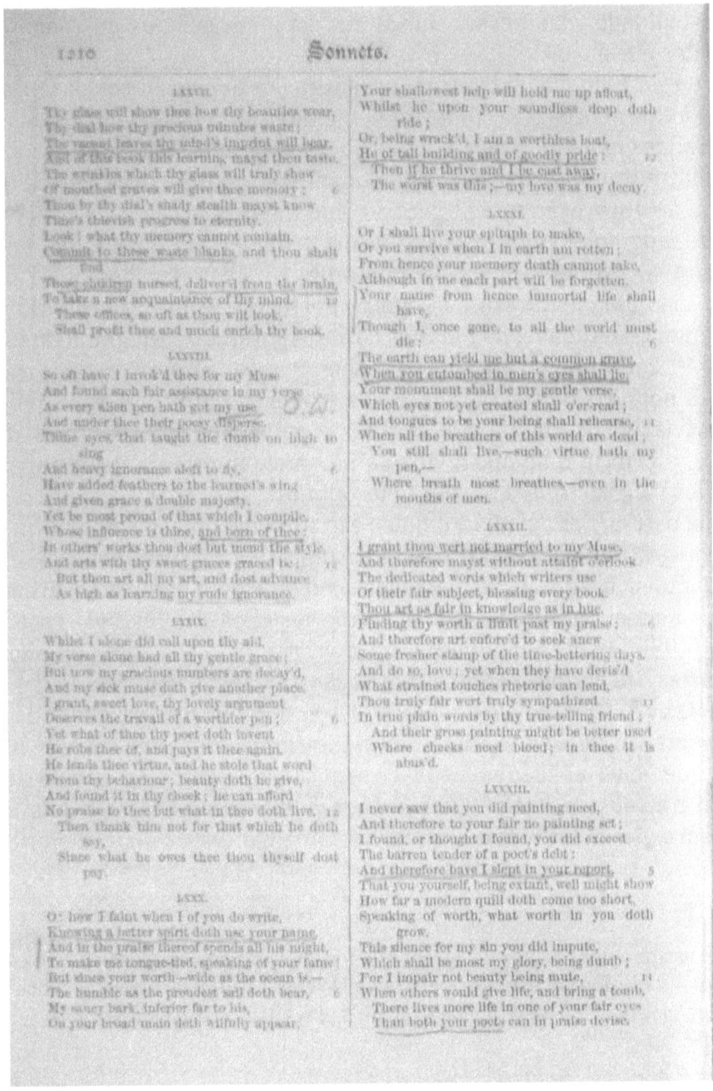

1210 Sonnets.

LXXVII.

Thy glass will show thee how thy beauties wear,
Thy dial how thy precious minutes waste;
The vacant leaves thy mind's imprint will bear,
And of this book this learning mayst thou taste.
The wrinkles which thy glass will truly show
Of mouthed graves will give thee memory;
Thou by thy dial's shady stealth mayst know
Time's thievish progress to eternity.
Look! what thy memory cannot contain,
Commit to these waste blanks, and thou shalt find
Those children nursed, deliver'd from thy brain,
To take a new acquaintance of thy mind.
These offices, so oft as thou wilt look,
Shall profit thee and much enrich thy book.

LXXVIII.

So oft have I invok'd thee for my Muse
And found such fair assistance in my verse
As every alien pen hath got my use
And under thee their poesy disperse.
Thine eyes that taught the dumb on high to sing
And heavy ignorance aloft to fly,
Have added feathers to the learned's wing
And given grace a double majesty.
Yet be most proud of that which I compile,
Whose influence is thine, and born of thee:
In others' works thou dost but mend the style,
And arts with thy sweet graces graced be;
But thou art all my art, and dost advance
As high as learning my rude ignorance.

LXXIX.

Whilst I alone did call upon thy aid,
My verse alone had all thy gentle grace;
But now my gracious numbers are decay'd,
And my sick muse doth give another place.
I grant, sweet love, thy lovely argument
Deserves the travail of a worthier pen;
Yet what of thee thy poet doth invent
He robs thee of, and pays it thee again.
He lends thee virtue, and he stole that word
From thy behaviour; beauty doth he give,
And found it in thy cheek; he can afford
No praise to thee but what in thee doth live.
Then thank him not for that which he doth say,
Since what he owes thee thou thyself dost pay.

LXXX.

O! how I faint when I of you do write,
Knowing a better spirit doth use your name,
And in the praise thereof spends all his might,
To make me tongue-tied, speaking of your fame!
But since your worth—wide as the ocean is,—
The humble as the proudest sail doth bear,
My saucy bark, inferior far to his,
On your broad main doth wilfully appear.
Your shallowest help will hold me up afloat,
Whilst he upon your soundless deep doth ride;
Or, being wrack'd, I am a worthless boat,
He of tall building and of goodly pride:
Then if he thrive and I be cast away,
The worst was this;—my love was my decay.

LXXXI.

Or I shall live your epitaph to make,
Or you survive when I in earth am rotten;
From hence your memory death cannot take,
Although in me each part will be forgotten.
Your name from hence immortal life shall have,
Though I, once gone, to all the world must die:
The earth can yield me but a common grave,
When you entombed in men's eyes shall lie.
Your monument shall be my gentle verse,
Which eyes not yet created shall o'er-read;
And tongues to be your being shall rehearse,
When all the breathers of this world are dead;
You still shall live,—such virtue hath my pen,—
Where breath most breathes,—even in the mouths of men.

LXXXII.

I grant thou wert not married to my Muse,
And therefore mayst without attaint o'erlook
The dedicated words which writers use
Of their fair subject, blessing every book.
Thou art as fair in knowledge as in hue,
Finding thy worth a limit past my praise;
And therefore art enforc'd to seek anew
Some fresher stamp of the time-bettering days.
And do so, love; yet when they have devis'd
What strained touches rhetoric can lend,
Thou truly fair wert truly sympathized
In true plain words by thy true-telling friend;
And their gross painting might be better used
Where cheeks need blood; in thee it is abus'd.

LXXXIII.

I never saw that you did painting need,
And therefore to your fair no painting set;
I found, or thought I found, you did exceed
The barren tender of a poet's debt:
And therefore have I slept in your report,
That you yourself, being extant, well might show
How far a modern quill doth come too short,
Speaking of worth, what worth in you doth grow.
This silence for my sin you did impute,
Which shall be most my glory, being dumb;
For I impair not beauty being mute,
When others would give life, and bring a tomb.
There lives more life in one of your fair eyes
Than both your poets can in praise devise.

CW, p. 1210

[44] Begley, *Is It Shakespeare?*, p. 213.

Revelações da leitura de Pessoa dos *Sonetos*

A convicção de Pessoa quanto à homossexualidade de Shakespeare é baseada apenas na sua leitura de, e sobre, os *Sonetos*, embora haja material nas suas peças que também levou alguns críticos a chegar à mesma conclusão. Quando o tema estava a ser amplamente debatido, devido às interpretações biográficas dos *Sonetos*, as peças também passaram a ser vasculhadas em busca de indícios de homossexualidade, mas Pessoa nunca discute a sexualidade de Shakespeare no contexto das mesmas.[45]

Além de ser fundada unicamente na leitura dos *Sonetos*, a conclusão de Pessoa baseia-se numa abordagem completamente biográfica dos poemas. O seu fascínio por biografias em geral, e pela vida de Shakespeare em especial, é problemático porque contradiz o seu ideal de despersonalização, mas é o caso. Pessoa desenhou uma linha de aprovação na margem ao lado da afirmação de Carlyle, em *Sartor Resartus*: "Biography is by nature the most universally profitable, universally pleasant of all things: especially Biography of distinguished individuals" [A biografia é, por natureza, a mais universalmente proveitosa, a mais universalmente agradável de todas as coisas: sobretudo a biografia de indivíduos notáveis].[46] Patrício Ferrari mostrou que Pessoa adquiriu as biografias dos indivíduos notáveis Byron, Carlyle, Keats e Shelley num curto espaço de tempo, quando vivia em Durban.[47] Foi atraído o suficiente pela doutrina da crítica biográfica, o princípio de que a vida de um autor informa a sua obra, para criar sofisticadas biografias para os seus heterónimos.

Em sua defesa, Pessoa não é o único escritor cujo entusiasmo por biografias e leituras biográficas vai contra a sua insistência na despersonalização, tanto na teoria quanto na prática. A despersonalização de T. S. Eliot foi tão bem conseguida que Hugh Kenner intitulou a sua biografia de Eliot *The Invisible Poet* [*O Poeta invisível*] (1959), mas Eliot admitiu: "my own theorizing has been epiphenomenal to my tastes" [a minha própria teorização tem sido epifenomenal aos meus gostos].[48] O livro *L'Exil de James Joyce* [*O Exílio de James Joyce*] (1968), de Cixous, é curiosamente contrário à sua habitual crítica impessoal, uma vez que a sua tese central é que "la vie et l'oeuvre de Joyce sont consubstantielles" [a vida e a obra de Joyce são consubstanciais].[49] Cixous disse numa entrevista que quis usar uma abordagem experimental, mas acabou por trabalhar dentro do tradicional método

[45] Para um resumo dos trechos das peças que foram interpretados como indicando a homossexualidade de Shakespeare, ver Stanley Wells, "'I think he loves the world only for him': Men loving men in Shakespeare's plays", in *Looking for Sex in Shakespeare*, pp. 66-97.

[46] Carlyle, *Sartor Resartus*, pp. 51, 1.

[47] Ferrari, "A biblioteca de Fernando Pessoa na génese dos heterónimos", in *Fernando Pessoa: O Guardador de papéis*, p. 182.

[48] Hugh Kenner, *The Invisible Poet*, (Londres: Methuen & Co. Ltd, 1959); Eliot, *To Criticize the Critic* (Nova York: Farrar, Straus and Giroux, 1965), p. 20.

[49] Cixous, *L'Exil de James Joyce* (Paris: Grasset, 1968) p. 19.

de produção, tipicamente académico.[50]

O próprio Joyce, o supremo teórico da despersonalização literária, põe na voz de Stephen Dedalus, em *Ulysses*, uma leitura escandalosamente biográfica de Shakespeare (secção nove, "Scylla and Charybadis"). Stephen defende, que ao escrever *Hamlet*, Shakespeare tentou compensar as traições cometidas pela sua mulher mais velha e mais experiente, e que o facto do seu filho, Hamnet, que morreu jovem, ter sido possivelmente concebido em adultério, por um dos irmãos de Shakespeare, Richard ou Edmund, fez com que os Richards e Edmunds fossem sempre os vilões das suas peças. A partir de tendenciosas "provas" literárias, Stephen conclui que a arte de Shakespeare derivou diretamente das circunstâncias da sua vida; "He drew Shylock out of his own long pocket" [Extraiu Shylock de dentro da sua funda algibeira]. Em seguida, aplica esta ideia a toda a literatura:

> Maeterlinck says: *If Socrates leave his house today he will find the sage seated on his doorstep, If Judas go forth tonight it is to Judas his steps will tend*. Every life is many days, day after day. We walk through ourselves, meeting robbers, ghosts, giants, old men, young men, wives, widows, brothers-in-love. But always meeting ourselves.[51]

> [Diz Maeterlinck: *Se Sócrates partir hoje de casa, encontrará o sábio sentado à soleira da sua porta, Se Judas partir esta noite, é para Judas que os seus passos irão*. Todas as vidas são muitos dias, dia após dia. Caminhamos através de nós próprios, encontrando ladrões, fantasmas, gigantes, velhos, jovens, esposas, viúvas, irmãos-em-amor. Mas sempre nos encontrando a nós mesmos.]

Como é evidente, Stephen é uma personagem fictícia, que por isso não deve ser confundido com o seu autor; além disso, é provável que neste episódio Joyce esteja a fazer troça da sua própria teorização estética juvenil, pois faz com que todos os presentes se riam de Stephen. Stephen até acaba por admitir, à maneira de Wilde, que não acredita na sua própria tese:

> - You are a delusion, said roundly John Eglington to Stephen. You have brought us all this way to show us a French triangle. Do you believe your own theory?
> - No, Stephen said promptly.[52]

> [- És uma desilusão, disse sem rodeios John Eglinton a Stephen. Trouxeste-nos até aqui para nos mostrares um triângulo francês. Acreditas na tua própria tese?
> - Não, disse Stephen prontamente.]

[50] Citado em *The Reception of James Joyce in Europe*, 2 vols., org. G. Geert Lernout e Wim Van Mierlo (Londres: Thoemess Contiuum, 2004), II, p. 376.
[51] Joyce, *Ulysses*, p. 197.
[52] *Ibid.*, p. 205.

No entanto, mesmo que Joyce não concorde com a abordagem de Stephen, para escrevê-la teve de ler várias biografias de Shakespeare, e o seu conhecimento dos episódios mais debatidos da sua vida, tais como a história do "upstart crow" [corvo arrivista] (ver Capítulo 2), era profundo. Para poder escrever a palestra de Stephen na biblioteca, leu no mínimo, *William Shakespeare* (1898), de George Brandes, *The Man Shakespeare and his Tragic Life-Story* [*O Homem Shakespeare e a sua biografia trágica*] (1909), de Frank Harris, e *A Life of William Shakespeare* [*Uma Biografia de William Shakespeare*] (1989), de Sidney Lee.

Para além de contrariar o seu ideal de despersonalização, a leitura de Pessoa dos *Sonetos* é contrária à sua avaliação de Shakespeare como o supremo poeta dramático, completamente despersonalizado, invisível como o Deus da criação (ver Capítulo 1). Muito críticos oitocentistas dos *Sonetos* caíram na mesma contradição, pois Keats e outros celebraram a falta de identidade do dramaturgo inglês, e vimos que a dificuldade em ligar a sua vida quotidiana ao génio das suas obras gerou a controvérsia da autoria das mesmas, mas os mesmos leitores tendiam a abordar os *Sonetos* como se se tratasse de uma autobiografia codificada. Nem eles, nem Pessoa, colocam isto como um problema. Como é evidente, os poetas românticos não consideravam a despersonalização um objetivo em si, ao contrário de Pessoa e os outros modernistas, mas mesmo para aqueles que a valorizam, uma abordagem biográfica dos *Sonetos* pode ser irresistível.

Depois de Wilde, a postura crítica preferida em relação aos *Sonetos* tem sido a impessoal; a resistência a leituras biográficas até fez com que alguns sugerissem que os *Sonetos* de Shakespeare fossem uma paródia sobre a composição de sonetos.[53] Esta posição impessoal culminou na edição de 1977 dos *Sonetos* de Booth, que categoricamente descarta qualquer especulação biográfica sobre a sexualidade de Shakespeare como sendo irrelevante: "William Shakespeare was almost certainly homosexual, bisexual, or heterosexual. The sonnets provide no evidence on the matter" [William Shakespeare foi quase certamente homossexual, bissexual, ou heterossexual. Os sonetos não nos fornecem qualquer informação sobre o assunto].[54] Booth lamenta que o Soneto 20 seja tantas vezes citado como prova da homossexualidade do dramaturgo inglês.[55] Contudo, mesmo o mais extremo defensor de uma leitura impessoal dos *Sonetos* admite que eles provavelmente têm uma fundamentação biográfica, mesmo que esta esteja agora perdida para nós, quando escreve num apêndice: "The sexual undercurrents of the sonnets are of the sonnets; they probably reflect a lot that is true about their author, but I do not know what that is" [O substrato sexual dos sonetos pertence aos sonetos; eles provavelmente refletem muito da verdade sobre o seu autor, mas eu não sei que verdade é essa].[56]

Da mesma forma, Jonathan Bate, num capítulo intitulado "Shakespeare's

[53] Ver, por exemplo, Katharine Wilson, *Shakespeare's Sugared Sonnets* (Nova York, 1974).
[54] *Shakespeare's Sonnets*, org. Stephen Booth, p. 548.
[55] *Ibid.*, p. 163.
[56] *Ibid.*, p. 549.

Autobiographical Poems?" [Os Poemas autobiográficos de Shakespeare?] no seu livro *The Genius of Shakespeare* [*O Génio de Shakespeare*] (1997), começa por afirmar que os *Sonetos* são completamente impessoais: "Shakespeare was not a Romantic poet like Wordsworth who just sat down and wrote a sonnet when he felt one coming on, or like Keats for whom the sonnet was above all a way of expressing his own intense feelings" [Shakespeare não era um poeta romântico como Wordsworth que se sentava e escrevia um soneto quando sentia que um surgia, ou como Keats, para quem o soneto era sobretudo um modo de exprimir os seus sentimentos intensos]. Denuncia o que chama a "Romantic biographical fallacy" [falácia biográfica romântica]. Poucas páginas mais adiante, propõe no entanto que Southampton é tanto o destinatário da dedicatória dos *Sonetos* ("Mr. W. H."), bem como o Belo Jovem dos poemas: "Once all the facts are collected, the case for Southampton as the original patron/youth looks irrefutable. To regard the Sonnets as parody, exercise, or pure play is to forget the economic urge which drove Shakespeare to write" [Quando todos os factos são reunidos, o caso para Southampton como o patrono/jovem parece-me irrefutável. Considerarmos os Sonetos como paródia, exercício, ou pura invenção é esquecermos a motivação económica que levou Shakespeare a escrever]. Para dar peso a esta identificação, Bate embarca numa nova leitura biográfica dos *Sonetos*:

> our understanding of the sonnets will be assisted if we *suppose* - not if we confidently assert - that they are tied to some rather sordid intrigue in the Southampton household around 1593-4.
>
> [a nossa compreensão dos sonetos será maior se *supusermos* - não afirmarmos com segurança - que eles estão ligados a alguma intriga sórdida em casa de Southampton por volta de 1593-4.]

Bate descreve a natureza desta suposta intriga real numa leitura altamente biográfica e especulativa:

> It seems to me that an Elizabethan Earl of possibly homosexual orientation would be more likely to sleep with a married woman of lower social status because he wanted to score off her husband than because he desired her himself. Suppose that the young Earl's guardian, who wishes to marry him off against his will, places an agent in his household in order to report back on the progress of the marriage suit and related affairs. Suppose that the agent is married. To sleep with his wife would be the most delicious revenge for the man's presumption in reporting intimate matters back to Burghley.
>
> [Parece-me que um Conde isabelino de possível orientação homossexual provavelmente fosse mais propenso a dormir com uma mulher casada, de estatuto social mais baixo, porque quisesse mais levar alguma vantagem sobre o marido do que propriamente por desejá-la. Suponhamos que o guardião do

jovem Conde, que deseja casá-lo contra a sua vontade, coloca um agente em sua casa para relatar o progresso do arranjo do casamento e dos assuntos relativos ao mesmo. Suponhamos que o agente é casado. Dormir com a sua mulher seria uma deliciosa vingança para a presunção do homem em relatar assuntos íntimos a Burghley.]

Como Bate finalmente admite: "I began to work on the sonnets with a determination to adhere to an agnostic position on the question of their autobiographical elements. But, like Sidney Lee, I have been unable to hold fast to my unbelief" [Comecei por estudar os sonetos com a determinação de aderir a uma posição agnóstica quanto aos seus elementos autobiográficos. Mas, como Sidney Lee, não fui capaz de me manter fiel à minha descrença].[57]

A revelação final da leitura de Pessoa dos *Sonetos* de Shakespeare é que ela não se deve, em nada, ao freudianismo. O capítulo de Siegbert Solomon Prawer sobre o encontro de Freud com Shakespeare, no seu livro *A Cultural Citizen of the World: Sigmund Freud's Knowledge and Use of British and American Writings* [*Um Cidadão cultural do mundo: o conhecimento de Sigmund Freud e o seu uso de escritores britânicos e americanos*] (2009), revela que a abordagem do psicólogo ao dramaturgo inglês é, como seria de se esperar, psicanalítica: quando Freud se convenceu de que o verdadeiro autor das obras de Shakespeare seria Edward de Vere, o 17º Conde de Oxford, procurou descobrir eventos na vida do Conde que refletissem os eventos retratados nos *Sonetos*.[58] Pessoa, pelo contrário, não se apoderou de leituras psicanalíticas dos *Sonetos*; a sua conclusão sobre a sexualidade de Shakespeare deriva, em vez disso, das fontes oitocentistas referidas acima. Em suma, a abordagem de Pessoa a Shakespeare é biográfica e psicológica, mas não é psicanalítica. Isto também é verdade no caso da sua abordagem à suposta loucura de Shakespeare (ver Capítulo 3), pois o seu diagnóstico do dramaturgo como histero-neurasténico é completamente não-freudiano, embora Freud e Breuer tivessem publicado *Studies in Hysteria* [*Estudos em histeria*), o livro fundador da psicanálise, em 1895. Mas quando *Studies in Hysteria* apareceu, era apenas mais um entre dúzias de livros sobre a neurose. Livros como o manual de Maurice Craig sobre *Nerve Exhaustion* [*Exaustão nervosa*] (1922), continuaram a ser publicados na década de 1920. A falta de interesse de Pessoa pela psicanálise, relativamente às outras teorias psicológicas da época, é comprovada pelos livros na sua biblioteca (um de Freud; dúzias de outros psicólogos e pseudo psicólogos) e pelos manuscritos no seu espólio (poucas referências a Freud; centenas delas a outros teóricos; ver *GL*). Além disso, mesmo os seus poucos escritos sobre Freud tendem a focar as teorias alternativas sobre loucura e sexualidade. Por exemplo:

[57] Bate, *The Genius of* Shakespeare, pp. 38, 54, 45, 49, 55, 58.
[58] Siegbert Solomon Prawer, *A Cultural Citizen of the World: Sigmund Freud's Knowledge and Use of British and American Writings* (Londres: Legenda, 2009), pp. 6-10.

> A psiquiatria nota, com efeito, que a desagregação psíquica é quase sempre acompanhada pelo desvio sexual. Quase sempre? A mais recente das teorias psiquiátricas diz que sempre. Freud e os seus discípulos, através da "psico-análise", afirmam a origem sexual de todas as psicoses. Justa ou não esta doutrina extrema, o certo é que a sexualidade domina os factos psíquicos tanto, se não mais, que os físicos; e que a sua importância notavelmente se vê quando se analisam as manifestações mentais de um louco ou de um degenerado (*PETCL*, p. 87).

No artigo "Pessoa, Shakespeare's *Sonnets*, and the Problem of Gaspar Simões" [Pessoa, os *Sonetos* de Shakespeare, e o problema de Gaspar Simões], defendo que a leitura de Pessoa dos *Sonetos* de Shakespeare revelam que Pessoa descobriu a psicanálise mais tarde do que se supõe, e que o seu impacto sobre ele foi menos influente do que se tende a pensar.[59] Se for verdade, como creio, que Pessoa largamente ignorou, ou largamente desinteressou-se, pelo pensamento freudiano até ao final da década de 1920, não seria o único modernista da sua geração a fazê-lo. A psicologia de Gertrude Stein é inteiramente não-freudiana. Quando Aragon e Breton celebraram a histeria como uma grande descoberta poética, em 1928, saudaram Charcot em vez de Freud. *À la recherche du temps perdu* [*Em Busca do tempo perdido*] (1913-1927), de Marcel Proust, baseia-se diretamente em fontes clínicas, tais como os escritos de Bergson sobre tempo e memória, os de Janet sobre automatismos psicológicos, os de Alfred Binet sobre o fetichismo, os de Théodule Ribot sobre as doenças da vontade, e os de Émile Egger sobre o fluxo da consciência – mas não nas teorias de Freud.[60] Eliot, no ensaio de 1919 "Hamlet and his Problems" [Hamlet e os seus problemas], ou desconhecia a interpretação freudiana da peça, ou, então, rejeitou-a por inteiro, embora ela tivesse sido publicada em *The Interpretation of Dreams* [*A Interpretação dos sonhos*] vinte anos antes. Não conseguindo descobrir qualquer "objective correlative" [objetivo correlativo] para a inação de Hamlet, o que revela que Eliot não aceitou nem a explicação neurótica (neurastenia) nem a freudiana (Complexo de Édipo) da sua personalidade, chegou à chocante conclusão que a peça é um fracasso artístico:

> The only way of expressing emotion in the form of art is by finding an "objective correlative"; in other words, a set of objects, a situation, a chain of events which shall be the formula of that *particular* emotion; such that when the external facts, which must terminate in sensory experience, are given, the emotion is immediately evoked. If you examine any of Shakespeare's most successful tragedies, you will find this exact equivalence [...] Hamlet (the man) is dominated by an emotion which is inexpressible, because it is in *excess* of the facts as they appear. [...] We must simply admit that here Shakespeare tackled

59 Castro, "Pessoa, Shakespeare, and the Problem of Gaspar Simões", in *Fernando Pessoa in an Intertextual Web*, org. David Frier (Londres: Legenda, 2011).

60 Ver Michael R. Finn, *Proust, the Body and Literary Form* (Cambridge: Cambridge University Press, 1999).

> a problem which proved too much for him. Why he attempted it at all is an insoluble puzzle.[61]
>
> [O único modo de exprimir a emoção na arte é por via de um "objetivo correlativo"; ou seja, um conjunto de objetos, uma situação, uma sucessão de eventos que sirvam de fórmula para aquela emoção *particular*; de modo a que quando os factos externos, que têm de terminar em experiência sensorial, forem dados, a emoção seja imediatamente evocada. Se examinarmos qualquer uma das tragédias mais bem conseguidas de Shakespeare, encontramos esta exata equivalência [...] Hamlet (o homem) é dominado por uma emoção que é inexprimível, porque está em *excesso* dos factos como eles aparecem. [...] Devemos simplesmente admitir que aqui Shakespeare abordou um problema que provou ser demasiado difícil para ele. Por que razão ele o tentou de todo, é um quebra-cabeças sem solução.]

No entanto, Eliot inclina-se mais na direção da explicação neurótica do caráter de Hamlet quando afirma: "The intense feeling, ecstatic or terrible, without an object or exceeding its object, is something which every person of sensibility has known; it is doubtless a subject of study for pathologists" [O sentimento intenso, extático ou terrível, sem um objeto ou em excesso do seu objeto, é algo que qualquer pessoa sensível conhece; é sem dúvida um assunto de estudo para os patologistas].[62] Freud viria a ser o teórico psicológico mais influente do século XX, de longe, mas "Until as late as 1920, many [alternative psychological thinkers] were in fact much better known than Freud in the world of science, ideas, and culture" [até 1920, muitos outros eram efetivamente muito mais conhecidos que Freud no mundo da ciência, das ideias e da cultura].[63] Pessoa está a ser sincero quando afirma, na sua carta de 11 de Dezembro de 1931 a Gaspar Simões, que nunca precisou de Freud para "distinguir, pelo simples estilo literário, o pederasta e o onanista" (*Corr II*, p. 254). Deduziu a homossexualidade de Shakespeare, a partir dos seus *Sonetos*, sem a sua ajuda.

Isto não significa que o encontro de Pessoa com a crítica psicanalítica, na abordagem do seu inquisitivo futuro biógrafo, Gaspar Simões, tivesse sido pacífica. Foi fundamental para as explicações posteriores que Pessoa escreveu para a sua obra, principalmente no que diz respeito à sua obra homoerótica, e fez com que ele discretamente atenuasse o seu homoerotismo literário daí em diante. Pessoa, como Joyce, rapidamente percebeu que a psicanálise era "neither more nor less than blackmail" [nem mais nem menos que chantagem].[64] Pessoa teve imenso receio que os críticos, como Gaspar Simões, pudessem chegar, com base nos seus próprios escritos homoeróticos, à mesma conclusão que ele chegara sobre

[61] Eliot, "Hamlet and His Problems", in *Selected Prose*, pp. 48-9.
[62] *Ibid.*
[63] Micale, "The Modernist Mind: A Map", in *The Mind of Modernism*, p. 9.
[64] Citado em Maud Ellmann, "Introduction", in *Psychoanalytic Literary Criticism*, org. Maud Ellmann (Londres/Nova York: Longman, 1994), p. 1.

Shakespeare, mas agora com o apoio da nova "ciência" de Freud.

Antes de examinarmos o resultado do encontro de Pessoa com Freud e o freudianismo, vale a pena analisarmos o que os seus próprios escritos homoeróticos podem dever à sua leitura dos de Shakespeare.

Os *Sonetos* de Shakespeare e o homoerotismo de Pessoa

"Antinous" (1918) é o poema mais homoerótico que Pessoa assinou com o seu próprio nome.[65] João Manuel Gomes afirma que o poema marca o suicídio simbólico do jovem poeta, para abrir o caminho para os heterónimos, que reinariam "em impérios totalmente castos e puros."[66] Mas Álvaro de Campos, nos seus poemas ("Ode marítima", "Saudação a Walt Whitman", "A Passagem das horas", e "Soneto já antigo", entre outros), bem como em inúmeros textos em prosa, exibe o tipo de comportamento sexual que garantiu a Wilde dois anos de prisão, em regime de trabalhos forçados. Os escritos homoeróticos de Pessoa, especialmente os de Campos, alguns dos quais foram incluídos numa antologia francesa de literatura *gay* em 1984, têm sido o foco de muitos estudos.[67] Em vez de embarcar num resumo dos mais interessantes, o que se segue é a minha proposta de um tema que ainda não foi considerado: as formas como os escritos homoeróticos de Pessoa possam ter sido influenciados pela sua leitura dos de Shakespeare.

A maior parte dos leitores que percorre os *Sonetos* em busca de indícios de homossexualidade, como Wilde e Begley, deixam de lado os poemas em que

[65] Ver Édouard Roditi, "Fernando Pessoa, Outsider Among English Poets", in *The Literary Review*, VI:3 (Spring 1963), 372-391; Yara Frateschi Vieira, "O discuro erótico nos poemas 'Antinous' e 'Epithalamium'", in *Número especial do Boletim Informativo do C.E.P, consagrado a Fernando Pessoa* (1985), pp. 67-75; e Jorge de Sena, "Fernando Pessoa e a literatura inglesa", *Comércio* (suplemento *Cultura e Arte*, 8 de Novembro de 1953; repr. in *Estrada Larga* (Porto: Porto Editora, s.d. (1958), pp. 192-7.) No seu verbete "Amor" no *Grande dicionário de literatura portuguesa e de teoria literária*, descreve "Antinous" como a mais intensa expressão erótica de um poeta português desde a poesia clandestina dos séculos XVII e XVIII." (*Grande dicionário de literatura portuguesa e de teoria literária*, org. João José Cochofel (Lisboa: Iniciativas Editoriais, 1977), p. 17.

[66] João Manuel Gomes, "Para acabar de vez com a obscenidade", *Jornal de Letras* (14/06/ 1988).

[67] "Fernando Pessoa *(1888-1935)*", in *Les amours masculines: Anthologie de l'homosexualité dans la littérature*, org. Michel Larivière (Paris: Lieu Commun, 1984), pp. 351-62. Estudos representativos do homoerotismo de Campos incluem Armando Ventura Ferreira, "Sequência para Fernando Pessoa", *Contravento: Letras e Artes* 3 (Abril de 1970) 8-13; repr. in *Memória dos mitos* (Lisboa: Arcádia, 1971), pp. 175-204; Zenith, "Pessoa's Gay Heteronym?", *Lusosex: Gender and Sexuality in the Portuguese-Speaking World*, org. Susan Canty Quinlan e Fernando Arenas (Minneapolis/Londres: University of Minnesota Press, 2002) pp. 35-46, e longos trechos em livros como *Atlantic Poets*, de Sousa Santos, e *Embodying Pessoa: Corporeality, Gender, Sexuality*, org. Anna M. Klobucka e Mark Sabine (Toronto/Londres: University of Toronto Press, 2007).

aparece a "Dark Lady" [Dama Escura], mas Pessoa interessou-se por estes poemas, pois anotou os Sonetos 144 ("Two loves have I of comfort and despair" [Dois amores tenho, para conforto e desespero] e 127 ("In the old age black was not counted fair" [Em tempos antigos o escuro não era tido como belo] no seu exemplar das *Obras completas* de Shakespeare (*CW*, pp. 1217, 1219). Katherine Duncan-Jones e Eve Sedgwick escrevem que a Dama Escura funciona, nestes sonetos, como o ponto de triangulação para o desejo homossexual, sendo ela a intermediária necessária que possibilita a relação física entre o sujeito poético e o Belo Jovem.[68] A mesma ideia subjaz a *Teleny*: quando Teleny está com a condessa, ele coloca-a em determinada posição para que, "having her *a retro*, his whole thoughts were thus concentrated on Des Grieux" [possuindo-a *a retro*, todos os seus pensamentos estavam assim concentrados em Des Grieux]; a criança concebida durante este encontro é, como é sugerido, mais filha de Des Grieux do que do Conde ou de Teleny:

> "This [child] happened to look neither like the count nor like Teleny."
> "Who the duce did it look like then?"
> "Like myself."[69]
>
> [- Esta [criança] não se parecia nem com o Conde nem com Teleny.
> - Com quem se parecia então?
> - Comigo.]

Embora seja pouco provável que Pessoa tivesse lido *Teleny* – foram impressos apenas duzentos exemplares na primeira edição – conhecia intimamente um dos maiores romances portugueses da mesma linhagem, tendo acompanhado de perto a conceção e gestação de *A Confissão de Lúcio*, de Mário de Sá-Carneiro (1913). Apesar de ser altamente modernista em termos estilísticos, a atmosfera de *Lúcio* é a da estética decadentista do *fin-de-siècle*, e a sua história tem semelhanças notáveis com *Teleny*, que mereceriam ser aprofundados num estudo à parte. Para dar algumas pistas iniciais, Lúcio, como Des Grieux, teme cair na loucura. Além disso, Ricardo de Loureiro é, possivelmente, uma projeção onanista do próprio Lúcio; neste contexto, quando Ricardo tenta matar Marta, trata-se de assassinato-suicídio. Em determinado momento em *Teleny*, o protagonista diz a Des Grieux: "Who knows – you are, perhaps, my *doppelganger*? Then, woe to one of us! [...] In our country they say that a man must never meet his *alter ego*, it brings misfortune to one or to both" [- Quem sabe – serás, talvez, o meu duplo? Então, maldito será um de nós! [...] No nosso país dizem que um homem nunca deve encontrar o seu

[68] Ver Katherine Duncan-Jones, "Introduction", in *Shakespeare's Sonnets* (Londres: Arden 3ª ed. 1997); Sedgwick, "Swan in Love: The Example of Shakespeare's Sonnets", in *Between Men: English Literature and Male Homosocial Desire* (Nova York, Columbia University Press,1985), pp. 28-48.
[69] *Teleny*, p. 46.

alter ego, pois trará desgraça para um ou para ambos].[70] No seu trágico desenlace, *Lúcio* encena as terríveis consequências de encontrar-se com um *alter ego*.

A mais significativa semelhança entre os dois romances, no contexto da leitura de Pessoa dos *Sonetos* de Shakespeare, é a possibilidade de que Marta, uma mulher espectral, seja meramente um instrumento para a consumação da relação homoerótica entre Lúcio e Ricardo.

Por intermédio do seu conhecimento de *A Confissão de Lúcio*, Pessoa terá compreendido que um componente chave dos *Sonetos* é o uso de uma mulher como intermediária para o desejo entre dois homens. Apropria-se desta ideia para o soneto de Campos - para um soneto, reparem, e não para um dos poemas em verso livre que são a sua marca registada - dedicado a "Daisy Mason" (o soneto de Campos, assim como *A Confissão de Lúcio*, traz a data de 1913). Nele, o sujeito poético pede a Daisy que informe os seus amigos, e em especial um anónimo "pobre rapazito / Que me deu tantas horas tão felizes / [...] a quem eu tanto julguei amar", da sua morte (*AdC*, p. 58). Ou seja, pede-lhe que faça de mensageira entre os dois homens.

Muitos dos *Sonetos* de Shakespeare, de forma tantalizadora, evitam atribuir um género específico aos seus destinatários, mesmo no caso dos sonetos que fazem parte da sequência sobre o Belo Jovem. A descrição de Pessoa do "bare female male-body" [corpo masculino-feminino nu] de Antinous, no poema em inglês "Antinous", evoca a ambiguidade genérica do "Fair Youth" (poderia ser um "Belo Jovem" ou uma "Bela Jovem"), o "master mistress" [senhor-senhora] da paixão do sujeito poético. Este epíteto está no Soneto 20, o soneto fulcral para as leituras biográficas dos *Sonetos*, aquele que Wilde usa como "prova" para a existência de Willie Hughes, o mesmo soneto que Pessoa anota e, além disso, refere na sua marginália junto à dedicatória dos *Sonetos* nas *Obras completas*. O "master-mistress" dos *Sonetos* de Shakespeare prenuncia, ainda, os termos carinhosos, de género igualmente ambíguo, que Pessoa dirige a Ophélia Queiroz nas suas cartas de amor: "meu anjinho bebé", "Meu Bebé pequenino (e atualmente muito mau)", "amor pequenininho", "Meu Íbis chamado Ophelia", e assim por diante.[71] Yvette Centeno propõe que tais diminutivos servem para neutralizar a suposta amada:

> Assim Ophélia, aliás logo Ophelinha, reduzida, depressa passa a Bébé (de valor neutro, já não feminino), a Bébézinho (neutro na mesma e ainda mais reduzido), a Bébé-anjinho, em que a des-sexualização mais se afirma, pois os anjos ainda menos que os bébés podem ter sexo...[72]

Centeno conclui que Pessoa precisou transformar Ophélia em criança, anjo ou santa, porque não poderia ter um relacionamento com uma mulher que não tivesse

[70] *Ibid.*, p. 91.

[71] Pessoa, *Cartas de amor a Ophélia Queiroz*, org. David Mourão Ferreira (Lisboa: Ática, 1978), pp. 54, 55, 67, 169.

[72] Yvette Centeno, "Fernando Pessoa: Ophélia-Bébezinho ou o 'horror do sexo'", *Colóquio-Letras* 49 (1979), 11-20, p. 16.

os contornos de um sonho, que não fosse adormecida e assexuada. Pode-se igualmente argumentar, no entanto, que para além de neutralizar a sexualidade de Ophélia, o que Pessoa efetivamente faz é transformá-la num objeto amado do sexo masculino. Anjos e bébés podem ser assexuados, como Centeno afirma, mas ambas as palavras são de género masculino: *um* anjo, *um* bebé.

Quando Álvaro de Campos acusa o seu irmão-heterónimo Ricardo Reis de esconder, na sua poesia, a sua homossexualidade, a sua tese articula-se com base na terminação masculina de uma única palavra numa das suas odes, palavra essa que faz ostensivamente referência a uma mulher amada. Campos propõe que a ode "A flor que és, não a que dás, eu quero", "é dirigida a um rapaz, pois [...] o pequeno "o" [...] define a coisa":

Se te colher avarO
A mão da infausta sphynge[73]

Campos acusa Reis de empregar uma sintaxe difícil como véu de pudor, e escreve ainda que as amantes espectrais, a quem se dirige nas suas odes, não são credíveis como mulheres de carne e osso. O mesmo poderia ser dito dos célebres espectros femininos nos *Sonetos* de Shakespeare e *A Confissão de Lúcio*.[74]

Para além de se apropriar de um dos elementos-chave dos *Sonetos* de Shakespeare para os seus próprios escritos homoeróticos, Pessoa porventura procura, por sua escolha de tema em "Antinous", dar legitimidade histórica ao desejo homossexual. Foi essa a intenção de Wilde ao escrever "The Portrait of Mr. W. H.", como explica Bate: "he was quite aware that his lovely Willie was a *jeu d'esprit*, invented to help make the case for a homerotic Shakespeare" [bem sabia que o seu adorável Willie era um *jeu d'esprit*, inventado para construir o caso do Shakespeare homoerótico]. Um biógrafo de Wilde, Neil McKenna, é inequívoco neste ponto, escrevendo que o conto de Wilde foi concebido como "a manifesto of *paiderastia*, a closely argued dissertation designed to give cultural and historical legitimacy to sex between men and youths" [um manifesto de *paiderastia*, uma tese cuidadosamente argumentada, destinada a dar legitimidade cultural e histórica ao sexo entre homens e jovens rapazes].[75] A este fim, Wilde enfatiza a continuidade do sentimento homossexual do passado até o presente, fazendo a ligação entre Willie Hughes e Gaveston (de *Eduardo II*, de Christopher Marlowe), e associando o amor retratado nos *Sonetos* de Shakespeare ao neoplatonismo de Ficino e Michelangelo, e ainda ao helenismo de Winckelmann.[76] Para os protagonistas da

[73] *Ficções do interlúdio / 2-3: Odes de Ricardo Reis* (Rio de Janeiro: Nova Aguilar, 1976), p. 119.
[74] Ver Zenith, "Pessoa's Gay Heteronym?", in *Lusosex*, pp. 35-46.
[75] Neil McKenna, *The Secret Life of Oscar Wilde* (Londres: Arrow, 2004), p. 145.
[76] Sobre os poemas de Michelangelo dirigidos a um homem, ver John Kerrigan, "Between Michelangelo and Petrarch: Shakespeare's Sonnets of Art", in *Surprised by Scenes: Essays in Honour of Professor Yasanuri Takahashi*, org. Yasanuri Takada (Tokyo: Kenkyusha, 1994), pp. 142-63.

história de Wilde, estudar os *Sonetos* é reconhecer uma afinidade pessoal com a paixão de Shakespeare e Willie Hughes.

Em *Teleny*, também vemos a preocupação em conceder legitimidade histórica ao desejo homossexual. Des Grieux decide ler tudo o que consegue descobrir sobre "the love of one man for another, that loathsome crime against nature, taught to us not only by the very gods themselves, but by all the greatest men of olden times" [o amor de um homem por outro, esse repugnante crime contra a natureza, ensinado a nós não apenas pelos próprios deuses, mas por todos os grandes homens da antiguidade]. Cita vários precedentes, incluindo a história bíblica de David e Jonathan. Mas a história de Adriano e Antínoo é o exemplo supremo, evocado ao longo do livro. Quando Des Grieux é seduzido por Teleny pela primeira vez, compreende "the love the mighty monarch felt for his fair Grecian slave, Antinous, who – like unto Christ – died for his master's sake" [o amor que o poderoso monarca sentiu por seu belo escravo grego, Antínoo, que – como se fosse por Cristo – morreu pelo seu mestre].[77] A morte de Teleny, no fim da história, reencena este sacrifício, que à luz da menção que faz de Cristo ganha uma mordacidade adicional.

A história de Antínoo também é proeminente no poema de Wilde "The Sphinx" [A Esfinge], no qual "The ivory body of that rare young slave with his pomegranate mouth" [O corpo de marfim daquele raro jovem escravo com sua boca de romã] antecipa a descrição de Pessoa dos seus "lips [...] with opening redness" [lábios [...] com rubor que desabrocha]. Wilde também cita Antinous nas linhas finais de "The Portrait of Mr. W. H.":

> [Willie Hughes's] true tomb, as Shakespeare saw, was the poet's verse, his true monument the permanence of the drama. So had it been with others whose beauty had given a new creative impulse to their age. The ivory body of the Bithynian slave rots in the green ooze of the Nile, and on the yellow hills of the Cerameicus is strewn the dust of the young Athenian; but Antinous lives in sculpture, and Charmides in philosophy.[78]
>
> [O verdadeiro túmulo [de Willie Hughes], como Shakespeare sabia, foi o verso do poeta, o seu verdadeiro monumento à permanência do drama. Assim tinha sido com outros cuja beleza dera novo impulso criativo à sua época. O corpo em mármore do escravo bitínio apodrece na lama verde do Nilo, e nos montes amarelos de Cerameicus está espalhado o pó do jovem ateniense; mas Antínoo vive em escultura, e Charmides em filosofia.]

Para além de redigir a sua própria versão poética da história de Antínoo, Pessoa cita, explicitamente, a homossexualidade de Shakespeare, como precedente legitimador, em pelo menos uma ocasião. O seguinte texto em prosa, atribuído a Campos, é ousadíssimo:

[77] Teleny, pp. 34, 17, 4.
[78] Wilde, "The Sphinx", in *Lord Arthur Savile's Crime*, p. 199.

Shakespeare nos seus Sonetos, apaixonando-se por um mancebo qualquer, foi, como sempre o grande normal que elle era, o representante máximo masculino, o do homem cheio de interesses e attenções para tantas cousas da vida, que não pode gastar tempo na caça ao prazer sexual normal, e porisso o substitue pelo prazer sexual dado pela amizade com outros homens levada ao requinte [...]

– Essa theoria é phantastica. Com que então, para si, a inversão sexual é de certo modo uma cousa normal?

= A inversão sexual masculina. (*PC II*, p. 479)

O uso invertido que Pessoa faz da palavra "normal" desconstrói qualquer máscara de neutralidade ideológica. Se a homossexualidade é "normal", como Campos afirma, então o binário normal / anormal deve ser um conceito cultural, erroneamente criado. Des Grieux chega à mesma conclusão quando compreende que "I had been inculcated with all kinds of wrong ideas, so when I understood what my natural feelings for Teleny were I was staggered, horrified" [Foram-me inculcadas toda a espécie de ideias erradas, e por isso quando percebi quais eram os meus sentimentos naturais por Teleny fiquei estupefacto, horrorizado]. Repete a ideia de que um sentimento que é sentido como sendo natural, em vez de uma escolha consciente, não pode ser contrário à natureza: "Had I committed a crime against nature when my own nature found peace and happiness thereby? If I was thus, surely it was the fault of my blood, not myself? Who had planted nettles in my garden? Not I" [Terei cometido um crime contra a natureza quando a minha própria natureza encontrou a paz e a felicidade? Se eu era assim, era decerto culpa do meu sangue, e não culpa minha? Quem plantou urtigas no meu jardim? Não fui eu].[79]

Os escritos de Campos subvertem as ténues oposições (sanidade/insanidade, moralidade/imoralidade, normalidade/anormalidade) que levaram a sociedade finissecular a condenar a homosexualidade como crime. Os seus poemas e *Teleny* utilizam a mesma imagem para a moralidade pública, a de uma sufocante peça de roupa, símbolo da civilização opressiva, apertada em torno do pescoço: Teleny retira "his white tie, that stiff and uncomfortable useless appendage invented by fashion only to torture mankind" [a sua gravata branca, aquele duro e desconfortável apêndice inútil inventado pela moda apenas para torturar a humanidade]; Campos, num dos seus poemas mais homoeróticos, a ode ao "grande pederasta" Walt Whitman, pausa momentaneamente para "tirar a gravata e desabotoar o colarinho / Não se pode ter muita energia com a civilização à roda do pescoço..."[80]

[79] *Teleny*, p. 33, 86.

[80] *Ibid.*, p. 40; "Saudação a Walt Whitman": estes versos estão ausentes do poema em *AdC* (edição Assírio & Alvim) e na edição crítica de Cleonice Berardinelli (1990), mas aparecem nas primeiras edições da poesia de Campos, tal como *Álvaro de Campos: Poesia* (Lisboa: Ática, 1944), p. 9.

A "Imoralidade" na vida e na arte

No fragmento em prosa de Campos, citado acima, Pessoa faz deliberadamente referência à sexualidade de Shakespeare conforme expressa nos *Sonetos* ("Shakespeare nos seus sonetos"), parando mesmo antes de dar o salto do homoerotismo literário para a homossexualidade na vida real. Faz sempre, aliás, a distinção entre o sentimento de inversão, e a sua manifestação em comportamento. Esta separação da "imoralidade" na arte e na vida é fulcral, por isso é necessário demonstrá-la passo a passo.

Pessoa é deliberadamente paradoxal quando afirma, em "Erostratus", que "The relations between art and morals are extraordinarily simple, for both the defenders of there being none, and their opponents, are right" [A relação entre a arte e a moralidade é extremamente simples, pois tanto os defensores de não haver nenhuma, como os seus oponentes, têm razão] (*H*, p. 174). Segundo ele, e ao invés do que diria Wilde (vejam o prefácio a *The Picture of Doriam Gray* [*O Retrato de Dorian Gray*], existe sim uma arte imoral, e ela é exemplificada pelos *Sonetos* de Shakespeare e por *Vénus e Adónis*:

> Of the supreme poets of the world - that is to say, of the supreme artists in the supreme art [i.e. dramatic poetry] - there are only two who are to some extent immoral: Shakespeare and Goethe - Shakespeare in the homosexuality of his *sonnets* and the tiresome offshoot of it in *Venus and Adonis* (yet not in his dramatic works as a whole) (*H*, p. 174).

> [Dos poetas supremos do mundo - ou seja, dos artistas supremos da suprema arte [a poesia dramática] - há apenas dois que são em alguma medida imorais: Shakespeare e Goethe - Shakespeare na homossexualidade dos seus *sonetos* e na cansativa derivação desta em *Vénus e Adónis* (embora não nas suas obras dramáticas como um todo).

A cansativa derivação da homossexualidade dos *Sonetos* é, presumivelmente, a "obscenidade" heterossexual de *Vénus e Adónis*. George Brandes, o autor de uma das biografias de Shakespeare em que Joyce se baseou para a palestra de Stephen, escreveu que se trata de "an entirely erotic poem, and contemporaries aver that it lay on the table of every light woman in London" [um poema completamente erótico, e os contemporâneos de Shakespeare afirmam que estava na mesa de cabeceira de todas as mulheres de moral duvidosa em Londres] na época de Shakespeare.[81] O próprio Pessoa refere-se ao poema como "obsceno" em várias ocasiões, como por exemplo num texto sobre os méritos e defeitos da censura:

> There are works which are palpably only obscene and not literary at all [...] And there are, at the other end, products like *Venus and Adonis*, like so many classical poems and prose-works; the difficulty is greatest when we meet with

[81] Brandes, *William Shakespeare*, p. 56.

high works of art which are, not only immoral, but frankly apologetic for some species of immorality.

It cannot be claimed that the artistic elements involved absolve and extirpate the immorality of the work. (*PETCL*, p. 57)

[Há obras que são palpavelmente apenas obscenas e não literárias [...] E há, por outro lado, produções como *Vénus e Adónis*, como tantos poemas e obras em prosa clássicos; a dificuldade é maior quando encontramos grandes obras de arte que são, não apenas imorais, mas francamente apologéticas de alguma espécie de imoralidade.

Não se pode alegar que os elementos artísticos envolvidos absolvam e extirpem a imoralidade da obra.]

Segundo Pessoa, portanto, a arte "imoral" é ou homossexual (como no caso dos *Sonetos*) ou obscena (*Vénus e Adónis*). Não é por coincidência que os seus próprios poemas "Antinous" e "Epithalamium", derivem dos dois diferentes tipos de "imoralidade" artística que descobre em Shakespeare, respectivamente. Ou seja, o "homossexual" "Antinous", e o heterossexual mas "obsceno" "Epithalamium", têm notáveis precedentes no julgamento de Pessoa sobre os *Sonetos* e *Vénus e Adónis*. Uma pista sugestiva, de que os dois poemas serão um reflexo deliberado da imoralidade literária de Shakespeare, aparece na carta de Pessoa de 1915 ao editor inglês Frank Palmer, propondo uma versão inglesa da recém-publicada revista *Orpheu*:

Our review contains certain poems and prose works which are "objectionable" from a strictly moral standpoint. In the present number the central part of Alvaro de Campos' "Marine Ode" (Ode Marítima) is in this case.

The worst which the English number of the review would have is the poem of mine, written in English, called "Antinous" of which I send you a copy herewith (to avoid lengthy and unsatisfactory explanations). Could a review be sold in England with a poem like this inserted? Fundamentally, it is really not as "bad" as Shakespeare's sonnets, but no one ever sees things fundamentally. (*Corr I*, p. 190)

[A nossa revista contém certos poemas e obras em prosa que são "censuráveis" do ponto de vista puramente moral. No presente número a parte central de "Ode Marítima", de Álvaro de Campos, é um exemplo.

O pior que a versão inglesa da revista traria era o meu poema, em inglês, "Antinous", do qual envio-lhe uma cópia anexa (para evitar longas e insatisfatórias explicações). Uma revista poderia ser vendida em Inglaterra com um poema destes inserido? Essencialmente, ele não é na verdade tão "mau" quanto os sonetos de Shakespeare, mas ninguém nunca vê as coisas essencialmente.]

Reparem como Pessoa aqui classifica "Antinous" e "Ode Marítima", os seus dois poemas mais homoeróticos, como imorais: "maus", mas não tão maus como os *Sonetos* de Shakespeare. Mais, a sua defesa antecipada contra a acusação de imoralidade literária, nesta carta, onde cita o exemplo de Shakespeare como um precedente, faz lembrar a estratégia de Wilde durante o seu julgamento, quando houve um esforço implacável em associá-lo diretamente com as práticas imorais descritas na sua ficção. A acusação de imoralidade literária não foi, de forma alguma, a principal contra Wilde, mas ela não ajudou o seu caso. A alegação judicial de Queensberry continha a acusação mais séria de que Wilde "did solicit and incite" [solicitou e incitou] uma dúzia de indivíduos nomeados e "boys unknown" [rapazes desconhecidos] a cometer "sodomy and other acts of gross indecency and immorality" [sodomia e outros atos repugnantes de indecência e imoralidade]. Os seus advogados tinham datas, locais e os nomes de nove indivíduos.

Em tribunal, Wilde citou Shakespeare várias vezes como o modelo para o seu homoerotismo literário; quando Carson, o advogado da acusação, leu trechos de *The Picture of Dorian Gray*, perguntando se Wilde compartilhava o sentimento da personagem que "adored [Dorian] madly" [adorava [Dorian] loucamente], ele respondeu: "No. The whole idea was borrowed from Shakespeare, I regret to say – yes, from Shakespeare's Sonnets" [- Não. A ideia foi tomada de empréstimo a Shakespeare, lamento informar – sim, dos Sonetos de Shakespeare].

Wilde procedeu de maneira parecida no seu segundo julgamento, quando foi interrogado pelo seu advogado de defesa, Gill. Fez um emotivo discurso defendendo "The Love that dare not speak its name" [O amor que não ousa dizer o seu nome], o verso de Alfred Douglas no seu soneto "Two Loves" [Dois amores] (1892):

> Gill: What is the "Love that dare not speak its name?"
> Wilde: "The Love that dare not speak its name" in this century is such a great affection of an elder for a younger man as there was between David and Jonathan, such as Plato made the very basis of his philosophy, and such as you find in the Sonnets of Michelangelo and Shakespeare.[82]

> [Gill: O que é o "Amor que não ousa dizer o seu nome?"
> Wilde: O "Amor que não ousa dizer o seu nome", neste século, é uma tal afeição de um homem mais velho por um homem mais jovem como houve entre David e Jonathan, como aquele com que Platão fez a base da sua filosofia, como aquele que encontramos nos sonetos de Michelangelo e Shakespeare.]

Mesmo na época de Shakespeare, o poeta Richard Barnfield sentira-se obrigado a citar um antecedente para o homoerotismo da sua antologia poética *The Affectionate Shepherd* [*O Pastor amoroso*] (1594). Explicou que se tratava de "nothing else but an imitation of Virgil, in the second Eclogue of Alexis" [nada mais

[82] *Nineteenth-Century Writings on Homosexuality: A Sourcebook*, org. Chris White (Londres: Routledge, 1999) p. 57.

do que uma imitação de Virgílio, na segunda Écloga de Alexis], na qual o pastor Corydon "burned with love for his master's favourite, / Handsome Alexis" [ardia de amor pelo seu favorito, / O belo Alexis].[83] A aviso de Barnfield aparece em *Cynthia* (1595), a única outra antologia de poemas renascentistas, para além da de Shakespeare, com poemas dirigidos a um homem ou rapaz.[84]

Voltando a Pessoa, segundo ele a imoralidade na arte é admissível, como revelam as suas apropriações do homoerotismo de Shakespeare. Não só admissível, mas positivamente admirável, como indica o tom entusiasta do seguinte texto sobre a arte "pecadora" do dramaturgo inglês:

> Shakespeare and Victor Hugo are the master-sinners. Shakespeare, to speak true, is the worst. He misbehaves himself in the space of a short lyric to a quite French extent.
>
> He is unable to keep still, like a naughty child, which, after all, was what he was among the gods.[85]

> [Shakespeare e Victor Hugo são os mestres-pecadores. Shakespeare, para dizer a verdade, é o pior.
>
> Comporta-se mal, no espaço de um curto poema, a um grau completamente francês. É incapaz de ficar quieto, como uma criança malcriada, que, afinal, é o que ele foi entre os deuses.]

Contudo, para Pessoa a imoralidade na vida é condenável, como afirma em outro texto:

> A falta de sinceridade do artista de modo algum se deve reflectir na sua vida, que deve obedecer á moral, e ás leis, honesta e burguezamente. Só na literatura é que a immoralidade é permittida, a contradicção sem importancia, e a insinceridade obrigatoria.[86]

Este é mais um argumento a favor da despersonalização artística, uma postura que tem a vantagem de colocar a sexualidade do artista impessoal para além do alcance da crítica.

Numa das suas tentativas mais ansiosas em distanciar o seu homoerotismo literário da sua sexualidade real, Pessoa admite sentir uma certa inversão sexual, mas frisa que ela não se traduz em comportamento:

[83] Citado por Simon Shepherd, "Shakespeare's Private Drawer: Shakespeare and Homosexuality", in *The Shakespeare Myth*, org. Graham Holderness (Manchester: Manchester University Press, 1988), p. 97.
[84] Richard Barnfield, *Cynthia, with Certaine Sonnets, and the Legend of Cassandra* (Londres: Humphrey Lownes, 1595).
[85] *Apreciações literárias de Fernando Pessoa*, p. 252. Manuscrito transcrito e apresentado por mim, pela primeira vez, na tese de doutoramento *Fernando Pessoa's Shakespeare*.
[86] *Sensacionismo*, p. 286.

quando digo que sempre gostei de ser amado, e nunca de amar, tenho dicto tudo [...] Agradava-me a passividade. [...] Reconheço sem illusão a natureza do phenomeno. É uma inversão sexual fruste. Pára no espírito. Sempre, porém, nos momentos de meditação sobre mim, me inquietou, não tive nunca a certeza, nem a tenho ainda, de que essa disposição do temperamento não pudesse um dia descer-me ao corpo. Não digo que praticasse então a sexualidade correspondente a esse impulso, mas bastava o desejo para me humilhar. Somos vários d'esta especie pela historia abaixo, pela historia artistica sobretudo. Shakespeare e Rousseau são dos exemplos, ou exemplares, mais illustres. E o meu receio da descida ao corpo d'essa inversão do espírito - radica-m'o a contemplação de como nesses dois desceu - completamente no primeiro, e em pederastia; incertamente no segundo, num vago masochismo.[87]

Estas palavras tipificam o receio da existência de uma predisposição inata, sobre a qual os sexólogos finisseculares escreveram: um impulso psicológico no cérebro que poderia ser ativado por fenómenos externos. Pessoa não sugere, aqui ou em qualquer outro lugar, que ele seja homossexual, como o seu Shakespeare; limita-se a admitir o sentimento de inversão. Kenneth Dover, em *Greek Homosexuality* [*Homossexualidade grega*] (1978), postula que as fontes disponíveis indicam que não havia, para os gregos, nada de errado em um homem mais velho sentir-se atraído por um belo jovem, nada de errado, isto é, em sentir uma atração explicitamente homossexual. O que era errado, segundo Sócrates, era ceder ao sentimento.[88] Parece que Pessoa concordava com esta ideia.

Contudo, a sua insistência sobre a diferença que há entre a "imoralidade" na arte e na vida torna-se mais urgente depois do seu encontro com a psicanálise, encontro esse que o levou a distanciar-se de seus escritos homoeróticos com maior fervor.

Despersonalização, ataques preventivos, e homoerotismo decrescente

Grande parte da defesa de Wilde, em tribunal, consistiu no argumento de que os textos literários são impessoais, e não o reflexo da personalidade do autor. Segundo ele, isto até se aplicava à sua mais aparentemente incriminadora carta a Alfred Douglas. Quando foi questionado se os sentimentos, descritos na carta, não seriam indecentes, Wilde respondeu que a carta era um poema em prosa, portanto parecida com um soneto de Shakespeare: "I think it was a beautiful letter. If you ask me whether it is proper, you might as well ask me whether *King Lear* is proper, or a sonnet of Shakespeare is proper" [Acho que é uma carta linda. Se me pergunta se ela é decente, pode perguntar também se o *Rei Lear* é decente, ou se um soneto de Shakespeare é decente].[89] Wilde tomou a precaução de pedir ao seu amigo

[87] Citado em Pizarro, *Entre génio e loucura*, p. 154.
[88] Kenneth Dover, *Greek Homosexuality* (Cambridge, MA: Harvard University Press, 1978).
[89] Citado em Merlin Holland, *Irish Peacock & Scarlet Marquess: The Real Trial of Oscar Wilde* (Londres/Nova York: Fourth Estate, 2004), p. 105.

Pierre Louys que preparasse um soneto em francês, a partir da carta, para publicação numa revista de Oxford; apareceu na revista *The Spirit Lamp* (04/03/1883), com uma alusão à peça mais recente de Wilde, com o título: "Sonnet. A letter written in prose poetry by M. Oscar Wilde to a friend, and translated into rhymed poetry by a poet of no importance" [Soneto. Uma carta escrita em prosa poética por Óscar Wilde a um amigo, e traduzida em poesia rimada por um poeta sem nenhuma importância].

Como uma expressão dos seus sentimentos por Douglas, a carta de Wilde era letal, mas ninguém jamais havia sido condenado por um poema. Wilde esperava que, tratando-se de uma obra literária, as emoções na carta não seriam sujeitas às regras morais que regem a vida real.

Após o seu encontro com a nova ciência de Freud, Pessoa também afirmaria, em cartas e textos teóricos cada vez mais ansiosos, que os seus heterónimos eram completamente impessoais, e que, assim sendo, os seus sentimentos poéticos não deveriam ser confundidos com os do autor. Como escreve a Gaspar Simões:

> Não há que buscar em quaisquer deles ideias ou sentimentos meus, pois muitos deles exprimem ideias que não aceito, sentimentos que nunca tive. Há simplesmente que os ler como estão, que é aliás como se deve ler. (*AdC*, p. 131)

Uma das suas mais famosas explicações da heteronímia, aquela que retoma a sua classificação genérica como poesia dramática e a sua base na sua "loucura", a histero-neurastenia, está na sua carta de 11 de Dezembro de 1931 sobre a psicanálise (*Corr II*, pp. 235-55).

A insistência de Pessoa na sua despersonalização artística não é, evidentemente, o mero resultado do seu encontro com as leituras freudianas; é provável que ele concordasse com Carl Gustave Jung que o método de interpretação psicanalítica, como Gaspar Simões o começara a empregar, gerava "'reductive' explanations which unfailingly lead backward and downward, and it has a destructive effect it is used in na exaggerated and one-sided way" [explicações "redutoras" que inevitavelmente eram um passo para trás e para baixo, e têm um efeito negativo se forem empregues de forma exageradamente unilateral].[90] O tom jocoso do texto de Álvaro de Campos a "expor" a homossexualidade de Ricardo Reis, com base numa única letra em uma das suas odes, sugere que Pessoa está ali a ironizar a tendência redutora e simplista da crítica psicanalítica.

No entanto, é importante referir que a distância que o seu ideal modernista, da arte como sendo impessoal, forja entre o autor e a sua obra, seja também conveniente a nível pessoal: coloca fora do alcance da crítica sentimentos que poderiam, de outro modo, ser interpretados como crenças verdadeiras. Maud Ellmann escreve, convincentemente, que este ideal modernista surgiu como doutrina precisamente quando surgiu porque, em parte, servia para "screen the

[90] Jung, *Modern Man in Search of a Soul* (1933), trad. W. S. Dell e Cary F. Baynes (Londres: Routledge, 2001), p. 49.

poet from the prying forms of criticism which accompanied the rise of popular psychology" [resguardar o poeta dos métodos invasivos da crítica que acompanhou o crescimento da psicologia popular]; se quaisquer "indiscretions crept into their verse they could always disown them as 'impersonal'" [indiscrições entrassem nos seus versos, eles poderiam sempre renegá-los como sendo "impessoais"]. Cita a confissão de Eliot a John Hayward de que ele tinha "personal reasons" [razões pessoais] para promover a sua despersonalização, concluindo que Eliot compreendeu que "he was able to confess more freely if he disavowed these confessions as his own" [era capaz de confessar-se mais livremente se não reconhecesse essas confissões como sendo pessoais].[91] Do mesmo modo, Pessoa pode exprimir-se mais livremente ao atribuir a vasta maioria dos seus textos homoeróticos a Álvaro de Campos, o engenheiro "louco". Um poema de Campos contém os versos reveladores: "Graças a Deus que estou doido! / Isto é uma solução" (*AdC*, p. 195).

O texto de Campos sobre a inversão sexual de Shakespeare, nos seus *Sonetos*, é duplamente impessoal, duas vezes distanciado do "próprio" Pessoa. Primeiro, por ser atribuído a um heterónimo, que Pessoa afirma ser uma personagem dramática impessoal: sendo um heterónimo, a Campos são permitidas certas liberdades, como defender António Botto contra acusações de indecência literária de forma mais direta que Pessoa ortónimo.[92] Segundo, por se tratar de um diálogo fictício, de maneira que não podemos sequer saber, com segurança, se o narrador anónimo do lado mais controverso da conversa é, efetivamente, Campos.

A alegação de Wilde quanto à despersonalização da sua carta a Douglas não foi convincente em tribunal. Carson proclamou no seu discurso de encerramento: "a more thinly veiled attempt to cover the real nature of this letter and its history has never been attempted in a court of justice" [uma mais levemente velada tentativa de esconder a verdadeira natureza desta carta e da sua história nunca foi tentada em tribunal].[93] No final do primeiro julgamento, o Procurador-Geral concordou com ele:

> I contend that such a letter found in the possession of a woman from a man would be open to but one interpretation. How much worse is the inference to be drawn when such a letter is written from one man to another. It has been attempted to show that this was a prose poem, a sonnet, a lovely thing which I suppose we are too low to appreciate. Gentlemen, let us thank God, if it is so, that we do not appreciate things of this sort at their proper value, and that is somewhat lower than the beasts.[94]

91 Maud Ellmann, *The Poetics of Impersonality: T. S. Eliot and Ezra Pound* (Sussex: Harvester Press, 1987), p. 5.
92 Ver Castro, "Oscar Wilde, Fernando Pessoa, and the Art of Lying", *Portuguese Studies* 22, pp. 240-1.
93 *Irish Peacock & Scarlet Marquess*, p. 262.
94 Citado em H. Montgomery Hyde, *The Trials of Oscar Wilde* (Londres: William Hodge, 1949), p. 326.

> [Afirmo que tal carta, fosse ela descoberta em posse de uma mulher e enviada por um homem, levaria a uma única interpretação. Quão pior é a inferência a ser concluída quando tal carta é escrita de um homem para outro. Tentou mostrar-se que era um poema em prosa, um soneto, uma coisa linda, que suponho que sejamos demasiado inferiores para apreciar. Senhores, agradeçamos a Deus, se assim for, não apreciarmos as coisas deste género em seu verdadeiro valor, que é algo mais baixo que as bestas.]

O próprio Douglas, depois de se ter voltado contra Wilde, descreveu-a como "a rotton sodomitically inclined letter written by a diabolical scoundrel to a wretchedly silly youth" [uma carta podre, sodomiticamente inclinada, escrita por um diabólico patife a um jovem miseravelmente tolo].[95] As tentativas de Pessoa em convencer Gaspar Simões de que a sua obra era impessoal também não tiveram grande efeito na receção crítica das suas obras homoeróticas. Seguindo o exemplo do biógrafo, que foi o primeiro a sugerir que as suas "poesias, por mais 'mentirosas' que sejam [...] nunca o são tão completamente que se lhe não possa descobrir o ponto tangente com a experiência real de que partiram", críticos posteriores continuaram a colocar Pessoa no divã e percorrer os seus poemas a pente fino, em busca da verdadeira sexualidade do autor: a bibliografia de José Blanco lista 55 diferentes estudos psicanalíticos sobre Pessoa até 1994.[96] Apesar dos melhores esforços de Pessoa e das suas táticas de esquiva, ou talvez precisamente devido a elas, a tentação de abordar a sua obra de uma perspetiva psicanalítica tornou-se, por vezes, irresistível.

O encontro de Pessoa com a psicanálise levou-o a fazer mais duas coisas que são de interesse no contexto do seu fascínio pela sexualidade de Shakespeare. Em primeiro lugar, incitou-o a oferecer a Gaspar Simões uma explicação preventiva para "Antinous" e "Epithalamium", em carta de 18 de Novembro de 1930. Explicou que os poemas seriam sublimações artísticas da sua libido, para tentar dissuadir que o biógrafo fizesse a sua própria leitura, mais freudiana, dos poemas:

> Uma explicação. "Antinous" e "Epithalamium" são os únicos poemas (ou, até composições) que eu tenho escrito que são nitidamente o que se pode chamar obscenos. Há em cada um de nós, por pouco que se especialize instintivamente na obscenidade, um certo elemento desta ordem, cuja quantidade, evidentemente, varia de homem para homem. Como esses elementos, por pequeno que seja o grau em que existem, são um certo estorvo para alguns processos mentais superiores, decidi, por duas vezes, eliminá-los pelo processo simples de os exprimir intensamente. É nisto que se baseia o que será para v. a violência inteiramente inesperada de obscenidade que naqueles dois poemas – e sobretudo no "Epithalamium", que é direto e bestial – se revela. Não sei porque escrevi qualquer dos poemas em inglês. (*Corr II*, pp. 219-20)

[95] Citado em Douglas Murray, *Bosie: A Biography of Lord Alfred Douglas* (Londres: Hodder and Stoughton, 2000), p. 226.
[96] Blanco, *Bibliografia pessoana*, II, p. 78.

Lucy Newlyn, em *The Anxiety of Reception* [*A Angústia da receção*] (2000), propõe que

> anxieties experienced by writers centre as much on the future as on the past – not just because an author's status, authority, and posthumous life are dependent on readers, but because writing exists in dialogue with others whose sympathies it hopes to engage. Readers are as important to writers as their precursors, when it comes to constructing or defending literary identity; and whether they are named, invoked, figured, or idealised, their presence is just as discernible within a given text as are the traces of earlier writings.[97]
>
> [as angústias dos escritores focam-se tanto no futuro quanto no passado – não apenas porque o estatuto de um autor, a sua autoridade e a sua vida póstuma são dependentes dos leitores, mas porque ao escrever existe em diálogo com outros cuja empatia ele espera angariar. Os leitores são tão importantes para os escritores quanto os seus precursores, no que toca à construção ou à defesa de uma identidade literária; e sejam eles nomeados, invocados, figurados ou idealizados, a sua presença é tão discernível dentro de um dado texto quanto os traços de obras anteriores.]

A intenção de Pessoa, ao oferecer a sua explicação dos dois poemas, foi convencer os seus leitores, presentes e futuros, de que, sendo os poemas sublimações de inclinações sexuais pouco ortodoxas, essas inclinações não se manifestaram na sua vida real. Isto é coerente com a sua separação da "imoralidade" na vida e na arte. Jorge de Sena defende que também importa que Pessoa tivesse decidido publicar os dois poemas ingleses em Portugal, onde provavelmente atrairiam pouca atenção: "poemas que de facto seria difícil pensar-se que fossem impressos e publicados na Inglaterra, podendo sê-lo em Portugal aonde praticamente ninguém sabia então inglês para avaliar da indecência."[98] Contudo, apesar da sua refutação a Gaspar Simões, Pessoa dificilmente estaria envergonhado pelos poemas, pois recolheu e guardou recortes de jornal sobre "Antinous", de publicações tão diversas quanto o *Yorkshire Post* e o *Finance Chronicle*, e até enviou exemplares dos seus *English Poems* [*Poemas ingleses*] para a Biblioteca Jurídica de Edimburgo, a Biblioteca da Universidade de Cambridge e o Museu Britânico em Londres.[99] Como vimos, também ofereceu os seus poemas ingleses a editoras britânicas.

Gaspar Simões aceitou a explicação de Pessoa sobre a sua "loucura", mas não se convenceu pela sua explicação como autor que tinha, por duas vezes, sublimado os seus desejos sexuais em poesia. Desconsiderou por inteiro a sua carta sobre "Antinous" e "Epithalamium", escrevendo capítulos na sua biografia *Vida e obra de Fernando Pessoa* (1950) com títulos como "Sexualidade frustrada", "Aberração e

[97] Lucy Newlyn, "Preface", in *Reading, Writing, and Romanticism: The Anxiety of Reception* (Oxford: Oxford University Press, 2000), p. vii.
[98] *Poemas ingleses de Fernando Pessoa* (Lisboa: Ática, 1974), pp. 27-8.
[99] Ver *Fernando Pessoa: Imagens de uma vida*, pp. 90-8.

ideal estético" e "Polémica em Sodoma". No primeiro, escreve que "a bela, serena e lacrimosa dor de Adriano perante o cadáver de Antinous [...] funcionará como elemento compensador" para a homossexualidade reprimida de Pessoa.[100]

O segundo efeito do encontro Pessoa com a psicanálise é que ela o levou a ser menos homoerótico nos seus escritos de aí em diante, pois é um facto importante, embora não referido pela crítica, que a poesia de Campos se torna menos "imoral" a partir do final da década de 1920. Em 1929, Campos só alude à homossexualidade de forma oblíqua, em vez de diretamente, como fizera antes: por exemplo, fazendo referência a um livro seminal, que contém vários poemas homoeróticos e que foi muito lido e discutido na época de Pessoa:

> Quero escrever o meu epitáfio: Álvaro de Campos jaz
> Aqui, o resto a Antologia grega traz... (*AdC*, p. 389)

"(Escuso de me achar feio, porque os feios também são amados / E às vezes por mulheres!)" Campos declara num poema de 1930 (*AdC*, p. 410). Em outro poema do mesmo ano, lemos:

> Com que então problema sexual?
> Mas isso depois dos quinze anos é uma indecência.
> Preocupação com o sexo oposto (suponhamos) e a sua psicologia –
> Mas isso é estúpido, filho.
> O sexo oposto existe para ser procurado e não para ser compreendido.
> O problema existe para estar resolvido e não para preocupar.
> Compreender é ser impotente.
> E você devia revelar-se menos (*AdC*, p. 419)

Estes dois poemas são mais ambíguos que os de Pessoa antes do seu encontro com Freud e a psicanálise, pois há neles a possibilidade, ainda que seja pouco convincente, de que o objeto amoroso seja feminino ("amados / E às vezes por mulheres!"; "Preocupação com o sexo oposto (suponhamos)"). Pessoa claramente veio a sentir que deveria ser mais cauteloso face à nova ciência de Freud, mesmo no caso da sua poesia heteronímica, supostamente impessoal.

Em outro poema tardio, Campos defende o seu direito de existir sem ser submetido a interpretações psicanalíticas:

> A liberdade, sim, a liberdade!
> A verdadeira liberdade!
> [...] Existir sem Freud nem aeroplanos (*PC II*, p. 310)

Para além de atenuar as expressões poéticas da "perversa" sexualidade de Campos depois do seu duelo com a psicanálise, Pessoa ainda escreveu a seguinte

[100] Gaspar Simões, *Vida e obra*, p. 518.

nota na segunda edição de "Antinous": "An early and very imperfect draft of Antinous was published in 1918. The present one is meant to annul and supersede that, from which it is essentially different" [Um rascunho anterior e muito imperfeito de Antinous foi publicado em 1918. A presente versão destina-se a anular e suplantar aquela, da qual é essencialmente diferente].[101] A diferença essencial é que a segunda versão é menos explícita no seu homoerotismo.

A Sexualidade e a heteronímia

Como no caso de Shakespeare, a verdadeira sexualidade de Pessoa, como a sua possível "loucura", permanecerá um assunto de impossível resolução, a não ser que provas concretas sejam um dia descobertas. Pode ser tentador lermos a marginália de Pessoa junto à conclusão de um discurso de Hamlet, aquele para Rosencrantz e Guildenstern que começa "I have of late - but wherefore I know not - lost all my mirth" [Tenho recentemente, - mas por que motivo eu não sei - perdido toda a minha alegria], como revelador da sua falta de interesse em sexo, pois a única frase que Pessoa sublinha é a maravilhosa confissão de Hamlet: "man delights not me; no, nor woman neither" [os homens não me agradam; não, nem as mulheres tampouco] (*CW*, p. 955). Mas isto seria, provavelmente, um exemplo daquilo que Borges e outros chamam de superinterpretação, pois imensos leitores foram atraídos pelo mesmo verso ao longo da história - Stephen Dedalus cita-o na sua palestra sobre Shakespeare - e as risadas dos amigos de Hamlet, em resposta, sugerem que não acreditam que ele seja imune aos charmes do sexo oposto. A única coisa que podemos saber, com segurança, é que Pessoa foi capaz de se identificar, pelo menos intelectualmente, com os sentimentos e os temas que descobriu nos *Sonetos* de Shakespeare, e que fez deles bom uso artístico na sua própria poesia homoerótica.

A aceitação da homossexualidade na arte faz parte do desejo de Pessoa de conseguir a plena autoexpressão. Como escreve Zenith num ensaio sobre Pessoa e Wilde:

> É natural que Pessoa, desejoso de sentir, experimentar e ser tudo de todas as maneiras possíveis - e isto é verdade mesmo sem Álvaro de Campos, a personificação mais estridente do Sensacionismo que Pessoa reivindicava para toda a família gerada pela sua imaginação -, se quisesse multiplicar também sexualmente.[102]

A geração do *Orpheu* defendeu o direito de explorar a sexualidade literária, bem como a loucura literária, de todas as formas possíveis e imaginárias. José de Almada Negreiros começa seu poema "A Cena do ódio" (1915) com os versos

[101] Citado em Zenith, "Prefácio", in *Obra essencial de Fernando Pessoa: Poesia Inglesa*, p. 31.
[102] Zenith, "A Importância de não ser Oscar? Pessoa tradutor de Wilde", in *Egoista* (2008) 32-6, p. 35.

Ergo-Me Pederasta apupado d'imbecis,
divinizo-Me Meretriz, ex-libris do Pecado

Scene II.] **Hamlet.** 955

Guil. What should we say, my lord?

Ham. Why anything, but to the purpose. You were sent for; and there is a kind of confession in your looks which your modesties have not craft enough to colour: I know the good king and queen have sent for you.

Ros. To what end, my lord?

Ham. That you must teach me. But let me conjure you, by the rights of our fellowship, by the consonancy of our youth, by the obligation of our ever-preserved love, and by what more dear a better proposer could charge you withal, be even and direct with me, whether you were sent for or no!

Ros. [*Aside to* GUILDENSTERN.] What say you?

Ham. [*Aside.*] Nay, then, I have an eye of you. If you love me, hold not off.

Guil. My lord, we were sent for.

Ham. I will tell you why; so shall my anticipation prevent your discovery, and your secrecy to the king and queen moult no feather. I have of late,—but wherefore I know not,—lost all my mirth, forgone all custom of exercises; and indeed it goes so heavily with my disposition that this goodly frame, the earth, seems to me a sterile promontory; this most excellent canopy, the air, look you, this brave o'erhanging firmament, this majestical roof fretted with golden fire, why, it appears no other thing to me but a foul and pestilent congregation of vapours. What a piece of work is a man! How noble in reason! how infinite in faculty! in form, in moving, how express and admirable! in action how like an angel! in apprehension how like a god! the beauty of the world! the paragon of animals! And yet, to me, what is this quintessence of dust? man delights not me; no, nor woman neither, though, by your smiling you seem to say so.

Ros. My lord, there was no such stuff in my thoughts.

Ham. Why did you laugh then, when I said, 'man delights not me?'

Ros. To think, my lord, if you delight not in man, what lenten entertainment the players shall receive from you: we coted them on the way; and hither are they coming, to offer you service.

Ham. He that plays the king shall be welcome; his majesty shall have tribute of me; the adventurous knight shall use his foil and target; the lover shall not sigh gratis; the humorous man shall end his part in peace; the clown shall make those laugh whose lungs are tickle o' the sere; and the lady shall say her mind freely, or the blank verse shall halt for't. What players are they?

Ros. Even those you were wont to take delight in, the tragedians of the city.

Ham. How chances it they travel? their residence, both in reputation and profit, was better both ways.

Ros. I think their inhibition comes by the means of the late innovation.

Ham. Do they hold the same estimation they did when I was in the city? Are they so followed?

Ros. No, indeed they are not.

Ham. How comes it? Do they grow rusty?

Ros. Nay, their endeavour keeps in the wonted pace: but there is, sir, an aery of children, little eyases, that cry out on the top of question, and are most tyrannically clapped for't: these are now the fashion, and so berattle the common stages,—so they call them,—that many wearing rapiers are afraid of goose-quills, and dare scarce come thither.

Ham. What! are they children? who maintains 'em? how are they escoted? Will they pursue the quality no longer than they can sing? will they not say afterwards, if they should grow themselves to common players,—as it is most like, if their means are no better,—their writers do them wrong, to make them exclaim against their own succession?

Ros. Faith, there has been much to-do on both sides; and the nation holds it no sin to tarre them to controversy: there was, for a while, no money bid for argument, unless the poet and the player went to cuffs in the question.

Ham. Is it possible?

Guil. O! there has been much throwing about of brains.

Ham. Do the boys carry it away?

Ros. Ay, that they do, my lord; Hercules and his load too.

Ham. It is not very strange; for my uncle is King of Denmark, and those that would make mows at him while my father lived, give twenty, forty, fifty, a hundred ducats a-piece for his picture in little. 'Sblood, there is something in this more than natural, if philosophy could find it out. [*Flourish of trumpets within.*

Guil. There are the players.

Ham. Gentlemen, you are welcome to Elsinore. Your hands, come then; the appurtenance of welcome is fashion and ceremony: let me comply with you in this garb, lest my extent to the players—which, I tell you, must show fairly outward—should more appear like entertainment than yours. You are welcome; but my uncle-father and aunt-mother are deceived.

Guil. In what, my dear lord?

Ham. I am but mad north-north-west: when the wind is southerly I know a hawk from a handsaw.

Enter POLONIUS.

Pol. Well be with you, gentlemen!

Ham. Hark you, Guildenstern; and you too; at each ear a hearer: that great baby you see there is not yet out of his swaddling-clouts.

CW, p 955

e continua por afirmar, na segunda estrofe, a necessidade de "cantar Sodoma na Voz de Nero!" A dedicatória do poema é a seguinte: "A Álvaro de Campos / a dedicação intensa / de todos os meus avatares."[103] (O poema era destinado ao terceiro número de *Orpheu*, que nunca apareceu; foi publicado pela primeira vez na revista *Contemporânea*, em 1923.)

Cixous escreve: "There have always been those uncertain, poetic persons who have not let themselves be reduced to dummies programmed by pitiless repression of the homosexual element" [Sempre existiram aqueles vagos indivíduos poéticos que não se deixaram reduzir a manequins programados pela repressão impiedosa do elemento homossexual]. Ela continua por propor que não pode haver invenção de identidade, na ficção, sem uma certa bissexualidade.[104] Talvez Pessoa a corrigisse, dizendo que não pode haver invenção de *outras* identidades sem uma certa bissexualidade, da mesma forma que não pode haver invenção de personagens dramáticas sem uma certa loucura, um certo *bovarysme* (ver Capítulo 3). Em pelo menos um texto, di-lo explicitamente, fazendo a ligação entre a inversão sexual e a poesia dramática:

> Na personalidade tudo se liga, se interrelaciona. Não podemos "separar", salvo por um processo analítico conscientemente truncador da realidade, na personalidade de [...] Shakespeare a intuição dramática de, por exemplo, a inversão sexual. (*PETCL*, p. 113)

Esta associação entre a intuição dramática e a inversão sexual é, todavia, enganosa, pois vimos que Pessoa deduz a sexualidade de Shakespeare exclusivamente da sua poesia lírica, os *Sonetos*. A poesia lírica é tradicionalmente considerada mais pessoal, confessional e autobiográfica que a poesia dramática, o que explica, em parte (juntamente com um medo de Freud), a contradição entre a sua insistência na natureza impessoal dos seus próprios escritos homoeróticos, e a sua abordagem biográfica aos de Shakespeare.

"Antinous" é um poema mais "dramático" do que qualquer soneto de Shakespeare, por ser escrito na terceira pessoa, e, ainda por cima, em inglês. Robert Bréchon explica que a língua materna de Shakespeare foi, para Pessoa, uma máscara dramática; se assim for, escrever "Antinous" em inglês criou uma distância dramática entre o autor e os sentimentos descritos no poema, semelhante à distância criada quando Pessoa atribui os seus versos mais homoeróticos ao heterónimo Álvaro de Campos.[105] Os heterónimos são truncamentos conscientes da realidade, para ecoar a frase de Pessoa acima, porque são, segundo ele, construções dramáticas despersonalizadas, exatamente como as personagens dramáticas de Shakespeare.

[103] Almada Negreiros, "A Cena do ódio", in *Poemas*, p. 23.

[104] Cixous, "Sorties", in *Literary Theory: An Anthology*, pp. 351-2.

[105] Robert Bréchon, "Le Masque et l'aveu: l'oeuvre anglaise", *Magazine littéraire* 291 (Septembro, 1991); repr. in *L'Innombrable: un tombeau pour Fernando Pessoa* (Paris: Christian Bourgois, 2001), pp. 177-85.

A Sexualidade de Shakespeare

Visto que as ideias de Pessoa sobre o génio, a invisibilidade, a loucura e a sexualidade de Shakespeare remetem todas, em última análise, para a identificação que faz entre os heterónimos e as personagens dramáticas do dramaturgo inglês, esta identificação merece ser examinada em maior profundidade.

SHAKESPEARE E A INVENÇÃO DOS HETERÓNIMOS

"Mais que parente, e menos que um filho" (Hamlet): a falácia do parentesco[1]

As leituras de Pessoa sobre Shakespeare estabelecem o dramaturgo inglês como a grande presença subjacente à heteronímia. A analogia assim criada entre os heterónimos pessoanos e as personagens dramáticas de Shakespeare é sedutora, e tem sido desenvolvida pelos críticos literários. Vitorino Nemésio, escrevendo em 1945, descreve como Pessoa legitimou a sua invenção de personagens-autores, os heterónimos, comparando-os às personagens shakespearianas.[2] Jacinto do Prado Coelho, num artigo para o *Jornal de letras* em 1981, afirma que Pessoa tentou disciplinar-se e construir-se tendo em vista a poesia dramática como modelo, e Shakespeare o supremo representante do género literário mais elevado.[3] (Embora Prado Coelho escreva, com razão, que esta é uma visão anti-romântica da poesia, vimos no Capítulo 1 que o alinhamento de Pessoa à crítica romântica sobre Shakespeare foi fulcral neste contexto.) Alexandrino Severino, num artigo de 1990 que explora a presença de Shakespeare na obra pessoana, também descreve os heterónimos como personalidades dramáticas, semelhantes às de Shakespeare.[4]

Mesmo independentemente da visão de Pessoa sobre o assunto, os pessoanos têm aproximado os dois grupos de personagens dramáticas. João Medina, em "Hamlet morou defronte da Tabacaria" (1976), propõe que o poema de Campos pode ser considerado um

> drama estático escrito e sobretudo encarnado por um Hamlet ocultista despejado de todos os seus emblemas e atributos reais, pobre Hamlet lusíada, duplamente desgraçado e desterrado, como português e como discípulo da gnose, escondido numa mansarda a ver as figuras do mundo real que se movem defronte dele, na outra margem ôntica, na Tabacaria.[5]

Contudo, apesar das grandes semelhanças apontadas, ao longo deste livro, entre a arte de Pessoa e a de Shakespeare, vale a pena pausarmos para questionar a validade da analogia que foi primeiro proposta pelo próprio Pessoa, especialmente quando ela é levada a tais voos líricos. Hamlet e Campos são as personagens dramáticas mais elaboradas de seus criadores, com vidas interiores tão profundas que continuam a ser objeto de fascínio. A loucura poética de Campos é devedora da de Hamlet (ver Capítulo 3), e Pessoa responde ao mais famoso solilóquio do Príncipe, "To be or not to be", no poema de Campos "Se te queres

[1] Original em inglês: "A little more than kin, and less than kind."
[2] Vitorino Nemésio, "O Sincero fingido", *Diário Popular* (26/12/1945), p. 3.
[3] Jacinto do Prado Coelho, "Fernando Pessoa ou A estratégia da razão", *Jornal de Letras* (17/03/1981); repr. in *Camões e Pessoa, poetas da utopia*, pp. 114-8.
[4] Alexandrino E. Severino, "Fernando Pessoa e William Shakespeare: um estudo comparativo da heteronímia", in *Actas IV*, pp. 13-22.
[5] João Medina, "Hamlet morou defronte da Tabacaria", *Diário de Notícias* (01/08/1974), p. 7.

matar, porque não te queres matar?" (Capítulo 1). Mas estender a analogia para além disso é mais revelador das nossas próprias afinidades projetadas em cada personagem do que de quaisquer semelhanças entre os dois: Campos é o heterónimo preferido de muitos leitores, e todos nós queremos ser Hamlet. Há diferenças importantes entre os heterónimos de Pessoa e as personagens de Shakespeare, não obstante o contínuo alinhamento que Pessoa faz dos dois autores, cujo efeito cumulativo é criar uma relação mais íntima do que na realidade existe.

Álvaro de Campos não é, como Pessoa alega, a personagem de uma peça, precisamente porque não existe em nenhuma peça. Transpor um palco físico para o plano puramente mental do "drama em gente" é um brilhante salto imaginativo, mas desconstrói a literalidade da correlação. Aquilo que distingue os heterónimos das personagens shakespearianas é serem eles, todos, também autores. Abordando o problema ao contrário: se as personagens de Shakespeare fossem como os heterónimos de Pessoa, elas não apareceriam em peças de teatro, mas seriam os autores das suas próprias obras. Hamlet, por exemplo: chegamos a uma compreensão da sua psicologia através das suas palavras e ações, ou inações, no decurso da tragédia que protagoniza. Agora imaginem que Hamlet, com todas as características psicológicas associadas a ele devido à peça, nunca aparecesse de facto numa peça. Suponham que, em vez disso, Hamlet escrevesse um livro, ou, melhor ainda, uma série de poemas e fragmentos em prosa, sem enredo narrativo. A suposição é complexa, porque a única escrita literária que Hamlet empreende é a sua adição instrumental a *The Mousetrap* [*A Ratoeira*], a peça-dentro-da-peça que trai a consciência do Rei, mas é precisamente esta a transposição imaginativa que Pessoa exige que façamos se quisermos aceitar, indiscriminadamente, o seu argumento de parentesco com Shakespeare. Alex McNeil, no ensaio "What's in a 'Nym?' Pseudonyms, heteronyms and the remarkable case of Fernando Pessoa" [O que é um "Nimo"? Pseudónimos, heterónimos e o notável caso de Fernando Pessoa], é um dos poucos críticos a assinalar este ponto importante.

McNeil não é um especialista na obra de Pessoa. O seu objetivo é promover a causa oxfordiana (a crença de que Edward de Vere, o Conde de Oxford, seria o verdadeiro autor da obra dita shakespeariana; ver Capítulo 2), e começa o seu ensaio por declarar: "If there's one thing Oxfordians can agree on, it's that Edward de Vere used an alias as a professional writer. His most famous alias, of course, was William Shakespeare" [Se há uma coisa que os oxfordianos possam concordar é que Edward de Vere fez uso de um pseudónimo como escritor profissional. Seu pseudónimo mais famoso, é claro, era William Shakespeare]. Chega a afirmar que "if Pessoa was aware of the authorship problem, he did not address it" [se Pessoa estava a par do problema da autoria, nunca se debruçou sobre o assunto], uma ideia que o mais raso estudo da sua biblioteca e do seu espólio teria corrigido. No entanto, McNeil conclui de forma brilhante que, para apreciarmos a enorme excentricidade da heteronímia, devemos comparar Pessoa não ao Shakespeare que ele tanto admira, mas a um hipotético Shakespeare que, para além de ter criado a personagem de Hamlet, passou uma vida inteira a compor uma vasta obra sob a autoria de Hamlet.[6] Isto não foi, como sabemos, o que Shakespeare fez. Foi o que anti-Stratfordianos como McNeil alegam que um autor oculto, como Oxford, fez.

Eduardo Lourenço argumenta que a característica distintiva dos heterónimos é que, para além de serem todos poetas, eles nasceram dos seus poemas:

> os autores fictícios [não são] *criadores de poemas* [...] os poemas são os *criadores dos autores fictícios*. Na exegese universal de Pessoa os poemas-Caeiro, Reis, Campos são *sombra* de seus fictícios pais quando só o inverso é evidente. Alberto Caeiro, Reis, Campos, mas igualmente Fernando Pessoa "ele mesmo" são só (e que outra coisa poderiam ser?) *os seus poemas*.[7]

Pessoa faz com que Bernardo Soares reconheça este facto num trecho memorável do *Livro do desassossego*:

> Sou, em grande parte, a mesma prosa que escrevo. Desenrolo-me em períodos e parágrafos, faço-me pontuações, e, na distribuição desencadeada das imagens, visto-me, como as crianças, de rei com papel de jornal, ou no modo como faço ritmo de uma série de palavras, me touco, como os loucos, de flores secas que continuam vivas nos meus sonhos. (*LD*, p. 200)

Como explica Cleonice Berardinelli, os heterónimos são textos antes de terem biografias.[8] A "personalidade" que Pessoa cria para cada um é retrospetiva, sendo projetada em sentido inverso ao sentido normal, ou seja, é elaborada a partir da obra de cada heterónimo:

> a *pessoa* de cada criador por ele criado é posterior à criação poética [...] A sua corporificação (se assim posso dizer) se faz nos versos que preexistem a eles como seres com biografia. Esta é feita *a posteriori*[9]

Hamlet, pelo contrário, existe antes da peça do mesmo nome, pois Shakespeare retirou-o do perdido *Ur-Hamlet*. Poder-se-ia responder que o Hamlet de Shakespeare, qualquer que seja a sua fonte histórica ou literária, é uma construção artística pessoal, autónoma. Mesmo assim, ele existe, conceptualmente, antes do seu célebre primeiro verso: "A little more than kin, and less than kind" [Mais que parente, e menos que um filho]. Hamlet aparece na lista das "Personagens da Peça" antes do primeiro ato, e, além disso, está em palco durante vários minutos antes de proclamar o seu aparte. Longe de ser criado pelos seus versos, o Príncipe existe

[6] Alex McNeil, "What's in a 'Nym?' Pseudonyms, heteronyms and the remarkable case of Fernando Pessoa", *Shakespeare Matters* 6 (2003), 16-20, p. 19.
[7] Lourenço, *Pessoa revisitado*, p. 29.
[8] Cleonice Berardinelli, *Fernando Pessoa: Outra vez te revejo...* (Rio de Janeiro: Nova Aguilar, 2004), p. 291.
[9] *Ibid.*, p. 264.

antes de proferir uma única palavra.

Sendo produtos dos seus escritos, os heterónimos são caracterizados por um estilo, bem como por um núcleo temático e uma perspetiva filosófica, próprios. Cada heterónimo tem uma forma de expressão completamente diferenciada. Isto também se aplica, até certo ponto, às personagens shakespearianas, mas os seus discursos variam mais em termos de conteúdo do que de estilo. Há exceções, como quando Hamlet, na sua suposta loucura, passa a falar na prosa mais típica das personagens secundárias ou cómicas, mas, regra geral, os grandes discursos dos heróis trágicos de Shakespeare são proferidos em pentâmetro jâmbico, e num estilo retórico sofisticado. Pessoa escreve num texto que a única coisa que aproxima um discurso de Hamlet a um outro de Lear, Falstaff ou Lady Macbeth é "a subtileza e a complexidade do dizer" (*PETCL*, p. 67), mas são precisamente a subtileza e a complexidade do dizer que fazem estes discursos imediatamente reconhecíveis como sendo "de Shakespeare", em vez da personagem em si.

Ao aproximar invariavelmente os seus heterónimos das personagens de Shakespeare, Pessoa enganou os leitores sobre as diferenças fundamentais entre os dois. Além disso, ao abordar a obra de Shakespeare à luz da sua própria obra, Pessoa engenhosamente faz uma projeção retrospetiva de afinidade, numa inversão da direção normal das relações de sangue.

George Monteiro, em "Shakespeare, the 'Missing All'" [Shakespeare, o "Todo ausente"] (2008), faz exatamente o mesmo quando defende que as personagens shakespearianas deveriam ser abordadas como sendo poetas autónomos, como os heterónimos de Pessoa. Afirma que "It is customary to attribute that poetry [Hamlet's speeches] to Shakespeare and not to Hamlet, but our sense of Shakespeare's depersonalization (his disappearing into his characters) is imperfect when we fail to attribute the spoken poetry to those characters that speak it" [É costume atribuirmos aquela poesia [os discursos de Hamlet] a Shakespeare e não a Hamlet, mas a nossa visão da despersonalização de Shakespeare (o seu desaparecimento para dentro das suas personagens) é imperfeito quando não atribuirmos a poesia às personagens que a proferem]. O seu argumento chave, neste artigo, é que as personagens de Shakespeare deveriam ser tratadas como se fossem heterónimos pessoanos:

> In the poetry of Alberto Caeiro, for instance, we have poetry presented without dramatic context; it grows out of him and contributes to no play or stage other than that of the life Pessoa has detailed for him. The same thing could be done for Shakespeare's characters: look in the usual dictionaries of quotations (even when such poems are attributed to Shakespeare and not to the characters who speak them, to that extent misleading us, as I see it) and consider them as uncluttered, freestanding poems.[10]

> [Na poesia de Alberto Caeiro, por exemplo, temos poesia apresentada sem

[10] Monteiro, "Shakespeare, the 'Missing All'", *Portuguese Studies* 24:2 (2008), p. 49.

contexto dramático; ela provém dele e não contribui para nenhuma peça ou palco a não ser o da biografia que Pessoa criou para ele. O mesmo poderia ser feito para as personagens de Shakespeare: olharmos nos dicionários comuns de citações (mesmo quando os poemas são atribuídos a Shakespeare e não às personagens que os proferem, induzindo-nos em erro, segundo o meu ponto de vista) e considerarmo-los como poemas independentes e autónomos.]

É discutível se a poesia de Caeiro é efetivamente apresentada sem contexto dramático, uma vez que a biografia fictícia a que Monteiro se refere dá-lhe precisamente esse contexto. E antologias como aquelas que Monteiro imagina, embora sejam raras, existem: Ted Hughes publicou em 1971 a sua *Choice of Shakespeare's Verse* [*Seleção da poesia de Shakespeare*], na qual apresenta os discursos das personagens divorciados dos seus contextos dramáticos imediatos, sem atribuição, e organizados por tema. O objetivo de Hughes, ao entrar nos "sacred precints of [Shakespeare's] drama" [recintos sagrados do teatro [de Shakespeare] para pilhar "portable chuncks" [pedaços portáteis], era inaugurar uma nova forma de apreciarmos a sua obra, lendo os discursos dramáticos das personagens shakespearianas como poemas líricos. Embora seja inovadora e interessante, a sua antologia não levou a nenhuma reavaliação radical da abordagem tradicional a Shakespeare.[11]

A conclusão de Monteiro, de que as personagens de Shakespeare são como os heterónimos de Pessoa se as abordarmos à luz da heteronímia é, por definição, verdadeira, portanto irrefutável. É, ainda, legitimada pelo tratamento de Pessoa a Shakespeare. Mas embora possa iluminar a arte de Shakespeare, não penso que nos dirá nada de novo sobre a obra de Pessoa. Trata-se, segundo o que eu proponho, de uma "falácia de parentesco", falácia esta que foi inicialmente perpetrada pelo próprio Pessoa, como vimos ao longo deste livro.

Harold Bloom faz uma inversão parecida à de Pessoa e Monteiro quando recorrentemente descreve a arte de Shakespeare, em *Shakespeare: The Invention of the Human* [*Shakespeare: a invenção do humano*], como sendo um "theater of the mind" [teatro mental]. Não é verdade, porque embora as personagens shakespearianas possuam uma profundidade psicológica sem precedentes, elas foram todas concebidas para um palco físico, não mental. É possível que as ideias de Bloom sobre Pessoa tenham influenciado a sua escolha de palavras para descrever o teatro de Shakespeare. A ideia da poesia dramática ser um teatro mental não é, como é evidente, apenas aplicável a Pessoa; a metáfora data de Platão e tem sido empregue desde então, como por exemplo na descrição de T. S. Eliot da poesia de Dante. Mas geralmente não é aplicada, nem considerada aplicável, à obra de Shakespeare.

As projeções retrospetivas de influência são endémicas nos estudos shakespearianos, sendo que "o Deus do teatro" antecipa as principais preocupações de tantos escritores posteriores, e sendo que muitos deles foram diretamente

[11] Ted Hughes, "Introduction", in *A Choice of Shakespeare's Verse*, org. Ted Hughes (1971; Londres: Faber & Faber, 1991), p. 1.

influenciados por Shakespeare. Terry Eagleton frisa o absurdo das projeções retrospetivas de influência quando escreve, em tom de brincadeira: "though conclusive evidence is hard to come by, it is difficult to read Shakespeare without feeling that he was almost certainly familiar with the writings of Hegel, Marx, Nietzsche, Freud, Wittgenstein and Derrida" [embora não seja fácil obtermos provas conclusivas, é difícil lermos Shakespeare sem sentirmos, quase com certeza, que ele conhecia a obra de Hegel, Marx, Nietzsche, Freud, Wittgenstein e Derrida].[12] A piada recorrente do romance *Small World* [*Mundo pequeno*] (1984), de David Lodge, é que um académico seríssimo está a escrever uma tese de doutoramento sobre a influência de Eliot em Shakespeare, em vez de ser ao contrário.[13]

Em suma, embora os discursos das personagens dramáticas de Shakespeare possam ser lidos, proveitosamente, como se fossem poemas dos heterónimos – os solilóquios de Hamlet, que aparecem a alturas diferentes nas versões dos *Quartos* e do *Primeiro fólio*, parecem ser especialmente móveis e destacáveis – o facto é que Shakespeare nunca os concebeu como poemas independentes, que os seus Hamlets e Lears não são autores, muito menos criados pelas seus escritos, e que eles foram criados para serem vistos e ouvidos em palco, não para serem lidos em papel. Ao apontar para estas importantes divergências, McNeil chama a nossa atenção para uma distinção crucial. No entanto, no seu esforço em enfatizar a singularidade da heteronímia, vai demasiado longe ao negar que houvesse precedentes para a mesma.

Máscaras modernistas: "Entre os verdadeiros artistas de qualquer época existe, creio, uma afinidade inconsciente" (T. S. Eliot)[14]

Conscientemente, no caso de haver influências diretas, ou inconscientemente, no caso do compartilhamento de influências comuns, como por exemplo a separação entre vida e obra proposta por Óscar Wilde, os heterónimos de Pessoa revelam afinidades notáveis com as outras máscaras modernistas, e narradores de poemas dramáticos, da sua época.

Antes da era modernista, escritores e filósofos já haviam experimentado pseudónimos e alter-egos literários – estes são comuns na ficção do século XIX, e Søren Kierkegaard, na sua filosofia sobre a natureza da identidade, atribui diferentes textos a diferentes autores. A ideia de que há sempre alguma medida de distância dramática entre um autor e as suas personagens é antiga: Leo Spitzer afirma que na Idade Média já havia uma distinção, geralmente aceite, entre o que chama o "eu poético" e o "eu empírico".[15] Leitores de *A Divina comédia* teriam

[12] Terry Eagleton, *William Shakespeare* (Oxford: Oxford University Press, 1986), pp. ix-x.
[13] David Lodge, *Small World: An Academic Romance* (Londres: Penguin, 1984).
[14] Original em inglês: "Between the true artists of any time there is, I believe, and unconscious community." *Selected Prose*, org. Frank Kermode, p. 68.
[15] Citado em Robert C. Elliot, *The Literary Persona* (Chicago / Londres: The University of Chicago Press, 1982), p. 5.

compreendido, sem grande dificuldade, que Dante quis representar a alma humana, e não teriam acreditado que o próprio poeta havia, deveras e realmente, viajado pelo Inferno e Purgatório até chegar ao Paraíso. Um dos primeiros romances modernos em inglês, *Tristram Shandy* (1759-1769) de Laurence Sterne, torna óbvia a distância dramática entre o autor e o protagonista.[16] Mas os modernistas levaram as máscaras dramáticas a um outro nível.

Ezra Pound foi um dos primeiros, e um dos mais extremados, defensores do uso de *personae*, a sua palavra de eleição para o conceito de máscaras poéticas, sendo inclusive o título da sua antologia poética de 1909. Os seus poemas podem ser altamente satíricos, até mesmo sarcásticos, sobre os seus autores, reais ou imaginários. Em *Hugh Selwyn Mauberley* (1920), dois alter-egos analisam os doze primeiros anos da carreira do narrador e referem-se a ele, na terceira pessoa, como um poeta fracassado. Um destes poetas é "E. P.", uma versão do jovem Pound; o segundo é Hugh Mauberley, cujo estilo é mais obviamente diferente do de Pound. Esta interpretação é proposta por Hugh Kenner em *Ezra Pound* (1951). A principal tese alternativa, apoiada por algumas observações do próprio Pound sobre os poemas, bem como por provas textuais, aborda a primeira secção como sendo "de Mauberley", e, portanto, na sua voz em vez da de Pound. Embora esta leitura seja persuasiva no que se refere à primeira secção, esta voz não parece consistente com o indivíduo descrito na segunda parte.

Não existe nenhum livro de Pound na biblioteca de Pessoa, mas há um exemplar da revista vorticista *Blast* (1915) contendo alguns dos seus poemas, e o nome de Pound aparece numa lista de pessoas que Pessoa gostaria de conhecer.[17] Outro ponto de contacto entre os dois autores é Robert Browning, poeta dramático que ambos admiravam: Browning publicara o seu próprio *Dramatis Personae* em 1855, uma antologia de monólogos dramáticos escritos em diferentes vozes. Pessoa transpõe para um plano psicológico o que, para Browning, foi sobretudo uma preocupação estética.[18]

Jung emprega o termo *persona* para descrever, como explica Helder Macedo, "a forma como o indivíduo se adapta ao mundo ou a maneira que assume para lidar com o mundo [....] Poderia dizer-se, com um pouco de exagero, que a 'persona' é o que na realidade se não é mas que o próprio e os outros acham que se é."[19] Macedo aplica este conceito aos heterónimos para frisar a sua natureza dramática. "It is

[16] A lista de candidatos a primeiro romance moderno em inglês também inclui *Robinson Crusoe* (1719) e *Moll Flanders* (1722), de Defoe, e *Pamela* (1740), de Samuel Richardson.

[17] *Escritos autobiográficos, automáticos e de reflexão pessoal*, p. 269.

[18] Ver Flor, "Um Contexto inglês para Fernando Pessoa", *Expresso* (12/06/1975). Para mais informação sobre as afinidades entre Pessoa e Pound, ver José Palla e Carmo, "Uma Trindade: Ezra Pound, T. S. Eliot, Fernando Pessoa", *Colóquio-Letras* 95 (1987), 26-39, e Castro, "Pound, Ezra", in *Dicionário de Fernando Pessoa*, pp. 677-88.

[19] Helder Macedo, *Nós: Uma leitura de Cesário Verde* (Lisboa: Editorial Presença, 1999), p. 24. Para mais informação sobre as "personae" de Jung, ver *The Archetypes and the Collective Unconscious*, in *Collected Works*, 13 vols. (Londres: Routledge, 1963), IX, pp. 22-6.

probably no mere historical accident" [Provavelmente não é mero acidente histórico], escreve o sociólogo Robert E. Park, "that the word person, in its first meaning, is a mask. It is rather a recognition of the fact that everyone is always and everywhere, more or less consciously, playing a role. [...] It is in these roles that we know each other; it is in these roles that we know ourselves" [que a palavra pessoa, no seu primeiro sentido, seja uma máscara. É sobretudo um reconhecimento do facto que estamos sempre, e em todo o lugar, de modo mais ou menos consciente, a representar um papel. [...] É nestes papéis que nos conhecemos uns aos outros; é nestes papéis que nos conhecemos a nós próprios].[20] Pessoa e os seus colegas modernistas põem no coração da sua visão artística a crença de que devemos constantemente, como o Prufrock de Eliot, "prepare a face to meet the faces that you meet" [preparar o rosto para encontrar os rostos que encontramos].[21]

A poesia de Eliot é inerentemente dramática, e não é de menor importância que ele se tenha voltado, mais tarde, para o teatro. "The Love Song of J. Alfred Prufrock" [A Canção de amor de J. Alfred Prufrock] é um monólogo dramático, "Portrait of a Lady" [Retrato de uma senhora] é um diálogo, e um título provisório para uma secção de *The Waste Land* [*Terra desolada*] (1922) era "He do the Police in Different Voices" [Ele imita a polícia em diferentes vozes], frase que Eliot roubou de *Our Mutual Friend* [*O Nosso amigo comum*] (1864-65), de Charles Dickens, quando o órfão Sloppy entretém os seus companheiros com uma leitura dramática das notícias criminais.[22] V. S. Pritchett descreve Eliot como "a company of actors inside one suit" [uma companhia de atores dentro de um único fato].[23] Maud Ellmann escreve que tanto Eliot quanto Pound "spent their careers devising disappearing tricks and new varieties of scriptive self occultation [...] both efface themselves through masks, personae, and ventriloquy, and the polylogue within their texts impugns the self's domain" [passaram as suas carreiras a desenvolver truques de desaparecimento e novas variedades de auto-ocultação na sua escrita [...] eclipsam-se através de máscaras, personae e ventriloquismo, e a polifonia de vozes nos seus textos impugna o domínio do eu].[24] Recordem que Hugh Kenner intitulou a sua biografia de Eliot *The Invisible Poet* [*O Poeta invisível*]. O resultado da poesia dramática de Eliot é, como em Pessoa, de no mínimo distorcer, e no máximo tornar invisível, qualquer voz autoral dominante. Eliot reconhece esta característica, referindo-se a si próprio como um "possum" [gambá]: os gambás fingem-se de mortos, e são portanto o símbolo perfeito para o abandono da responsabilidade autoral.[25] Não há livros de Eliot na biblioteca de Pessoa, e

[20] Citado em Robert C. Elliot, *The Literary Persona* (Chicago: The University of Chicago Press, 1982), p. 12.
[21] Eliot, "The Love Song of J. Alfred Prufrock", in *Collected Poems*, p. 14.
[22] *The Waste Land: A Facsimile*, pp. 2-18.
[23] Citado em Peter Ackroyd, *T. S. Eliot: A Life* (1984; Londres: Penguin, 1993), p. 118.
[24] Maud Ellmann, *The Poetics of Impersonality*, pp. ix, 3.
[25] O apelido foi inventado por Pound, mas Eliot apropriou-se dele para *Old Possum's Book of Practical Cats* [*O Livro do velho gambá de gatos travessos*] (1939). A sua afilhada relata que ele também assinava dedicatórias para ela como "O. P."

nenhuma referência a ele foi descoberta no seu espólio, mas os dois autores insistem na despersonalização, nos seus escritos teóricos, de forma impressionantemente parecida, e procuram atingi-la na sua poesia com a mesma urgência.[26]

W. B. Yeats é outro poeta dramático da geração de Pessoa cuja obra se baseia na adoção de máscaras literárias. Na secção II de "The Tower" [A Torre) (1928), há uma descrição poética da sua teoria da máscara, que é igualmente aplicável ao processo criativo da heteronímia:

And I myself created Hanrahan
And drove him drunk or sober through the dawn.[27]

[E eu próprio criei Hanrahan
E guiei-o bêbado ou sóbrio pela madrugada.]

Como Bernard O'Donoghue nota, Hanrahan pode ser considerado um semi-heterónimo, pois compartilha as principais características psicológicas de Yeats.[28] Há uma antologia poética do poeta irlandês na biblioteca pessoana, e o espólio de Pessoa contém várias referências a ele, incluindo o rascunho de uma carta que Pessoa provavelmente nunca lhe chegou a enviar.[29]

A evolução artística de James Joyce, rumo à invisibilidade divina que considera, como Pessoa, ser a marca registada do génio literário, pode ser mapeada cronologicamente através da sua obra. Como escreve Stuart Gilbert, e com a autorização de Joyce, a sua carreira é um movimento gradual mas contínuo de afastamento das restrições da autobiografia em direção a uma mais ampla e despersonalizada "liberdade" artística.[30] As obras de Joyce revelam uma

(Documentário sobre Eliot, *BBC 2*, 06/06/2009).

26 Para mais informação sobre as afinidades entre Pessoa e Eliot, ver Maria Vitalina Leal de Matos, *Introdução aos estudos literários* (Lisboa: Verbo, 2001), pp. 8-12, e Castro, "Eliot, T. S.", in *Dicionário de Fernando Pessoa*, pp. 233-4.

27 Yeats, *Selected Poems*, org. Timothy Webb (Londres: Penguin, 1991), p. 131.

28 Bernard O'Donoghue, "Fernando Pessoa and W. B. Yeats" (2006), ensaio inédito.

29 Para mais informação sobre a afinidade de Pessoa com Yeats, ver Patrícia Silva McNiell, *The Imperative of Style: A Comparative Study of Fernando Pessoa and W. B. Yeats* (tese de doutoramento, King's College Londres, 2009), e seus artigos "The aesthetic of fragmentation and the use of *personae* in the poetry of Fernando Pessoa and W. B. Yeats", *Portuguese Studies* 19 (2003), 110-21, e "Affinity and Influence: The Reception of W. B. Yeats by Fernando Pessoa", *Comparative Critical Studies* 3:3 (2006), 249-67. Outros estudos da relação entre os dois autores são os de Ruben García ("The Unexpected Affinities: W. B. Yeats and Fernando Pessoa", *Journal of the American-Portuguese Society* X:1 (1976), 7-19), Suzette Macedo ("Mentira, fingimento e máscaras: Alguns comentários sobre Oscar Wilde, W. B. Yeats e Fernando Pessoa", *Colóquio-Letras* 107 (1988), 24-37), e o meu "Yeats, W. B.", in *Dicionário de Fernando Pessoa*, pp. 919-20.

30 *James Joyce: The Critical Heritage 1928-1941*, org. Robert H. Deming, 3 vols. (Nova

diminuição de incidentes autobiográficos e pessoas que Joyce conhecia, e um abandono da narração na primeira pessoa em direção a uma polifonia de vozes dramáticas. Em *Ulysses* (1922), não existe nenhuma voz autoral coerente mas sim narradores concorrentes; em *Finnegans Wake* [*Finnicius revém*] (1936), o autor retirou-se completamente da sua obra.

O protagonista favorito de Joyce, Stephen Dedalus, aparece em várias obras e é, como Bernardo Soares, uma versão limitada do seu autor. Joyce atribui vários textos em prosa, e até cartas pessoais, a Stephen; um dos seus primeiros contos, "Eveline", foi publicado com o nome de Stephen, e a célebre carta descrevendo a intenção de *Dubliners* [*Dublinenses*] (1914) ("to betray the soul of that hemiplegia or paralysis which many consider a city" [trair a alma daquela hemiplegia ou parálise que muitos consideram uma cidade]) é assinada "S. D."[31] Há outros paralelos: Soares é uma versão do seu autor trancada num espaço e tempo específicos; Stephen é sempre jovem, e está sempre em Dublin. Como diz Sydney Bolt: "Joyce had constructed [in Stephen] a character to dramatize one limited aspect of his personality as a young man" [Joyce construiu a personagem de Stephen para dramatizar um aspecto limitado da sua personalidade quando jovem].[32]

Pseudónimos e máscaras dramáticas também são comuns na literatura portuguesa e espanhola da época. Os editores das *Poesias* de António Machado descobriram dois escritores apócrifos: Juan de Mairena, uma personificação do lado filosófico do autor, e Abel Martín.[33] Carlos Mesquita inventou os autores fictícios Jerónimo Freire e Bartolomeu de Frágoa; Raúl Brandão teve como alter-ego literário K. Maurício; *Os Nefelibatas*, de Júlio Brandão, Raul Brandão e Justino de Montalvão, é atribuído aos autores inexistentes Luís de Borja e R. Maria.[34] Vários textos de Raul Leal, como "O Último testamento" (1918), trazem o nome Henoch, entre parênteses.[35] No segundo número da revista *Orpheu*, Armando Côrtes-Rodrigues assinou textos como Violante de Cysneiros.[36] Como mostra Helder Macedo, as vozes dramáticas dos poemas de Cesário Verde podem ser bem diferentes da do autor, e Pessoa admirava a estratégia poética de Cesário.[37] Sá-Carneiro, o melhor amigo de Pessoa, explora na sua obra os problemas da

York: Barnes & Noble, 1970), II, p. 538.

[31] *Letters of James Joyce*, org. Stuart Gilbert and Richard Ellmann, 3 vols. (Londres: Viking, 1957), I, p. 55.

[32] Sydney Bolt, *A Preface to James Joyce* (Londres: Longman, 1992), p. 91.

[33] Ver António Apolinário Lourenço, *Identidade e alteridade em Fernando Pessoa e António Machado* (Braga: Angelus Novus, 1995); António Sáez Delgado, "António Machado", in *Dicionário de Fernando Pessoa*, p. 424.

[34] Fernando Guimarães, "Heteronímia – Poética", in *Dicionário de Fernando Pessoa*, pp. 327-33.

[35] Fernando Cabral Martins, "Raul Leal", in *Dicionário de Fernando Pessoa*, pp. 395-7; Mário Cesariny, *O Virgem negra* (Lisboa: Assírio & Alvim, 1989).

[36] Alfredo Margarido, "Uma Carta quase inédita de Violante de Cysneiros", *Colóquio-Letras* 117-118 (1990), 117-29.

[37] Macedo, *Nós: uma leitura de Cesário Verde*, pp. 23-5.

identidade dividida; a sua fragmentação literária é mais limitada que a de Pessoa, mas precede à explosão heteronímica de 1914, e Pessoa seguiu-a com o maior interesse.

Aquilo que diferencia os heterónimos pessoanos das outras máscaras modernistas são as mesmas características que os distanciam das personagens de Shakespeare: todos os heterónimos são autores, criados pela sua obra, enquanto que as máscaras e vozes dramáticas da era modernista geralmente declamam monólogos dramáticos ou, quando muito, escrevem alguns poemas ou cartas. Contudo, as influências acima citadas fornecem um sólido contexto histórico para a heteronímia, que pode ser considerada uma evolução radical, porém lógica, do espírito da época.

No entanto, Pessoa não está a ser obstinado ou obtuso quando cita Shakespeare, de forma recorrente, e acima de todos os outros precedentes, como o modelo supremo da heteronímia. Há qualidades da sua arte dramática que o atraem de forma irresistível, elementos-chave que genuinamente admira, e dos quais se apropria magistralmente, para a sua própria invenção do humano.

Luzes dramáticas: a autoconsciência teatral

Eliot, no ensaio "'Rhetoric' and Poetic Drama" ["Retórica" e o drama poético] (1919), começa por afirmar que, na maioria das peças de teatro, os longos e comoventes discursos das personagens não são dirigidos à plateia, mas sim às outras personagens em palco. No teatro anterior a Shakespeare, e na maioria do teatro desde então, falam diretamente umas às outras, ou então dirigem-se à plateia em apartes e solilóquios ocasionais. Mas, segundo Eliot, os mais célebres discursos de Shakespeare contêm uma carga retórica muito mais elevada do que seria necessário para a simples comunicação. Muitas vezes, o que uma personagem shakespeariana faz não é transmitir informação, seja para o público ou para outra personagem, mas exibir a intensidade das suas emoções. Eliot conclui: "The really fine rhetoric in Shakespeare occurs in situations where a character in the play *sees himself* in a dramatic light" [A retórica realmente bela em Shakespeare ocorre em situações quando uma personagem da peça *vê-se a si própria* numa luz dramática].[38] Num ensaio posterior, Eliot cita o discurso final de Otelo como exemplo capital desta autoconsciência teatral:

> What Othello seems to me to be doing in making this speech is *cheering himself up.* He is endeavouring to escape reality, he has ceased to think about Desdemona, and is thinking about himself. [...] Othello succeeds in turning himself into a pathetic figure, by adopting an *aesthetic* rather than a moral attitude, dramatising himself against his environment. He takes in the spectator, but the human motive is primarily to take himself in.[39]

[38] Eliot, *Selected Essays*, p. 27.
[39] *Ibid.*, p. 111. É neste ensaio que Eliot louva o *Bovarysme* de Shakespeare (ver Capítulo 2).

[O que me parece que Otelo está a fazer neste discurso é *animar-se*. Está a tentar escapar à realidade, já não pensa em Desdémona, mas em si próprio. [...] Otelo consegue, com sucesso, transformar-se numa figura patética, adotando uma atitude *estética* em vez de moral, dramatizando-se contra o ambiente que o rodeia. Convence o espectador, mas a sua motivação humana primária é convencer-se a si próprio.]

Para Eliot, a grande novidade de Shakespeare é que as suas personagens observam o seu próprio processo de pensamento. Os solilóquios definem *Hamlet*, em especial, e estão no centro das grandiosas afirmações de Harold Bloom de que Shakespeare inventou um novo tipo de consciência na cultura ocidental, uma autoconsciência meditativa e reflexiva. Os solilóquios de Hamlet retratam o seu pensamento, pois as suas palavras parecem seguir os meandros da sua mente vacilante. Em *Hamlet*, declara Greenblatt, Shakespeare "perfected the means to represent inwardness" [aperfeiçoou a representação da natureza íntima.][40] Hamlet domina a peça que protagoniza, e a sua é a primeira tragédia puramente interior, puramente psicológica; por esta razão, explica Margreta de Grazia, a peça é frequentemente considerada a mais moderna de Shakespeare.[41] Na sua versão cinematográfica de *Hamlet*, de 1948, Laurence Olivier trata o solilóquio "To be, or not to be" como puro pensamento, não proferido em voz alta. A capacidade do cinema de apresentar os grandes solilóquios shakespearianos como monólogos interiores contribui em muito para a bem sucedida transposição das suas peças para as telas.

Quando Hamlet surpreende Cláudio durante a oração ("Now might I do it pat, now he is praying" [Agora poderia eu fazê-lo oportunamente, agora ele está a rezar]), decide não se vingar naquele instante porque percebe, de repente, o resultado provável da ação:

And now I'll do it: and so he goes to heaven;
And so am I reveng'd. That would be scann'd:
A villain kills my father; and for that
I, his sole son, do this same villain send
To heaven. (*CW*, p. 965)

[E agora se fará. E deste modo vai para o céu;
E assim me vingo eu. Isto merece ser ponderado:
Um facínora trucida-me o pai, e por causa disso
Eu, seu único filho, mando esse mesmo facínora
Para o céu.][42]

[40] Greenblatt, *Will in the World*, p. 299.
[41] Margreta de Grazia, "Soliloquies and the Wages in the Age of Emergent Consciousness", *Textual Practice* 9:1 (1995), 67-92, pp. 80-1.
[42] *Hamlet*, trad. António Feijó, p. 105.

Álvaro de Campos e Bernardo Soares também estão sempre a parar para ponderar os seus pensamentos. Campos continuamente qualifica as suas palavras, em momentos poéticos que poderiam ser apartes dramáticos. Num poema, segue de imediato uma imagem niilista – "Grandes são os desertos e tudo é deserto" – com um aparte que a deflaciona, sobre a natureza subjetiva de tais afirmações avassaladoras: "Salvo erro, naturalmente" (*AdC*, p. 429). Em "Gostava de gostar de gostar", interrompe um diálogo implícito para pedir um cigarro, e depois, novamente, para o acender:

Um momento... Dá-me de ali um cigarro,
Do maço em cima da mesa-de-cabeceira.
Continua... Dizias
Que no desenvolvimento da metafísica
De Kant a Hegel
Alguma coisa se perdeu.
Concordo em absoluto.
Estive realmente a ouvir.
[...] Obrigado. Deixa-me acender. Continua. Hegel... (*AdC*, p. 418)

Soares é igualmente dado a interromper o fluxo livre dos seus pensamentos para examinar os seus sentimentos, e refletir sobre a melhor maneira de os exprimir. Um maravilhoso exemplo é quando cria uma imagem original para seu estado de espírito: "hoje, pensando no que tem sido a minha vida, sinto-me qualquer bicho vivo, transportado num cesto de encurvar o braço, entre duas estações suburbanas." Na frase imediatamente a seguir, medita a metáfora que acabara de empregar, julgando-a defeituosa ("A imagem é estúpida, porém a vida que define é mais estúpida ainda do que ela"), antes de a desenvolver: "Esses cestos costumam ter duas tampas, como meias ovais, que se levantam um pouco em um ou outro dos extremos curvos se o bicho estrebucha" (*LD*, p. 90).

Alguns críticos pessoanos, enganados pelo desinteresse do autor em ler ou escrever peças de teatro, ou então pela sua descrição da heteronímia como um teatro mental, defendem que Pessoa, ao contrário de Shakespeare, não põe os heterónimos em situações dramáticas. Jacinto do Prado Coelho, em *Unidade e diversidade em Fernando Pessoa* (1947), escreve que "para ser dramático falta a Fernando Pessoa a capacidade de pôr em conflito personagens dinâmicas, susceptíveis de alterações profundas sob a ação dos eventos e das outras personagens."[43] Jorge de Sena defende, em *Da Poesia portuguesa* (1959) que a heteronímia é essencialmente não-dramática.[44] Isto é altamente discutível, pois os heterónimos interagem uns com os outros, e com seu autor, de forma mais teatral que quaisquer outras personagens dramáticas da época modernista, salvo talvez as de Pirandello em *Seis Personagens em busca de um autor* (1921), uma peça posterior à invenção dos heterónimos. Além disso, os heterónimos são altamente

[43] Prado Coelho, *Diversidade e unidade em Fernando Pessoa*, p. 169.
[44] Ver Sena, *Da Poesia portuguesa* (Lisboa: Ática, 1959).

cientes da sua condição de ficção dramática, como Eliot afirma ser verdade das grandes personagens de Shakespeare.

Campos escreve um poema no qual ficticiamente lamenta a morte fictícia de Caeiro ("Mestre, meu mestre querido") e relata o seu suposto encontro, igualmente fictício, nas "Notas para a recordação do meu mestre Caeiro."[45] Os poemas que Pessoa atribui a Campos são extremamente dramáticos, muitos deles contendo diálogos encenados; "Tabacaria" de forma explícita, com versos que descrevem as ações ou, melhor, as inações de Campos, dentro do espaço circunscrito, aliás completamente teatral, do seu quarto:

> Chego à janela e vejo a rua com uma nitidez absoluta.
> Vejo as lojas, vejo os passeios, vejo os carros que passam,
> [...]
> Semiergo-me enérgico, convencido, humano
> E vou tencionar escrever estes versos em que digo o contrário.
> Acendo um cigarro ao pensar em escrevê-los
> [...]
> Depois deito-me para trás na cadeira
> E continuo fumando.
> [...]
> Visto isto levanto-me da cadeira. Vou à janela.
> [...]
> Como por um instinto divino o Esteves voltou-se e viu-me.
> Acenou-me adeus, gritei-lhe *Adeus ó Esteves!* (*AdC*, pp. 323-6)

Estas poderiam ser direções de palco para um ator. "Semiergo-me", no mesmo poema, é uma direção de palco quase complicada quanto a de Shakespeare em *A Winters Tale* [*Um Conto de inverno*]: "Exit, persued by a bear" [Sai, perseguido por um urso].

O livro de Soares está repleto de afirmações indicativas da sua "identidade" de ator: "entro figurante numa tragédia cómica"; "Tenho sido ator sempre, e a valer" (*LD*, pp. 100, 257). Num trecho mais comprido, lemos:

> Não sei se existo, sinto possível o ser um sonho de outrem, afigura-se-me, quase carnalmente, que poderei ser personagem de uma novela, movendo-me, nas ondas longas de um estilo, na verdade feita de uma grande narrativa. [...] parece que me põem num veículo, como a mercadoria que se envia, e que sigo com um movimento que julgo próprio para onde não quis que fosse senão depois de lá estar.
>
> Que confusão é tudo! (*LD*, p. 275)

Há imensa ironia dramática na forma como Pessoa faz Soares dar pistas

[45] *Textos de crítica e de intervenção*, p. 267.

contínuas sobre a sua natureza dramática, mas falhar em compreender o seu predicamento ("Que confusão é tudo!"). No excerto acima, é Pessoa, e não Soares, que torna evidente a condição fictícia do semi-heterónimo. Porventura, parte da tragédia de Soares é que ele acredita ser o protagonista da sua própria história, quando é, na realidade, uma das muitas personagens dramáticas na mais abrangente peça heteronímica do seu autor.

Campos, ao contrário de Soares, que não tem nenhum sentido de humor, é um mestre da ironia, e por isso mais ciente de sua natureza dramática. A sua autoconsciência como ficção é sobretudo evidente quando ele se examina de fora, como um observador de si mesmo, referindo-se a si próprio na terceira pessoa. Um bom exemplo é o poema que começa "Cruzou por mim, veio ter comigo, numa rua da Baixa":

> Coitado do Álvaro de Campos!
> Tão isolado na vida! Tão deprimido nas sensações!
> Coitado dele, enfiado na poltrona da sua melancolia!
> [...]
> Coitado do Álvaro de Campos, com quem ninguém se importa!
> Coitado dele que tem tanta pena de si mesmo!
> [...]
> Eu é que sei. Coitado dele! (*AdC*, pp. 198-9)

Reparem na autopiedade luxuosa, no sentimento adolescente de "ninguém me ama". A consciência de Campos do seu ridículo roça a fronteira do mais extremo subgénero dramático, o melodrama. À altura do poema tardio "Tabacaria", o heterónimo consegue a difícil proeza de considerar o mundo moderno pior do que é, a sua repetição niilista de "nada [...] nada [...] nada" a ecoar um dos versos mais desoladores de toda a literatura ocidental, o "Never, never, never, never, never" [Nunca, nunca, nunca, nunca, nunca] de Lear (*CW*, p. 1018). O que impede o poema de ser meramente deprimente é a habilidade do sujeito poético de ver-se a si próprio sob uma luz dramática.

A Transgressão de papéis: os heterónimos dentro e fora de si

As personagens mais memoráveis de Shakespeare, as que são peritas em verem a si mesmas sob uma luz dramática, são irresistivelmente atraídas pela representação: Iago não é o que é, Rosalind é um jovem ator que finge ser uma jovem mulher que finge ser um jovem que finge ser uma jovem mulher, Cleópatra representa um papel de infinita variedade e Hamlet finge ser louco. Ricardo III começa por afirmar que, já que a sua deformidade física o impede de ser o típico amante, irá representar o vilão. Consegue, contudo, desempenhar muito bem o papel de amante, como exemplifica o seu escandaloso cortejo a Lady Anne sobre o cadáver de seu sogro, mesmo sabendo ela que foi ele o responsável pela morte do seu marido.

Parte da tragédia de Hamlet é a sua dificuldade em aceitar o papel que lhe é atribuído. O fantasma do seu pai ordena-lhe que vingue o seu "foul and most unnatural murder" [sórdido e perverso assassinato] (*CW*, p. 949), colocando-o no papel dos vingadores tradicionais, como o protagonista de *The Spanish Tragedy* [*A Tragédia espanhola*] (1592), de Thomas Kyd. Hamlet parece aceitar este destino na sua resposta imediata ao fantasma:

Haste me to know't, that I with wings as swift
As meditation or the thoughts of love,
May sweep to my revenge. (*CW*, p. 949)

[Apressa-me saber, que eu com asas tão velozes
Como a meditação ou os pensamentos de amor,
Possa avançar com minha vingança.]

Contudo, não consegue avançar com a sua vingança; no final da cena, exprime a sua infelicidade com o papel que devia desempenhar:

The time is out of joint; O cursed spite,
That ever I was born to set it right! (*CW*, p. 950)

[O tempo é defeituoso; ó maldito rancor
De ter eu nascido para acertá-lo!]

Por razões que continuam a gerar discussão até hoje, e que são em grande parte responsáveis pelo duradouro interesse na peça, Hamlet é incapaz ou é relutante em representar o papel de vingador.

Os heterónimos de Pessoa também têm uma certa predisposição em agir fora dos papéis que lhes são atribuídos. Esta propensão aponta para o interesse de Pessoa em retratar, como Shakespeare antes dele, personagens tão imprecisas como as pessoas reais, mais complexas que os alter-egos modernistas relativamente estáveis como Stephen Dedalus e Hugh Mauberley. Isto aplica-se até a Alberto Caeiro, que na superfície é infinitamente menos teatral que o auto-consciente e irónico Campos.

O primeiro poema de Caeiro, em *O Guardador de rebanhos*, começa com a arrebatadora negação:

Eu nunca guardei rebanhos,
Mas é como se os guardasse (*AC*, p. 21)

A primeira estrofe contém várias metáforas parecidas ("Minha alma é como um pastor"; "eu fico triste como um por de sol"), desenvolvidas a partir da negação original. (*AC*, p. 21) Apesar do título da antologia, então, Caeiro não é um guardador de rebanhos. Como defende Teresa Cristina Cerdeira, a partir do momento que uma suposta verdade é estruturada com base numa metáfora, ela perde a sua validade, "para navegar no terreno incerto das conjeturas, das possibilidades e não mais das certezas."[46] Contudo, uma vez que a imagem de Caeiro como pastor é estabelecida na mente do leitor, e apesar da sua imediata negação, é difícil desalojá-la. Um trecho da secção V ("What the Thunder Said" [O Que disse o trovão]) de *The Waste Land*, de Eliot, ilustra na perfeição esta dificuldade:

Here is no water but only rock
Rock and no water and the sandy road
[...]
If there were only water amongst the rock
[...]
If there were water
[...]
If there were the sound of water only
Not the cicada
And dry grass singing
But sound of water over a rock
Where the hermit-thrush sings in the pine trees
Drip drop drip drop drop drop drop
But there is no water.[47]

[Aqui não há água, mas rocha apenas
Rocha e água nenhuma. Mais o arenoso caminho
[...]
Se apenas água houvesse em meio às rochas
[...]
Se água houvesse
Se houvesse ao menos um sussurro de água
Não a cigarra
E a relva seca a cantar
Mas o som de água sobre uma rocha
Onde gorjeia o tordo solitário nos pinheiros
Drip drop drip drop drop drop drop
Mas não há água nenhuma.]

É impossível imaginarmos o som de "nenhuma chuva" e "nenhuma água" sem primeiro pensarmos no seu contrário. O próprio Eliot referiu-se a estes versos como "The Rain Song" [A Canção da chuva], e as alusões onomatopaicas à chuva e à água, mesmo quando negam, explicitamente, a sua presença, colocam-nas em primeiro plano na nossa mente. (Um exemplo mais prosaico é a ordem: "Não pense num elefante.") Da mesma forma, a poética de negação de Caeiro faz com que a

[46] Teresa Cristina Cerdeira, *O Avesso do bordado: ensaios de literatura* (Lisboa: Caminho, 2000), p. 77.
[47] Eliot, *The Waste Land*, p. 71.

nossa imagem dele como pastor seja a que perdure, não obstante a nossa compreensão da sua natureza metafórica.

No longo poema "Num meio-dia de fim de primavera", Caeiro descreve um Jesus Cristo imaginário, como um jovem menino que desce à terra, num raio de sol, para viver, pacificamente, com o poeta em sua casa ("Ele mora comigo na minha casa a meio do outeiro"; *AC*, p. 28). A biografia que Pessoa criou para Caeiro garante-nos que ele vive sozinho, pois não há referência a nenhum inquilino divino. Claro está que o menino é uma metáfora para várias coisas, em especial a "eterna criança", com o seu olhar whitmanesco, que Caeiro visa ser.[48] Mas o problema é que Caeiro não devia pensar em metáforas; a sua visão poética é tida como única precisamente porque nega as liberdades convencionais da licença poética, dos sistemas filosóficos e dos simbolismos metafísicos ou religiosos. Tais incoerências são surpreendentes, e causam estranheza numa antologia que ostensivamente defende o não questionamento da existência, uma vivência em acordo com o mundo natural, e o não aprofundamento de possíveis misticismos ou simbolismos (ver, por exemplo, o poema "Creio no mundo como num malmequer" (*AC*, p. 24)).

Como afirma Cerdeira, a nudez de Caeiro é conscientemente assumida, com um deliberado esforço de despir-se de emoções e racionalizações: "em Caeiro a inteireza é uma ficção."[49] Isto também se aplica à "inteireza" da sua identidade fictícia. Um poema de *O Guardador de rebanhos* começa:

> As quatro canções que se seguem
> Separam-se de tudo o que penso,
> Mentem a tudo o que eu sinto,
> São o contrário do que eu sou... (*AC*, p. 48)

Caeiro conclui o poema por argumentar que, quando alguém está doente, está perdoado por agir fora de si. Com isto, pretende explicar os poemas pouco característicos que se seguem, que exprimem desejos muito contrários (ter um desejo, em si, já é um probema em Caeiro) à "personalidade" que Pessoa lhe deu: "Quem me dera que a minha vida fosse um carro de bois / [...] Eu não tinha que ter esperanças - tinha só que ter rodas..." (*AC*, p. 49). Ricardo Reis, num prefácio projetado para os poemas de Caeiro, também explica estes poemas curiosos como o resultado de uma doença:

> O cérebro do poeta torna-se confuso, a sua filosofia se entaramela, os seus princípios sofrem a derrota que, na indisciplina da alma, representa em espírito o que seja a vitória ignóbil de uma revolução de escravos. O leitor que tenha seguido a curva ascensional de *O Guardador de Rebanhos*, verá, passado esse

[48] Ver Maria Irene Ramalho, "O Deus que faltava: The Theory in the Poetry of Alberto Caeiro", in *Fernando Pessoa's Modernity Without Fronteirs: Influences, Dialogues and Responses*, org. Mariana Gray de Castro (Woodbridge: Tamesis, 2013), pp. 23-36.
[49] Cerdeira, *O Avesso do bordado*, p. 78.

conjunto de poemas, como a inspiração se deteriora e se confunde. Não se desvia, propriamente: senão que sofre a intrusão de elementos estranhos a ela. (*RR*, p. 139)

O prefácio de Reis destina-se a aprofundar a caracterização de Caeiro feita por Pessoa, e nele Reis descreve o seu colega heterónimo como "quasi ignorante das letras, quasi sem convívio nem cultura" (*RR*, p. 46). No entanto, a dedicatória da antologia contradiz essa afirmação:

Esta obra inteira é dedicada
por desejo do próprio autor [Caeiro]
à memória de
Cesário Verde (*RR*, p. 48)

A poesia de Caeiro revela a clara influência de Cesário, e também de Walt Whitman. O próprio Caeiro exprime, num poema, o seu amor pelo primeiro: "Leio até me arderem os olhos / O livro do Cesário Verde"; descobre um parentesco espiritual com o poeta "preso em liberdade na cidade" (*AC*, p. 26). Trata-se, portanto, de um poeta erudito, não obstante a sua pose bucólica: há até livros na biblioteca de Pessoa com a assinatura de Caeiro.

Em suma, a visão poética de Alberto Caeiro, conforme descrita por Pessoa e Reis, e proferida pelo sujeito poético em tantos poemas, é curiosamente contradita por Pessoa e Reis, bem como pelos seus próprios poemas menos "característicos". Apesar da sua postura filosófica, ou seja, antifilosófica, Caeiro é inegavelmente um homem de letras, e interessa-se pela metafísica. Reis é deliberadamente enganoso quando o descreve como "em filosofia, o que ninguém foi: um objetivista absoluto" (*RR*, p. 57). Talvez isto não nos deva surpreender; como explica Bernardo Soares no *Livro do desassossego*: "quer o saibamos quer não, temos todos uma metafísica" (*LD*, p. 213).

Quando Pessoa se insere na história de Soares como o seu executor literário fictício, afirma que foi um dos seus amigos mais íntimos: "Fui o único que, de alguma maneira, estive na intimidade dele" (*LD*, p. 41). Como Reis falsamente alega no caso de Caeiro, Pessoa afirma no seu Prefácio ao *Livro do desassossego* que Soares não tem qualquer interesse pela leitura. O próprio Soares reforça esta ideia: "Não posso ler, porque a minha crítica hiperacesa não descortina senão defeitos, imperfeições, possibilidades de melhor" (*LD*, p. 245). Mas a caracterização do semi-heterónimo como um iletrado é completamente negada nas páginas do seu livro, pois só na primeira metade Soares cita Cesário Verde, "a poesia da Pérsia", Shakespeare, António Vieira, um "dito de Leonardo da Vinci", a sua "leitura dos clássicos", Chateaubriand, Lamartine, Horácio, Maquiavel, os poetas românticos, Virgílio, Amiel, Mallarmé, Verlaine, Carlyle, Rousseau, Haeckel, Kant, Goethe, Sócrates, Shelley, Dickens, Platão, Hegel, Pessanha, Hugo, Vigny, e Michelet.[50]

50 *LD*, pp. 47, 49, 71, 81, 82, 88, 103, 120, 133, 134, 138, 141, 151, 155, 164-165, 173, 177, 202, 222, 224, 229, 243.

É interessante ver os heterónimos transcender os limites dos papéis que lhes são atribuídos, muitas vezes assumindo o papel de outro heterónimo. Soares reconhece que se deve "Aumentar a personalidade sem incluir nela nada alheio – nem pedindo aos outros, nem mandando nos outros, mas *sendo* outros quando outros são precisos" (*LD*, p. 235).

Em "Esta tarde a trovoada caiu", Caeiro exprime o desejo, muito à moda de Campos, de sentir algo que não sente: "Ah, poder crer em Santa Bárbara!" (*AC*, p. 28) A seguir a uma meditação sobre o que tal crença consistiria, sofre uma espécie de crise neurasténica, geralmente associada a Campos e ao ortónimo (ver Capítulo 3):

> E eu, pensando em tudo isto,
> Fiquei outra vez menos feliz...
> Fiquei sombrio e adoecido e soturno (*AC*, p. 28)

Que Pessoa tivesse dificuldade em manter os seus heterónimos na ordem, dentro dos seus próprios papéis, é sugerido pelas alterações de atribuição de algumas obras, uma lembrança constante da sua presença como autor. O poema ortónimo "Chuva oblíqua" (1914) é um bom exemplo disso. Na sua carta sobre a génese dos heterónimos, Pessoa descreve o poema como um marco importantíssimo, que assinalou o retorno psicológico a "si próprio" após a sua "inexistência" como Caeiro: "Foi o regresso de Fernando Pessoa Alberto Caeiro a Fernando Pessoa ele só. Ou melhor, foi a reação de Fernando Pessoa contra a sua inexistência como Alberto Caeiro" (*Corr II*, p. 343). A crítica seguiu esta indicação: Martinho, por exemplo, argumenta que ao escrever o poema "Pessoa reagiu de imediato à sua inexistência como Alberto Caeiro, ou seja, [...] interceptou, com sua "Chuva oblíqua", a afirmação primária do significante mestre."[51] É este um testemunho da maestria de Pessoa como criador de mitos, pois quando escreveu "Chuva oblíqua" primeiro atribuiu o poema a Caeiro (com quem realmente não combina), depois a Campos (uma combinação ligeiramente melhor), antes de finalmente decidir-se pelo ortónimo.[52]

A dado momento em *Desassossego*, Pessoa faz com que Soares escreva:

> Criei em mim várias personalidades. Crio personalidades constantemente. Cada sonho é meu imediatamente, logo ao aparecer sonhado, encarnado numa outra pessoa, que passa a sonhá-lo, e eu não.
>
> Para criar, destruí-me; tanto me exteriorizei dentro de mim, que dentro de mim não existo senão exteriormente. Sou a cena nua onde passam vários atores representando várias peças. (*LD*, pp. 283-4)

[51] Martinho, *Pessoa e a psicanálise*, p. 63. Ver também Maria José Lencastre, *Fernando Pessoa: uma fotobiografia* (Lisboa: INCM, 1980), p. 8.

[52] No seu plano para um livro chamado *Antologia do interseccionismo*, a lista de poemas inclui "Poesias de Álvaro de Campos ("Chuva Oblíqua", - Rei Cheops, etc.)'." *Cartas a Armando Cortes Rodrigues*, p. 30.

Estas palavras são extremamente problemáticas se as atribuirmos a Soares, pois implicariam que o semi-heterónimo teria subpersonalidades (sub-heterónimos?). Se as atribuímos a Pessoa, o problema desaparece, pois elas enquadram-se perfeitamente na sua conceção de si próprio como descendente literário de Shakespeare, mestre na despersonalização e na criação de personagens dramáticas; o trecho seria, neste contexto, mais uma teorização estética de Pessoa sobre a heteronímia.

A indecisão de Pessoa quanto ao que deveria pertencer à obra de Soares foi um dos principais fatores a impedir que o *Livro do desassossego* aparecesse até 1982, quase 50 anos depois da sua morte. Uma das suas notórias hesitações, uma maravilhosa ilustração das suas hesitações heteronímicas, é um fragmento em prosa com o título "A[lvaro] de C[ampos] (?) ou L[ivro] do D[esassossego] (ou outra coisa qualquer)."[53] Campos também tem poemas de atribuição problemática, tais como o poema "Clearly non-Campos!": este pode ser mais um exemplo de Campos a compor "fora" da sua própria identidade, ou então uma nota explicativa de Pessoa, a informar que o poema não pertence à obra de Campos. A edição crítica da poesia de Campos inclui uma secção dedicada a poemas que Berardinelli considera estarem "Na fronteira Pessoa-Campos".[54]

Pessoa é propenso a empregar os mesmos temas, imagens e ideias em diversas personalidades literárias. O lema de Campos, "sentir tudo de todas as maneiras", é o verso de abertura de "A Passagem das horas" (*AdC*, p. 196), mas também aparece no poema ortónimo "Deixo ao cego e ao surdo", citado no Capítulo 1.[55] O desejo de sentir em vez de pensar também perpassa o livro de Soares, onde a mesma frase também aparece:

> Sentir tudo de todas as maneiras; saber pensar com as emoções e sentir com o pensamento; não desejar muito senão com a imaginação; sofrer com *coquetterie*; ver claro para escrever justo; conhecer-se com fingimento e táctica, naturalizar-se diferente e com todos os documentos; em suma, usar por dentro todas as sensações, descascando-as até Deus; mas embrulhar de novo e repor a montra como aquele caixeiro que daqui estou vendo com as latas pequenas da graxa da nova marca. (*LD*, p. 151)

Uma imagem assombrosa na poesia de Campos, presente nos poemas "Aniversário", "Tabacaria", e muitos outros, é a do sujeito poético como um "trapo". "Trapo" é até o título do poema de Campos que começa "O dia deu em chuvoso" (*AdC*, p. 431). Mas a visão de si próprio como um inútil pedaço de pano não é exclusiva a Campos, pois Soares também se sente um trapo em diversas ocasiões: "senti-me de repente um daqueles trapos húmidos de limpar coisas sujas, que se levam para a janela para secar, mas se esquecem, enrodilhados, no parapeito que

[53] Zenith, "Introdução", in *LD*, p. 14. Ver também pp. 20-3.

[54] Ver *Poemas de Álvaro de Campos*, org. Cleonice Berardinelli (Lisboa: INCM, 1990), p. 353.

[55] *Poesia do eu*, p. 213.

mancham lentamente", afirma, e o seu fragmento de uma única frase, intitulado "Intervalo doloroso", contém a mesma imagem: "Coisa arrojada a um canto, trapo caído na estradas, meu ser ignóbil ante a vida finge-se" (*LD*, pp. 65, 72).

As mudanças de atribuição das obras heteronímicas de Pessoa apanham-no em flagrante no ato de conscientemente construir os papéis e os alcances poéticos de cada heterónimo. Apontam, ainda, para a falta de identidade fixa de cada um deles desde o início. As suas fronteiras permaneceriam sempre porosas. Os dois autores fictícios do *Livro do desassossego* exemplificam a sua natureza mutável, pois o livro foi primeiro atribuído a Vicente Guedes, que mais tarde se transformou em Bernardo Soares, desaparecendo no processo.

Tal como os heterónimos podem atuar fora de si, vestindo as identidades uns dos outros e mesmo a do seu autor, o próprio Pessoa assume a identidade do seu heterónimo mais autoconscientemente teatral, Álvaro de Campos, na sua relação amorosa com Ophélia Queiroz. Nesta relação, Pessoa também representa a personagem dramática mais autoconsciente de Shakespeare, Hamlet, revelando a sua atração pela metáfora de Shakespeare do mundo como palco, onde existir e representar são de impossível separação.

Pessoa, Campos, Hamlet e as duas Ophélias

A grande imagem de Shakespeare, que atravessa toda a sua obra, é a do homem como ator, representando uma série de papéis no "great stage of fools" [grande palco de tolos] que é o mundo (*King Lear*, *CW*, p. 1010). Jacques, em *As You Like It* [*Como quiserdes*, segundo a tradução de Pessoa], desenvolve a analogia no seu célebre discurso sobre as sete idades do homem:

All the world's a stage,
And all the men and women merely players;
They have their exits and their entrances,
And one man in his time plays many parts (*CW*, p. 255)

[O mundo inteiro é um palco,
E todos os homens e mulheres são meros atores:
Eles têm as suas saídas e as suas entradas;
E um homem cumpre em seu tempo muitos papéis]

Em *The Tempest* [*A Tormenta*], Próspero também faz uma profunda meditação sobre a irrealidade teatral do mundo. Refere-se, explicitamente, à mascarada que acaba de terminar, mas as suas palavras também aludem à própria peça e, por extensão, ao mundo que ela precariamente instaura como representação:

Our revels now are ended. These our actors,
As I foretold you, were all spirits and
Are melted into air, into thin air:
And, like the baseless fabric of this vision,

The cloud-capp'd towers, the gorgeous palaces,
The solemn temples, the great globe itself,
Yea, all which it inherit, shall dissolve
And, like this insubstantial pageant faded,
Leave not a rack behind. We are such stuff
As dreams are made on, and our little life
Is rounded with a sleep. (*CW*, p. 955)

[O nosso entretenimento acabou. Estes atores,
Como já te tinha dito, são todos espíritos,
Esvaíram-se no ar como finos vapores;
E, tal como é ilusória esta visão,
Também as altas torres, os palácios soberbos,
Os templos solenes e mesmo este grande globo,
E todos os que o ocupam, se desvanecerão,
Sem deixar um só rasto, tal como esta função
Se dissolveu no ar. A matéria que nos compõe
É igual à dos sonhos; e a nossa curta vida
Cercada por um sono.]

"The great globe itself" [Este grande globo] é uma referência ao mundo real (o nosso planeta redondo) e, ao mesmo tempo, ao mundo do teatro, pois alude ao teatro físico de Shakespeare, na margem sul do Tamisa: "The Globe". Assim, os espetadores de *The Tempest* ("all which it inherit" [todos os que o ocupam]), são convidados a participar na ilusão. A obra de Shakespeare, como a de Pessoa, ensina-nos que a distinção entre a representação e o real é problemática.

É provável que as primeiras palavras de Shakespeare que Pessoa leu fossem sobre este tema, pois *The Life of King Henry V* [*A Vida do Rei Henrique V*] fez parte do seu currículo escolar em 1903, quando Pessoa teria 14 ou 15 anos. O discurso de abertura desta peça é do coro, que prepara a cena para a entrada dos atores:

O! for a Muse of fire, that would ascend
The brightest heaven of invention;
A kingdom for a stage, princes to act
And monarchs to behold the swelling scene.
Then should the war-like Harry, like himself,
Assume the part of Mars (*CW*, p. 509)

[Ó! por uma Musa de fogo, que ascenderia
O mais brilhante céu da invenção;
Um reino por palco, príncipes para atuar
E monarcas para observar a cena túrgida.
Então deveria o guerreiro Harry, como ele próprio,
Assumir o papel de Marte]

O coro então pede ao público que empregue "imaginary forces" [o seu poder de imaginação] para "suppose" [supor] que o palco seja os vastos campos da França e, mais significativamente, que usem da imaginação para "Into a thousand parts divide one man" [Em mil partes dividir um homem] (*CW*, p. 509), assim criando um grande exército.

A imagem da vida como um espetáculo teatral, onde os homens são atores que representam uma série de papéis, não é exclusiva a Shakespeare, pois está em fontes clássicas, medievais, renascentistas e contemporâneas. O discurso de Jacques é evocativo de um trecho mais antigo, no *Zodiacus Vitae* de Palingenius, traduzido para o inglês em meados da década de 1560 por Barnaby Googe. Googe adicionou interpretações da metáfora na margem da sua edição, tais como a frase "The world a stage play" [O mundo como um palco] ao lado dos seguintes versos de Palingenius:

> Wherefore if thou dost well discern
> Thou shalt behold and see
> This mortal life that you here lead
> a Pageant for to be.[56]
>
> [Pois se discernirem bem
> Deverão observar e ver
> Esta vida mortal que aqui conduzem
> um espetáculo teatral ser.]

Pessoa desenhou uma linha na margem ao lado das seguintes palavras de Ben Jonson no seu exemplar das suas *Obras completas*, três volumes que não contém muita marginália:

> I have considered our whole life is like a Play; wherein every man forgetful of himself, is in travail with expression of another. Nay, we so insist in imitating others, as we cannot (when it is necessary) return to ourselves; like children, that imitate the vices of stammerers so long, till at last they become such; and make the habit to another nature, as it is never forgotten. [57]
>
> [Tenho considerado a nossa vida inteira como uma peça de teatro; onde cada homem, esquendo-se de si mesmo, procura exprimir outro. Aliás, insistimos tanto em imitar os outros, que não conseguimos (quando é necessário) regressar a nós próprios; como as crianças, que imitam os vícios dos gagos por tanto tempo que também ficam gagas; e este hábito torna-se a sua natureza, nunca sendo esquecido.]

[56] Palingenius, *The Zodiac of Life*, trad. Googe (1565), livro 6, versos 1215-30. Exemplar do *British Library* (Londres).
[57] Ben Jonson, "De vita humana", in *The Works of Ben Jonson*, III, p. 404.

404 DISCOVERIES.

De vitâ humanâ.—I have considered our whole life is like a Play: wherein every man forgetful of himself, is in travail with expression of another. Nay, we so insist in imitating others, as we cannot (when it is necessary) return to ourselves; like children, that imitate the vices of stammerers so long, till at last they become such; and make the habit to another nature, as it is never forgotten.

De Piis et Probis.—Good men are the stars, the planets of the ages wherein they live, and illustrate the times. God did never let them be wanting to the world: as Abel, for an example of innocency, Enoch of purity, Noah of trust in God's mercies, Abraham of faith, and so of the rest. These, sensual men thought mad, because they would not be partakers or practicers of their madness. But they, placed high on the top of all virtue, looked down on the Stage of the world, and contemned the Play of Fortune. For though the most be players, some must be spectators.

Mores Aulici.—I have discovered that a feigned familiarity in great ones, is a note of certain usurpation on the less. For great and popular men feign themselves to be servants to others, to make those slaves to them. So the fisher provides bait for the trout, roach, dace, &c. that they may be food to him.

Impiorum querela.—Augustus.—Varus.—Tiberius.—The complaint of Caligula was most wicked of the condition of his times, when he said, They were not famous by any public calamity, as the reign of Augustus was, by the defeat of Varus and the legions; and that of Tiberius, by the falling of the theatre at Fidenæ; whilst his oblivion was eminent, through the prosperity of his affairs. As that other voice of his was worthier a headsman than a head, when he wished the people of Rome had but one neck. But he found (when he fell) they had many hands. A tyrant, how great and mighty soever he may seem to cowards and sluggards, is but one creature, one animal.

Nobilium ingenia.—I have marked among the Nobility, some are so addicted to the service of the Prince and commonwealth, as they look not for spoil; such are to be honoured and loved. There are others, which no obligation will fasten on; and they are of two sorts. The first are such as love their own ease; or, out of vice, of nature, or self-direction, avoid business and care. Yet these the Prince may use with safety. The other mingle themselves upon craft and design, as the architects say, with a premeditated thought to their own, rather than their Prince's profit. Such let the Prince take heed of, and not doubt to reckon in the list of his open enemies.

Principum varia.—*Firmissima vero omnium basis jus hæreditarium Principis.*—There is a great variation between him that is raised to the Sovereignty by the favour of his Peers, and him that comes to it by the suffrage of the people. The first holds with more difficulty; because he hath to do with many that think themselves his equals, and raised him for their own greatness and oppression of the rest. The latter hath no upbraiders, but was raised by them that sought to be defended from oppression; whose end is both the easier and the honester to satisfy. Beside, while he hath the people to friend, who are a multitude, he hath the less fear of the nobility, who are but few. Nor let the common proverb (of he that builds on the people builds on the dirt) discredit my opinion: for that hath only place where an ambitious and private person, for some popular end, trusts in them against the public justice and magistrate. There they will leave him. But when a Prince governs them, so as they have still need of his administration (for that is his Art) he shall ever make and hold them faithful.

Clementia.—*Machiavell.*—A Prince should exercise his cruelty not by himself, but by his ministers; so he may save himself and his dignity with his people, by sacrificing those when he list, saith the great doctor of state, Machiavell. But I say, he puts off man, and goes into a beast, that is cruel. No virtue is a Prince's own, or becomes him more, than this Clemency: and no glory is greater than to be able to save with his power. Many punishments sometimes, and in some cases as much discredit a Prince, as many funerals a physician. The state of things is secured by Clemency; severity represseth a few, but irritates more.* The lopping of trees makes the boughs shoot out thicker; and the taking away of some kind of enemies

* *Haud infima ars in principe, ubi lenitas ubi severitas—plus polleat in commune bonum callere.*

Um crítico da época de Shakespeare descreve Richard Burbage, o ator trágico que interpretou várias personagens shakespearianas quando foram representadas pela primeira vez, como: "so wholly transforming himself into his part, and putting off himself with his clothes, as he never (not so much as in the tiring-house) assumed himself again until the play was ended" [tão completamente transformado no seu papel, e tão despido das suas próprias vestes, que nunca (nem mesmo no camarim) representava a si próprio novamente antes da peça terminar].[58]

Pessoa era tão habilidoso a imitar Álvaro de Campos que parece ter tido a mesma dificuldade em voltar a si próprio – seja isso o que for no caso de um autor que sempre duvidou da sua própria existência, descobrindo ser um poeta dramático tão invisível quanto Shakespeare. A namorada de Pessoa, Ophélia Queiroz, descreve como Pessoa encarnava Campos durante alguns dos seus encontros:

> Dizia-me então: "Hoje não fui eu que vim, foi o meu amigo Álvaro de Campos." [...] Portava-se, nestas alturas, de uma maneira totalmente diferente. Destrambelhado, dizendo coisas sem nexo. Um dia, quando chegou ao pé de mim, disse-me: "Trago uma incumbência, minha Senhora, é a de deitar a fisionomia abjecta desse Fernando Pessoa, de cabeça para baixo, num balde cheio de água."[59]

Pessoa apresentou-se como Campos no seu único encontro documentado com José Régio. Gaspar Simões paradoxalmente enfatiza a sua representação do heterónimo quando tenta descrever o quão normal Pessoa era: "Pessoa na intimidade [...] quando não se apresentava a Régio e a mim [...] sob a máscara do 'Sr. Álvaro de Campos', era o homem mais urbano e terra-a-terra que imaginar se pode."[60] Nas suas cartas a Ophélia, Pessoa refere a companhia de Campos na sua vida quotidiana: "Tens hoje do teu lado o meu velho amigo Álvaro de Campos, que em geral tem sido contra ti. Alegra-te!"; "Como [...] se dá a circunstância de o sr. eng. Álvaro de Campos ter que me acompanhar amanhã durante grande parte do dia, não sei se será possível evitar a presença – aliás agradável – desse senhor."[61] Faz, inclusive, com que Campos escreva uma carta à sua namorada em 1929, aconselhando-a a esquecê-lo (Pessoa): "aconselho V. Exa. a pegar na imagem mental, que acaso tenha formado do indivíduo cuja citação está estragando este papel razoavelmente branco, e deitar essa imagem mental na pia" (*Corr II*, p. 164). Em outras cartas a Ophélia, Pessoa refere-se a si próprio (e a ela) como "Íbis", menciona um "Mr. Crosse", outra máscara dramática, e atribui certos sentimentos a Campos: "Gostas de mim, do Ibis, do Nininho?"; "Não imaginas a graça que te achei hoje á janella da casa de tua irmã! Ainda bem que estavas alegre e que mostraste prazer em me ver (Alvaro de Campos)."[62]

[58] Richard Flecknoe, "A Short Discourse on the English Stage" (1664), in *Critical Essays of the Seventeenth Century, 1650-1685*, org. Joel Elias Spingarn (Oxford: Clarendon Press, 1908), p. 217.
[59] Ophélia Queiroz, *Cartas de amor de Fernando Pessoa*, p. 7.
[60] Gaspar Simões, *Vida e obra*, p. 392.
[61] *Corr I*, p. 165; *Cartas de amor de Fernando Pessoa*, p. 101
[62] *Cartas de amor*, pp. 83, 100.

Íbis não podia ser um nome mais apropriado para Pessoa, pois o pássaro é associado a Thoth, o deus egípcio da sabedoria e da magia (Aleister Crowley escreveu o *Book of Thoth* [*Livro de Thoth*] em 1940), que é também o escrivão dos deuses, o "Lord of Divine Words" [Senhor de divinas palavras].[63]

Ophélia relata que Pessoa, para além de finger que era Campos durante o seu namoro, representou uma vez o papel de Hamlet:

> Lembro-me que estava em pé, a vestir o casaco, quando ele entrou no meu gabinete. Sentou-se na minha cadeira, pousou o candeeiro que trazia na mão e, virado para mim, começou de repente a declarar-se, como Hamlet se declarou a Ophélia: "Oh, querida Ophélia! Meço mal os meus versos; careço de arte para medir os meus suspiros; mas amo-te em extremo. Oh! Até ao último extremo, acredita!"[64]

Richard Zenith informa que Pessoa retirou estas palavras diretamente da peça de Shakespeare.[65] O trecho relevante está numa carta de Hamlet à sua Ophélia, que Polónio intercepta e começa a ler em voz alta para o Rei e a Rainha:

> *To the celestial, and my soul's idol, the most beautified Ophelia.* –
> That's an ill phrase, a vile phrase; 'beautified' is a vile phrase; but you shall hear. Thus:
> *In her excellent white bosom, these, &c.* –
> *[...]*
> *Doubt thou the stars are fire;*
> *Doubt that the sun doth move;*
> *Doubt truth to be a liar;*
> *But never doubt I love.*
> *O dear Ophelia! I am ill at these numbers: I have not art to reckon my groans; but that I love thee best, O most best! believe it. Adieu.*
> *Thine evermore, most dear lady, whilst this machine is to him,*
> *HAMLET* (*CW*, p. 953)

> [*Ao ídolo de minha alma, a divina e embelezada Ophélia.* –
> Essa é uma expressão imprópria, uma expressão vil; "embelezada" é uma expressão vil; mas ouvi até ao fim:
> *Ao seu seio cândido e delicado, estas, etc.* –
> *[...] Duvida que as estrelas são de fogo;*
> *Duvida que o sol se mova;*

63 Devo esta informação a Suzette Macedo.

64 Ophélia Queiroz, "O Fernando e eu: relato de Ophélia Queiroz, destinatária das Cartas de Fernando Pessoa, Recolhido e estruturado por sua sobrinha-neta Maria da Graça Queiroz", in *Cartas de amor de Fernando Pessoa*, pp. 21-2.

65 Ver as edições de Zenith de *The Selected Prose of Fernando Pessoa*, p. 129, e *Fotobiografias Século XX: Fernando Pessoa* (Lisboa: Círculos de Leitores, 2008), pp. 12, 125.

Duvida da verdade como sendo mentira;
Mas nunca duvides do meu amor.
Querida Ophélia! Estou doente e meço mal os meus versos: careço da arte necessária para medir os meus gemidos; mas que te amo muitíssimo, infinitamente, acredita. Adeus.
O sempre teu, caríssima senhora, enquanto esta máquina lhe pertencer,
HAMLET]

Penso que terá sido o próprio Pessoa a apontar a Ophélia o paralelo entre a sua declaração de amor e a de Hamlet, pois este não é um dos trechos mais conhecidos da peça, e parece-me que Ophélia dificilmente o recordasse, palavra a palavra, tantos anos depois do evento ocorrido. Além disso, a declaração de Pessoa, conforme descrita por ela, não é uma tradução direta da de Hamlet, como é típico das apropriações do poeta-pega: a sua transformação dos indecentes "gemidos" do Príncipe em mais românticos "suspiros" é uma alteração feliz.

A carta de *Hamlet*, da qual Pessoa teatralmente se apropria, é mais célebre, nos estudos shakespearianos, devido ao aparte de Polónio, em vez do poema de amor, completamente convencional, de Hamlet. Depois de ler a frase inicial de Hamlet ("To the celestial, and my soul's idol, the beautified Ophelia") Polónio, cujas pretensões literárias datam do tempo em que era considerado um bom ator na Universidade, faz a seguinte interjeição: "That's na ill phrase, a vile phrase: "beautified" is a vile phrase" [Essa é uma expressão imprópria, uma expressão vil: "embelezada" é uma expressão vil]. A formatação gráfica da edição da peça pertencente a Pessoa, citada acima, faz com que esta breve incursão de Polónio na crítica literária se destaque, visualmente, dos versos ao redor, um efeito que desaparece na maioria de edições modernas. Em *The Norton Shakespeare*, cujo organizador principal é Stephen Greenblatt, por exemplo, perde o impacto visual que tem no exemplar de Pessoa:

"To the celestial and my soul's idol, the most beautified Ophe-
lia" – that's an ill phrase, a vile phrase, "beautified" is a vile
phrase. But you shall hear – "these in her excellent white bosom, these"[66]

["Ao ídolo de minha alma, à divina e embelezada Ophé-
lia" - Essa é uma expressão imprópria, uma expressão vil, "embelezada" é uma
expressão vil. Mas ouvi até ao fim – "Ao seu seio cândido e delicado seio,
estas"]

Vimos no contexto da controvérsia da autoria da obra shakespeariana (Capítulo 2) que a primeira referência a Shakespeare no mundo teatral de Londres foi um ataque em *Greene's Groatsworth of Wit* [*Um Tostão de sabedoria, de Greene*],

[66] *The Norton Shakespeare: Based on the Oxford Edition*, org. Walter Cohen, Stephen Greenblatt, Jean Howard, Katherine Eisaman Maus (Londres / Nova York: Norton & Company, 2008.), p. 1693.

dirigido a um "upstart crow, beautified by our feathers" [corvo arrivista, embelezado por nossas penas]. Pessoa sublinhou a palavra "beautified" [embelezado/a] no seu exemplar de *Hamlet*, traduzindo-a na margem como "embellezado" (*CW*, p. 953).

Scene II.] **Hamlet.** 953

That it might please you to give quiet pass
Through your dominions for this enterprise,
On such regards of safety and allowance
As therein are set down.
King. It likes us well;
And at our more consider'd time we'll read,
Answer, and think upon this business:
Meantime we thank you for your well-took labour.
Go to your rest; at night we'll feast together:
Most welcome home.
[*Exeunt* Voltimand *and* Cornelius.
Pol. This business is well ended.
My liege, and madam, to expostulate
What majesty should be, what duty is,
Why day is day, night night, and time is time,
Were nothing but to waste night, day, and time.
Therefore, since brevity is the soul of wit,
And tediousness the limbs and outward flourishes,
I will be brief. Your noble son is mad:
Mad call I it; for, to define true madness,
What is't but to be nothing else but mad?
But let that go.
Queen. More matter, with less art.
Pol. Madam, I swear I use no art at all.
That he is mad, 'tis true; 'tis true 'tis pity;
And pity 'tis 'tis true: a foolish figure;
But farewell it, for I will use no art.
Mad let us grant him, then; and now remains
That we find out the cause of this effect,
Or rather say, the cause of this defect,
For this effect defective comes by cause:
Thus it remains, and the remainder thus.
Perpend.
I have a daughter, have while she is mine;
Who, in her duty and obedience, mark,
Hath given me this: now, gather, and surmise.
To the celestial, and my soul's idol, the most beautified Ophelia,—
That's an ill phrase, a vile phrase; 'beautified' is a vile phrase: but you shall hear. Thus:
In her excellent white bosom, these, &c.—
Queen. Came this from Hamlet to her?
Pol. Good madam, stay awhile; I will be faithful.
Doubt thou the stars are fire;
Doubt that the sun doth move;
Doubt truth to be a liar;
But never doubt I love.
O dear Ophelia! I am ill at these numbers: I have not art to reckon my groans; but that I love thee best, O most best! believe it. Adieu.
Thine evermore, most dear lady, whilst this machine is to him,
Hamlet.
This in obedience hath my daughter shown me;
And more above, hath his solicitings,
As they fell out by time, by means, and place,
All given to mine ear.
King. But how hath she
Received his love?
Pol. What do you think of me?
King. As of a man faithful and honourable.
Pol. I would fain prove so. But what might you think,
When I had seen this hot love on the wing,
As I perceived it, I must tell you that,
Before my daughter told me, what might you,
Or my dear majesty, your queen here, think,
If I had play'd the desk or table-book,
Or given my heart a winking, mute and dumb,
Or look'd upon this love with idle sight;
What might you think? No, I went round to work,
And my young mistress thus I did bespeak:
'Lord Hamlet is a prince, out of thy star;
This must not be:' and then I precepts gave her,
That she should lock herself from his resort,
Admit no messengers, receive no tokens.
Which done, she took the fruits of my advice;
And he, repulsed,—a short tale to make,—
Fell into a sadness, then into a fast,
Thence to a watch, thence into a weakness,
Thence to a lightness; and by this declension
Into the madness wherein now he raves,
And all we wail for.
King. Do you think 'tis this?
Queen. It may be, very likely.
Pol. Hath there been such a time,—I'd fain know that,—
That I have positively said, 'Tis so,'
When it prov'd otherwise?
King. Not that I know.
Pol. Take this from this, if this be otherwise:
[*Pointing to his head and shoulder.*
If circumstances lead me, I will find
Where truth is hid, though it were hid indeed
Within the centre.
King. How may we try it further?
Pol. You know sometimes he walks for hours together
Here in the lobby.
Queen. So he does indeed.
Pol. At such a time I'll loose my daughter to him:
Be you and I behind an arras then;
Mark the encounter: if he love her not,
And be not from his reason fallen thereon,
Let me be no assistant for a state,
But keep a farm, and carters.
King. We will try it.
Queen. But look, where sadly the poor wretch comes reading.
Pol. Away! I do beseech you, both away.
I'll board him presently.
[*Exeunt* King, Queen, *and* Attendants.
Enter Hamlet, *reading.*
O! give me leave.
How does my good Lord Hamlet?
Ham. Well, God a-mercy.
Pol. Do you know me, my lord?
Ham. Excellent well; you are a fishmonger.

Não há nenhuma outra tentativa de tradução nesta página. A palavra "embellezado" é de difícil decifração, mas a sua letra final parece, realmente, ser o masculino "o" em vez do esperado "a" (uma vez que, na carta de Hamlet, o adjetivo "beautified" se refere a Ophélia). Se assim for, quando Pessoa se apodera das palavras de Hamlet para cortejar a sua namorada, a segunda Ophélia, interessa-se, ao mesmo tempo, por elas como uma pista importante para a biografia de Shakespeare. Isto sugere o mesmo que indica a sua representação de Álvaro de Campos e Hamlet durante a relação amorosa: que a sua postura teatral torna a sua declaração de amor a Ophélia um tanto encenada, em vez de espontânea e sincera.

Num intrigante paralelo, em *Hamlet* o ator de *The Mouse Trap* precisa de ser insincero para representar a ação exigida pela cena. Hamlet inveja a sua capacidade de chorar lágrimas verdadeiras por uma emoção fingida:

> Is it not monstrous that this player here,
> But in a fiction, in a dream of passion,
> Could force his soul so to his own conceit
> That from her working all his visage wann'd,
> Tears in his eyes, distraction in his aspect,
> A broken voice, and his whole function suiting
> With forms to his conceit? and all for nothing!
> For Hecuba!
> What's Hecuba to him or he to Hecuba
> That he should weep for her? (*CW*, p. 957)
>
> [Não é monstruoso que este ator aqui,
> Por uma ficção apenas, um fumo de paixão,
> Tenha forçado tanto a alma ao que concebeu
> Que, por ela alterado, a cara lhe empalidece,
> De lágrimas nos olhos e tumulto no aspecto,
> A voz tolhida, e todos os atos moldando-se
> Na forma ao que imaginou? E tudo por nada!
> Por Hécuba!
> Que lhe é Hécuba, ou ele a ela,
> Que deva chorar por ela?][67]

Importa recordarmos que a palavra do grego antigo para ator é "hipócrita". Chegamos, assim, à antiquíssima conexão entre a poesia dramática e o fingimento, tema fulcral para a nossa compreensão do fingimento heteronímico de Pessoa, que pode e deve ser reavaliado à luz do seu entusiasmo pelo fingimento dramático de Shakespeare.

Fingimento e drama

A ideia de que o drama é necessariamente insincero é antiga: inúmeros escritores, de Platão a Bacon a Philip Sidney, escreveram sobre isso. Um contemporâneo de

[67] *Hamlet*, trad. António Feijó, pp. 75-6.

Shakespeare atacou o teatro renascentista precisamente pelas suas "mentiras":

> In stage plays for a boy to put on the attire, the passions of a woman; for a mean person to take upon him the title of a prince with counterfeit port and train, is by outward signs to show themselves otherwise than they are, and so within the compass of a lie.
>
> [Em peças de teatro, um rapaz vestir os trajes e as paixões de uma mulher; uma pessoa humilde representar um príncipe, com porte e séquito falsos, são por sinais visíveis mostrarem-se diferentes do que são, e, portanto, uma mentira.]

O autor deste juízo denunciou as peças da época pela sua desonestidade intrínseca, pois sentia que "lying, by Aristotle's judgement is naught of itself and to be fled" [mentir, segundo Aristóteles, não vale nada, e deve ser evitado].[68]

Jonathan Bate afirma que Shakespeare, muito pelo contrário, adorava o fingimento dramático:

> The genius of *King Lear* is that it was written by a man who was totally unlike his creation. The poetry of a teenager in love is sincere: that is what makes it bad. The key to dramatic art is Insincerity, i.e. that the author should only pretend keenly to feel what he expresses. That way, he can pretend equally keenly to feel the opposite things which he also expresses. He can infect the spectator with the feeling of what it is like to be Goneril as well as that of what it is like to be Lear.[69]
>
> [O génio de *Rei Lear* é que a peça foi escrita por um homem completamente diferente da sua criação. A poesia de um adolescente apaixonado é sincera: é por isso mesmo que é má. A chave da poesia dramática é o Fingimento, ou seja, o autor só deve fingir que sente, profundamente, aquilo que exprime. Assim, pode igualmente fingir que sente, profundamente, as coisas opostas, que também exprime. Pode infetar o espectador com o sentimento do que é ser Goneril, bem como com o do que é ser Lear.]

Pessoa teria concordado a cem por cento. Escreve, no seu "Essay on Intuition" [Ensaio sobre a intuição]: "Falstaff is Shakespeare as truly as Perdita, Iago, Othello, Desdemona are Shakespeare" [Falstaff é Shakespeare tão verdadeiramente quanto Perdita, Iago, Otelo e Desdémona são Shakespeare] (*PC II*, p. 194). Numa "Nota esthetica", defende a mesma teoria que Bate no que diz respeito ao fingimento dramático, citando a poesia dos heterónimos e a arte de Shakespeare como exemplos:

[68] Stephen Gosson, *Plays confuted in Five Actions*, 1582. Manuscrito no British Library, sig. E5r.
[69] Bate, *The Genius of Shakespeare*, p. 150.

> Não é preciso sentir uma cousa fortemente para a dar como fortemente sentida. Basta que a sinta de algum modo e *dê attenção* a como ella se passa. Depois, é uma questão de expressão experimentada fazel-a ter a forma de uma cousa fortemente sentida. Assim a *Ode Triumphal*, e cousas dramaticas.
> (A arte de Shakespeare é *sã* e *arte* porque mostra esta attenção).[70]

Em outro texto, Pessoa repete a mesma tese, agora com um estilo aforístico paradoxal como o de Óscar Wilde:

> Sincerity is the one great artistic crime. Insincerity is the second greatest. The great artist should never have a really fundamental and sincere opinion about life. But that should give him the capacity to feel sincere, nay to be absolutely sincere about anything for a certain length of time – that length of time, say, which is necessary for a poem to be conceived and written.[71]
>
> [A sinceridade é o maior crime artístico. A insinceridade é o segundo maior. O maior artista nunca deveria ter uma opinião realmente essencial e sincera sobre a vida. Mas isso devia capacitá-lo de se sentir sincero, ou melhor, para ser completamente sincero sobre qualquer coisa durante um determinado tempo – o tempo, digamos, necessário à conceção e escrita de um poema.]

Ou seja, como Pessoa escreveria no poema "Autopsicografia", o poeta dramático (como ele e Shakespeare) deve ser capaz de fingir o que deveras sente. George Monteiro, Paul Muldoon e Óscar Pimentel todos defendem que a ideia central deste poema é devedora da peça shakespeariana *As You Like It*, na qual o sábio tolo Touchstone argumenta: "the truest poetry is the most feigning" [a poesia mais sincera é a mais fingida].[72] O facto destes críticos terem chegado todos a esta conclusão, de forma aparentemente autónoma, revela o quão poderosa é a influência. Pessoa anotou alguns passos da peça *As You Like It* no seu exemplar das *Obras completas* de Shakespeare, embora, infelizmente, não a frase relevante, mas incluiu a peça nos seus planos de tradução da obra de Shakespeare para português (ver a sua carta de 1923 a Osório, citada no Capítulo 1 (*Corr II*, pp. 13-4)).

Claro está que o fingimento é uma característica de toda a arte, não apenas da poesia dramática: Lionel Trilling habilmente avalia a sua longa história em *Sincerity and Authenticity* [*Sinceridade e autenticidade*] (1972).[73] Vladimir Nabokov, que era sobretudo um romancista, define "the virtues of all worthwhile

[70] *Sensacionismo*, p. 414.
[71] *Ibid.*, p. 158.
[72] Ver Monteiro, "Shakespeare, the 'Missing All'", Paul Muldoon, "In the Hall of Mirrors: "Autopsychography" by Fernando Pessoa", *New England Review* 23 (Outono de 2002), 38-52, p. 42, e Oscar Pimentel, "Experiência em Pessoa", in *A Lâmpada e o passado* (São Paulo: Conselho Estadual de Cultura, Comissão de Literatura, 1968), pp. 95-98, p. 97.
[73] Lionel Trilling, *Sincerity and Authenticity: The Charles Eliot Norton Lectures, 1969-1970* (Oxford: Oxford University Press, 1972).

art" [as virtudes de toda a arte que valha a pena] como sendo "originality, invention, conciseness, harmony, complexity and splendid insincerity" [a originalidade, a invenção, a concisão, a harmonia, a complexidade e o esplêndido fingimento].[74] Pessoa, contudo, tendo classificado a arte de Shakespeare e a sua (a heteronímia) como poesia dramática (ver Capítulo 1), aborda o fingimento artístico, quase exclusivamente, nesse contexto. Como explica em carta de 10 de Agosto de 1925 a Francisco Costa:

> Para mim, pois, a arte é essencialmente dramática, e o maior artista será aquele que, na arte que professa - porque em todas as artes condicionado isto pela "matéria" delas, se podem fazer dramas, isto é, sentir drammaticamente - mais intensa- profusa- e complexamente viver tudo quanto não é ele, isto é, que mais intensa-, profusa- e complexamente exprimir *tudo quanto em verdade não sente*, ou, em outras palavras, sente apenas para exprimir. (*Corr II*, p. 85)

Não admira que Pessoa louve Shakespeare, o seu modelo supremo de poeta dramático, pela sua capacidade de exprimir, na voz das suas personagens, sentimentos insinceros do autor. Na mesma carta, escreve:

> Não é Shakespeare, talvez, o maior poeta de todos os tempos, pois me não parece possível antepor alguém a Homero; mas é o maior expressor que houve no mundo, o mais insincero de quantos poetas tem havido, sendo por isso mesmo que exprimia com igual relevo todos os modos de ser e de sentir, e com igual alma vivia os diversos tipos psíquicos - verdades gerais *humanas* em cuja expressão se empenhou. (*Corr II*, p. 84)

Obedecendo às leis da lógica, é, portanto, natural que Pessoa cite o exemplo do dramaturgo inglês quase sempre que procura explicar o seu próprio fingimento heteronímico. O seguinte exemplo é um dos meus textos pessoanos preferidos sobre o tema:

> Por qualquer motivo temperamental que me não proponho analisar, nem importa que analise, construí dentro de mim várias personagens distintas entre si e de mim, personagens essas a que atribuí poemas vários que não são como eu, nos meus sentimentos e ideias, os escreveria.
>
> [...] Negar-me o direito de fazer isto seria o mesmo que negar a Shakespeare o direito de dar expressão à alma de Lady Macbeth, com o fundamento de que ele, poeta, nem era mulher, nem, que se saiba, histero-epiléptico, ou de lhe atribuir uma tendência alucinatória e uma ambição que não recua perante o crime. Se assim é das personagens fictícias de um drama, é igualmente lícito das personagens fictícias sem drama, pois que é lícito porque elas são fictícias e não porque estão num drama.
>
> Parece escusado explicar uma coisa de si tão simples e intuitivamente

[74] Vladimir Vladimirovich Nabokov, *Poems and Problems* (Nova York: McGraw-Hill, 1970), p. 15.

compreensível. Sucede, porém, que a estupidez humana é grande, e a bondade humana não é notável (*PETCL*, p. 106).

Pessoa teria concordado com Wilde que "to censure an artist for a forgery was to confuse an ethical with an aesthetical problem" [censurar um artista por uma falsificação é confundir um problema ético com um problema estético], porque "so-called forgeries were merely the result of an artistic desire for perfect representation [...] an attempt to realise one's own personality on some imaginative plane out of the trammelling accidents and limitations of real life" [as ditas falsificações não são nada mais que o resultado do desejo artístico pela representação completa [...] a tentativa de realizar a nossa própria personalidade num espaço imaginativo à parte dos incidentes e das limitações da vida real]. Isto não é uma especulação minha: sabemos que Pessoa teria concordado com Wilde porque sublinhou estas palavras na margem no seu exemplar de "The Portrait of Mr. W. H."[75]

Os heterónimos, que oferecem visões opostas e corretivas uns aos outros, e ao "próprio" Pessoa, representam a tentativa do autor de realizar a sua personalidade, de forma completa, fora das limitações da vida real. Na poesia dramática, a síntese não faz sentido: a heteronímia é um espaço de possibilidades coexistentes, não mutuamente exclusivas, como o universo das peças de Shakespeare. Pessoa contradiz-se? Muito bem, contradiz-se; para roubar a expressão de Walt Whitman, cuja influência sobre ele foi quase tão poderosa quanto a de Shakespeare, ele contém multidões.

Como representação da conceção moderna de identidade, a heteronímia é a mais sincera forma de autoexpressão possível. Como defende Eduardo Lourenço:

> A genialidade [...] de Pessoa situa-se imediatamente ao nível do "ontológico" (é ontologia em ato), sendo como é, pura e interminável interrogação sobre o ser múltiplo das "verdades" ou das "vivências" em que o pensar nelas as converte.[76]

Num texto atribuído a Campos, Pessoa afirma que a representação de Shakespeare, nas suas peças, do fingimento que é intrínseco ao drama, paradoxalmente torna a sua arte sincera: "Shakespeare era essencial e estruturalmente factício; e por isso a sua constante insinceridade chega a ser uma constante sinceridade, de onde a sua grandeza."[77] Uma definição de "factício" é: "Obtido por arte; artificial; falso; que parece ser ou existir; que é só aparente."[78]

[75] Wilde, *Lord Arthur Savile's Crime*, pp. 153-4.
[76] Lourenço, *Pessoa revisitado*, p. 23.
[77] *Textos de crítica e de intervenção*, p. 275.
[78] *Dicionário Priberam da Língua Portuguesa* [online], 2008-2013, http://www.priberam.pt (consultado em 24/08/2016).

THE PORTRAIT OF MR. W. H.

I.

I HAD been dining with Erskine in his pretty little house in Birdcage Walk, and we were sitting in the library over our coffee and cigarettes, when the question of literary forgeries happened to turn up in conversation. I cannot at present remember how it was that we struck upon this somewhat curious topic, as it was at that time, but I know that we had a long discussion about Macpherson, Ireland, and Chatterton, and that with regard to the last I insisted that his so-called forgeries were merely the result of an artistic desire for perfect representation; that we had no right to quarrel with an artist for the conditions under which he chooses to present his work; and that all Art being to a certain degree a mode of acting, an attempt to realise one's own personality on some imaginative plane out of reach

154 LORD ARTHUR SAVILE'S CRIME, ETC.

of the trammelling accidents and limitations of real life, to censure an artist for a forgery was to confuse an ethical with an æsthetical problem.

Erskine, who was a good deal older than I was, and had been listening to me with the amused deference of a man of forty, suddenly put his hand upon my shoulder and said to me, "What would you say about a young man who had a strange theory about a certain work of art, believed in his theory, and committed a forgery in order to prove it?"

"Ah! this is quite a different matter," I answered.

Erskine remained silent for a few moments, looking at the thin grey threads of smoke that were rising from his cigarette. "Yes," he said, after a pause, "quite different."

There was something in the tone of his voice, a slight touch of bitterness perhaps, that excited my curiosity. "Did you ever know anybody who did that?" I cried.

"Yes," he answered, throwing his cigarette into the fire,—"a great friend of mine, Cyril Graham. He was very fascinating, and very foolish, and very heartless.

Wilde, *Lord Arthur Savile's Crime*, pp. 153-4 (exemplar de Pessoa)

Em carta de 19 de Janeiro de 1915 a Armando Côrtes-Rodrigues, aplica a mesma lógica à heteronímia:

> O que eu chamo literatura insincera não é aquella analoga à do Alberto Caeiro, do Ricardo Reis ou do Álvaro de Campos [....] Isso é sentido na *pessoa de outro*; é escripto *dramaticamente*, mas é sincero (no meu sentido grave da palavra) como é sincero o que diz o Rei Lear, que não é Shakespeare, mas uma criação dele. (*Corr I*, p. 142)

A ideia moderna de identidade, como sendo dividida e fragmentada, está no poema de Yeats "The Second Coming" [A Segunda vinda] (1920): "Things fall apart; the centre cannot hold" [Desagrega-se tudo; o centro não segura nada].[79] O eu em ruínas encontra a sua mais dramática representação na explosão heteronímica de Pessoa. Esta crise de identidade, uma meditação ontológica sobre a natureza da existência, ou melhor, no caso de Pessoa, da não-existência, é um tema omnipresente na sua poesia ortónima. R. D. Laing descreve o "divided self" [eu dividido] como fruto de "a basic ontological insecurity" [uma insegurança ontológica] que, quando é extrema, pode fazer com que a personalidade de um indivíduo seja "profoundly modified even to the point of threatened loss of [...] identity" [profundamente modificada, até ao ponto de causar uma perda [...] de identidade].[80] A acusação de insinceridade foi inaugurada pela crítica de José Régio à obra pessoana – como afirma Lourenço: "A acusação de *artifício* lavrada por José Régio – tanto como por João Gaspar Simões na sua famosa biografia – ficará como uma espada de Dâmocles suspensa sobre a poesia de Pessoa"[81] – mas a verdade é que Pessoa sempre denunciou a existência de uma identidade fixa como uma ficção.

Não quero sugerir que a desconfiança moderna sobre uma identidade única e transmissível seja causa suficiente para a invenção dos heterónimos, pois teorias psicológicas do subconsciente, como a de Freud, explicam a primeira mas não a segunda. Mas a heteronímia representa, na perfeição, o eu dividido, e é, nesse sentido, uma tentativa sincera de autoexpressão artística.

Ford Madox Ford, escrevendo em 1930, propõe: "the novelist must not, by taking sides, exhibit his preferences [...] He has [...] to render and not to tell" [o romancista não deve, ao tomar partidos, exibir as suas preferências [...] Deve mostrar em vez de afirmar].[82] A prática modernista de mostrar, em vez de afirmar, ao contrário de tantos intrusivos narradores oitocentistas, é analisada por Wayne C. Booth no livro *The Rhetoric of Fiction* [*A Retórica da ficção*] (1961). Neste livro seminal, Booth defende que o autor, quando escreve, "creates not simply an ideal

[79] Yeats, "The Second Coming", in *Selected Poetry*, p. 124.
[80] R. D. Laing, *The Divided Self; An Existential Study in Sanity and Madness* (Harmondsworth: Penguin, 1959), p. 59.
[81] "A Fortuna crítica de Fernando Pessoa", in *Fernando, Rei da nossa Baviera*, p. 30.
[82] Ford Madox Ford, *The English Novel: From the Earliest Days to the Death of Joseph Conrad* (Londres: Constable, 1930), pp. 121-2.

impersonal "man in general" but an implied version of "himself" that is different from the implied authors we meet in other men's works. To some novelists it has seemed, indeed, that they were discovering or creating themselves as they wrote" [constrói não apenas um ideal, impessoal "homem em geral", mas uma versão implícita de "si próprio", que difere dos autores implícitos que descobrimos nas obras de outros autores. Para alguns romancistas pareceu, efetivamente, que se estavam a descobrir ou criar a eles próprios enquanto escreviam]. Booth continua:

> Whether we call this implied author an "official scribe", or adopt the term recently revived by Kathleen Tillotson – the author's "second self" – it is clear that the picture the reader gets of this presence is one of the author's most important effects. [...] However impersonal he may try to be, his reader will inevitably construct a picture of the official scribe who wrote in this manner.
>
> [Quer chamemos este autor implícito de "escrivão oficial", ou adotemos o termo recentemente retomado por Kathleen Tillotson – o "segundo eu" do autor – torna-se evidente que a imagem que o leitor tem dessa presença é um dos efeitos mais importantes do autor. [...] Por mais impessoal que o autor tente ser, o seu leitor irá inevitavelmente construir uma imagem do escrivão oficial que escreveu daquela maneira.]

Que melhor forma de levar o leitor a construir uma imagem dos segundos (e terceiros, e quartos) eus do autor do que descrever-lhes as aparências físicas e as biografias, como faz Pessoa? Booth conclui:

> It is only by distinguishing between the author and his implied image that we can avoid pointless and unverifiable talk about such qualities as "sincerity" or "seriousness" in the author. [...] A great work establishes the "sincerity" of its implied author, regardless of how grossly the man who created that author may belie in his other forms of conduct the values embodied in his work.[83]
>
> [É só fazendo a distinção entre o autor e a sua imagem implícita que podemos evitar discussões sem sentido e inverificáveis em torno de características como a "sinceridade" ou "seriedade" na obra do autor. [...] Uma grande obra estabelece a "sinceridade" do seu autor implícito, independente do quão enormemente o homem que criou esse autor possa desmentir, nos seus outros comportamentos, os valores contidos na sua obra.]

Pessoa facilita-nos a distinção entre o autor real e os seus vários autores implícitos, os heterónimos, tornando estes autores implícitos em autores explícitos.

William Empson, no seu livro inovador *Seven Types of Ambiguity* [*Sete tipos de*

[83] Wayne C. Booth, *The Rhetoric of Fiction* (Chicago: The University of Chicago Press, 1961), pp. 70-71, 70, 75.

ambiguidade] (1930), revolucionou a nossa leitura de Shakespeare. Embora Empson não se refira diretamente ao fingimento artístico, o seu argumento que a crítica deveria aceitar interpretações coexistentes, simultâneas, não mutuamente exclusivas, pode ser proveitosamente aplicado à nossa abordagem ao fingimento pessoano.

Antes de Empson, os estudiosos e editores da obra de Shakespeare haviam geralmente apontado para interpretações alternativas de palavras e versos, favorecendo uma em detrimento das outras, que seriam relegadas para uma nota de rodapé. Empson adverte que a abordagem tradicional às ambiguidades presentes nos *Sonetos* de Shakespeare

> is curious and no doubt wise; it allows a structure of associated meanings to be shown in a note, but not to be admitted [...] So it is assumed, except when a double meaning is very conscious and almost a joke, that Shakespeare can only have meant one thing.
>
> [é curiosa e, sem dúvida, sensata, pois permite que os sentidos associados sejam revelados numa nota, mas não admitidos [...] Assim, pensa-se que exceto quando um duplo sentido é óbvio e quase uma piada, que Shakespeare só possa ter querido dizer uma única coisa.]

Conclui que "Very likely the editors do not seriously believe their assumption; indeed I have myself usually said 'either ... or' when meaning 'both ... and'" [Provavelmente os editores não acreditam na sua suposição; efetivamente, eu próprio digo por vezes "ou ... ou" quando quero dizer "tanto ... quanto"].[84] Quando um leitor lê um trecho anotado, mantém na sua mente os vários sentidos alternativos sugeridos pelos editores em simultâneo. Se assim é, propõe Empson, é possível que Shakespeare também os tivesse em mente, ou pelo menos alguns deles, enquanto escrevia. A revelação de Empson é que não precisamos escolher entre as diferentes possibilidades interpretativas dos versos de Shakespeare, como ele demonstra nas suas próprias análises dos *Sonetos*. Esta ideia mudou, por completo, a forma como abordamos textos "abertos", como os de Shakespeare e Pessoa.

Stephen Booth, o maior defensor de leituras empsonianas dos nossos dias, declara que as suas notas, na edição dos *Sonetos* que organizou, foram redigidas para mostrar que "everything in a sonnet is there" [tudo o que está num soneto, está lá].[85] As suas notas percorrem mais de 400 páginas, e admitem interpretações simultâneas, polissémicas. O propósito de Booth, como o de Empson, é revelar ao leitor que a arte de Shakespeare é um espaço no qual forças contrárias mas inseparáveis coexistem. Keats já nos havia desafiado a abordar a obra de Shakespeare com incerteza, em vez de "an irritable reaching after fact and reason"

[84] William Empson, *Seven Types of Ambiguity* (1930; Londres: Random House, 2004), p. 81.
[85] Stephen Booth, "Preface", in *Shakespeare's Sonnets*, p. xiv.

[uma irritante procura de factos e razão]. Desenvolveu a sua tese de "negative capability" [capacidade negativa] no contexto do seu pensamento sobre Shakespeare:

> several things dovetailed in my mind, and at once it struck me, what quality went to form a Man of Achievement especially in Literature and which Shakspeare [*sic*] possessed so enormously – I mean *Negative Capability*, that is when man is capable of being in uncertainties.[86]

> [várias coisas articularam-se na minha mente, e de repente percebi a qualidade que cria um Homem de Sucesso, sobretudo na Literatura, e que Shakspeare [*sic*] possuía tão abundantemente: refiro-me à *Capacidade Negativa*, que é quando o homem é capaz de existir em incertezas.]

Proponho que a mesma mudança de paradigma deva informar a nossa abordagem da heteronímia: a heteronímia é, ao mesmo tempo, sincera e fingida, pois é uma representação sincera da identidade moderna, bem como do fingimento que faz parte da poesia dramática.

Esta visão inclusiva também pode ser aplicada a outras obras-primas modernistas: *The Waste Land* pode ser um dos poemas mais despersonalizados jamais escritos, mas Eliot, o seu autor, mais tarde admitiu que também continha sentimentos puramente pessoais: "Various critics have done me the honour to interpret the poems in terms of criticism of the continental world, have considered it, indeed, as an important bit of social criticism. To me it was only the relief of a personal and wholly insignificant grouse against life; it is just a piece of rhythmical grumbling" [Vários críticos fizeram-me a honra de interpretar os poemas como uma crítica ao mundo ocidental; consideraram-no, efetivamente, uma importante crítica social. Para mim, foi apenas o alívio de um insignificante e pessoal lamento sobre a vida; é apenas um pedaço de resmungo rítmico].[87] Não obstante o seu ideal de despersonalização, Eliot escrevera em 1927: "what every poet starts from is his own emotions" [todos os poetas começam a escrever a partir das suas próprias emoções].[88]

O Shakespeare de Pessoa como um Super-Pessoa

No início deste capítulo, propus que Pessoa, ao fazer a aproximação, sem reservas, entre a sua arte e a de Shakespeare, cria uma "falácia de parentesco" entre os heterónimos e as personagens do dramaturgo inglês, ignorando as importantes diferenças entre eles. Pessoa faz uma projeção retrospetiva de afinidade, em contramão ao sentido em que a influência artística viaja. Contudo, a heteronímia nasceu do encontro de Pessoa com a obra de Shakespeare, sobretudo a autoconsciência sem precedentes das suas grandes personagens dramáticas, a sua

[86] Carta a Richard Woodhouse, 27/10/1818, in *Letters of John Keats*, I, pp. 386-7.
[87] *The Waste Land: A Facsimile*, p. 1.
[88] "Shakespeare and the Stoicism of Seneca", in *Selected Essays*, p. 117.

ciência da sua natureza teatral e tendência a ultrapassar os limites dos seus papéis, e a sua representação da ideia do mundo como um palco, onde cada homem terá vários papéis. A falácia de parentesco de Pessoa é atraente, e tem sido retomada, como vimos, pela crítica pessoana.

Existe uma segunda falácia nos estudos sobre a relação Pessoa-Shakespeare: a ideia de que Pessoa acreditava que iria superar o génio do dramaturgo inglês. Três artigos defendem que, para além de se conceber a si próprio como um "super-Camões", Pessoa também se teria imaginado um "super-Shakespeare". Efetivamente, Pessoa parece sugeri-lo num dos seus primeiros ensaios teóricos, publicado na revista *A Águia* em 1912:

> Paralelamente se conclui o breve aparecimento na nossa terra do tal supra-Camões. Supra-Camões? A frase é humilde e acanhada. A analogia impõe mais: Diga-se "de um Shakespeare" e dê-se por testemunha o raciocínio, já que não é citável o futuro.[89]

Todos concordam que, aqui, Pessoa está a falar de si próprio. As suas palavras levaram Monteiro a concluir: "That Pessoa saw himself as Portugal's Shakespeare, the 'Super-Camões' of the *Quinto Império*, seems to me beyond questioning" [Que Pessoa se viu a si mesmo como o Shakespeare de Portugal, o "Super-Camões" do *Quinto Império*, parece-me indiscutível].[90] Um dos três subtítulos do seu artigo é "Super Camões? No, Super Shakespeare" [Super Camões? Não, Super Shakespeare].[91] Onésimo de Almeida, em "Fernando Pessoa and Antero de Quental (with Shakespeare in Between" [Fernando Pessoa and Antero de Quental (with Shakespeare in between), também defende que Pessoa acreditou que seria capaz de ultrapassar o génio do seu escritor favorito:

> Just as with the *Quinto Império* that the Portuguese would build, by surpassing what the others had done before them in the previous four empires, Pessoa would also be Homer and Shakespeare and Antero – and yes, Camões too. He would then be all of them together, and naturally he would surpass them all.[92]
>
> [Assim como com o *Quinto Império* que os portugueses iriam construir, ultrapassando o que outros fizeram antes deles nos quatro impérios precedentes, Pessoa também seria Homero e Shakespeare e Antero – e sim, Camões também. Seria então todos eles juntos, e naturalmente ultrapassá-los-ia a todos.]

Rita Patrício, em "Shakespeare e Pessoa", escreve: "O que Pessoa anuncia, sob

[89] *Textos de crítica e de intervenção*, p. 27.
[90] Monteiro, "Shakespeare, the 'Missing All'", *Portuguese Studies* 24:4 (2008), p. 38.
[91] *Ibid.*, p. 33.
[92] Onésimo T. Almeida, "Fernando Pessoa and Antero de Quental (with Shakespeare in between)", *Portuguese Studies* 24:4 (2008), pp. 63-4.

uma máscara camoniana, é um supra-Shakespeare."[93]

Este consenso crítico é compreensível, pois vimos neste capítulo que a contínua aproximação que Pessoa faz entre a sua obra e a de Shakespeare tem o efeito assombroso de fazê-lo soar como se fosse o autor de *Hamlet*. Os heterónimos não são, na realidade, os descendentes diretos das personagens de Shakespeare, como Pessoa quereria, mas há, sem dúvida, uma notável parecença de família.

No entanto, é enganoso transpor a imagem de Pessoa de si próprio, como um "supra-Camões", para o seu encontro com Shakespeare. Pessoa confronta-se com os dois autores em contextos diferentes. Os seus artigos em *A Águia* fazem parte do ideal de projetar um passado mítico para um possível futuro da nação, encapsulado na visão do "Quinto Império"; este ideal culminou em *Mensagem*. Camões é claramente a melhor referência para tal projeto, mas não o é na esfera da maior influência de Shakespeare em Pessoa, a heteronímia.

Pessoa emprega os termos "supra" e "super" como se fossem intercambiáveis: escreve "supra-Camões" em "A nova poesia portuguesa sociologicamente considerada" e "Reincidindo", mas "super-Camões" em "A nova poesia portuguesa no seu aspecto psicológico", "Uma réplica ao Senhor Dr. Adolfo Coelho", e numa "Tábua biográfica" de 1927.[94] Descreve o aparecimento de um "supra-Shakespeare" no texto acima citado de *A Águia*. Este termo é ecoado por Rita Patrício, enquanto George Monteiro e Onésimo de Almeida afirmam que Pessoa quis ser um "super" (não um "supra") Shakespeare.

Existe uma subtil, mas importante, diferença de significado entre os dois prefixos. Para Pessoa se imaginar um "supra-Shakespeare", teria de acreditar que seria capaz de transcender a obra genial do dramaturgo inglês; para se imaginar um "super-Shakespeare", teria de pensar que possuía qualidades inerentemente shakespearianas, mas em grau ainda mais elevado. Nenhum dos dois casos se verifica.

Pessoa não se cria como um "supra-Shakespeare" porque, contrariamente à sua postura diante Camões, não há nenhum indício que ele acreditasse que a sua obra fosse alguma vez alcançar, quanto mais superar, a do seu ídolo. Muito pelo contrário, há indícios que acreditava que não iria consegui-lo. No mesmo ano em que publicou os artigos em *A Águia*, Pessoa escreve em carta a Boavida Portugal:

> erra [...] o professor Adolfo Coelho [...] quando considera *messianismo* a ideia de um super-Camões, isto é, de um poeta máximo, inevitavelmente maior do que aquele poeta verdadeiramente grande, mas longe de ser um Dante ou um Shakespeare. (*Corr. I*, p. 52)

Ou seja: Camões, grande poeta que é, será suplantado por um "supra-Camões": o próprio Pessoa, como ele havia sugerido em *A Águia* e repete aqui, embora não

[93] Rita Patrício, "Shakespeare e Pessoa", in *Fernando Pessoa: O guardador de papéis*, p. 92.

[94] *Textos de crítica e de intervenção*, pp. 15, 27, 45, 77; *Presença: edição facsimilada compacta*, 3 vols., org. David Mourão-Ferreira (Lisboa: Contexto, 1993) I, p. 250.

de forma tão clara. Contudo, mesmo o "poeta máximo" que é Pessoa, embora inevitavelmente maior que o grande Camões, ainda não estará ao nível de Dante ou de Shakespeare.

Numa carta a propor uma versão inglesa da revista *Orpheu*, Pessoa informa o potencial editor que os textos na revista portuguesa são bons, mas não tão bons como os de Shakespeare: "It is worth learning Portuguese to read [*Orpheu*]. Not that there is any Goethe or Shakespeare in it" [Vale a pena aprender português para ler [*Orpheu*]. Não que haja nela Goethe ou Shakespeare] (*Corr I*, p. 52). A consciência de Pessoa da sua inferioridade, relativamente a Shakespeare, é repetida na carta escrita um mês antes da sua morte a Tomás Ribeiro Colaço, onde cita a sua suposta loucura (ver Capítulo 3). Nela, descreve os seus planos para a publicação da obra heteronímica, mas acaba por admitir que a sua obra não alcançou os vertiginosos píncaros das peças de Shakespeare ou dos poemas de Milton:

> Reparo agora que estou falando um pouco no estilo de quem vai fornecer *Hamlets* em pílulas ou *Paraísos Perdidos* em comprimidos e não quero que V[ocê] vá descobrir até nestas linhas maquinadas de uma carta particular uma daquelas minhas afirmações de valia própria que V. descobriu que eram um dos meus característicos distintivos. Onde diabo foi V. buscar isso? (*Corr II*, p. 355)

Quando Pessoa tentou escrever sonetos shakespearianos, os *35 Sonnets* (ver Capítulo 1), orgulhou-se dos seus esforços, mas reconheceu que os poemas eram apenas uma imitação estilística dos originais. Em "Impermanence", ele tinha afirmado: "The sonnet is the type of what our mind can best do" [O soneto é o exemplo máximo do que a nossa mente pode fazer] (*H*, p. 241); foi como exercício derivativo que os compôs. Mas chegou à conclusão, em "Erostratus":

> Shakespeare's phrasing is imitable – it is, indeed, very easy to imitate – but Shakespeare's genius is not. (*H*, p. 193)
>
> [O frasear de Shakespeare é imitável – é, efetivamente, facílimo de imitar – mas o génio de Shakespeare não.]

O fraseado de Shakespeare só é facílimo de imitar por alguém tão genial quanto Pessoa, mas parece-me razoável concluirmos que ele, podendo dificilmente ser acusado de falsa modéstia, quer aqui dizer precisamente o que diz sobre a natureza insuperável do génio de Shakespeare.

Ao contrário de Camões, Shakespeare é uma influência pela qual Pessoa não revela nenhuma angústia. Para Bloom, a sucessão é um problema, pois o autor precursor tem de ser confrontado agressivamente em vez de ser reconhecido e aceite. É essa a postura de Pessoa relativamente a Camões, que não é sequer citado em *Mensagem*. Pessoa revisita o "Adamastor" de Camões no seu "Mostrengo", e apropria-se de um verso de *Os Lusíadas* quando Álvaro de Campos faz insinuações sobre a sexualidade de Ricardo Reis (ver Introdução), mas nos dois casos, não revela a sua fonte.

Contudo, como defende Bate, a tese de Bloom sobre a angústia da influência omite uma postura alternativa: "The hope that one might be a descendant of a great poet may bring confidence instead of anxiety" [A esperança de poder ser-se um descendente de um grande poeta pode gerar confiança em vez de angústia].[95] Shakespeare é a grande presença subjacente à heteronímia que Pessoa abertamente reconhece como tal. Longe de inibir a sua criatividade, Shakespeare incita-a.

Num maravilhoso texto intitulado "The Defects of Shakespeare" [Os Defeitos de Shakespeare], Pessoa escreve a seguinte avaliação do génio do seu precursor:

> This article will probably be considered impertinent. I hope it will. Impertinent people, like children who ask "why", have at least the advantage of making people think.
>
> Before I found out these faults in Shakespeare, I thought him supreme. After finding these faults, I still think him supreme. I simply think, in addition, that he is not perfect, but that nothing is perfect was absurdly observed by Adam the moment after Eve appeared. I also think, in addition, that Shakespeare is not unsurpassable. Only very young people speak of unsurpassable things. That nothing is "unsurpassable" was absurdly observed by Eve the moment she saw Adam. But I think he is unsurpassed. I hope this opinion is agreeable to the reader.[96]

> [Provavelmente, este artigo será considerado impertinente. Espero que sim. As pessoas impertinentes, como as crianças que perguntam "porquê", têm ao menos a vantagem de nos fazer pensar.
>
> Antes de descobrir estes defeitos em Shakespeare, considerava-o supremo. Depois de descobrir estes defeitos, continuo a considerá-lo supremo. Apenas penso, além disso, que ele não é perfeito, mas o nada ser perfeito foi absurdamente observado por Adão no momento seguinte ao aparecimento de Eva. Penso, ainda, que Shakespeare não é insuperável. Só as pessoas muito jovens falam de coisas insuperáveis. Que nada é "insuperável" foi absurdamente observado por Eva no momento em que ela viu Adão. Mas creio que ele nunca foi superado. Espero que esta opinião seja agradável ao leitor.]

A crença de Pessoa de que o modelo que escolheu não é, em teoria, insuperável, alimenta os seus esforços de medir forças com Shakespeare para inventar o

[95] Bate, *Shakespeare and the English Romantic Imagination* (Oxford: Clarendon Press, 1986), p. 2.

[96] *Apreciações literárias de Fernando Pessoa*, p. 239. Manuscrito transcrito e apresentado por mim, pela primeira vez, na tese de doutoramento *Fernando Pessoa's Shakespeare*. Bothe propõe "already" em vez de "absurdly".

humano. Ao mesmo tempo, a sua recorrente evocação de Shakespeare no contexto dos heterónimos contém o reconhecimento implícito de que o dramaturgo inglês chegara, antes dele, ao seu pretendido destino.

Para além de não se considerar um "supra-Shakespeare", Pessoa também não se concebe um "super-Shakespeare", pois as suas leituras de Shakespeare, como vimos ao longo deste livro, são autorreferenciais, até mesmo autobiográficas, e descobrem nele, e na sua obra, qualidades altamente pessoanas. Só depois de Pessoa criar o seu Shakespeare, à sua própria imagem, é que ele se pôde apropriar dele como o modelo ideal para a invenção, definição, explicação e o coração da sua própria obra, a heteronímia.

Em vez de encaramos Pessoa como um "supra" ou um "super" Shakespeare, proponho que o Shakespeare de Pessoa, construído a partir de leituras essencialmente autobiográficas, com base em tendenciosas identificações e autoprojeções, é um *super-Pessoa*, um irmão-gêmeo no génio e na loucura que se parece muito com Fernando Pessoa. (Curiosamente, a tese de Monteiro, de que as personagens de Shakespeare deviam ser abordadas como se fossem heterónimos, em vez de ser ao contrário, parece apoiar mais esta minha conclusão do que aquela a que ele chega.)

Arthur Quiller-Couch, na sua introdução à edição de 1921 de *The Tempest*, que se encontra na biblioteca de Pessoa, escreve, em tom jocoso, sobre a controvérsia da autoria da obra shakespeariana:

> It has been computed that of the lunatics at present under ward or at large in the British Isles, a good third suffer from religious mania, a fifth from a delusion that they belong to the Royal Family, while another fifth believe [...] that they *are* Shakespeare.[97]
>
> [Foi estimado que, entre todos os loucos que se encontram internados ou em liberdade nas Ilhas Britânicas, um bom terço sofre de mania religiosa, um quinto da ilusão de que pertencem à Família Real, enquanto que outro quinto acredita [...] que eles *são* Shakespeare.]

Pessoa fez uma linha ao lado destas palavras, na margem, mas ele não sofria de tal ilusão. Pelo contrário, Pessoa sofria da ilusão que Shakespeare, cuja arte ele nuna conseguiria superar, tinha qualidades altamente pessoanas: que Shakespeare era uma versão glorificada do próprio Pessoa.

97 *The Tempest* (Cambridge: Cambridge University Press, s.d. [1921]), p. xvii.

of the uproar; until many an honest fellow, conscious of loving letters in a plain way, must surely long for the steadying accent of someone who can keep his head in the tumult; not, perhaps, for another Johnson, but at least for an outspoken utterance on the lines of Johnson's famous Preface, which Adam Smith styled 'the most manly piece of criticism that was ever published in any country.' Surely, as Ben Jonson laughed at Shakespeare for saying it of Caesar, it is high time we laughed at those who keep saying of Shakespeare that he 'did never wrong but with just cause.' Few, in Plato's phrase, are the initiate, many the thyrsus-bearers; and the effect of the Shakespearian thyrsus upon a crowd of its carriers would seem to be quite peculiarly intoxicant. It has been computed that of the lunatics at present under ward or at large in the British Isles, a good third suffer from religious mania, a fifth from a delusion that they belong to the Royal Family, while another fifth believe either that they *are* Shakespeare, or that they are the friends or relatives or champions of somebody else, whose clothes and reputation 'that Stratford clown' managed to steal; or, anyhow, that Shakespeare did anything imaginable but unlikely, from touching up the Authorised Version to practising as a veterinary surgeon.

Yet these extravagances deserve pity rather than laughter: for what they reveal is but the unbalanced side of a very human and not ignoble craving. We cannot help wanting to know more of the *man* who has befriended our lives so constantly, so sunnily; to whom we have owed so many spirited incentives of our childhood—'enrichers of the fancy'—in Charles Lamb's phrase:

> Strengtheners of virtue, a withdrawing from all selfish and mercenary thoughts, a lesson of all sweet and honourable thoughts and actions, to teach you courtesy, benignity, generosity, humanity...

with whose sword at hip we have walked lovers' path;

The Tempest, p. xvii (exemplar de Pessoa)

CONCLUSÃO: UMA IMAGEM DO SHAKESPEARE DE FERNANDO PESSOA

Nas suas profundas reflexões sobre o génio, a invisibilidade, a loucura e a sexualidade de Shakespeare, o poeta-pega apropria-se de Shakespeare de forma seletiva e tendenciosa, e quase exclusivamente para a invenção da heteronímia. O Shakespeare de Pessoa é fruto das leituras românticas da sua obra que Pessoa conhecia, bem como do ideal modernista da despersonalização, mas é, em última análise, uma projeção autobiográfica. As pegas são das poucas espécies animais capazes de conhecer o seu próprio reflexo num espelho, e Pessoa vê-se a si próprio quando olha para Shakespeare.[1] A filha de Sylvia Plath, Frieda, que tem um santuário de aves no País de Gales, disse numa entrevista que as pegas são "the most intelligent of birds, showing jealousy, mischief and charm" [dos pássaros mais inteligentes, revelando ciúmes, traquinice, e charme].[2]

O Shakespeare de Fernando Pessoa surge, através das avaliações de Pessoa sobre o seu génio, como o supremo poeta dramático, invisível como o Deus da criação, mestre na criação despersonalizada das personagens dramáticas que põe no palco. Segundo Pessoa, a poesia dramática é o mais alto grau da poesia, o que explica como é que ele, apesar de por vezes apontar para os defeitos de Shakespeare como poeta lírico ou dramaturgo, coloca-o, inequivocamente, no centro do seu cânone literário. Tendo criado o dramaturgo inglês à sua própria imagem, em leituras influenciadas pela crítica romântica de personagens ("character criticism"), bem como pelo seu ideal modernista de autoria invisível, Pessoa ergue-o como o modelo supremo para a essência do seu próprio génio, a heteronímia.

A invisibilidade divina que os leitores do século XIX atribuíram a Shakespeare gerou uma das maiores teorias de conspiração literária de todos os tempos: a controvérsia da autoria da obra shakespeariana, ou o debate sobre a possibilidade de "Shakespeare" ser um pseudónimo para outro escritor, ou grupo de escritores. Embora Pessoa fosse fascinado pela controvérsia, ele nunca acreditou na posição anti-Stratfordiana. Em vez disso, a controvérsia ofereceu-lhe valiosos pontos de autorreflexão, tais como a discrepância que pode existir entre o génio literário e uma vida banal. Mais importante, foi no contexto da controvérsia sobre a autoria da obra shakespeariana que Pessoa inventou a palavra "transpersonalization" [transpersonalização], para descrever a capacidade de um autor em sair de si próprio para criar personagens fictícias, e o seu mais profundo envolvimento com ela foi durante os dois anos imediatamente anteriores à explosão heteronímica de 1914. O problema da invisibilidade de Shakespeare foi, para Pessoa, um excelente espaço conceptual para meditar a sua própria autoria "invisível", a heteronímia.

1 Segundo um estudo de 2008 da Goethe-Universität em Frankfurt, as únicas outras espécies são os humanos, os macacos, os golfinhos e os elefantes. Ver "Magpie 'can recognise reflection'", *BBC News* [online], http://news.bbc.co.uk/2/hi/science/nature/7570291.stm [consultado em 19/08/2008.]

2 Citado por Hugo Williams, "Freelance", *Times Literary Supplement* (22/01/2010), p. 16.

Conclusão: Uma Imagem do Shakespeare de Fernandoa Pessoa

A contribuição mais original de Pessoa para o problema da autoria da obra de Shakespeare foi a solução que propôs para a aparente falta de preocupação do dramaturgo inglês com o destino póstumo da sua obra genial. Segundo Pessoa, este desleixo fora o produto da sua "loucura", nomeadamente a histero-neurastenia, a mesma neurose que descobriu em si próprio. Pessoa entusiasmou-se pela capacidade de Shakespeare em retratar, nas suas personagens, as novas doenças mentais do final do século XIX, e fez uso das ideias finisseculares sobre a loucura da época para os seus heterónimos, sobretudo Álvaro de Campos e Bernardo Soares (cuja neurastenia literária é, muito possivelmente, modelada na de Hamlet). Além disso, Pessoa oferece-nos a loucura de Shakespeare (que também é a dele) como a explicação psicológica do génio dos dois autores.

A convicção de Pessoa de que Shakespeare era homossexual teve como base as leituras oitocentistas inglesas dos *Sonetos*, em especial a de Óscar Wilde, proposta no conto "The Portrait of Mr. W. H." A abordagem de Pessoa aos *Sonetos* revela a sua propensão a interpretações biográficas, não obstante a sua insistência na qualidade impessoal dos seus próprios escritos homoeróticos, para os quais fez bom uso das características que descobriu nos de Shakespeare. Esta contradição ilumina a nossa compreensão do confronto de Pessoa com a abordagem biográfica mais invasiva da sua época, a psicanálise freudiana. Após o seu contacto com a nova ciência de Freud, por meio do inquisitivo Gaspar Simões, Pessoa passou a fornecer explicações psicológicas alternativas (não freudianas) para os seus poemas mais homoeróticos, a argumentar a favor da despersonalização artística com maior veemência, e a atenuar discretamente a "imoralidade" poética de Álvaro de Campos. Além disso, as diferentes atitudes de Pessoa face ao homoerotismo de Shakespeare e ao seu próprio homoerotismo ainda revelam a sua diferente abordagem à poesia lírica (os *Sonetos* de Shakespeare) e dramática (as peças de Shakespeare; a heteronímia).

Ao abordar a obra de Shakespeare à luz da sua própria obra, em vez de fazer o contrário, Pessoa cria o que chamo uma "falácia de parentesco", desconsiderando as importantes diferenças que existem entre os heterónimos e as personagens shakespearianas. Faz, ainda, uma projeção retrospetiva de afinidades, na contramão da influência artística. Contudo, apesar de haver outros precedentes, e modelos, para os heterónimos nas máscaras e vozes dramáticas dos modernistas seus contemporâneos, há qualidades na arte dramática de Shakespeare que atraem Pessoa de forma irresistível, e que ele habilmente utiliza para o seu próprio drama em gente. Entre estas, estão a autoconsciência sem precedentes das personagens shakespearianas, a sua capacidade de se verem a si mesmas sob uma luz dramática, a sua tendência para transgredir as fronteiras dos seus papéis, e a sua representação do fingimento inerente ao drama.

Sem Shakespeare, não haveria heteronímia: ao ideias de Pessoa sobre o génio, a invisibilidade, a loucura e a sexualidade de Shakespeare foram a sua verdadeira génese. No entanto, embora a invenção dos heterónimos tivesse nascido do encontro entre Pessoa e Shakespeare, Pessoa nunca propôs que seria capaz de superar Shakespeare, com os seus heterónimos, na invenção do humano. Longe de se imaginar um "supra" ou "super" Shakespeare, Pessoa estava convencido de que Shakespeare fora um super-Pessoa.

APÊNDICE: TEXTOS INÉDITOS DE PESSOA SOBRE SHAKESPEARE CITADOS NESTE LIVRO

BNP/E3 76-13, 76-13v

Shakespeare

I propose to investigate, as far as it is possible, what kind of man Shakespeare was. I refer to the author of the works called Shakespeare's.

As there is a "Shakespeare problem", I shall not use accessory elements except insofar as they bear *exclusively on the *author* of the plays and poems known as Shakespeare's. I shall therefore depend on no biography.

Neither shall I suppose any figure of Shakespeare's to represent, more or less, his creator, or his creator's idea of himself. I shall suppose every Shakespearean figure to be a pure fiction or a *whole.

I shall avoid also "particular" details, names of places, etc. As no play can be seen to be *altogether* Shakespearean, i.e. in every line, I shall thus limit myself to

(1) the plays as a whole, in their general, typical structures

(2) the "expression" as a whole, and the unexpressable *tendency not in the things expressed, but in the manner of expressing.

(3) such details as the only non-*dramatic, personal poems - the *Sonnet* *artist which cannot be taken as symbolic or fictional.

This is therefore a "detective" criticism.

The Person of Shakespeare
A Study in the Higher Transcendental Detection
A Detective Study

If my study be exact and its conclusions acceptable, I shall have contributed something either to the Shakespeare problem, if there be one, or to the study of Shakespeare, whether there be or not.

In the first case I shall be able to put *inquiry on the track of the author of the works. In the first or second, I *shall † reader to have *invented Shakespeare.

[Proponho-me a investigar, tanto quanto possível, que tipo de homem era Shakespeare. Refiro-me ao autor das obras ditas de Shakespeare.

Como existe um "problema shakespeariano", não empregarei elementos adicionais exceto na medida em que se refiram *exclusivamente ao **autor* das peças e poemas conhecidos como sendo de Shakespeare. Não farei uso, portanto, de nenhuma biografia.

Nem suporei que qualquer personagem de Shakespeare represente, em maior ou menor grau, o seu criador, ou a visão do seu criador de si próprio. Suporei que todas as personagens shakespearianas sejam uma pura ou uma *completa ficção.

Evitarei ainda pormenores "específicos", nomes de lugares, etc. Como nenhuma peça pode ser considerada inteiramente shakespeariana, isto é, em cada verso, limitar-me-ei, portanto, a

(1) as peças como um todo, nas suas estruturas típicas, gerais

(2) a "expressão" como um todo, e a inexprimível *tendência não das coisas expressas, mas na forma de expressão.

(3) pormenores como os únicos poemas não-*dramáticos, pessoais – o *artista dos *Sonetos* que não pode ser considerado simbólico ou fictício.

Trata-se, portanto, de uma crítica "policial"

A Pessoa Shakespeare
Um Estudo na mais alta deteção transcendente
Um Estudo Policial

Se meu estudo for exato e suas conclusões forem aceitáveis, terei contribuído com alguma coisa para o problema shakespeariano, caso ele exista, ou para o estudo de Shakespeare, quer exista quer não.

No primeiro caso terei conseguido pôr a *investigação na pista do autor das obras. No primeiro ou segundo caso, *terei † o leitor a ter *inventado Shakespeare.]

BNP/E3 76-14

Venus and Adonis – "first heir of my invention". Is this to be taken as strict truth? Or not? And, if not, can "invention" have the Latin meaning, "find"? – "The first heir of my find?"

What evidence is there of the Shakespearean *touch* before *Venus and Adonis*? Probably *none*. The Shakespearean *hand* in plays is *later*.

Then, it being natural that the "first heir" phrase is correct, what age was Shakespeare when *Venus and Adonis* was written?

But what of the 12 plays cited by Meres? Since *Titus* is cited, and this is not Shakespearean, what can be understood?

Shakespeare the actor was certainly an author; probably a fairly competent author on such a level as his. But another "hand" otherwise "arranged" his compositions.

"Shakespeare" begins when Watson ceases. – Note.

[*Vénus e Adónis* – "o primeiro herdeiro da minha invenção".[1] Isto deve ser tomado como a rigorosa verdade? Ou não? E, se não puder, pode "invenção" ter o sentido latino, "descoberta"? – "O primeiro herdeiro da minha descoberta?"

[1] Na dedicatória de *Vénus e Adónis* (1593), Shakespeare descreve o poema como o "first heir of my invention" [o primeiro herdeiro da minha invenção]. Os anti-Stratfordianos alegam que esta frase significa que "Shakespeare" não é o nome verdadeiro do autor de *Vénus e Adónis*, mas um pseudónimo. A frase também é usada para tentar datar a sua produção literária.

Que indícios há do *toque* shakespeariano antes de *Vénus e Adónis*? Provavelmente *nenhum*. A mão shakespeariana nas peças é *posterior*.[2]

Assim, sendo natural que a expressão "o primeiro herdeiro" seja correta, que idade teria Shakespeare quando *Vénus e Adónis* foi escrito?[3]

Mas e as 12 peças citadas por Meres?[4] Como *Titus* é citada, e ela não é shakespeariana, o que podemos apreender?

O ator Shakespeare foi certamente um autor; provavelmente um autor bastante competente no seu nível. Mas outra "mão" "organizou" de outro modo as suas obras.

"Shakespeare" começa quando Watson cessa.[5] – Nota.]

BNP/E3 76-19

The Identity of Shakespeare: A Conspectus of the Problem

It is one of the strangest logical positions in this unfortunate case that the real or apparent indifference of Shakespeare for his own works - neither publishing them, nor collating them, nor caring what works were published under his name – should be cited as an anti-Stratfordian argument. If this indifference be a fact, it is a fact, and it affects the author, whomsoever he may be. Indeed, it is a stronger argument for the authorship of a man like Shakespeare of Stratford than for any Bacon, Derby, Rutland or de Vere. A spontaneous, precipitate and headlong genius, not trained by position to give himself importance nor educated by learning to give importance to his works, will more readily be careless about those works than the other men who are assumed to have written these works.

The central facts about the Shakespearean works are these:

(1) they are composite, in two senses, as being (a) written, in some cases, in what must be considered as collaboration, and in some of these cases, a reasonable approach to the identity of the collaborator can be made, (b) written, in other cases, over original work by another man or men;

(2) they are written precipitately and journalistically, in some cases patently for the moment ot the urgency thereof;

2 As primeiras peças shakespearianas registadas são *Ricardo III* e as três partes de *Henrique VI*, escritas em meados da década de 1590, quando o drama histórico estava em voga.

3 *Vénus e Adónis* entrou "Stationer's Register" [Registo dos livreiros] a 18 de Abril de 1593; Shakespeare teria então quase 29 anos.

4 Francis Meres (1565-1647), clérigo e autor inglês, é sobretudo conhecido pelo livro *Palladis Tamia, Wits Treasury* (1598), uma importante fonte sobre os poetas isabelinos que contém uma lista das peças de teatro de Shakespeare.

5 Thomas Watson (1555-1592) foi o primeiro isabelino a ser reconhecido como sonetista. É citado por Meres, juntamente com Shakespeare, Peele e Marlowe, como um dos "best for tragedie" [melhores para tragédia], mas nenhuma obra dramática de Watson sobreviveu até os dias de hoje.

(3) the author cared nothing for collating or printing them, nor for the fact that under his name works not his were foisted on the public.

These facts, which exactly fit the case of

(1) an actor-poet, or a poet connected with the theatre,

(2) a precipitate and hasty writer,

(3) a man of genius who, though conscious of his genius, was at the same time conscious of the bad conditions in which he had expressed it, too impatient by nature to revise, too aware of the disparity between his genius and his achievement to care whether the works were published or not, - these facts, I say, are in no sort of congruity with the hypothesis of (a) professed authors, careful of their dignity and of literature, (b) aristocrats, who would not willingly collaborate, nor even easily do so, with common players' poets, (c) learned men, conscious of rules and plans.

[*A Identidade de Shakespeare: um panorama do problema*

É uma das mais curiosas posições lógicas neste caso lamentável que a indiferença verdadeira ou aparente de Shakespeare pelas suas próprias obras – não as publicando, nem as reunindo, nem se preocupando com quais seriam publicadas com o seu nome – seja empregue como um argumento anti-Stratfordiano. Se tal indiferença for um facto, é um facto, e afeta o autor, quem quer que ele seja. Na realidade, é um argumento mais forte pela autoria de um homem como Shakespeare de Stratford do que de qualquer Bacon, Derby, Rutland ou de Vere. Um génio espontâneo, precipitado e impetuoso, que não tenha sido treinado pela posição social a dar importância a si próprio, que não tenha sido educado para dar importância à sua obra, será mais facilmente descuidado com essa obra que os outros homens que se supõe terem-na escrito.

Os factos fulcrais sobre as obras shakespearianas são os seguintes:

(1) elas são compostas, nos dois sentidos da palavra, como sendo (a) escritas, em alguns casos, no que deve ser considerado em colaboração, e em alguns destes casos, podemos adivinhar a identidade do colaborador, (b) escritas, em outros casos, com base na obra original de outro homem ou homens;

(2) elas são escritas de forma precipitada e jornalística, em alguns casos claramente para o momento ou pela exigência do momento;

(3) o autor não se interessava nada em reunir ou imprimi-las, nem que algumas obras que não eram dele fossem impingidas ao público com o seu nome.

Estes factos, que se adequam com precisão ao caso de

(1) um ator-poeta, ou um poeta ligado ao teatro,

(2) um escritor precipitado e apressado,

(3) um homem de génio que, embora fosse consciente de seu génio, fosse ao mesmo tempo consciente das más condições em que o exprimira, sendo por natureza impaciente demais para rever, consciente demais da disparidade entre o seu génio e o seu feito para se importar se as obras fossem publicadas ou não, - estes factos, digo eu, não estão de modo algum de acordo com a

hipótese de (a) autores declarados, que cuidam da sua dignidade e da literatura, (b) aristocratas, que não colaborariam voluntariamente, nem facilmente, com poetas comuns do teatro, (c) homens instruídos, cientes de regras e planos.]

BNP/E3 76-20

Identity of Shakespeare

Literature is the art of expressing artificially through words a feeling, or a number of feelings, which have undergone the process, conscious or unconscious, of analysis by thought. Until a feeling has been analysed by thought, and thus reduced to intelligibility to others, it has not reached the literary stage; for that analysis eliminates the element which is purely personal, which is the feeling in itself, and consolidates by intellect the general and transmissible part. This intellectualized feeling is put into words because words are the material of literature. Finally, once put into words, it is so put artificially, such being the condition of all art. The very words art and artifice are related.

The writing of literature involves thus three elements:

(1) expression, which is the rendering in as highly intelligent a way as possible of what is felt;

(2) verbalizing, which is the careful attention to the material (words) which is used for that expression;

(3) construction, which is the disposition of the whole thus produced into as artificially exact a way as possible.

There are, thus, three literary types:

(1) the expressionist,

(2) the verbal, and

(3) the constructive. The constructive type is known as the classical, and the result is logical, frigid and exact. The verbal type tends to the opposite. The expressionist type

The common example of expression is what is called wit. The common example of verbalism is what is called style. The common example of constructiveness is what is called logic.

[*A Identidade de Shakespeare*

A literatura é a arte de exprimir artificialmente, através de palavras, um sentimento, ou vários sentimentos, que foram submetidos a um processo, consciente ou inconsciente, de análise pelo pensamento. Até um sentimento ter sido analisado pelo pensamento, e assim reduzido à inteligibilidade para os outros, ainda não terá atingido o estágio literário; pois que esta análise elimina o elemento que é puramente pessoal, que é o próprio sentimento, e consolida, pelo intelecto, a parte universal e transmissível. Este sentimento intelectualizado é posto em palavras porque as palavras são a matéria da literatura. Finalmente, uma vez posto em palavras, é assim posto artificialmente, pois esta é a condição de toda a arte. As próprias palavras arte e artifício são relacionadas.

A escrita da literatura envolve três elementos:

(1) a expressão, que é a realização de forma mais inteligente possível daquilo que é sentido;

(2) a verbalização, que é a cuidadosa atenção ao material (palavras) dessa expressão;

(3) a construção, que é a disposição do todo assim produzido de forma tão artificialmente precisa quanto possível.

Existem, portanto, três tipos literários:

(1) o expressionista,

(2) o verbal, e

(3) o construtivo. O tipo construtivo é conhecido como o clássico, e o resultado é lógico, frígido e preciso. O tipo verbal tende ao oposto. O tipo expressionista

O exemplo comum da expressão é o que chamamos engenho. O exemplo comum do verbalismo é o que chamamos estilo. O exemplo comum do construtivismo é o que chamamos lógica.]

BNP/E3 76-31

Shakespeare-Bacon

Entre os varios problemas historicos que teem erguido atraz de si uma poeira de interesse, ha trez que, quer em virtude da sua importancia historica, quer por via da sua importancia literaria, teem, mais do que os outros, conseguido apaixonar e prender.

O primeiro – e sem duvida o mais importante, quer porque pertence ao mais importante e intimo de todos os phenomenos sociaes, quer porque seja o de, por isso, interesse mais geral, - é o problema da historicidade da figura de Jesus Christo.

O segundo – de interesse mais limitado, porque corra num campo de erudição fatalmente restricta – é o chamado "problema ou "questão" "de Homero".

O terceiro – de um interesse mais geral, porque os livros que o tratam são mais acessiveis a um largo publico, e por que as obras discutidas são das mais conhecidas em toda a Europa – é o problema da autoria da obra Shakespeareana, ou, pelo menos, parte d'ella.

Tencionamos, n'este opusculo, versar este problema. Como para os que não admittem Shakespeare como autor o candidato mais votado para autor da obra Shakespeareana é Francis Bacon, e como, por certo – pelas razões que no decurso da nossa exposição serão apontadas – este é quem mais argumentos tem em seu favor, o nosso exame da questão recahirá sobre a controversia Shakespeare-

Bacon, propriamente dita. Buscaremos expôr qual nos pareça o estado atual d'ella.

Como o que especialmente queremos é tornar o problema lúcido para o leitor, não o encararemos chronologicamente, mas seguindo o methodo que mais logicamente concatene os seus elementos componentes. Assim ser-nos-ha possivel dar aos interessados que o ignorem, uma noção concreta e completa de até onde chegou, hoje, o problema Shakespeare-Bacon.

1. Duvidas com respeito a Shakespeare.
2. Argumentos a favôr de Bacon (e Rutland).
3. Contra-argumentação Shakespeareana.
4. □

BNP/E3 76-34, 76-34a, 76-34av

Bacon a poet?

We are led, indeed, to the conclusion that Bacon was a poet, and a concealed poet. But we are *not* led to the conclusion that the poet Bacon was "Shakespeare".

I am willing to accept *some of the elder poets, - the Peele, or Lyly type – as the work of the great philosopher. It would fit in with the unknown activity of Bacon's earlier years. It would fit in with the allusions to Bacon as a poet. It would fit in with the necessary secondariness of Bacon in that capacity.

Bacon's disdain of his poetical labours is comprehensible if they are of the Lily or Peele line. They are then manifestly not of comparison, in referential values, with his philosophical achievement. But the hypothesis is intenable if Bacon's poetry be "Shakespeare's". The man who was a poet to that height knows to what height he is a poet. Shakespeare is preeminently a *conscious* poet. And he does not despise his work. Whatever his reason might be to hide his authorship, there are none to let the work be published in his lifetime in an imperfect folio, full of errors, containing matter foreign to "Shakespeare", when the author is in a position of such authority in the state that a simple gesture of his would at once destroy and *prevent the attempt at publication.

[*Bacon um poeta?*

Somos levados, efetivamente, à conclusão de que Bacon foi um poeta, e um poeta oculto. Mas *não* somos levados à conclusão que o poeta Bacon foi "Shakespeare".

Estou disposto a aceitar *alguns dos poetas mais velhos, - poetas como Peele[6] ou Lyly[7] – como sendo obra do grande filósofo. Isto estaria em conformidade com a atividade desconhecida do jovem Bacon. Estaria em conformidade com as

[6] George Peele (c.1558-1656), dramaturgo com uma excelente reputação pelo seu uso da métrica e do humor. Fez muito por refinar e flexibilizar o discurso dramático.

[7] John Lyly (c.1553-1606), também escrito como Lilly, Lily ou Lylie, escreveu o livro *The Anatomy of Wit*.

alusões a Bacon como poeta. Estaria em conformidade com a qualidade necessariamente secundária de Bacon nessa capacidade.

O desdém de Bacon pela sua obra poética é compreensível se ele for da qualidade de Lily ou Peele. Seria, então, claramente incomparável, em termos de valor, à sua obra filosófica. Mas a hipótese é indefensável se a poesia de Bacon for a de "Shakespeare". O homem que foi um poeta tão grande conhece a grandeza da sua poesia. Shakespeare é preeminentemente um poeta *consciente*. E ele não despreza a sua obra. Qualquer que seja a sua razão para esconder a sua autoria, não há nenhuma razão para deixar que a sua obra fosse publicada, durante a sua vida, num fólio imperfeito, cheio de erros, contendo matéria alheia a "Shakespeare", quando o autor tem uma posição de tal autoridade no estado que um simples gesto seu imediatamente destruiria e *impediria a tentativa de publicação.]

BNP/E3 76-57

Shakespeare-Bacon

Henry Green: *Shakespeare and the Emblem Writers*, in *Biblioteca Académica das Sciencias*

- In this work see the numerous, important and unmistakable coincidences between Geoffrey Whitney and Shakespeare.
- One of the most curious of the coincidences is that between the dedication to *Venus and Adonis* and that to Whitney's book (p. 475)
- p. 221: a *left* arm holding a spear containing 4 wreaths on it. (See, next page, Whitney's lines on the subject.) (Do the 4 wreaths, perchance, allude to 4 *plays* then – 1586 – already written?)

[Henry Green: *Shakespeare e os escritores de emblemas*, in *Biblioteca Académica das Sciencias*

- Nesta obra vejam-se as numerosas, importantes e inequívocas coincidências entre Geoffrey Whitney[8] e Shakespeare.
- Uma das coincidências mais curiosas é entre a dedicatória de *Vénus e Adónis* e a dedicatória do livro de Whitney[9] (p. 475)
- p. 221: um braço *esquerdo* segurando uma lança com 4 coroas de flores.

[8] Geoffrey Whitney (c.1548-c.1601), poeta inglês que publicou em 1586 *Choice of Emblems*. Foi o primeiro livro do género em Inglaterra. Foi principalmente por via deste livro, que retrata grande parte da literatura sobre símbolos até então, que Shakespeare obteve o conhecimento dos pricipais símbolos usados pelos escritores estrangeiros no século XVI.

[9] Não sei porquê: o poema de Shakespeare é dedicado a Henry Wriothesley, Conde de Southampton, e o poema de Whitney é dedicado a Robert Dudley, Conde de Leicester.

(Ver, na página seguinte, os versos de Whitney sobre o assunto.) (Será que as 4 coroas de flores porventura façam alusão a 4 *peças* então – em 1586 – já escritas?)]

BNP/E3 76-58

Article on Shakespeare in Encyclopedia Britannica: 9th *edition, vol. 21*

Notes:

All the notes on Shakespeare's knowledge of French and Italian are most interesting.

"Shakespeare derived the story of *Othello* from the untranslated part of this collection" (p. 758) – reference being to *Cynthia's 100 Tales.*

Sonnets published in 1609, though probably begun early. Prefixed to Florio's *Second Fruits*, Professor Minto discovered a sonnet so superior and characteristic that he was impressed with the conviction that Shakespeare must have written it. The internal evidence is in favour of this conclusion, while Mr Minto's critical analysis and comparison of its thought and diction with Shakespeare's early work tends strongly to support the reality and value of the discovery. In his next work, published 4 years later, Florio claims the sonnet as the work of a friend "who loved better to be a poet than to be called one" and vindicates it from the indirect attack of a "hostile critic, H. S., who had also disparaged the work in which it appeared" (p. 756).

It is not so much the recurrence of the same images that is to be sought in this comparison, but the analogy of the species of images employed: the recurrence of the same images is but a very minor thing in the Baconian temperament. As Poe, writing in †, noted, the truly great image is *inexhaustible and utterly *rare. This is easily seen in the real impossibility that great dramatists are in of *repeating characters* *themselves. Compare **King *Lear* to *Henry V.*

[*Artigo sobre Shakespeare na* Enciclopédia britânica: *9ª edição, vol. 21*

Notas:

Todas as notas sobre o conhecimento de francês e italiano de Shakespeare têm o maior interesse.

"Shakespeare derivou a história de *Otelo* da secção não traduzida desta coleção" (p.758) – a referência é aos *100 Contos de Cynthia.*[10]

Sonetos publicados em 1609, embora provavelmente iniciados cedo. Prefixado

[10] *Cinthia's Revenge* (1613), uma peça isabelina de atribuição problemática, é por vezes citada no contexto da controvérsia da autoria da obra shakespeariana. Pode também tratar-se de uma referência a *Cynthia's Revels*, peça de Ben Jonson encenada em 1600 e publicada em 1601, que Pessoa refere no manuscrito 76A-85 (ver abaixo).

a *Second Fruits*[11] de Florio, o Professor Minto[12] descobriu um soneto tão superior e característico que ficou convencido que o autor seria Shakespeare. A prova interna apoia esta conclusão, e a análise crítica de Sr Minto e a comparação da sua ideia e dicção com as primeiras obras de Shakespeare tendem fortemente a apoiar a veracidade[13] e o valor da descoberta. Na sua próxima obra, publicada 4 anos mais tarde, Florio[14] alega que o soneto é obra de um amigo "que gostava mais de ser poeta do que ser chamado poeta", e defende-o do ataque indireto de um "crítico hostil, H. S., que também denegriu a obra onde apareceu o poema" (p. 756).

Não é tanto a recorrência das mesmas imagens que deve ser procurada nesta comparação, mas sim a analogia dos tipos de imagens empregues: a recorrência das mesmas imagens não é senão uma coisa menor no temperamento baconiano. Como Poe, escrevendo em †, notou, a verdadeiramente grande imagem é *inexaurível e absolutamente *rara. Isto pode ser conferido pela real impossibilidade dos grandes dramaturgos em *repetir personagens* *eles *próprios. Compare-se o **Rei *Lear* a *Henrique V.*]

BNP/E3 76-83

Ben Jonson's contributions to the obscurity of the Shakespeare Problem
[*As contribuições de Ben Jonson para a obscuridade do problema shakespeariano*]

De 1576 a 1579 esteve em França.

O caso é que só em 1597 appareceu uma obra[15], fora o pequeno volume dos

[11] John Florio (1553–1625), conhecido em italiano como Giovanni Florio, foi um linguísta e lexicógrafo, professor de língua na corte de Jaime I, e um possível amigo e influência de Shakespeare. Traduziu Montaigne para o inglês. *Second Fruits, to be gathered of Twelve Trees, of divers but delightsome Tastes to the Tongues of Italian and English men* [*Segundos frutos, a serem colhidos de doze àrvores, de sabores diversos e deliciosos para as línguas de homens italianos e ingleses*] (1591) foi um de seus manuais, contendo uma gramática, uma seleção de diálogos em colunas paralelas de italiano e inglês, e longos trechos da obra de escritores italianos clássicos, em prosa e verso.

[12] William Minto (1845-1893), literato escocês que publicou em 1872 *Manual of English Prose Literature*, e em 1874 *Characteristics of English Poets from Chaucer to Shirley*.

[13] Há um ponto de interrogação ao lado desta hesitação; a palavra aparece no texto original; ver a nota seguinte.

[14] A palavra que falta no texto que Pessoa cita é "claims" [alega]; o texto completo deste verbete da enciclopédia está disponível em: <http://www.1902encyclopedia.com/S/SHA/william-shakespeare-31.html>.

[15] Em 1597, *The Isle of Dogs*, peça co-escrita por Ben Jonson e Thomas Nashe, foi suprimida por causar ofensa. Mandados de prisão para Jonson e Nashe foram expedidos pelo interrogador de Rainha Isabel, Richard Topcliffe. Jonson foi preso na

Essays [*Ensaios*]. Até alli que tinha elle feito?

Emerson: *Works* [*Obra completa*] (Londres, 1883): vol. 4, p. 420[16]
Thomas Powell: *Attorney's Academy* [*A Academia dos advogados*] (1630)[17]
Mark Twain: *Is Shakespeare Dead?* [*Shakespeare está morto?*] (1909)[18]
Sir Edwin Durning-Lawrence: *Bacon is Shake-Speare* [*Bacon é Shake-Speare*] (1910)

BNP/E3 76A-3

Prisão de Marshalsea, e condenado por "Leude and mutynous behavior" [comportamento indecente e rebelde], enquanto Nashe conseguiu fugir para Great Yarmouth.

16 A página a que Pessoa se refere traz o célebre juizo de Emerson sobre Shakespeare, que é tantas vezes citado como um argumento anti-Stratfordiano: "As long as the question is of talent and mental power, the world of men has not his equal to show [...] The Egyptian verdict of the Shakespeare Societies comes to mind that he was a jovial actor and manager. I cannot marry this fact to his verse. Other admirable men had led lives in some sort of keeping with their thought; but this man, in wide contrast" [Quanto a talento e poder mental, o mundo dos homens não tem nenhum equivalente a ele [...] Recordemos o veredicto egípcio das sociedades Shakespearianas, de que ele era um jovial ator e empresário. Não consigo casar este facto com o seu verso. Outros homens admiráveis levaram a vida de modo coerente com o seu pensamento; mas este homem, em grande contraste.] Pessoa atribui, de modo equivocado, estas palavras a Coleridge em vários escritos sobre a controvérsia da autoria shakespeariana (ver Capítulo 2).

17 Thomas Powell (c.1608-1660), clérigo e escritor galês, escreveu o seguinte poema em *The Attorney's Academy*, debaixo de um retrato de Bacon:

O, give me leave to pull the curtain bye,
That clouds thy worth in such obscurity;
Good Seneca, stay but awhile thy bleeding,
T'accept what I received at thy reading.
Here I present it in a solemn strain:
And thus I pluck the curtain back again.
(Ó, dê-me licença de puxar a cortina,
Que turva teu mérito em tal obscuridade;
Bom Séneca, adia por mais um instante tua sangria,
Aceita o que eu recebi de tua leitura.
Aqui o apresento num esforço solene:
E assim recolho a cortina novamente.

O poema tem sido interpretado, por baconianos, como uma referência à sua secreta autoria de Bacon do cânone shakespeariano.

18 *Is Shakespeare Dead?* do escritor americano Samuel Clemens, melhor conhecido como Mark Twain (1835-1910), explora a controvérsia da autoria shakespeariana através da sátira e da extensiva citação de autores contemporâneos sobre o tema. Pessoa possuía um exemplar do livro (ver Capítulo 2).

Shakespeare-Bacon

Shakespeare's characteristic peculiarities are

(1) His total mental indiscipline

Shakespeare, albeit possessing the qualities which are the very highest mental ones – high synthetic poetic power, absolute intuition of character, complete mastery of expression – is totally incapable of

(1) reigning his subject as a whole;

(2) organizing his plays in a coherent and sequent dramatic form;

(3) containing his tendency to seem in excess of words, into excess of wit and peculiarly of expression, into excess of † and detail.

(2) His duality of temperament

Shakespeare is dual in everything

(a) He is in the highest degree † † †

(b) His expression is at the same time in the hightest degree abstract and analytic, and *casual(†) and synthetic

(c) □

(3) His sexual inversion.

[As peculiaridades características de Shakespeare são

(1) A sua total indisciplina mental

Shakespeare, embora possua as qualidades mentais mais elevadas – alto poder poético de síntese, absoluta intuição de carácter, completo domínio de expressão – é totalmente incapaz de

(1) reinar sobre o seu tema como um todo;

(2) organizar as suas peças de forma dramática coerente e sequencial;

(3) conter a sua tendência para o aparente excesso de palavras, em excesso de engenho e de expressão, em excesso de † e pormenor.

(2) A sua dualidade de temperamento

Shakespeare é duplo em tudo

(a) É no mais elevado grau † † †

(b) A sua expressão é ao mesmo tempo no mais alto grau abstracta e analítica, e *casual(†) e sintética

(c) □

(3) A sua inversão sexual.]

BNP/E3 76A-4

To what may this mental dispersion be due?
(a) To a constitutional mental disease
(b) To a state of mind † disease brought about by some † † †
(c) To a simultaneous application of the mind to several subjects at the same time.

(a) His one distinctive characteristic is the power to impersonate all kinds of characters; if he has a mental disease, it can thus be but hysteria, for this is the *†* neurosis, the neurosis that is essentially dramatic and impersonatory.
(b) Only possible if one suffers lack of † or a † quite complete

Conclusão: hystero-neurasthenia de Shakespeare.

[A que será devida esta dispersão mental?
(a) A uma doença mental constitucional
(b) A um estado mental † doença provocada por algum † † †
(c) À aplicação simultânea mental a vários assuntos ao mesmo tempo.

(a) A sua característica distinctiva é o seu poder de representar toda a espécie de personagens; se ele sofre de uma doença mental, só pode ser a histeria, pois esta é a neurose *†*, a neurose que é essencialmente dramática e representativa.
(b) Só é possível se alguém sofre uma falta de † ou de uma † total

Conclusão: histero-neurasthenia de Shakespeare.]

BNP/E3 76Λ-26, 76A-26v, 76A-27

Shakespeare

1. The primary argument on which the one-time Shakespeare-Bacon question - now more fitly to be called the Shakespeare-everyone question - was and is based is that there is such a disparity between the life and the work of the man that he can hardly be conceived to be its real author. "I cannot marry the man to his verse" was Coleridge's expression of this doubt. It is into the validity of this argument that I purpose to inquire.

Should it be proved radically invalid; should it further be proved that there is, on the contrary, a reasonable adjustment between the man and the work that goes under his name, then only the production of definite and incontrovertible proof that some other man wrote the works called Shakespeare's can be a relevant rebuttal. No argument of this sort has yet appeared. We have had, in favour of divers candidates, fragments of possibilities, nebulae of hypotheses; they prove nothing as they are, and would tend to prove something only if the primary argument - the one we are going to consider - were in itself irrefutable. If Shakespeare were demonstrably not the author of the work called his, then someone else must have been. Vague approximations and casual hypotheses would then draw strength for their necessity.

The argument as to the disparity between the man and the work falls under two heads:

(1) the one Coleridge presumably alluded to, that between Shakespeare's life and character, so far as we know them, and the works under his name there is no psychological consonance;

(2) the one that the works show several special sorts of learning - classical, legal and others - which Shakespeare would not have had.

2. The second argument can be at once set aside. It has been all through a forced argument, based generally on ignorance of Elizabethan literature. It has been pulverized in abundant detail by the late J. M. Robertson in his Book *The Baconian Heresy*. Robertson proved

(1) that there was no particular learning, classical, legal, or otherwise, in the works,

(2) that Elizabethan authors, not particularly learned themselves, show generally more learning, of all kinds, than Shakespeare of the Works,

(3) that, in particular reference to the legal point, the age was an age of litigation and interest in litigation and that for that reason legal expressions came readily to anyone at the time.

But we can go beyond Robertson's confutation. We can set aside the argument without having read a single Elizabethan book outside the *Works*, and even allowing, for argument's sake, the validity of the main points put by the anti-Stratfordians. This logical content is very evident if we go to it as psychologists.

One thing which patently emerges from the most cursory reading of Shakespeare is that his mind was an inordinately - we might even say, a morbidly - prehensile and receptive one; he had what Bagehot called, in reference indeed to him, "an experiencing nature". Now this highly receptive mind lived, as we certainly know, among scholars, as among men of all types. He could derive from one of his conversations with Ben Jonson as much simulation of learning - in voluntarily intermingled with his rapid inspiration - as could, to a shallow psychologist, give proof of scholarship. He could turn the results of an hour's talk with a lawyer into an exhuberance of natural legal expressions that an innocent critic would easily take for a trained lawyer's production. Even for a prehensile mind of no very high quality the simulation of learning, voluntary or involuntary, is extremely easy: a dictionary of quotations is matter enough. I know a man (here in Portugal) whose knowledge of contemporary French literature is extensive, exact and vivid; so much so that we can hardly imagine that he has the time to read all that. And he does not; he has never read any at all of the books which, with their authors, he so brilliantly and exactly explains and discusses. He simply buys and reads carefully every week the *Nouvelles Littéraires*, which is a kind of French *John O'London*. If to this man this is possible, why not to Shakespeare? The argument would have to be reconsidered if real profundity of learning, undoubted profundity of learning, such as we find in Jonson, could be proved of Shakespeare. But that has never been proved; on that point Robertson's rebuttal was definite and complete.

One curious point, raised long ago by Sir George Greenwood, is still left over; it is not a case of learning but of expression. I refer to the ignorance about the habits of birds and some animals which Sir George thought inconceivable in a countryman, linked as it is in Shakespeare with the knowledge of hawking and horsemanship, which, especially the first, are not distinctively yokels' pastimes. It is indeed a curious point but in itself it means nothing. We know nothing about Shakespeare's early life, and the knowledge of hawking may be due to observation of a thing he liked. As to the ignorance of the habits of birds and some animals, the point is irrelevant. Shakespeare, if he was the author of the *Works*, was not a country yokel in the sense that his life was necessarily bound up with all the things the other yokels were interested in. Apart from this he may not have been interested in birds. Such things happen even in the best regulated countrysides. Not all farmers' sons are interested in farming, as not all bankers' sons in banking. If the ignorance brought against Shakespeare in this respect had been, say, on the simplest things of country life, of the seasons of sowing and reaping for example, then, indeed, the argument might be valid.

[1. O argumento chave, em que se sustenta a questão Shakespeare-Bacon – que agora seria mais apropriadamente chamada de questão Shakespeare-todos – era e continua a ser o facto de haver tamanha disparidade entre a vida e a obra do homem que ele dificilmente pode ser concebido como sendo o seu verdadeiro autor. "Não consigo casar o homem com o seu verso" foi a expressão de Coleridge para esta desconfiança."[19] É a validade deste argumento que eu me proponho a investigar.

Se se revelar radicalmente inválido; se for provado ainda que existe, pelo contrário, um ajuste razoável entre o homem e a obra com o seu nome, então apenas a produção de definitiva e irrefutável prova de que algum outro homem escreveu as obras consideradas de Shakespeare pode ser uma refutação relevante. Nenhum argumento deste tipo ainda apareceu. Tivemos, a favor de diversos candidatos, fragmentos de possibilidades, nebulosas hipóteses; elas não provam nada como estão, e tenderiam a provar algo apenas se o argumento chave – o que vamos considerar – fosse irrefutável. Se se conseguir mostrar que Shakespeare não é o autor da obra que chamamos de sua, então outra pessoa teria de ser. Vagas aproximações e hipóteses casuais então ganhariam força pela sua necessidade.

O argumento sobre a disparidade entre o homem e a obra apresenta duas facetas:

[19] Na realidade, foi a expressão de Emerson: ver Capítulo 2.

(1) aquela a que Coleridge presumivelmente alude, de que entre a vida e o caráter de Shakespeare, conforme os conhecemos, e as obras com o seu nome, não há qualquer consonância psicológica;

(2) aquela que defende que as peças revelam várias modalidades específicas de conhecimento – clássico, legal e outros – que Shakespeare não teria tido.

2. O segundo argumento pode ser posto de parte imediatamente. Foi completamente destruído, detalhadamente, pelo falecido J. M. Robertson, no seu livro *A Heresia baconiana*. Robertson provou

(1) que não há nenhum conhecimento específico, clássico, jurídico, ou qualquer outro, nas obras,

(2) que mesmo os escritores isabelinos que não eram especialmente eruditos demonstram geralmente maior conhecimento, de todo o género, do que Shakespeare na sua obra

(3) que, com referência especial ao argumento jurídico, a época era de litígio e de interesse em litígio, e que por isso as expressões legais viriam prontamente a qualquer um, a qualquer momento.

Mas podemos ir além da refutação de Robertson.[20] Podemos descartar o argumento sem termos lido um único livro isabelino além das *Obras*, e mesmo permitindo, pelo bem da discussão, a validade dos principais pontos defendidos pelos anti-Stratfordianos. Este conteúdo lógico é evidente se o abordarmos como psicólogos.

Uma coisa que emerge patentemente da mais rasa leitura de Shakespeare é que a sua mente era desordenadamente – poderíamos mesmo dizer, morbidamente – apropriativa e recetiva; ele tinha o que Bagehot chamava, com referência, efetivamente, a ele, "uma natureza de experiências."[21] Ora, esta mente altamente recetiva viveu, como sabemos sem dúvida, entre académicos, como entre homens de todos os tipos. Conseguia obter de uma de suas conversas com Ben Jonson tanta simulação de conhecimento – involuntariamente misturada com a sua rápida inspiração – quanto poderia, a um psicólogo superficial, ser prova de erudição. Conseguia transformar os resultados de um diálogo de uma hora com um advogado numa exuberância de expressões jurídicas naturais, que um crítico inocente facilmente tomaria pela produção de um advogado formado. Mesmo para uma mente menos brilhante, a simulação de conhecimento, voluntária ou involuntária, é extremamente simples: um dicionário de citações é matéria suficiente. Conheço um homem (aqui em Portugal) cujo conhecimento de literatura francesa contemporânea é extenso, exato e vivo; e tanto é assim que dificilmente poderíamos imaginar que ele terá tempo para ler tanto. E não tem; nunca leu nenhum dos livros que, juntamente com os seus autores, explica e

[20] Alusão ao livro *The Baconian Heresy: A Confutation*, de Robertson, que se encontra na biblioteca de Pessoa.

[21] Walter Bagehot (1826-1877) foi um homem de negócios, ensaísta e jornalista britânico que escrevia sobre literatura, governo e economia. Em *Literary Studies* (1879) escreve: "To a great experience one thing is essential – an experiencing nature."

discute com tanta precisão. Ele simplesmente compra e lê com atenção, todas as semanas, a *Nouvelles littéraires*[22], que é uma espécie de *John O'London* francesa.[23] Se para este homem isto é possível, por que não seria para Shakespeare? A discussão teria de ser retomada se se provasse a existência, em Shakespeare, de verdadeira profundidade de conhecimentos, incontestável profundidade de conhecimentos, tal como encontramos em Jonson.

Um ponto curioso, colocado há muito tempo por Sir George Greenwood, resta ainda por discutir; não se trata de conhecimentos mas de expressão. Refiro-me à ignorância acerca dos hábitos de pássaros e alguns animais, que Sir George pensava ser inconcebível num homem do campo, ligados como são em Shakespeare ao conhecimento da falcoaria e da equitação, as quais, a primeira sobretudo, não são passatempos caracteristicamente provincianos. É de facto um ponto curioso, mas por si só não significa nada. Não sabemos nada sobre a vida de Shakespeare, e o conhecimento da falcoaria podia ser devido à observação de algo que ele gostava. Quanto à ignorância sobre os hábitos de pássaros e alguns animais, o ponto é irrelevante. Shakespeare, se foi o autor das *Obras*, não era um camponês provinciano, com a vida restringida às coisas que interessavam a outros camponeses. Além disso, pode ser que não se interessasse por pássaros. Estas coisas acontecem, mesmo nas mais bem regulamentadas zonas rurais. Nem todos os filhos de agricultores se interessam pela agricultura, como nem todos os filhos de banqueiros pela finança. Se a ignorância de que Shakespeare é acusado a este respeito fosse, digamos, sobre as coisas mais simples da vida rural, das estações de semear e colher, por exemplo, então, efetivamente, o argumento poderia ser válido.]

BNP/E3 76A-46, 76-46v

Bacon-Shakespeare

Durning-Lawrence's Arguments:

Honorificabilitudinitatibus and ajunct cyphers
Signatures of Shakespeare not Shakespeare's
Ben Jonsons's *E. M. O.* and his *A.*
Return from Parnassus
As You Like It
The Tempest
The Stratford Bust.
Some sonnets.

22 Revista de crítica literária francesa (1922-1985).

23 *John O'London's Weekly* era uma revista literária semanal publicada por George Newnes, em Londres, entre 1919 e 1954. No seu auge havia uma circulação de 80.000 exemplares.

Hamlet (re Yorick)
Legal phrasing
Ben Jonson: *Discoveries* and † *or *W. S.*
Th. Randolf: reference to Bacon.
George Herbert
Campion
Great Assizes in Parnassus
Shakespeare's correspondence
Ratsei's Ghost

"As the soule of Euphorbus was thought to live in Pythagoras so the sweete wittie soule of Ovid lives in mellifluous and honeytongued Shakespeare, witness his *Venus and Adonis*, his *Lucrece*, his sugared *Sonnets* among his private friends."

1615: Bacon's name appears as a poet's in Stow's *Annals*
Mrs. Pott: Bacon's *Promus* - 1883 - "a monumental work"
and in Durning-Lawrence.

[*Os argumentos de Durning-Lawrence:*

Honorificabilitudinitatibus e crípticos adjuntos
As assinaturas de Shakespeare não são de Shakespeare
E. M O.[24] de Ben Jonson e o seu *A*[25]
Retorno de Parnaso[26]
Como quiserdes
A Tormenta
O Busto de Stratford
Alguns sonetos
Hamlet (relativamente a Yorick)
Fraseado jurídico
Ben Jonson: *Descobertas*[27] e † *ou *W. S.*[28]
Th. Randolf: referência a Bacon.

[24] Provavelmente uma referência à peça de Ben Jonson *Every Man Out of his Humour* (1600).
[25] Provavelmente *The Alchemist* (representada pela primeira vez em 1610).
[26] As peças Parnasso são três dramas representados em St John's College, Universisdade de Cambridge, como parte das celebrações de Natal, no final do século XVI. A primeira, *The Pilgrimage to Parnassus*, é uma alegoria sobre a vida de estudante; as outras duas, *The Return from Parnassus* e *The Second Part of the Return from Parnassus*, descrevem os esforços mal-sucedidas de dois ex-alunos a tentar ganhar a vida. A autoria das peças é incerta, e nem sequer se sabe se foram todas escritas pelo mesmo autor.
[27] *Timber, or Discoveries*, de Ben Jonson (1641).
[28] *Poems of Ben Jonson Junior, Composed by W. S. Gent*](1672).

George Herbert[29]
Campion
Grandes inquéritos em Parnaso[30]
A correspondência de Shakespeare
O Fantasma de Ratsei[31]

"Como se pensava que a alma de Euforbo vivia em Pitágoras, assim a doce e engenhosa alma de Ovídio vive no melífluo e bico-doce Shakespeare, como testemunha o seu *Vénus e Adónis*, a sua *Lucrécia*, os seus açucarados *Sonetos* entre os seus amigos íntimos."[32]

1615: O nome de Bacon aparece como o de um poeta in nos *Anais*[33] de Stow.

Mrs. Pott: o *Promus* de Bacon – 1883 – "uma obra monumental."[34]
e em Durning-Lawrence.]

BNP/E3 76A-50, 76A-50v

Bacon-Shakespeare

Bacon não é subtil, propriamente: é arguto, □. Profundo, não é. É o que põe o seu escrever, por bello que seja, aquém do de Sir Thomas Browne.[35] É o que lhe tira

29 George Herbert (1593 – 1633), poeta, orador e padre anglicano galês. Ao longo de sua vida escreveu poemas religiosos caracterizados pela precisão da linguagem, a versatilidade métrica, e as imagens e conceitos da escola metafísica de poesia.
30 *Great Assizes Holden in Parnassus* (1645), que contém o que muitos alegam ser uma referência velada a Bacon.
31 *Ratsei's Ghost or the second part of his mad prankes and Robberies* é um panfleto sem data, registrado no Stationer's Hall em 1605. Em *Bacon is Shakes-peare*, Durning-Lawrence cita uma alusão no panfleto como "prova" anti-Stratfordiana.
32 Uma frequentemente citada referência contemporânea a Shakespeare, de Francis Meres.
33 *Annales, or a Generale Chronicle of England from Brute until the present yeare of Christ 1580*, de John Stow (1580).
34 Após uma diligente decifração da caligrafia isabelina em *Promus of Formularies and Elegancies*, de Francis Bacon, Constance Mary Fearon Pott (1833-1915) descobriu que muitas das ideias e figuras de estilo no livro de Bacon também se encontram nas peças de Shakespeare. Pott fundou a *Francis Bacon Society* [*Associação Francis Bacon*] em 1885, e publicou a sua tese em 1891. Nela, desenvolve a idea de W. F. C. Wigston, de que Francis Bacon seria sócio fundador dos Rosacruz, e alega que o grupo secretamente criava arte, literatura e drama, incluindo as obras completas de Shakespeare, antes de adicionar os símbolos da rosa e da cruz às suas obras.
35 Sir Thomas Browne (1605-1682), autor de diversas obras de medecina, religião, ciência e ocultismo. Os seus escritos revelam uma profunda curiosidade pelo mundo

aquelle tom de poesia que é tão distinctivo do autor da *Religio Medici.*[36] No commum isbellianismo que dê aos dois o commum feerismo de estylo, vê-se que o Chanceller não é senão um exoterico da poesia, que não conheceu, como o medico, aquelles espíritos mais sublimados que cantam, com voz □ demais para humanos ouvidos, do mysterio e da dôr do mundo.

Não sei mesmo de autor que, a ser possivel a hypothese, tanto faria pensar em ser elle o autor da obra shakespeareana como Sir Thomas Browne. A erudição, é certo, era obstaculo fatal; para não tocar na particularidade do jurisconsultismo de phrasear. Mas eu phantasio e faço-me um passatempo deleitoso no mero ponderar do quanto, na essencia reflectiva e □ do magno prosador da Inglaterra, faz pensar no poeta da anterior geração que escreveu o discurso idealisante de Prospero.

O espirito de Bacon é de natureza utilitario e ametaphysico. Analysa muito e medita pouco.

BNP/E3 76A-54

Remark on p. 136 of Shakespeare's Folio 1623: the different shapes of capitals seem to indicate use of biliteral- † cipher.

[*Nota na p. 136 do Fólio de Shakespeare de 1623: as diferentes formas das letras maiúsculas parecem indicar o uso da cifra-† biliteral*][37]

Para provar completamente que as obras de "Shakespeare" são realmente de Bacon, não basta provar-se pela cifra; resta provar que Bacon não era homem capaz de deshonestamente, e sob cifra, se apropriar de obras alheias... Ahi é que bate o ponto. E a questão não é facil de decidir, em vista do caracter respeitadamente tortuoso de Francis Bacon. – E, sé já assim não é fácil, mais difficil se torna, quando vemos que Bacon se attribui, ou alguém, por cifra, lhe atribui obras de outros poetas dramaticos que poderia, talvez, cada uma d'ellas, ser escripta pelo autor da *Instaurato Magna*[38], mas não *todas* ellas por esse autor.

Examine the "Milton's Epitaph on Shakespeare" question: is the epitaph

natural, influenciada pela revolução científica de Bacon.

[36] *Religio Medici*, livro de Browne que é um testamento espiritual e uma espécie de autobiografia psicológica. Foi um *bestseller* na Europa, dando ao seu autor fama e reconhecimento em vários países.

[37] Não sei porquê: a referência é a uma página em *Love's Labours Lost.* A célebre cifra biliteral de Bacon, publicada como uma placa ilustrada em *De Augmentis Scientiarum* (1605), organiza as letras A e B em combinações de cinco letras, cada uma representando uma letra do alfabeto. Os baconianos procuram descobrir esta cifra nas obras de Shakespeare.

[38] Obra fragmentária e incompleta de Bacon, cuja parte mais importante é *Novum Organum* (1620).

certainly Milton's? Some very *stable metrical □ are very unlike Milton's composition (e.g. line 9).

*Consider "astonishingness" of *varieties* in *New Atlantis* by Notes to J. M. Robertson's edition of Bacon.

[Examinar a questão do "Epitáfio de Milton sobre Shakespeare"[39]: será o epitáfio seguramente de Milton? Alguns □ de métrica muito *estável são muito diferentes da composição de Milton (por exemplo, verso 9).

*Considerar o "assombro" de *variedades* em *New Atlantis*[40] pelas notas à edição de Bacon de J. M. Robertson.[41]]

BNP/E3 76A-75

Psychology of the Author of Shakespeare's *Works*

1. A man with a high intuition of character.
2. A man highly and intimately acquainted with law and legal terminology.
3. A man with an extraordinary imagination, in all directions and to all purposes.
4. A man who commits several errors in geography.
5. A man with an extraordinary fluency, compression and precision of phrase.
6. A man of intense and hardly bridled sensual leanings; extending even to abnormal inclinations.
7. A man of universal curiosity.
8. A man but moderately able to reproduce real cunning, as cunning (Iago's cunning is not of the subtle kind).
9. A man with intense comprehension of humans and man's character and natures, at least in drama.
10. There is in the drama but little commented and *abstruse reasoning (but many expressions indicating reasoning?); but considerable argument of the legal kind.
11. The abuse of wit and of neat, precise and □ expressions is evident (Cf. Macaulay on Bacon).
12. A man depicting better the clash of sentiment and sentiment than that of intellect and intellect.
13. A man tending in his philosophy to idealism.

[39] "On Shakespear [*sic*]" foi o primeiro poema publicado de Milton, aparecendo anonimamente no *Segundo fólio* das peças de Shakespeare (1632), com o título "An Epitaph on the admirable Dramaticke Poet, W.SHAKESPEARE".

[40] Em 1623 Bacon exprimiu as suas aspirações e ideais em *New Atlantis*, que retrata uma utopia chamada Bensalem.

[41] *The Philosophical Works of Francis Bacon* (1905), organizada e com uma introdução de Robertson, encontra-se na biblioteca de Pessoa.

14. A man not original in the essential story of his plots.
15. In the plays the alternation of tragic and comic scenes.
16. The symbolic nature of *The Tempest.*
17. □

[*Psicologia do autor das obras de* Shakespeare

1. Um homem com uma profunda intuição de carácter.
2. Um homem altamente e intimamente familiarizado com a lei e com a terminologia legal.
3. Um homem com uma imaginação extraordinária, em todas as direções e para todos os propósitos.
4. Um homem que comete vários erros de geografia.
5. Um homem com extraordinária fluência, poder de síntese e precisão de frase.
6. Um homem de intensas e irrefreáveis tendências sensuais; estendendo-se mesmo a tendências anormais.
7. Um homem de curiosidade universal.
8. Um homem só modestamente capaz de reproduzir a verdadeira astúcia, como astúcia (a astúcia de Iago não é do tipo sutil).
9. Um homem com uma intensa compreensão dos seres humanos e do carácter e natureza do homem, pelo menos no drama.
10. Há no drama pouco raciocínio comentado e *oculto (mas muitas expressões indicando o raciocínio?); mas considerável discussão do tipo legal.
11. O abuso do engenho e de expressões claras, precisas e □ é evidente (ver Macaulay sobre Bacon[42]).
12. Um homem que retrata melhor o choque de sentimento com sentimento que o de intelecto com intelecto.
13. Um homem tendendo, em sua filosofia, ao idealismo.
14. Um homem nada original na história essencial de seus enredos.
15. Nas peças a alternância de cenas trágicas e cómicas.
16. A natureza simbólica de *A Tormenta.*
17. □

BNP/E3 76A-85

Data as to the probable personality of the author of the Shakespearean plays:

[42] Thomas Babington Macaulay (1800-1859), poeta, historiador e político liberal britânico (foi Secretário da Guerra de 1839 a 1841, e Tesoureiro-Geral de 1846 a 1848). Escreveu extensivamente como ensaísta e crítico, e sobre a história britânica. O seu longo ensaio sobre Bacon foi publiado pela primeira vez em *The Edinburgh Review* (Julho de 1837).

1. In a great number of allusions to him (Quarto), he is referred to by names which involve reference to *a bird*: Sir Oliver Owlets, Sir John Daw, etc. Spenser's Aetion, if to the point, will confirm this, since it mean's "eaglet".

2. In a great number of allusions to him (Q), he is referred to as being "a knight". These allusions include the sonnet in the *Passionate Pilgrim*, written presumably (unless the attribution is wrong) by Shakespeare himself; he there says, of himself, "A knight loves both". Cf. Sir Oliver Owlet, Sir John Daw, Puntarvolo ("a vainglorious knight"). In cases where allusion is not distinctly to a knight, it refers still to a person in "good society", as the Amorphus in *Cynthia's Revels*.

3. In Ben Jonson's inimical allusions to the author of Shakespeare's plays (unless the allusions are wrongly interpreted), the person referred to is always accompanied by a younger friend, as Amorphus by Asotus, Sir John Daw by Sir Amorous La Foole (This squares with the *Sonnets*).

4. References to Shakespeare are scarce in the literature of the time; but this is chiefly due to the fact that no such notion of the worth of the Shakespearean achievement existed as we might suppose, or would think just. Jonson stood, at that time, in the position in which we put Shakespeare today.

5. No reference, that we have, separates the poet from the player distinctly. Many do not, indeed, clearly link them, but, such as they are, they allude to Shakespeare as to one about whom no question could exist. They are all above board.

6. All references to Shakespeare's learning, law-learning and such like are beside the point, and mean nothing. A mind so universally prehensile as Shakespeare's, so able to interpret, to identify itself with anything, and to simulate anything, can simulate all that culture without detection. It will do so naturally. There is no comparison with Burns, who, besides being overrated, was not a peculiarly nimble mind, but a narrow poet.

7. The absolute carelessness of Shakespeare, whoever he was, about his works and their publication, except in a few cases, such as the two poems, means one of the following things:

   1. that he did not give his own works that importance which we give them,
   2. that he was mentally diseased in some respect of the will and had no artistic scruple, not owing to absence of artistic qualities but owing to lack of will to put them into action except under a sudden and compelling inspiration
   3. that he simply arranged and altered other men's works and therefore cared little for the fate of the resultant work, which was never wholly his – as the *Sonnets* and the Poems were
   4. that he was away from England
   5. that he had no power to interfere, either through fear or simply through having no power. The last is the least probable hypothesis.

   The characters of the published works seems to exclude a careful poet or artist.

8. □

[*Dados sobre a personalidade provável do autor das peças shakespearianas:*

Apêndice: Textos Inéditos de Pessoa Sobre Shakespeare Citados Neste Livro

1. Em um grande número de alusões a ele (Quarto), ele é referido por nomes que envolvem referência a *um pássaro*: Sir Oliver Owlets, Sir John Daw, etc. Aetion de Spenser, se for relevante, confirma isto, pois significa "aguieta".

2. Em um grande número de alusões a ele (Q), ele é referido como sendo "um cavaleiro". Estas alusões incluem o soneto em *O Peregrino apaixonado*, escrito supostamente (a não ser que a atribuição esteja errada)[43] pelo próprio Shakespeare; ele aí diz, de si mesmo, "Um cavaleiro ama a ambos". Ver Sir Oliver Owlet, Sir John Daw, Puntarvolo ("um vanglorioso cavaleiro"). Em casos onde a alusão não é especificamente a um cavaleiro, ela mesmo assim se refere a uma pessoa da "alta sociedade", como Amorphus em *Cynthia's Revels*.[44]

3. Nas alusões hostis de Ben Jonson ao autor das peças de Shakespeare (a menos que as alusões estejam mal interpretadas), a pessoa referida está sempre acompanhada por um amigo mais jovem, como Amorphus por Asotus, Sir John Daw por Sir Amorous La Foole (Isto enquadra-se com os Sonetos).

4. Referências a Shakespeare são escassas na literatura da época; mas isto deve-se principalmente ao facto de não haver a noção sobre a importância do feito shakespeariano que possamos supor ou achar justa. Jonson estava, naquela época, na posição onde hoje colocamos Shakespeare.

5. Nenhuma referência que tenhamos separa o poeta do dramaturgo. Muitas delas, efetivamente, não os ligam claramente, mas elas aludem a Shakespeare como alguém sobre quem não poderia haver nenhuma questão. São todas fiáveis.

6. Todas as referências à instrução de Shakespeare, ao conhecimento legal, são irrelevantes, e não significam nada. Uma mente tão universalmente apropriativa como a de Shakespeare, tão capaz de interpretar, de identificar-se com o que quer que seja, e de simular o que quer que seja, pode simular toda essa cultura sem deteção. Naturalmente o fará. Não há comparação com Burns, que, para além de ser sobrestimado, não era uma mente peculiarmente ágil, mas um poeta menor.

7. O absoluto descuido de Shakespeare, quem quer que fosse, quanto às suas obras e à publicação das mesmas, exceto em alguns raros casos, como os dois poemas, significa uma das seguintes coisas:

   1. que ele não dava às suas obras a importância que nós lhes damos
   2. que ele era doente mental em algum aspeto da vontade, e não teve escrúpulo

   artístico, não devido à ausência de qualidades artísticas, mas sim devido à falta de vontade de colocá-las em ação, exceto sob uma inspiração súbita e profunda

   3. que ele simplesmente organizava e modificava as obras de outros autores e por isso importava-se pouco com o destino da obra resultante, que nunca foi inteiramente sua, ao contrário dos *Sonetos* e dos poemas
   4. que ele não estava em Inglaterra.
   5. que ele não tinha poder para intervir, devido ao medo ou simplesmente

[43] *The Passionate Pilgrim* é uma antologia de vinte poemas publicados em 1599 como obra de William Shakespeare, embora a autoria de muitos dos poemas seja duvidosa.

[44] Peça de teatro de Ben Jonson representada em 1600 e publicada em 1601.

por falta de poder. Esta última hipótese é a menos provável.

As personagens das obras publicadas parecem excluir um poeta ou artista cauteloso.

8. □

BNP/E3 144D2-16, 144D2-16v, 144D2-17

Questão Shakespeare-Bacon (Livros)

Encyclopaedia Britannica: artigos [sobre] Shakespeare, Bacon, etc.
W. H. Smith: *Bacon and Shakespeare: an Enquiry*. London, 1857.
Delia Bacon: *The Philosophy of the Plays of Shakspeare* [sic] *Unfolded*. 1857.
Donnelly: *The Great Cryptogram*. 1888.
Edwin Reed: *Francis Bacon our Shakespeare*. 1902.
Pitt-Lewis: *The Shakespeare Story*. 1904.
Bompas: *The Problem of Shakespeare's Plays*. 1902.
Sutton: *The Shakespeare Enigma*. 1903.
George G. Greenwood: *The Shakespeare Problem Restated*. 1908 (J Laner 21/-net)
Beeching: *Reply to Greenwood*. 1908.
Bleibtreu: *Der Wahre Shakespeare*. 1907.
James Spedding: *The Letters and Life of Bacon*. 7 vols. (1862-74).
--- *Evenings with a Reviewer*. 1881.
Philosophical Works of Francis Bacon: Ellis and Spedding, ed. J. M. Robertson. Routledge. 1905.
Ben Jonson: *Works*, ed. Gifford and Cunningham. 3 vols., 1903.
Oscar Wilde: "The Portrait of Mr. W. H." (Tauchnitz).
Mark Twain: *Is Shakespeare dead?* (Tauchnitz).
Sir Edwin-Durning-Lawrence: *Bacon is Shake-spear*.
Works of Christopher Marlowe, ed. Cunningham.
Roe: *The Own Story of Francis Bacon* (American pamphlet.)
John M. Robertson: "Did Shakespeare write *Titus Andronicus*?"
Peter Alvor: □
Dr. Orville Owen: *Sir Francis Bacon's Cypher Story* (Gay and Hancock).
Albert F. Calvert: □
The Shakespeare Allusion Book (Chatto and Windus: 2 vols., 21/-net).
George G. Greenwood: *In re Shakespeare: Beeching v. Greenwood*.
--- *Rejoinder on Behalf of the Defendant* (John Lane – 2/6 net).
The Collection [Antologia] *The Shakespeare Classics* (sources of Shakespeare's plays [fontes das peças]): Chatto and Windus. 20 vols., 4 / -net each [cada.]
The Collection *Shakespeare's England* (Chatto and Windus – various prices [vários preços]). Contains six vols.. [Há seis volumes] (incl: *Allusion Book*).
Mag Thumm-Kintzel: "Manuscrits de Shakespeare": *La Revue*, 15 juillet 1910.
P.-L. Hervier: "Les Sonnets de Shakespeare": *La Revue*, 15 julliet 1911.
Cuttings from [recortes de jornal do] *Daily Express* (re [relativamente a] Orville Owen, chiefly [sobretudo]).
Mrs. Pott: *Bacon's Promus*. 1883.

BIBLIOGRAFIA

1. Bibliografia ativa

Manuscritos inéditos de Fernando Pessoa sobre Shakespeare
(*Biblioteca Nacional de Portugal*, Lisboa: Espólio BNP/E3)

76-13
76-13v
76-14
76-19
76-20
76-31
76-34
76-34a
76-34av
76-57
76-58
76-83
76A-3
76A-4
76A-26
76A-54
76-26v
76A-27
76A-46
76A-46v
76A-50
76A-50v
76A-75 (3 pp.)
76A-85
144D2-16
144D2-16v
144D2-17

Livros na biblioteca particular de Fernando Pessoa
(*Casa Fernando Pessoa*, Lisboa)

A Graduate of Cambridge [Begley, Walter.] *Is It Shakespeare? The Great Question of Elizabethan Literature Answered in the Light of New Revelations and Important Contemporary Evidence* (Londres: John Murray, 1903).
Aeschylus. *The Lyrical Dramas of Aeschylus, translated into English Verse by John*

Stuart Blackie (Londres: J. M. Dent & Sons, 1917).
Anon. [Alfred Egmont Hake & Nicholas Murray Butler.] *Regeneration: A Reply to Max Nordau* (Westminster: Archibald Constable & Co., 1895).
Arnold, Matthew. *Essays in Criticism: Second Series* (Londres: Macmillan & Co., 1927)
Bacon, Francis. *The Philosophical Works of Francis Bacon*, ed. J. M. Robertson (Londres: George Routledge & Sons / Nova York: E. P. Dutton & Co., 1905).
Baudelaire, Charles. *Les Fleurs du Mal* (Paris: Ernest Flammarion, s.d.)
Beeching, H. C. *William Shakespeare: Player, Playmaker, and Poet. A Reply to Mr. George Greenwood, M.P.* (2ª ed. Londres: Smith, Elder & Co., 1909).
Begley, Walter. *Bacon's Nova Resuscitatio, or the Unveiling of his Concealed Works and Travels*, 3 vols.. (Londres: Gay & Bird, 1905).
Bormann, Edwin. *The Quintessence of the Shakespeare Secret* (Londres: A. Siegle, 1905)
Carlyle, Thomas. *Sartor Resartus; Heroes; Past and Present* (Londres: Chapman & Hall, 1903).
Coleridge, Samuel Taylor. *Coleridge's Essays and Lectures on Shakspeare and Some Other Old Poets and Dramatists* (Londres: I. M. Dent & Sons; Nova York: E. P. Dutton & Co., s.d. [1907]).
Demblon, Célestin. *Lord Rutland Est Shakespeare: Le Plus Grand des Mystéres Dévoilé Shaxper de Stratford Hors Cause* (Paris: Paul Ferdinand, 1913).
Durning-Lawrence, Edwin. *Bacon is Shakes-Speare* (Londres: Gay & Hancock, 1910).
Emerson, Ralph Waldo. *Works of Ralph Waldo Emerson: Essays, First and Second Series, Representative Men, Society and Solitude, English Traits, The Conduct of Life, Letters and Social Aims, Poems, Miscellanies Embracing Nature, Addresses, and Lectures* (Londres: George Routledge & Sons, 1902).
Forrest, H. T. S. *The Five Authors of Shakespeare's Sonnets* (Londres: Chapman & Dodd, 1923).
Gilfillan, George. 'Shakespeare: A Lecture', in *A Gallery of Literary Portraits* (Londres: J. M. Dent & Co., Nova York: E. P. Dutton & Co., s.d. [Introdução de 1909], pp. 184-215.
Goethe, Johann Wolfgang von. *Werther, Faust, Hermann et Dorothée* (Paris: Ernest Flammrion, s.d. [1832?]).
Greenwood, George. *In Re Shakespeare: Beeching v. Greenwood; A Rejoinder on Behalf of the Defendant* (Londres / Nova York: John Lane, 1909).
--- *The Shakespeare Problem Restated* (Londres: John Lane, 1908).
Harris, David Fraser. *Nerves* (Londres: Williams & Norgate; Nova York: Henry Holt & Co., s.d. [1913.]
Hirsch, William. *Genius and Degeneration: A Psychological Study* (Londres: William Heinemann, 1897).
Jonson, Ben. *The Works of Ben Jonson*, 3 vols.. (Londres: Chatto & Windus, 1897-1904).
Lacerda, José de. *Os Neurasthenicos: esboço d'um estudo medico e philosophico*

(Lisboa: M. Gomes, 1895).
Lefranc, Abel. *Sous le masque de "William Shakespeare": William Stanley VIe Comte de Derby*, 2 vols.. (Paris: Payot & Cie, 1919).
Leland, Charles Godfrey. *Have you a strong will?: or how to develope and strengthen will-power, memory, or any other faculty or attribute of the mind, by the easy process of self-hypnotism* (5ª ed. Londres: William Ryder & Son, 1912).
Lovell, Arthur. *Volo or the Will: What it is; How to Strengthen, and How to Use it* (2ª ed. Londres: Nichols & Co., 1900).
Lowell, James Russell. "Shakespeare Once More", in *The English Poets: Lessing, Rousseau: Essays by James Russell Lowell, with "An Apology for a Preface"* (Londres / Nova York: The Walter Scott Publishing Co., s.d.) pp. 81-148.
Masefield, John. *William Shakespeare: His Life and Works* (Londres: Williams & Norgate / Nova York: Henry Holt, s.d. [1911]).
Mathew, Frank. *An Image of Shakespeare* (Londres: Jonathan Cape, s.d. [1922]).
Nisbet, J. F. *Marriage and Heredity: A View of Psychological Evolution* (Edinburgh: John Grant, 1908).
--- *The Insanity of Genius and the General Inequality of Human Faculty, Physiologically Considered* (3ª ed. Londres: Ward & Downey, 1893).
Nobre, António. *Cartas inéditas de António Nobre*, org. Adolfo Casais Monteiro (Coimbra: Edições Presença, 1934).
Nordau, Max. *Vue du dehors: essai de critique scientifique et philosophique sur quelques auteurs français contemporains*, trad. Auguste Dietrich (Paris: Félix Alcan, 1903).
--- *On Art and artists*, trad. W. F. Harvey (Londres: T. Fisher Unwin, 1907).
--- *Paradoxes psychologiques*, trad. Auguste Dietrich (7ª ed. Paris: Félix Alcan, 1911).
--- *Paradoxes sociologiques*, trans August Dietrich (5ª ed. Paris: Félix Alcan, 1907).
--- *Psycho-physiologie du génie et du talent*, trad. Auguste Dietrich (5ª ed. Paris: Félix Alcan, 1911).
Pacheco, Albino. *Degenerescência* (Coimbra: Imprensa da Universidade, 1901).
Pellissier, Georges. *Shakespeare et la supersition shakespearienne* (Paris: Hachette, 1914).
Pessoa, Fernando. *Mensagem* (Lisboa: Parceria António Maria Pereira, 1934).
Rivers, W. C. *Walt Whitman's Anomaly* (Londres: George Allen & Company, 1913).
Robertson, J. M. *A Short History of Christianity* (Londres: Watts & Co., 1902).
--- *The Baconian Heresy: A Confutation* (Londres: Herbert Jenkins, 1913).
--- *The Problem of "Hamlet"* (Londres: George Allen & Unwin, 1919).
--- *The Genuine in Shakespeare: A Conspectus* (Londres: George Routledge & Sons, 1930).
--- *The Problem of "Hamlet"* (Londres: George Allen & Unwin, 1919).
--- *"Hamlet" Once More* (Londres: Richard Dobden-Sanderson, 1923).
Rosa-Cruz, Frades. *Secret Shakespearean Seals: Revelations of Rosicrucian Arcana:*

Discoveries in the Shakespeare Plays, Sonnets and Works Printed Circa 1586-1740 (Nottingham: Jenkins, 1916).

Seibel, George. *The Religion of Shakespeare* (Londres: Watts & Co., 1924).

Shakespeare, William. *The Complete Works of William Shakespeare*, org. W. J. Craig (Oxford: Clarendon Press, s.d. [1892]).

--- *The Tempest* (Londres, Paris, Nova York, Toronto e Melbourne: Cassel & Co, 1908).

--- *The Tempest: Facsimile of the First Folio of* 1623, org. Arthur Quiller-Couch e John Dover Wilson (Cambridge: Cambridge University Press, s.d. [1921]).

Shaw, Bernard. *The Doctor's Dilemma; and the Dark Lady of the Sonnets* (Leipzig: Bernhard Tauchnitz, 1914).

Smedley, William. *The Mystery of Francis Bacon* (Londres: Robert Banks & Son, 1912).

Stoker, Bram. *Dracula* (1897; Londres: Rider & Co., 1931).

Twain, Mark. *Extract from Captain Stormfield's Visit to Heaven; and Is Shakespeare Dead?* (Leipzig: Bernhard Tauchnitz, s.d. [1909]).

Wilde, Oscar. *Lord Arthur Savile's Crime and Other Prose Pieces* (Leipzig: Bernhard Tauchnitz, 1909).

--- *Le Portrait de Monsieur W. H.* (Paris: Bibliothèque Cosmopolite, 1906).

Woodward, Parker. *The Early Life of Lord Bacon* (Londres: Gay & Bird, 1902).

Livros de Pessoa e Shakespeare[1]

Pessoa, Fernando. *Alberto Caeiro: Poesia*, org. Fernando Cabral Martins e Richard Zenith (2001; 2ª ed. Lisboa: Assírio & Alvim, 2004).

--- *Álvaro de Campos: A Passagem das Horas*, org. Cleonice Berardinelli (Lisboa: INCM, 1988).

--- *Álvaro de Campos: Livro de versos*, org. Teresa Rita Lopes (Lisboa: Estampa, 1993).

--- *Álvaro de Campos: Poesia*, org. Teresa Rita Lopes (Lisboa: Assírio & Alvim, 2002).

--- *Apreciações literárias de Fernando Pessoa*, org. Pauly Ellen Bothe (Lisboa: INCM, 2013).

--- *Cadernos I*, org. Jerónimo Pizarro (Lisboa: INCM, 2009).

--- *Cartas a Armando Côrtes-Rodrigues* (Lisboa: Horizonte, 1985).

--- *Cartas de Amor a Ophélia Queiroz*, org. David Mourão-Ferreira (Lisboa: Ática, 1978).

--- *Cartas entre Fernando Pessoa e os diretores da "Presença"*, org. Enrico Martines (Lisboa: INCM, 1998).

--- *A Centenary Pessoa*, org. Eugénio Lisboa e L.C. Taylor (Manchester: Carcanet, 1995).

[1] Excluindo os livros na biblioteca de Pessoa, listados na secção anterior.

--- *Correspondência inédita*, org. Manuela Parreira da Silva (Lisboa: Horizonte, 1996).
--- *Correspondência 1905-1922*, org. Manuela Parreira da Silva (Lisboa: Assírio & Alvim, 1998).
--- *Correspondência 1923-1935*, org. Manuela Parreira da Silva (Lisboa: Assírio & Alvim, 1999).
--- *Crítica: ensaios, artigos e entrevistas*, org. Fernando Cabral Martins (Lisboa: Assírio & Alvim, 2000).
--- *Eu sou uma antologia: 136 autores fictícios*, org. Jerónimo Pizarro e Patricio Ferrari (Lisboa: Assírio & Alvim, 1998).
--- *Escritos autobiográficos, automáticos e de reflexão pessoal*, org. Richard Zenith (Lisboa: Assírio & Alvim, 2003).
--- *Escritos sobre génio e loucura*, 2 vols.., org. Jerónimo Pizarro (Lisboa: INCM, 2006).
--- *Fausto: Tragédia subjectiva*, org. Teresa Sobral Cunha (Lisboa: Presença, 1988).
--- *Fernando Pessoa: O Comércio e a publicidade*, org. António Mega Ferreira (Lisboa: Cinevoz – Lusomedia, 1968).
--- *Fernando Pessoa: 35 Sonnets, tradução*, org. e trad. Philadelpho Menezes (São Paulo: Arte Pau-Brasil, 1988).
--- *Fernando Pessoa: Imagens de uma vida*, org. Manuela Nogueira (Lisboa: Assírio & Alvim, 2005).
--- *Fernando Pessoa: uma fotobiografia*, org. Maria José Lencastre (Lisboa: INCM, 1980).
--- *Ficção e teatro*, org. António Quadros (Mem Martins: Europa-América, 1986).
--- *Ficções do interlúdio / 2-3: Odes de Ricardo Reis* (Rio de Janeiro: Nova Aguilar, 1976).
--- *Forever Someone Else: Selected Poems*, org. e trad. Richard Zenith (Lisboa: Assírio & Alvim, 2009).
--- *Fotobiografias século XX: Fernando Pessoa*, org. Richard Zenith (Lisboa: Círculos de Leitores, 2008).
--- *Heróstrato e a busca da imortalidade*, org. Richard Zenith (Lisboa: Assírio & Alvim, 2000).
--- *O Livro do desassossego*, org. Richard Zenith (3a ed. Lisboa: Assírio & Alvim, 2001).
--- *O Manuscrito de O Guardador de Rebanhos de Alberto Caeiro: Edição facsimilada*, org. Ivo Castro (Lisboa: Dom Quixote, 1986).
--- *Notas para a recordação do meu Mestre Caeiro*, org. Teresa Rita Lopes (Lisboa: Estampa, 1997).
--- *Obra essencial de Fernando Pessoa: Poesia inglesa*, org. Richard Zenith, trad. Luísa Freire (Lisboa: Assírio & Alvim, 2007).
--- *Páginas de estética e de teoria e crítica literárias*, org. Georg Rudolf Lind e Jacinto do Prado Coelho (Lisboa: Ática, s.d. [1966]).

--- *Páginas de pensamento político*, 2 vols.., org. António Quadros (Mem Martins: Europa-América, 1986).
--- *Páginas íntimas e de auto-interpretação*, org. Georg Rudolf Lind e Jacinto do Prado Coelho (Lisboa: Ática, s.d.).
--- *Pessoa inédito*, org. Teresa Rita Lopes (Lisboa: Horizonte, 1993).
--- *Pessoa por conhecer I: Roteiro para uma expedicão*, org. Teresa Rita Lopes (Lisboa: Estampa, 1990).
--- *Pessoa por conhecer II: Textos para um novo mapa*, org. Teresa Rita Lopes (Lisboa: Estampa, 1991).
--- *Poemas de Álvaro de Campos*, org. Cleonice Berardinelli (Lisboa: INCM, 1990).
--- *Poemas de Fernando Pessoa 1921-1930*, org. Ivo Castro (Lisboa: INCM, 2001).
--- *Poemas ingleses de Fernando Pessoa* (Lisboa: Ática, 1974).
--- *Poemas ingleses*, org. João Dionísio (Lisboa: INCM, 1997).
--- *Poesia do eu*, org. Richard Zenith (Lisboa: Assírio & Alvim, 2006).
--- *Ricardo Reis: Prosa*, org. Manuela Parreira da Silva (Lisboa: Assírio & Alvim, 2003).
--- *Sensacionismo e outros ismos*, org. Jerónimo Pizarro (Lisboa: INCM, 2009).
--- *Textos de crítica e de intervenção* (Lisboa: Ática, 1980).
--- *Textos filosóficos*, org. António de Pina Coelho, 2 vols.. (Lisboa: Ática, 1968).
--- *The Selected Prose of Fernando Pessoa*, org. e trad. Richard Zenith (Nova York: Grove Press, 2001).
--- *Ultimatum e páginas de sociologia política*, org. Joel Serrão (Lisboa: Ática, 1980).

Shakespeare, William. *A Choice of Shakespeare's Verse*, org. Ted Hughes (1971; Londres / Boston: Faber & Faber, 1991).
--- *The Enfolded Hamlets: Parallel Texts of <F1> and {Q2} Each With Unique Elements Bracketed*, org. Bernice W. Kliman (Nova York: AMS / Londres: Eurospan, 1996).
--- *Hamlet*, org. Ann Thompson e Neil Taylor (Londres: Arden, 3ª ed. 2006).
--- *Hamlet Works* <www.hamletworks.org>.
--- *The Norton Shakespeare: Based on the Oxford Edition*, org. Walter Cohen, Stephen Greenblatt, Jean Howard, Katherine Eisaman Maus (Londres / Nova York: Norton & Company, 2008).
--- *Shakespeare's Sonnets*, org. Stephen Booth (New Haven, 1977).
--- *Shakespeare's Sonnets*, org. Katherine Duncan-Jones (Londres: Arden, 3ª ed. 1997).
--- *Os Sonetos de Shakespeare: versão integral*, org. e trad. Vasco Graça Moura (Lisboa: Bertrand, 2002).
--- *The Sonnets and a Lover's Complaint*, org. John Kerrigan (Nova York: Viking Penguin Inc., 1986).
--- *A Tempestade, seguido de "O Mar e o espelho" de W. H. Auden*, trad. José

Manuel Mendes, Luís Lima Barreto e Luis Miguel Cintra (Lisboa: Cotovia, 2009).

2. Bibliografia passiva

Ackroyd, Peter. *T. S. Eliot: A Life* (Londres: Penguin, 1993).

Afonso, Maria João da Rocha. "As versões portuguesas de *King Lear*", in *Shakespeare*, org. João Almeida Flor (Lisboa: Fundação Calousete Gulbenkian, 1990), pp. 65-77.

--- "From Words to Action: Translating Shakespeare for the Portuguese Stage", in *Translating Shakespeare for the Twenty-first Century*, org. Rui Carvalho Homem e Tom Hoenselaars (Amsterdão / Nova York: Rodopi, 2004), pp. 162-74.

--- "Simão de Melo Brandão and the First Portuguese Version of *Othello*", in *European Shakespeares: Translating Shakespeare in the Romantic Age*, org. Dirk Delabastita e Lieven D'hulst (Amsterdão / Philadelphia: John Benjamins, 1993), pp. 129-46.

Alexander, Catherine M. S. e Stanley Wells (org.). *Shakespeare and Sexuality* (Cambridge: Cambridge University Press, 2001).

Allan, Mowbray. *T. S. Eliot's Impersonal Theory of Poetry* (Lewisburg: Bucknell University Press, 1974).

Almeida, Onésimo T. "Fernando Pessoa and Antero de Quental (with Shakespeare in between)", *Portuguese Studies* 24:2 (*The Future of the Arcas*, 2008) 51-68.

Anon. "Lisbon: Teatro Nacional de Sao Carlos", *Planetware* <http://www.planetware.com/lisbon/teatro-nacional-de-sao-carlos-p-lisb-tnsc.htm>.

Anon. "Magpie 'can recognise reflection'", *BBC News* online (19 Agosto 2008). <http://news.bbc.co.uk/2/hi/science/nature/7570291.stm>.

Anon. "Shakespeare", *Monthly Review* CV (1824), 398-412.

Anon. (attr. a Wilde et al). *Teleny, or The Reverse of the Medal* (1893; Nova York: Mondial, 2006).

Appingnanesi, Lisa. *Mad, Bad and Sad: A History of Women and the Mind Doctors from 1800 to the Present* (Londres: Virago, 2008).

Aristotle. *Poetics* (Cambridge: Cambridge University Press, 1962).

Arnold, Matthew. *Essays in Criticism: Second Series* (Londres: Macmillan, 1888).

Assis, Joaquim Maria Machado de. *O Alienista e O Espelho* (Rio de Janeiro: Ediouro, 1996).

Athena: edição facsimilada (Lisboa: Contexto, 1994).

Aubrey, John. *Brief Lives Chiefly of Contemporaries set down John Aubrey between the Years 1669 and 1696*, org. Andrew Clark (Oxford: Clarendon Press, 1898).

Auerbach, Nina. *Woman and Demon* (Cambridge, M.A.: Harvard University Press, 1982).

Austin, Sarah (org.). *A Memoir of the Reverend Sydney Smith by his Daughter Lady Holland, with A Selection From His Letters*, 2 vols.. (Londres: Longman, Brown,

Green, & Longmans, 1855).
Babcock, Robert Witbeck. *The Genesis of Shakespeare Idolatry 1766-1799: A Study in English Criticism of the Late Eighteenth Century* (Nova York: Russel & Russel, 1964).
Bacon, Delia. *The Philosophy of the Plays of Shakspere [sic] Unfolded* (London: Groombridge & Sons, 1857).
Baldick, Chris. *The Social Mission of English Criticism 1848-1932* (Oxford: Clarendon Press, 1983).
Banville, John. "Emerson, 'A Few Inches From Calamity'", *The New York Review of Books* (21 November 2009), 2-4.
Barnfield, Richard. *Cynthia, with Certaine Sonnets, and the Legend of Cassandra* (Londres: Humphrey Lownes, 1595).
Bate, Jonathan (org.). *The Romantics on Shakespeare* (Londres: Penguin, 1992).
Bate, Jonathan. *The Genius of Shakespeare* (Londres: Macmillan, 1997).
--- *Shakespeare and the English Romantic Imagination* (Oxford: Clarendon Press, 1986).
--- *Soul of the Age: The Life, Mind and World of William Shakespeare* (Londres: Penguin, 2008).
Baudelaire, Charles. *Correspondance*, org. Claude Pichois e Jean Ziegler, 2 vols.. (Paris: Gallimard, 1973).
--- *Oeuvres complètes*, org. Claude Pichois, 2 vols.. (Paris: Gallimard, 1975).
Beard, George Miller. *A Practical Treatise on Nervous Exhaustion (Neurasthenia), Its Symptoms, Nature, Sequences and Treatment* (Nova York: Wood & Company, 1880).
Benevides, Francisco da Fonseca. *O Real Theatro* [sic] *de S. Carlos de Lisboa desde a sua fundação em 1793 até à actualidade: estudo histórico* (Lisboa: Castro & Irmão, 1883).
Benjamin, Walter. *Charles Baudelaire: A Lyric Poet in the Era of High Capitalism* (Londres: Verso, 1983).
Berardinelli, Cleonice. *Fernando Pessoa: Outra vez te revejo...* (Rio de Janeiro: Nova Aguilar, 2004).
Blanco, José. *Pessoana: Bibliografia passiva, seletiva e temática*, 2 vols.. (Lisboa: Assírio & Alvim, 2008).
--- "A Verdade sobre a Mensagem", in *A Arca de Pessoa*, org. Jerónimo Pizarro e Steffen Dix (Lisboa: Imprensa de Ciências Sociais, 2007) pp. 147-61.
Bloom, Harold. *The Anxiety of Influence: A Theory of Poetry* (Nova York: Oxford University Press, 1973).
--- *A Map of Misreading* (Nova York: Oxford University Press, 1975).
--- *The Western Canon: The Books and School of the Ages* (Nova York: Harcourt Brace, 1994)
Bolt, Sydney. *A Preface to James Joyce* (London: Longman, 1992).
Booth, Wayne C. *The Rhetoric of Fiction* (Londres / Chicago: The University of Chicago Press, 1961).
Borges, Jorge Luis. "Everything and Nothing", in *Labyrinths: Selected Stories and*

Other Writings, trad. James Irby (Nova York: Penguin, 1964) pp. 242-9.
Bosanquet, *History of Aesthetic* (Londres: Swan Sonneschein & Co. / Nova York: Macmillan, 1892).
Branco, Camilo Castelo. *Esboço de crítica. Othello, o Mouro de Veneza de William Shakespeare (tragédia traduzida para portuguez por D. Luiz de Bragança)* (Porto: Chardron, 1886).
Brandes, George. *William Shakespeare* (Londres: Kessinger, 1898).
Bray, Alan. *Homosexuality in Renaissance England* (Londres: Gay Men's Press, 1982).
Bréchon, Robert. "Le masque et l'aveu: l'oeuvre anglaise", in *L'Innombrable: un tombeau pour Fernando Pessoa* (Paris: Christian Bourgois, 2001), pp. 177-85.
Briggs, Laura. "The Race of Hysteria: 'Overcivilization' and the 'Savage' Woman in Late Nineteenth-Century Obstetrics and Gynecology", *American Quarterly* 52 (2000), 246–73.
Buci-Glucksmann, Christine. "La place d'Hamlet", in *Tragique de l'ombre: Shakespeare et le maniérisme* (Paris: Galilée, 1990), pp. 147-57.
Bueno, Aurea. "A verdade sobre a trama heteronímica: o Poeta português Fernando Pessoa não é menos fictício do que o Rei Artur", *Diário de Avisos* (01/11/1984).
Buescu, Helena Carvalhão. *Grande angular: comparatismo e práticas de comparação* (Lisboa: Fundação Calouste Gulbenkian / FCT, 2001).
--- "Tópicos para o debate", in *Garret às portas do milénio*, org. Fernando Mão de Ferro (Lisboa: Colibri, 2002), pp. 59-62.
Buxton, John. *Sir Philip Sidney and the English Renaissance* (Londres: Macmillan, 1987).
Cabral Martins, Fernando (org.). *Dicionário de Fernando Pessoa e do modernismo português* (Lisboa: Caminho, 2008).
--- "Raul Leal", in *Dicionário de Fernando Pessoa e do modernismo português* (Lisboa: Caminho, 2008), pp. 395-7.
Calvert, Albert F. *Bacon and Shakespeare* (Nova York: Dean & Son, 1902).
Campbell, John. *Shakespeare's Legal Acquirements Considered* (Londres: John Murray, 1859).
Carlyle, Thomas. *Critical and Miscellaneous Essays*, in *Works*, 18 vols.. (Londres: Chapman & Hall, 1898-1901) XVI.
Carmo, José Palla e. "Uma Trindade: Ezra Pound, T. S. Eliot, Fernando Pessoa", *Colóquio- Letras* 95 (1987), 26-39.
Carrère, B. *Dégénérescence et dispsomanie d'Edgar Poe* (tese de doutoramento, Universidade de Toulouse, 1907).
Carter, Alfred Edward. *The Idea of Decadence in French Literature 1830-1900* (Toronto: The University of Toronto Press, 1958).
Castro, Mariana Gray de. "Fernando Pessoa and the 'Shakespeare Problem'", *Journal of Romance Studies* 9:2 (Summer 2009), 11-27.
--- "Oscar Wilde, Fernando Pessoa, and the Art of Lying", *Portuguese Studies* 22 (Setembro 2006), 219-49.

--- "Shakespeare, dramaturgo invisível", *Jornal i* (30/12/2009), p. 42.
Centeno, Yvette. "Fernando Pessoa: Ophélia-Bébezinho ou o 'horror do sexo'", *Colóquio-Letras* 49 (1979), 11-20.
Centeno, Yvette e Stephen Reckert. *Fernando Pessoa: Tempo, solidão, hermetistmo* (Lisboa: Moraes, 1978).
Cerdeira, Teresa Cristina. *O Avesso do bordado: ensaios de literatura* (Lisboa: Caminho, 2000).
Chancey, George. "From Sexual Inversion to Homosexuality", *Salmagundi* 58-59 (1982-1983), 114-46.
Cisoux, Hélène. *L'Exil de James Joyce* (Paris: Grasset, 1968).
--- *The Exile of James Joyce*, trad. Sally A. J. Purcell (Nova York: David Lewis, 1971).
Claretie, Jules. *La vie à Paris: 1881* (Paris: Victor Harvard, 1881).
Clarke, J. Michell. *Hysteria & Neurasthenia: The Practitioner's Handbook* (Londres: The Bodley Head, 1905).
Cobb, Ivo Geikie. *A Manual of Neurasthenia (Nervous Exhaustion)* (Londres: Baillière, Tindall & Cox, 1920).
Cochofel, João José. *Grande dicionário de literatura portuguesa e de teoria literária* (Lisboa: Iniciativas Editoriais, 1977).
Coelho, Jacinto do Prado. *Camões e Pessoa, Poetas da utopia* (Lisboa: Europa-América, 1983).
--- *Diversidade e unidade em Fernando Pessoa* (Lisboa: Verbo, 1963).
--- "Fernando Pessoa ou A estratégia da razão", in *Camões e Pessoa, Poetas da utopia* (Lisboa: Europa-América, 1983) pp. 114-8.
Cohen, Ed. "Writing Gone Wilde: Homoerotic Desire in the Closet of Representation", *Publications of the Modern Languages Association of America* 102 (1987), pp. 798-823.
Coleridge, Samuel Taylor. *Biographia Literaria or Biographical Sketches of My Literary Life, and Opinions* (Whitefish, Montana: Kessinger, 2005).
--- *Coleridge's Shakespearean Criticism*, org. Thomas Middleton Raysor (Londres: Constable & Co., 1930).
--- *Marginalia*, in *The Collected Works of Samuel Taylor Coleridge*, org. Kathleen Coburn (Londres: Routledge & Kegan Paul, 1969) XII.
Colóquio-Letras 125-126 (Junho-Dezembro 1992).
Coriat, Isador H. *The Hysteria of Lady Macbeth* (Nova York: Moffat, Yard, 1912).
Corney, Bolton (org.) *The Sonnets of William Shakespeare* (Nova York: J. Miller, 1862).
Craig, Maurice. *Nerve Exhaustion* (Londres: Churchill, 1922).
Crespo, Ángel. *La vida plural de Fernando Pessoa* (Barcelona: Seix Barral, 1988).
--- *La vida plural de Fernando Pessoa* (Barcelona: Seix Barral, 1988).
Dávidházi, Péter. *The Romantic Cult of Shakespeare: Literary Reception in Anthropological Perspective* (Londres: Macmillan, 1998).
Dellamora, Richard. "Homosexual Scandal and Compulsory Heterosexuality in the 1890s", in *Masculine Desire: The Sexual Politics of Victorian Aestheticism*

(Chapel Hill / Londres: University of North Carolina Press, 1990), pp. 189-212.

Deming, Robert H. *James Joyce: The Critical Heritage 1928-1941*, 3 vols.. (Nova York: Barnes & Noble, 1970).

Desmet, Christy e Robert Sawyer (org.). *Harold Bloom's Shakespeare* (Nova York: Palgrave, 2001).

DiGangi, Mario. *The Homoerotics of Early Modern Drama* (Cambridge: Cambridge University Press, 1997).

Dostoevsky, Fydor. *The Brothers Karamazov*, trad. Constance Garnett (Nova York: Barnes & Noble, 2004).

Dover, Kenneth. *Greek Homosexuality* (Cambridge, M.A.: Harvard University Press, 1978).

Drake, Nathan. *Shakespeare and His Times: Including the biography of the poet, a new chronology of his plays, and a history of the manners, customs, amusements, superstitions, poetry and elegant literature of his age*, 2 vols.. (Londres: Longman, 1817).

Dumesnil, René. *Flaubert et la médecine* (Paris: Societé francaise d'imprimerie et de librairie, 1905).

Dyce, Alexander (org.). *William Shakespeare: Poems* (Londres: AMS Press, 1832).

Eagleton, Terry. *William Shakespeare* (Oxford: Oxford University Press, 1986).

Eliot, T. S. *Collected Poems 1909-1962* (Londres: Faber & Faber, 1963).

--- *The Sacred Wood* (Londres: Methuen, 1960).

--- *Selected Essays* (Nova York: Harcourt, Brace & World, 1960).

--- *The Selected Prose of T. S. Eliot*, org. Frank Kermode (Londres: Faber & Faber, 1975).

--- *The Waste Land: A Facsimile and Transcripts of the Original Drafts*, org. Valerie Eliot (Londres: Faber & Faber, 1971).

--- *To Criticize the Critic* (Nova York: Farrar, Straus & Giroux, 1965).

Ellenberger, Henri. *The Discovery of the Unconscious* (Nova York: Basic Books, 1970).

Elliot, Robert C. *The Literary Persona* (Chicago / Londres: The University of Chicago Press, 1982).

Ellis, Havelock. *Selected Essays*, org. J. S. Collis (Londres: Dent, 1943).

--- *Sexual Inversion*, in *Studies in the Psychology of Sex*, 8 vols.. (Londres: Watford, 1897), I.

Ellmann, Maud. *The Poetics of Impersonality: T. S. Eliot and Ezra Pound* (Sussex: Harvester Press, 1987).

Ellmann, Maud (org.). *Psychoanalytic Literary Criticism* (Londres / Nova York: Longman, 1994).

Emerson, Ralph Waldo. *Works*, 12 vols.. (Londres: Routledge, 1883), IV.

Empson, William. *Seven Types of Ambiguity* (Londres: Random House, 2004).

Estibeira, Maria do Céu Lucas. *A* Marginalia *de Fernando Pessoa* (tese de doutoramento, Universidade de Lisboa, 2009).

--- "Uma Perspectiva da *Marginalia* de Fernando Pessoa", *Romântica* 18

(2009), 91-108.
Estorninho, Carlos. "Shakespeare na Literatura Portuguesa", *Ocidente* LXVII (1964) 114-25.
Feijó, António M. "Ricardo Reis, [A flor que és, não a que dás, eu quero]", in *Século de Ouro: Antologia crítica da poesia portuguesa do século XX*, org. Osvaldo Manuel Silvestre e Pedro Serra (Braga / Coimbra / Lisboa: Angelus Novus & Cotovia, 2002) pp. 467-74.
Ferrari, Patrício. "A biblioteca de Fernando Pessoa na génese dos heterónimos", in *Fernando Pessoa: O Guardador de Papéis*, org. Jerónimo Pizarro (Lisboa: Texto Editores, 2009) pp. 155-218.
Ferreira, António Mega. *Fazer pela vida. Retrato de Fernando Pessoa, o empreendedor* (Lisboa: Assírio & Alvim, 2005).
Ferreira, Armando Ventura. *Memória dos mitos* (Lisboa: Arcádia, 1971).
--- "Sequência para Fernando Pessoa", *Contravento: Letras e Artes* 3 (Abril 1970), 8-13.
Finn, Michael R. *The Body and Literary Form* (Cambridge: Cambridge University Press, 1999).
Flaubert, Gustave. *Correspondence*, 4 vols.. (Paris: Gallimard, 1973-1998).
--- *Madame Bovary: moeurs de provence* (Paris: Michel Lévy Frères, 1862).
Flecknoe, Richard. "A Short Discourse on the English Stage", in *Critical Essays of the Seventeenth Century, 1650-1685*, org. Joel Elias Spingarn (Oxford: Clarendon Press, 1908).
Flor, João Almeida. "Camilo e a tradução de Shakespeare", in *Actas do XIII Encontro da Associação Portuguesa de Estudos Anglo-Americanos* (Porto, 19-21 de Março de 1992), pp. 179-93.
--- "Um contexto inglês para Fernando Pessoa", *Expresso* (06/12/ 1975).
--- "Fernando Pessoa e a questão shakespeariana", in *Afecto às Letras: Homenagem da literatura portuguesa contemporânea a Jacinto do Prado Coelho* (Lisboa: INCM, 1984), pp. 276-83.
--- "*Hamlet* (1887): Tradução portuguesa de um caso patológico", in *Shakespeare entre nós*, org. Maria Helena Serôdio, João de Almeida Flor, Alexandra Assis Rosa, Rita Queiroz de Barros e Paulo Eduardo Carvalho (Ribeirão: Edições Húmus, 2009), pp. 184-200.
--- "Shakespeare em Pessoa", in *Shakespeare*, org. João Almeida Flor (Lisboa: Gulbenkian - Acarte, 1990), pp. 51-63.
--- "Shakespeare, Rosas e Brazão", in *Miscelânea de estudos dedicados a Fernando de Mello Moser* (Lisboa: Faculdade de Letras, 1985) pp. 233-46.
Ford, Ford Madox. *The English Novel: From the Earliest Days to the Death of Joseph Conrad* (Londres: Constable, 1930).
Foucault, Michel. *The History of Sexuality: An Introduction*, trad. Robert Hurley (Nova York: Pantheon, 1978).
Freud, Sigmund. *Collected Papers* (Londres: Basic Books, 1959).
--- *The Complete Letters of Sigmund Freud to Wilhelm Fliess, 1887-1904*, trad. Jeffrey Moussaieff Masson (Cambridge, MA: University of Harvard Press,

1985).
--- *The Standard Edition of the Complete Psychological Works of Sigmund Freud*, 24 vols.. (Londres: Hogarth Press, 1953-1974).
García, Ruben. "The Unexpected Affinities: W. B. Yeats and Fernando Pessoa", *Journal of the American-Portuguese Society* X:1 (1976), 7-19.
Gaspar Simões, João. *O Mistério da poesia. Ensaios de interpretação da génese poética* (Coimbra: Imprensa da Universidade, 1931).
--- *Novos Temas* (Lisboa: Inquérito, 1938).
--- *Retratos de poetas que conheci: autobiografia* (Lisboa: Brasília Editora, 1974).
--- *Vida e obra de Fernando Pessoa: História de uma geração* (1950; Lisboa: Bertrand, 1981).
Gaultier, Jules de. *Le Bovarysme, la psychologie dans l'oeuvre de Flaubert* (Paris: L. Cerf, 1898).
Gil, José. *Fernando Pessoa ou a metafísica das sensações* (Lisboa: Relógio d'Água, s.d. [1987]).
Glasgow Herald (19/09/1918).
Gollancz, Israel (org.). *The Shakespeare Classics: Being the Sources and Originals of Shakespeare's Plays* (Londres: Chatto & Windus, 1907).
Gomes, João Manuel. "Para acaber de vez com a obsecinidade", *Jornal de Letras* (14/06/1988).
Gosling, F. G. *Before Freud: Neurasthenia and the American Medical Community, 1870-1910* (Urbana, Chicago: University of Illinois Press, 1987).
Gosson, Stephen. *Plays confuted in Five Actions*, 1582 (British Library manuscript sig. E5r).
Gowda, H. H. Anniah. *Dramatic Poetry from Mediaeval to Modern Times* (Madras: The Macmillan Company of India, 1972).
Grazia, Margreta de. "The Scandal of Shakespeare's Sonnets", *Shakespeare Survey* 14 (1994), 35-50.
Greenblatt, Stephen. *Will in the World: How Shakespeare Became Shakespeare* (Londres: Random House, 2004).
Greene, Robert [attr.] *Greene's Groatsworth of Wit* (Nova York: Barnes & Noble, 1966).
Haller, John S. *American Medicine in Transition 1840-1910* (Chicago: University of Illinois Press, 1981).
Halliwell Phillips, James Orchard. *Outlines of the Life of Shakespeare* (Londres: Longmans, 1881).
Hammond, Paul. *Figuring Sex Between Men from Shakespeare to Rochester* (Oxford: Oxford University Press, 1997).
--- *Love Between Men in English Literature* (Basingstoke: Macmillan, 1996).
Hardy, Thomas. *Jude the Obscure* (Toronto: Macmillan, 1969).
Harris, Frank. *The Man Shakespeare and his Tragic Life-Story* (Nova York: M. Kennerly, 1909).
Haventhal Jr, Charles. "Robert Burton's Anatomy of Melancholy in Early

America", *Papers of the Bibliographical Society of America* LXIII (1969), 157-75.

Hazlitt, William. "On Shakespeare and Milton", in *Lectures on the English Poets* (Londres: Taylor & Hessey, 1818).

--- *Hazlitt's Essays: A Selection*, org. Herbert Paul (Londres: Cassell & Co., 1905).

Heath, Stephen. "Psychopathia Sexualis: Stevenson's Strange Case", *Critical Quarterly* 28 (1986), 69-79.

Hegel, Georg Wilhelm Friedrich. *Aesthetics: Lectures on Fine Art*, trad. T. M. Knox (Oxford: Clarendon Press, 1975).

Hermans, Hurb, W. E. Krul e Hans van Maanen. *1894: European Theatre in Turmoil: Meaning and Significance of the Theatre a Hundred Years Ago* (Amsterdão: Rodopi, 1996).

Hilliard, David. "Unenglish and Unmanly: Anglo-Catholicism and Homosexuality", *Victorian Studies* 25 (1982), 181-210.

Holland, Merlin. *Irish Peacock & Scarlet Marquess: The Real Trial of Oscar Wilde* (Londres / Nova York: Fourth Estate, 2004).

Holland, Norman. *Psychoanalysis and Shakespeare* (Michigan: McGraw-Hill, 1966).

Hugo, Victor. *Cromwell* (Paris: Testard, 1827).

Huysman, Joris-Karl. *Against Nature*, trad. Robert Baldick (Londres: Penguin, 2003).

Hyde, H. Montgomery. *The Trials of Oscar Wilde* (Londres: William Hodge, 1949).

Jackson, Heather J. *Romantic Readers: The Evidence of Marginalia* (New Haven / Londres: Yale University Press, 2005).

Jackson, K. David. "Heteronyms", in *Invisible Forms: A Guide to Literary Curiosities* (Londres: Picador, 1999), pp. 38-51.

Jakobson, Roman. *Roman Jacobson: Linguística, poética, cinema* (São Paulo: Editora Perspectiva, 1970).

James, Henry. "Robert Louis Stevenson", *The Century Magazine* XXXV:4 (April 1888), 869-79.

--- "The Jolly Corner", *The English Review* (Dezembro 1908), 5-35.

--- *Letters of Henry James* (Nova York: Scribner, 1929).

James, William. *Essays in Psychology* (Cambridge, M.A.: Harvard University Press, 1983).

--- "The Hidden Self", *Scribner's Magazine* 7 (1890), 361-73.

--- *Psychology: The Briefer Course* (Toronto: General Publishing Company, 2001).

Jameson, Anna. *Characteristics of Women: Moral, Poetical and Historical*, 2 vols.. (Londres: Saunders & Otley, 1832).

Jamieson, Robert. "Who Wrote Shakespeare?", *Chamber's Edinburgh Journal* (07/08/1852), 14-28.

Jenning, Hubert D. *Os dois exílios: Fernando Pessoa na África do Sul* (Porto: Centro de Estudos Pessoanos, 1984).

Jones, Ernest. *The Life and Times of Sigmund Freud*, 3 vols.. (Londres: Hogarth, 1957).
Jorge, Maria do Céu Saraiva. "Shakespeare e a literatura oitocentista posterior a Garrett e Herculano", *Palestra* 23 (1965), 56-82.
--- *Shakespeare em Portugal* (tese de doutoramento, Universidade de Lisboa, 1941).
Joyce, James. *Letters of James Joyce*, org. Stuart Gilbert e Richard Ellmann, 3 vols.. (Londres: Viking, 1957).
--- *Occasional, Critical, and Political Writing*, org. Kevin Barry (Oxford: Oxford University Press, 2000).
--- *A Portrait of the Artist as a Young Man* (Londres: Penguin, 2000).
--- *Ulysses* (Londres: Penguin, 2000).
Jung, Carl Gustav. *The Archetypes and the Collective Unconscious*, in *Collected Works*, 13 vols. (Londres: Routledge, 1963), IX.
--- *Modern Man in Search of a Soul*, trad. W. S. Dell e Cary F. Baynes (Londres / Nova York: Routledge, 2001).
Keats, John. *Letters of John Keats 1814-1821*, org. H. E. Rollins, 2 vols. (Cambridge, MA: Harvard University Press, 1958).
Kennedy, X. J. e Dana Gioia. *Literature: An Introduction to Fiction, Poetry, and Drama* (Nova York: HarperCollins, 1995).
Kenner, Hugh. *Ezra Pound* (Londres: Faber & Faber, 1951).
--- *The Invisible Poet* (London: Methuen & Co Ltd., 1959).
Kenny, Thomas. *The Life and Genius of Shakespeare* (Londres: Longmans, 1864).
Kerrigan, John. "Between Michelangelo and Petrarch: Shakespeare's Sonnets of Art", in *Surprised by Scenes: Essays in Honour of Professor Yasanuri Takahashi*, org. Yasanuri Takada (Tokyo: Kenkyusha, 1994) pp. 142-63.
Kerrigan, William W. "The Case for Bardolatry: Harold Bloom Rescues Shakespeare From the Critics", in *Harold Bloom's Shakespeare*, org. Christy Desmet e Robert Sawyer (Nova York: Palgrave, 2001), pp. 33-42.
Klobucka, Anna M. e Mark Sabine. *Embodying Pessoa: Corporeality, Gender, Sexuality* (Toronto / Londres: University of Toronto Press, 2007).
Knight, G. Wilson. *Myth and Miracle: An Essay on the Mystic Symbolism of Shakespeare* (Londres: J Burrow & Co., 1929).
Krafft-Ebing, Richard von. *Psychopathia Sexualis*, trad. C. G. Chaddock (Philadelphia / Londres: F. A. Davis, 1892).
Lacassagne, Zacharie. *La Folie de Maupassant* (tese de doutoramento, Universidade de Toulouse, 1907).
Laing, R. D. *The Divided Self; An Existential Study in Sanity and Madness* (Harmondsworth: Penguin, 1959).
Larivière, Michel (org.). *Les amours masculines: anthologie de l'homosexualité dans la littérature* (Paris: Lieu Commun, 1984).
Lavalée, G. *Essai sur la psychologie morbide de Huysmans* (tese de doutoramento, Universidade de Paris, 1917).
Lee, Sidney. *A Life of William Shakespeare* (Londres: Smith Elder & Co., 1898).

--- "Shakespeare", in *Dictionary of National Biography* (Londres: Macmillan, 1897,) LI.

--- "Shakespeare", in *Dictionary of National Biography* LI (Nova York: Macmillan, 1897), LI.

Lee, Sidney, Walter Alexander Raleigh and Charles Talbut Onions. *Shakespeare's England: An Account of the Life & Manners of His Age*, 6 vols. (Londres: Chatto & Windus, 1916).

Lernout, G. Geert and Wim Van Mierlo. *The Reception of James Joyce in Europe*, org. G. Geert Lernout and Wim Van Mierlo, 2 vols. (Londres: Thoemess Contiuum, 2004).

LeWinter, Oswald (org.). *Shakespeare in Europe* (Londres: Penguin, 1970).

Lind, Georg Rudolf. *Estudos sobre Fernando Pessoa* (Lisboa: INCM, 1981).

Lodge, David. *Small World: An Academic Romance* (Londres: Penguin, 1984).

Lombroso, Césare. *L'homme de génie* (Paris: Félix Alcan, 1889).

Looney, Thomas J. *"Shakespeare" Identified in Edward de Vere* (Nova York: Frederick A. Stokes Company, 1920).

Lopes, Maria Teresa Rita. *Fernando Pessoa et le drame symboliste: héritage et création* (Paris: Calouste Gulbenkian, 1977).

Lourenço, António Apolinário. *Identidade e alteridade em Fernando Pessoa e Anónio Machado* (Braga: Angelus Novus, 1995).

Lourenço, Eduardo. *Fernando, Rei da nossa Bavieira* (Lisboa: INCM, 1986).

--- *Pessoa revisitado: leitura estruturante do drama em gente* (Lisboa: Gradiva, 2003).

--- "Poesia e heteronímia: Resposta (sem metáfora) ao Snr. Prof. Jacinto do Prado Coelho", *Colóquio-Letras* 171 (*Eduardo Lourenço, Uma ideia do mundo*, Maio-Agosto 2009), 376-87.

Lyn Pykett (org.). *Reading Fin de Siècle Fictions* (Londres / Nova York: Longman, 1996).

Macedo, Helder. *Nós: uma leitura de Cesário Verde* (Lisboa: Presença, 1999).

--- *Do Significado oculto da Menina e Moça* (Lisboa: Moraes Editores, 1977).

--- *Trinta leituras* (Lisboa: Presença, 2007).

Macedo, Suzette. "Mentira, fingimento e máscaras: alguns comentários sobre Oscar Wilde, W. B. Yeats e Fernando Pessoa", *Colóquio-Letras* 107 (1988), 24-37.

Madden, J. S. "Melancholy in Medicine and Literature: Some Historical Considerations", in *British Journal of Medical Psychology*, 72 vols. (Londres: British Psychological Society, 1923-2001), XXXIX (1966), pp. 116-31.

Mahood, Molly M. *Shakespeare's Wordplay* (Londres: Methuen, 1957).

Maines, Rachel P. *The Technology of Orgasm: Hysteria, the Vibrator, and Women's Sexual Satisfaction* (Baltimore: The Johns Hopkins University Press, 1999).

Manningham, John. *Diary of John Manningham, of the Middle Temple, and of Bradbourne, Kent, Barrister-at-Law, 1602-1603*, org. John Bruce (Londres: J. B. Nichols & Sons, 1868).

Marder, Louis. *His Exits and His Entrances: The Story of Shakespeare's Reputation*

(Philadelphia / Nova York: Lippincott, 1963).
Margarido, Alfredo. "Uma Carta Inédita de Violante de Cysneiros", *Colóquio-Letras* 117-118 (1990), 117-29.
Martinho, José. *Pessoa e a psicanálise* (Coimbra: Almedina, 2001).
Martins, Fernando Cabral (org.). *Dicionário de Fernando Pessoa e do modernismo português* (Lisboa: Caminho, 2008).
Martins, Fernando Cabral. *O Modernismo em Mário de Sá-Carneiro* (Lisbon: Estampa, 1994).
Masson, David "Shakespeare and Goethe", in *Essays Biographical and Critical, Chiefly on English Poets* (Cambridge: Macmillan, 1856).
Matos, Maria Vitalina Leal de. *Introdução aos estudos literários* (Lisboa: Verbo, 2001).
Maupassant, Guy de. "Une femme", in *Chroniques*, org. Hubert Juin, 3 vols. (Paris: Union Générale d'Éditions, 1980), II, pp. 104-13.
McGann, Jerome. *The Romantic Ideology* (Chicago: University of Chicago Press, 1983).
McKenna, Neil. *The Secret Life of Oscar Wilde* (Londres: Arrow, 2004).
McNeil, Alex. "What's in a 'Nym?' Pseudonyms, heteronyms and the remarkable case of Fernando Pessoa", *Shakespeare Matters* 6 (2003), 16-20.
Micale, Mark S. *Approaching Hysteria: Disease and Its Interpretations* (Princeton: Princeton University Press, 1996).
--- "On the 'Disappearance' of Hysteria: A Study in the Clinical Deconstruction of a Diagnosis", *Isis 84* (1993), 496–526.
Micale, Mark S. (org.). *The Mind of Modernism: Medicine, Psychology, and the Cultural Arts in Europe and America 1880-1940* (Stanford: Stanford University Press, 2004).
Montagu, Elizabeth. *An Essay on the Writings and Genius of Shakespear* [sic], *Compared with the Greek and French Dramatic Poets. With Some Remarks Upon the Misrepresentations of Mons. de Voltaire* (Nova York: Augustus M. Kelley Publishers, 1970).
Monteiro, George. *Fernando Pessoa and Anglo-American Literature* (Kentucky: The University Press of Kentucky, 2000).
--- "Shakespeare, the 'Missing All'", *Portuguese Studies* 24:2 (2009), 33-49.
Monteiro, George (org.). *The Man Who Never Was: Essays on Fernando Pessoa* (Rhode Island: Gávea-Brown, 1982).
Monteiro, Maria da Encarnação. *Incidências inglesas na poesia de Fernando Pessoa* (Coimbra Editora, Coimbra: 1956).
Morgan, Maurice. *An Essay on the Dramatic Character of Sir John Falstaff* (London: T. Davies, 1777)
Muldoon, Paul. "In the Hall of Mirrors: 'Autopsychography' by Fernando Pessoa", in *The End of the Poem: Oxford Lectures in Poetry* (Londres: Faber & Faber, 2009), pp. 222-45.
Muller, Max. *Lectures on the Science of Language* (Londres: Longmans, 1871).
Munro, John James, Clement Mansfield Ingleby, Lucy Toulmin Smith & Frederick

James Furnivall. *The Shakespeare Allusion Book*, 2 vols. (Londres: Chatto & Windus, 1909).

Murray, Douglas. *Bosie: A Biography of Lord Alfred Douglas* (Londres: Hodder & Stoughon, 2000).

Nabokov, Vladimir Vladimirovich. *Poems and Problems* (Nova York: McGraw-Hill, 1970).

Nadeau, Maurice. "Le Cinquantenaire de l'hystérie (1878-1928)", in *Histoire du surréalisme: Documents surréalistes*, org. Maurice Nadeau (Paris: Seuil, 1948).

Negreiros, José de Almada. *Poemas* (Lisboa: Assíro & Alvim, 2001).

Nelson, James. *Publisher to the Decadents: Leonard Smithers in the Careers of Beardsley, Wilde, Dowson* (Philadelphia: Pennsylvania State University Press, 2000).

Nemésio, Vitorino. "O Sincero fingido", *Diário Popular* (26/12/1945), 4-7.

Newlyn, Lucy. *Reading, Writing, and Romanticism: The Anxiety of Reception* (Oxford: Oxford University Press, 2000).

Nicholls, Charles. *The Lodger: Shakespeare on Silver Street* (Michegan: Allen Lane, 2007).

Nietzsche, Freidrich Wilhelm. *The Nietzsche Reader*, org. R. J. Hollingdale (Harmondsworth, Middlesex: Viking, 1981).

Nobre, António. *Poesia completa* (Lisboa: Dom Quixote, 2000).

Nordau, Max. *Degeneration*, trad. George L. Mosse (Nova York: Howard Fertig, 1968).

Norton, Rictor. *The Homosexual Literary Tradition: An Interpretation* (Nova York: Revisionist Press, 1974).

O'Donoghue, Bernard. "Fernando Pessoa and W. B. Yeats", *Portal Pessoa* (2006) <www.portalpessoa.net>.

Ordóñez, Andrés. *Fernando Pessoa, un místico sin fe* (Madrid: Siglo Veintiuno Editores, 1991).

Orgel, Stephen. *Impersonations: The Performance of Gender in Shakespeare's England* (Cambridge: Cambridge University Press, 1996).

Orwell, George. *The Penguin Essays of George Orwell* (Londres: Penguin, 1994).

Owen, Orville Ward. *Sir Francis Bacon's Cypher Story*, 5 vols. (Nova York: Howard Publishing Company, 1895).

Palingenius. *The Zodiac of Life*, trad. Googe, ed. de 1565 (Londres: manuscrito no *British Library*).

Partridge, Eric. *Shakespeare's Bawdy: A Literary and Psychological Essay and a Comprehensive Glossary* (Londres: Routledge & Kegan Paul, 1968).

Patarca-Montero, Roberto. *Concise Encyclopaedia of Chronic Fatigue Syndrome* (Londres: Routledge, 2000).

Patrício, Rita. *Episódios da teorização estética em Fernando Pessoa* (tese de doutoramento, Universidade do Minho, 2008).

--- "Shakespeare e Pessoa", in *O Guardador de papéis*, org. Jerónimo Pizarro (Lisboa: Texto Editores, 2009) pp. 83-99.

Pequigney, Joseph. *Such is My Love: A Study of Shakespeare's Sonnets* (Chicago /

Londres: University of Chicago Press, 1985).

Perrone-Moisés, Leyla. *Fernando Pessoa: Aquém do eu, além do outro* (São Paulo, Martins Fontes Editora, 1982).

Pietikainen, Petteri. *Neurosis and Modernity: The Age of Nervousness in Sweden* (Leiden / Boston: Brill, 2007).

Pilling, John. "Fernando Pessoa (1888-1935)", in *An Introduction to Fifty Modern European Poets* (Londres / Sidney: Pan Books, 1982), pp. 173-180.

Pimental, Óscar. "Experiência em Pessoa", in *A Lâmpada e o Passado* (São Paulo: Conselho Estadual de Cultura, Comissão de Literatura, 1968) pp. 95-8.

Pizarro, Jerónimo. "Antero de Quental, entre contradições e esquecimentos", *Estudos Anterianos* 11-12 (Abril-Outubro 2003), 57-65.

--- "Da Histeria à Neurastenia (Quental e Pessoa)", *Conceito* 1 ("Loucura & Desrazão", 2005), 168-78.

--- *Fernando Pessoa: entre génio e loucura* (Lisboa: INCM, 2007).

--- "Fernando Pessoa: o génio e a loucura", *Leituras: Revista da Biblioteca Nacional de Lisboa* 3:14-15 (Abril 2004-2005), 245-54.

Porter, Roy e G. E. Berrios, *A History of Clinical Psychiatry: The Origin and History of Psychiatric Disorders* (Londres: Athlone Press, 1995).

Portugal Futurista: edição facsimilada (Lisbon: Contexto, 1981).

Pound, Ezra. *Selected Poems 1908-1969* (Londres: Faber & Faber, 1975).

Prawer, Siegbert Solomon. *A Cultural Citizen of the World: Sigmund Freud's Knowledge and Use of British and American Writings* (Londres: Legenda, 2009).

Praz, Mario. *The Romantic Agony*, trad. Angus Davidson (Nova York: Meridian, 1956).

Presença: edição facsimilada compacta, org. David Mourão-Ferreira, , 3 vols. (Lisboa: Contexto, 1993).

Prince, Morton. *Psychotherapy and Multiple Personality: Selected Essays*, org. Nathan G. Hale, Jr. (Cambridge, M.A.: Harvard University Press, 1975).

Queirós, José Maria da Eça de. *A Correspondência de Fradique Mendes (memórias e notas)* (Lisboa: Lello & Irmão, 1946).

--- "Macbeth", *Gazeta de Portugal* (1866).

Quental, Antero de. *Sonetos Completos* (Porto: Anagrama, 1980).

Quinlan, Susan Canty & Fernando Arenas (org.). *Lusosex: Gender and Sexuality in the Portuguese-Speaking World* (Minneapolis / Londres: University of Minnesota Press, 2002).

Raine, Craig. "Whatever Became of Brain Fever?", in *Haydn and the Valve Trumpet* (Londres: Picador, 2000) pp. 12-21.

Raleigh, Walter. *Shakespeare* (Londres: Macmillan, 1965).

Rebello, Luiz Francisco. *Dicionário do Teatro Português* (Lisboa: Prelo, 1978).

Richardson, Robert D. *First We Read, Then We Write: Emerson on the Creative Process* (Iowa City: University of Iowa Press, 2009).

--- *William James: In the Maelstrom of American Modernism. A Biography* (Boston / Nova York: Mariner Books, 2007).

Ridge, Martin. *Ignatius Donnelly: The Portrait of a Politician* (Chicago / Londres: University of Chicago Press, 1962).
Rinhaug, Aino. *Perspectives of a Ludicrous Self: A Study of Fernando Pessoa's "drama em gente"* (Oslo: University of Oslo, 2007).
Rivkin, Julie & Michael Ryan (org.). *Literary Theory: An Anthology* (Londres: Blackwell, 2004).
Roditi, Édouard. "Fernando Pessoa, Outsider Among English Poets", *The Literary Review* 6:3 (Spring 1963), 372-91.
Roe, John Elisha. *Sir Francis Bacon's Own Story* (Nova York: Roycrafters, 1911).
Rosenbaum, Ron. *The Shakespeare Wars: Clashing Scholars, Public Fiascos, Palace Coups* (Nova York: Random House, 2006).
Rowan, John. *Subpersonalities: The People Inside Us* (Londres: Routledge, 1990).
Ryan, Judith. *Vanishing Subject: Early Psychology and Literary Modernism* (Chicago: The University of Chicago Press, 1991).
Sá-Caneiro, Mário de. *Cartas a Fernando Pessoa*, org. Urbano Tavares Rodrigues e Helena Cidade Moura, 2 vols. (Lisboa: Ática, 1973).
--- *Céu em fogo. Novelas* (Lisboa: Ática, 1965).
--- *Poemas Completos*, org. Fernando Cabral Martins (Lisboa: Assírio & Alvim, 2001).
Sacramento, Mário. *Fernando Pessoa: poeta da hora absurda* (Porto: Inova, 1970).
Santos, Maria Irene Ramalho de Sousa. *Atlantic Poets: Fernando Pessoa's Turn in Anglo-American Modernism* (Hanover / Londres: University Press of New England, 2003).
--- "O Deus que faltava: The Theory in the Poetry of Alberto Caeiro", in *Fernando Pessoa's Modernity Without Frontiers: Influences, Dialogues and Responses* , org. Mariana Gray de Castro (Woodbridge: Boydell & Brewer, 2013).
Santos, Maria de Lourdes Lima dos. *Intelectuais portugueses na primeira metade de oitocentos* (Lisboa: Presença, 1985).
--- *Por uma sociologia da cultura burguesa em Portugal no século XIX* (Lisboa: Presença, 1983).
Saraiva, Arnaldo. *Fernando Pessoa e o Supra-Camões e outros ensaios pessoanos* (Lisboa: Academia das Ciências de Lisboa, 1987).
--- *Fernando Pessoa, tradutor de poetas* (Porto: Lello Editores, 1996).
Sass, Louis A. *Madness and Modernism: Insanity in the Light of Modern Art, Literature, and Thought* (Cambridge, M.A.: Harvard University Press, 1994).
Schiesari, Juliana. *The Gendering of Melancholia* (Ithaca: Cornell University Press, 1992).
Schlegel, August Wilhelm. *A Course of Lectures on Dramatic Art and Literature*, trad. John Black (Londres: A. J. W. Morrison, 1846).
Schoenbaum, Samuel. *Shakespeare's Lives* (Oxford: Clarendon Press / Nova York: Oxford University Press, 1970).
--- *William Shakespeare: A Compact Documentary Life* (Oxford: Clarendon Press, 1977).

--- *William Shakespeare – A Study of Facts and Problems*, 2 vols. (Oxford: Clarendon Press, 1930).
Seabra, José. *Fernando Pessoa ou o poetodrama* (São Paulo: Perspectiva, 1974).
Sedgwick, Eve Kosofsky. *Between Men: English Literature and Male Homosocial Desire* (Nova York: Columbia University Press, 1993).
--- *Epistemology of the Closet* (California: University of California Press, 1990).
Sena, Jorge de. *Amor e outros verbetes* (Lisboa: Edições 70, 1992).
--- *Estrada Larga* (Porto: Porto Editora, s.d. [1958]).
--- *Fernando Pessoa & Ca. heteronímica (Estudos Coligidos 1940-1978)*, 2 vols. (Lisboa: Edições 70, 1982).
--- "The Man Who Never Was", in *The Man Who Never Was: Essays on Fernando Pessoa*, org. George Monteiro (Rhode Island: Gávea-Brown, 1982), pp. 22-39.
--- "Sobre 'Benilde ou a Virgem-Mãe' de José Régio", in *Régio, Casais, a "Presença" e afins* (Porto: Brasileira Editora, 1977), pp. 104-9.
Serôdio, Maria Helena, João de Almeida Flor, Alexandra Assis Rosa, Rita Queiroz de Barros e Paulo Eduardo Carvalho (org.). *Shakespeare entre nós* (Ribeirão: Edições Húmus, 2009).
Serrão, Joel. *Fernando Pessoa, cidadão do imaginário* (Lisboa: Horizonte, 1981).
Severino, Alexandrino E. *Fernando Pessoa na África do Sul: a formação inglesa de Fernando Pessoa* (Lisboa: Dom Quixote, 1983).
--- "Fernando Pessoa e William Shakespeare: um estudo comparativo de heteronímia", *Actas IV – Secção Brasileira* (São Paulo: Perspectiva, 1990), pp. 13-22.
"Shakespeare Goes to London", in "Shakespeare", in *Encyclopaedia Britannica* (9ª ed., s.d.), XXI <http://www.1902encyclopedia.com/S/SHA/william-shakespeare-31.html>.
Shapiro, James. *1599: A Year in the Life of William Shakespeare* (Londres: Faber & Faber, 2005).
Shepherd, David. "Os 35 Sonnets de Fernando Pessoa vistos por um inglês", *Arquivos* IV:1 (Janeiro 1982), 45-84.
Shepherd, Simon. "Shakespeare's Private Drawer: Shakespeare and Homosexuality", in *The Shakespeare Myth*, org. Graham Holderness (Manchester: Manchester University Press, 1988), pp. 96-109.
Showalter, Elaine. "Representing Ophelia: women, madness, and the responsibilities of feminist criticism", in *Shakespeare and the Question of Theory*, org. Patricia Parker e Geoffrey Hartman (Londres: Methuen, 1985), pp. 76-92.
Sigel, Lisa. *Governing Pleasures: Pornography and Social Change in England, 1815-1914* (Piscataway: Rutgers University Press, 2002).
Silva, Jorge Bastos da. *Shakespeare no Romantismo Português: factos, problemas, interpretações* (Porto: Campo de Letras, 2005).
Silverman, Debora Leah. *Art Nouveau in Fin-de Siècle France: Politics, Psychology, and Style* (Los Angeles: University of California Press, 1989).

Smith, Bruce R. *Homosexual Desire in Shakespeare's England: A Cultural Poetics* (Chicago: Chicago University Press, 1991).

Smith, William Henry. *Bacon and Shakespeare: An Inquiry Touching Players, Playhouses, and Play-Writers in the Days of Elizabeth* (Londres: John Russell Smith, 1857).

Soares, Fernando Luso. *A Novela Policial-Dedutiva em Fernando Pessoa* (Lisboa: Diabril, 1976).

Sobran, Joseph. *Alias Shakespeare: Solving the Greatest Mystery of All Time* (Nova York: Free / Londres: Simon & Schuster, 1997).

Spedding, James. *Evenings with a Reviewer: or, A Free and Particular Examination of Mr. Macaulay's Article on Lord Bacon, in a Series of Dialogues* (Londres: Kegan Paul, Trench & Co., 1881).

--- *The Letters and the Life of Francis Bacon, Including all his Occasional Works, Namely Letters Speeches Tracts State Papers Memorials Devices and all Authentic Writings not Already Printed Among his Philosophical Literary or Professional Works*, 7 vols. (Londres: Longmans, Green, Reader, & Dyer, 1862-74).

Spiller, Michael R. G. *The Development of the Sonnet: An Introduction* (Londres / Nova York: Routledge, 1992).

Stead, C.K. *Pound, Yeats, Eliot and the Modernist Movement* (Londres: Macmillan, 1986).

Stevenson, Robert Louis. *The Strange Case of Dr Jekyll and Mr Hyde*, org. Jenni Calder (Harmondsworth: Penguin, 1979).

Stoker, Bram. *Dracula: A Tale* (Oxford: Oxford University Press, 1983).

Stoker, Michael. *Fernando Pessoa: De Fictie Vergezelt Mij Als Mijn Schaduw* (Utrecht: Uitgeverij Ijzer, 2009).

Storrar, P. B. "Leonard Rayne", in *Better Than They Knew*, org. R. M. de Villiers (Cape Town, Purnell, 1972), pp. 124-35.

Tabucchi, Antonio. *Un Baule pieno di gente: scritti su Fernando Pessoa* (Milan: Feltrinelli, 1990).

Tamen, Isabel (org.). *Encontro internacional do centenário de Fernando Pessoa: um século de Pessoa* (Lisboa: Secretaria de Estado da Cultura, 1990).

Torre, Esteban. "Fernando Pessoa, poeta metafísico", *Revista de Ocidente* 94 (Março 1989), 68-79.

--- *Fernando Pessoa: 35 sonetos ingleses* (Braga: Centro de Estudos Lusíadas, Universidade do Minho, 1988).

Traub, Valerie. *Desire and Anxiety: Circulations of Sexuality in Shakespearean Drama* (Londres: Routledge, 1992).

Trilling, Lionel. *Sincerity and Authenticity: The Charles Eliot Norton Lectures, 1969-1970* (Oxford: Oxford University Press, 1972).

Verde, Cesário. *Obra completa*, org. Joel Serrão (Lisboa: Horizonte, 1988).

Vickers, Brian. "The Emergence of Character Criticism, 1774-1800", *Shakespeare Studies* XXXIV (1981), 11-21.

Vieira, Yara Frasteschi. "O discuro erótico nos poemas 'Antinous' e

'Epithalamium'", *Boletim Informativo do C.E.P* dedicado a Pessoa (1985), 67-75.
Vieira, Yara Frasteschi e Brian F. Head. "'35 Sonnets': uma leitura de Shakespeare" (U.S.D.P., 1990), 276-81.
Wagner, Richard. *The Art-Work of the Future, and Future Works* (Nova York: Bison Books, 1993).
Wells, Stanley. *Looking for Sex in Shakespeare* (Cambridge: Cambridge University Press, 2004).
--- *Shakespeare and Co.: Christopher Marlowe, Thomas Dekker, Ben Jonson, Thomas Middleton, John Fletcher and the Other Players in his Story* (Londres: Penguin, 2006).
White, Chris (org.). *Nineteenth-Century Writings on Homosexuality: A Sourcebook* (Londres: Routledge, 1999).
White, Richard Grant. "The Bacon-Shakespeare Craze", *Atlantic Monthly* (Abril 1883).
Whitman, Walt. "What lurks behind Shakespeare's historical plays?", in *November Boughs* (Londres: Alexander Gardner, 1889), pp. 50-3.
Wilde, Oscar. *The Artist as Critic: Critical Writings of Oscar Wilde*, org. Richard Ellmann (Nova York: Random House, 1969).
Williams, Gordon. *A Glossary of Shakespeare's Sexual Language* (Londres: Athlone Press, 1997).
Williams, Hugo. "Freelance", *Times Literary Supplement* (22/01/ 2010), p. 16.
Wimsatt, K. e Monroe C. Beardsley. "The Intentional Fallacy", in *The Critical Tradition*, org. David. H. Richter (Boston: Bedford, 1998), pp. 748-56.
Wood, W. Dyson. *Hamlet: A Psychological Point of View* (Londres: Longmans, Green, Reader, & Dyer, 1870).
Woods, Gregory. *A History of Gay Literature: The Male Tradition* (New Haven / Londres: Yale University Press, 1998).
Wordsworth, William. *The Poetical Works of William Wordsworth* (Londres: Edward Moxon, 1849).
Wraight, A. D. *Christopher Marlowe and Edward Alleyn* (Chichester: Adam Hart, 1993).
Wyman, W. H. *Bibliography of the Bacon-Shakespeare Controversy* (Cincinnati: Thomson, 1884).
Yeats, W. B. *Selected Poetry*, org. Timothy Webb (Londres: Penguin, 1991).
Yeazell, Ruth Bernard (org.). *Sex Politics and Science in the Nineteenth Century Novel* (Baltimore: Johns Hopkins University Press, 1986).
Zenith, Richard. "A Importância de não ser Oscar? Pessoa tradutor de Wilde", *Egoísta* (2008), 32-6.
--- "Introductory Note", in *Forever Someone Else: Selected Poems*, org. e trad. Richard Zenith (Lisboa: Assíro & Alvim, 2009), pp. 13-22.
--- "Pessoa's Gay Heteronym?" in *Lusosex: Gender and Sexuality in the Portuguese-Speaking World*, org. Susan Canty Quinlan e Fernando Arenas (Minneapolis, Londres: University of Minnesota Press, 2002), pp. 35-46.

--- "Preface", in *Obra essencial de Fernando Pessoa: poesia inglesa*, org. Zenith, trad. Luísa Freire (Lisboa: Assírio & Alvim, 2007), pp. 3-15.

--- "Shakespeare", in *Dicionário de Fernando Pessoa e do modernismo português*, org. Fernando Cabral Martins (Lisboa: Caminho, 2008) pp. 798-800.

Zola, Émile. *The Fortune of the Rougons*, trad. Brian Nelson (Gloucester: Stutton, 1985).

ÍNDICE

F

G

H

I

J

K

L

M

N

O

P

www.ingramcontent.com/pod-product-compliance
Lightning Source LLC
Chambersburg PA
CBHW032250070726
47590CB00016B/1824

* 9 7 8 1 9 0 5 5 1 0 5 3 5 *